全国高职高专环境保护类专业规划教材

环境法实务

教育部高等学校高职高专环保与气象类专业教学指导委员会组织编写

主　编　朴光洙
副主编　王　政　夏振鹏
主　审　王灿发

中国劳动社会保障出版社

图书在版编目(CIP)数据

环境法实务/朴光洙主编．—北京：中国劳动社会保障出版社，2010
全国高职高专环境保护类专业规划教材
ISBN 978－7－5045－8276－8

Ⅰ．环…　Ⅱ．朴…　Ⅲ．环境保护法－中国－高等学校－教材　Ⅳ．D922.68

中国版本图书馆 CIP 数据核字(2010)第 065534 号

中国劳动社会保障出版社出版发行
(北京市惠新东街 1 号　邮政编码：100029)
出 版 人：张梦欣
*
北京市艺辉印刷有限公司印刷装订　新华书店经销
787 毫米×1092 毫米　16 开本　17.25 印张　396 千字
2010 年 4 月第 1 版　　2010 年 4 月第 1 次印刷
定价：30.00 元

读者服务部电话：010-64929211
发行部电话：010-64927085
出版社网址：http://www.class.com.cn

全国高职高专环境保护类专业规划教材编委会

刘明华　河北秦皇岛市环境监测站
姜松歧　哈尔滨市固废辐射管理中心
牛树奎　北京林业大学
谷群广　邢台职业技术学院
崔宝秋　锦州师范高等专科学校
丁邦东　扬州工业职业技术学院
展惠英　甘肃联合大学
彭　波　南京化工职业技术学院
王　政　中国环境管理干部学院
关贺群　黑龙江省伊春林业学校
梁贤军　四川化工职业技术学院
郭春明　黑龙江建筑职业技术学院
刘青龙　江西环境工程职业学院
裘建平　金华职业技术学院
雷　颉　南昌理工学院
石碧清　中国环境管理干部学院
颜廷良　江苏盐城技师学院
王中华　泰州职业技术学院
叶兴刚　十堰职业技术学院
郭有才　邢台职业技术学院
段晓莹　邢台财贸学校
焦桂枝　河南城建学院
马永刚　黑龙江生物科技职业学院
吴　琦　哈尔滨工程大学
梁　晶　黑龙江生态工程职业学院
张朝阳　长沙环保职业技术学院
丁可轩　黄河水利职业技术学院
连志东　北京市环境保护局

序 言

环境保护是伴随人类社会经济发展永恒的主题，我国党和政府一贯高度重视环境保护工作。近年来，随着我国经济建设的快速发展，社会和企业对环境保护应用型人才的需求日益扩大，这给高职高专环境保护专业建设带来了新的机遇和挑战。为了更有力地推动环境保护专业教育的发展和专业人才的培养，加强教材建设这一专业建设的重要基础工作，教育部高等学校高职高专环境保护与气象类专业教学指导委员会（以下简称“教指委”）与人力资源和社会保障部教材办公室结合各自的领域优势，共同组织编写了“全国高职高专环境保护类专业规划教材”。本套教材包括《环境监测》《水污染控制技术》《大气污染控制技术》《噪声污染控制技术》《固体废物处理与处置》《污水处理厂（站）运行管理》《环境保护概论》《环境管理》《环境生态学基础》《环境影响评价》《环境法实务》《环境工程制图与CAD》《室内环境检测》《环境保护设备及其应用》《环境专业英语》《环境工程微生物技术》《环境工程给水排水技术》等17种。

本套全国规划教材的编写力求满足高职高专环境保护类专业课程体系和课程教学的新发展，立足教学现状，力求创新，在吸收已有教材成果的基础上，将本学科最新的理论、技术和规范纳入教学内容，并与国家最新的相关政策标准、法律法规保持一致。为满足培养应用型人才目标的需要，整套教材体现了职业教育特色，避免大量理论问题的分析和讨论，强调以实际技能和职业需求带动教学任务，技能实训部分采用项目模块化编写模式，提倡工学结合，增加可操作性和工作实践性，为学生今后的职业生涯打下坚实的基础。同时，每章列有学习目标、章后小结和形式多样的复习题，便于学生理清知识脉络、掌握学习重点；丰富的课外阅读材料可让学生在学习中提高兴趣，拓宽视野。

在本套教材开发过程中，教指委进行精心的组织指导，全国20余所高等院校、科研院所近百名专家和老师积极参与编写和审订，在此特向他们表示衷心的感谢！

我们相信，本套教材的出版必将为我国高职高专环境保护类专业的发展和教材建设做出重要的贡献。因时间紧迫和各因素的制约，教材中难免仍有不足之处，恳请专家学者、广大师生和其他读者提出宝贵意见。

全国高职高专环境保护类专业规划教材编委会

2009年6月

内容简介

本教材紧扣高职高专环境保护类专业教材的教学要求，针对企业、基层、社区环境法律应用型人才的实际需要，突出了企业、基层环境管理中环境法律的实用性与实践性。本教材内容包括：环境法概论、环境法律制度、环境保护标准、环境污染防治法、资源保护法、环境法律责任、环境行政执法。

本教材由教育部高等学校高职高专环境保护与气象类专业教学指导委员会组织编写，是全国高职高专环境保护类专业规划教材之一种，既可作为高职高专环境保护类专业师生教学使用，也可作企业环境管理人员和环境保护、资源管理等部门执法人员工作指导用书。

前　言

《国务院关于落实科学发展观加强环境保护的决定》的颁行和第六次全国环境保护大会的召开，标志着我国环境保护工作进入了一个新的发展时期。探索中国特色的环境保护道路，推进历史性转变，以环境保护优化经济发展，实现节能减排目标，必须加强环境法制建设，坚持依法办事，把人口资源环境工作纳入法制化轨道。当前，加强环境法制建设，培养大批熟悉环境法律法规的第一线环境管理应用型人才，宣传、贯彻落实“国家环境保护意志”，提高广大公众和企业的环境法制观念，“坚决做到有法必依、执法必严、违法必究，严厉查处环境违法行为和案件”，已成为全面贯彻落实科学发展观，构建和谐社会，推进生态文明建设，顺应世界环境保护潮流的必然要求和重要保障。

本教材在吸收已有教材成果的基础上，将本学科的最新理论及技术规范纳入教学内容，针对高职高专教学特点，就环境法相关的问题进行了系统深入的研究，最终形成了编写体例和内容。在编写过程中，既考虑了环境法学作为一门学科的理论性、系统性和前瞻性，又考虑了环境执法的可操作性、实用性和综合性，还考虑了环境法与其他相关学科的关联性和相容性，力求做到理论与实践的结合，形式与内容的统一，专业知识与相关知识的互补。

本教材把企业、基层、社区环境法律应用型人才的实际需求作为立足点，并结合环境法调整环境社会关系，规范环境行为的特点，在介绍环境法基本理论与方法的同时，重点阐述了我国环境法的体系、主要环境法律制度、污染防治和资源保护的法律规定及环境行政执法程序。特别是通过典型案例，以例说法，以便学生加深对法律条文的理解，强化环境法律意识，提高分析问题和解决问题的实际能力，为今后的职业生涯打下坚实的基础。

本教材在编写过程中力求采纳最新的法律法规、标准及其他相关参考文献资料，并在各章中列出学习目的、章后小结和复习思考题，特别是第二章之后增设了实训项目，内容的重点、难点突出，观点明确，条理明晰，易学易懂。

中国环境管理干部学院朴光洙担任本书主编，负责总体设计及统稿。编写人员及各章作者如下：

第一章朴光洙、曹晓凡、陈晨；

第二章王政、马品懿（第二章第六节）；

第三章夏振鹏、昆明理工大学张树兴；

第四章宋海鸥、朴光洙、北京理工大学安伟贞；

第五章曹晓凡、中国社会科学院法学研究所丁渠；

第六章曹晓凡、刘斌、刘永鑫；

第七章王政、刘湘（第七章第一节）。

未注单位人员均为中国环境管理干部学院教师。

我国著名的环境法学专家、中国政法大学环境资源法研究所所长、博士生导师王灿发教授担任本书主审，对教材的总体设计、编写大纲提出了许多宝贵的指导意见。

在此，我们对所有为本书作出了贡献的人员深表感谢。

由于编者水平有限，教材中缺点和错误在所难免，恳请读者批评、指正。

编　者

2009 年 11 月

目　录

第一章 环境法概论

本章学习目标

了解 环境法的概念和特征、任务、目的及其作用。

熟悉 环境法的适用范围、环境法的基本原则和监督管理体制。

掌握 环境法的体系。

第一节 环境法概述

一、环境法的概念

环境法也称环境保护法，是指因调整保护和改善生活环境与生态环境，防治环境污染和其他公害而产生的社会关系的法律规范的总称。

1. 环境法是调整人们在环境保护中产生的社会关系的法律规范

环境问题分为原生环境问题和次生环境问题两类。由自然界运动引发的环境问题称为原生或者第一类环境问题；由人类活动引起的环境问题，称为次生或者第二类环境问题。原生或者第一类环境问题不属于环境法的调整范围，环境法只调整次生或者第二类环境问题。这是因为，任何法律只调整人与人之间的社会关系，具体到环境法而言，其只调整因人类活动引起的环境问题中人与人之间的社会关系。虽然环境法需要协调人与自然的关系，但是环境法是通过调整人与人之间的关系来实现协调人与自然关系的目的的。

2. 环境法调整的社会关系具有特定的范围

环境法并非调整所有与环境有关的社会关系，而是只调整人们在开发利用、保护和改善生活环境与生态环境，防治环境污染和其他公害而产生的社会关系，即环境保护关系。这种社会关系按其内容可分为两大类：一是因开发利用、保护和改善生活环境与生态环境而产生的社会关系；二是因防治环境污染和其他公害而产生的社会关系。

3. 环境法是指一切调整环境保护关系的法律规范的总和

环境法是指一切与保护和改善生活环境与生态环境，防治环境污染和其他公害有关的法律规范的总称。环境法包括：全国人民代表大会（以下简称“全国人大”）制定的《宪法》中有关环境保护的规范，全国人大及其常委会制定的综合性环境保护基本法——《环境保护法》以及各种自然资源保护和污染防治单行法，全国人大常委会批准、我国签署的环境保护国际条约、公约、议定书；国务院制定的环境保护行政法规和批准的环境保护国际公约、议定书，国务院各部、委（局）发布的环境保护规章；省级人民代表大会（以下简称“省级人大”）及其常委会，省级政府所在地的市和经国务院批准的较大的市人民代表大会及其常委会，以及经全国人民代表大会授权的经济特区人民代表大会及其常委会制定的地方性环境保护法规；地方政府依法制定的环境保护规章。

二、环境法的特征

我国的环境法和其他部门法一样，既具有我国法律的共同属性，同时，作为一个独立法律部门，它也具有自身的特征：

1. 科学技术性

环境法具有很强的科学技术性，它不仅反映社会经济规律和自然生态规律，还反映环境科学规律。环境法的目的、任务、基本原则、基本制度等都体现了这些规律，这就是环境法的科学性。环境法中有关保护自然资源和防治环境污染的许多措施，环境保护基本原则、基本制度，以及大量的环境保护标准，都是从环境科学研究成果和环境保护实践中，由技术规范上升而来的，这就是环境法的技术性。科学技术性是环境法的最根本属性，并且对环境法的立法、执法、司法、法律服务、法律教育等都具有深刻的影响。

2. 综合性

从形成的基础看，环境法是以法学和环境科学为基础，以母法《宪法》为依据，诸多相关的部门法和有关自然科学相互交叉、渗透的产物。从法律规范和性质看，既有行政、民事、刑事等实体法规范，也有与之相对应的行政诉讼、民事诉讼和刑事诉讼等程序法规范。从立法机关的种类和地位看，既包括中央立法机关，也包括地方立法机关。从调整的社会关系涉及的方面看，包括政治、经济、文化、外交、军事等社会生产、生活的各个方面。从保护对象看，环境法保护的范围包括 14 个环境因素，并且正在随着经济、科学技术的发展和人们的需求而不断扩大。从调整方法看，是综合型、多种多样的，包括行政、经济、科技、教育和法律手段等。从监管部门看，除包括县级以上环境保护行政主管部门外，还包括海洋、港监、海事、渔业等依法行使环境保护监管权的行政主管部门。

3. 可持续发展性

在 1992 年以前，我国环境法的一些原则、制度和措施就体现了可持续发展的思想，但明确提出并较充分体现这一特点的是自 1992 年联合国环境与发展大会之后。从立法目的看，经修订后颁布的《海洋环境保护法》《大气污染防治法》《土地管理法》《森林法》《草原法》《渔业法》《水法》等法律和新出台的《防沙治沙法》《清洁生产促进法》《环境影响评价法》《可再生能源法》等法律，都明确规定了可持续发展思想。从法律原则看，体现出可持续发展性的有：经济建设与环境保护协调原则，预防为主、防治结合、综合治理原则，开发者保护、污染者治理原则。从法律制度上看，体现出可持续发展性的有：环境影响评价制度，征收生态补偿费制度、污染物排放总量控制制度，淘汰落后设备工艺和实行清洁生产制度等。

从保护和防治措施看，有鼓励开发和使用清洁能源、推广清洁生产工艺，保护湿地、退耕还林等措施。从法律责任看，普遍规定了责令限期改正、责令补种、责令限期治理、停业、关闭污染严重的企事业单位等。

4. 共同性

人类只有一个地球，赖以生存的地球生态环境是一个整体。当代环境问题与资源危机已经不是某一个国家或局部地区的问题，环境污染已经超越国界而成为全球性的问题，需要国际社会与世界各国的合作协调与共同努力来解决。环境保护的原则与环境管理的规则在许多情况下超越了国界及社会制度、文化背景的局限，具有世界普遍一致性。在当今世界，联合国及有关国际组织有关全球环境资源保护的一系列宣言、宪章、公约等的要求，对各国的环境立法与实施产生了广泛而深刻的影响；同时，由于各国环境问题大多与经济发展、生产管理、资源利用与科技水平密切相关，所以有关环境立法的诸多措施与规定，各国可以相互交流与借鉴。

5. 公益性

环境法作为法的一个部门，当然要反映制定或认可它的统治阶级的意志和利益即具有阶级性。但同阶级性与政治职能较强的宪法、刑法等公法部门相比较，环境法较少体现阶级利益的对立与冲突，而着力于解决人与自然之间的矛盾，特别关注的是人类生存与发展意义上的公共利益与基本人权，侧重于“为一般社会福利而立法”，属于社会立法的范畴。由于生态环境是人类的经济与社会可持续发展的基础，生态文明是现代社会文明的重要组成部分，因而以保护与改善生态环境为目的的环境法就是以社会公共利益为本位的法。

第二节　环境法的任务、目的和作用

一、环境法的任务

我国环境法的任务，在《宪法》《环境保护法》和各种环境污染防治、自然资源保护单行法中都作了明确的规定。例如：

《宪法》第二十六条规定：“国家保护和改善生活环境和生态环境，防治污染和其他公害。”

《宪法》第九条第二款规定：“国家保障自然资源的合理利用，保护珍贵的动物和植物。禁止任何组织或者个人用任何手段侵占或者破坏自然资源。”

《宪法》第十条第五款规定：“一切使用土地的组织和个人必须合理地利用土地。”

《环境保护法》第一条规定：“为保护和改善生活环境与生态环境，防治污染和其他公害，保障人体健康，促进社会主义现代化建设的发展，制定本法。”

《大气污染防治法》第一条规定：“为防治大气污染，保护和改善生活环境和生态环境，保障人体健康，促进经济和社会的可持续发展，制定本法。”

《土地管理法》第一条规定：“为了加强土地管理，维护土地的社会主义公有制，保护、开发土地资源，合理利用土地，切实保护耕地，促进社会经济的可持续发展，根据宪法，制定本法。”

《清洁生产促进法》第一条规定："为了促进清洁生产，提高资源利用效率，减少和避免污染物的产生，保护和改善环境，保障人体健康，促进经济与社会可持续发展，制定本法。"

《环境影响评价法》第一条规定："为了实施可持续发展战略，预防因规划和建设项目实施后对环境造成不良影响，促进经济、社会和环境的协调发展，制定本法。"

《可再生能源法》第一条规定："为了促进可再生能源的开发利用，增加能源供应，改善能源结构，保障能源安全，保护环境，实现经济社会的可持续发展，制定本法。"

从上述规定中，可将环境法的任务概括为以下两项：

1. 保护和改善生活环境和生态环境

《环境保护法》明确将环境区分为生活环境与生态环境，并突出了对生态环境的保护和改善，尤其是加强对农业环境和海洋环境的保护和改善。它对大气、水、土地、森林、野生动植物等自然资源的保护，是将其作为环境因素，并主要是为了发挥其生态功能，防止开发利用过程中造成环境污染、资源浪费以致灭绝。可见，合理利用自然资源是保护和改善生态环境的重要手段。这不仅从理论上划清了环境保护法中的自然资源保护法与经济法中的自然资源管理法之间的界限，还指明了保护和改善环境与合理开发利用自然资源之间的关系，并要求人们在开发利用自然资源中必须采取措施保护生态环境。这样，才能做到既发展了经济，又保障了人体健康和生态系统的良性循环。

2. 防治环境污染和其他公害

根据《环境保护法》第二十四条规定，防治环境污染，就是指防治在生产建设或者其他活动中产生的废气、废水、废渣、粉尘、恶臭气体、放射性物质以及噪声、振动、电磁波辐射等对环境的污染和危害。防治"其他公害"则是指防治除前述环境污染和危害之外，目前尚未出现而今后可能出现，或者现在已经出现但尚未包括在《环境保护法》上述规定之中的。防治环境污染和危害，也称防治"公害"，是与防治"环境破坏"相对应的称谓。由此可见，我国环境保护法中的"环境破坏"，并不包括在这个"公害"概念之内，但可包括在"其他公害"之内。

我国《环境保护法》和现行的环境污染防治单行法在防治环境污染及其他公害的规定中，具有以下几个特点：第一，《环境保护法》除明确规定了环境保护监督管理体制、排污者的责任和扩大了适用范围之外，还将原来按照每种污染物逐一设条改为概括性地规定各种污染物的一般防治措施，这种立法形式更加体现了该法的综合性基本法地位；第二，在各种防治污染单行法中，增设了近年来环境保护实践中涌现出来并行之有效的制度和措施，如污染物排放总量控制、排污许可证、淘汰落后设备和工艺、禁止生产和使用有毒建筑材料、划定"两控区""污染防治重点城市"和"排污收费，超标处罚"等；第三，在法律责任部分提高了处罚力度，增设了新的处罚形式，在《刑法》中增设了"破坏环境资源保护罪"专节等。

环境保护工作是各级人民政府的一项重要职责。《环境保护法》第十六条规定："地方各级人民政府，应当对本辖区的环境质量负责，采取措施改善环境质量。"该项规定解决了应当由谁对环境质量负责的问题。环境保护工作涉及面广，任务繁重，需要巨额的资金和大量的人力物力。只有上至中央、下至地方政府负起责任，才能顺利完成环境保护法的两大任务。

二、环境法的目的

根据《宪法》《环境保护法》和自然资源保护及污染防治单行法的前述规定可知，实现环境保护法两项重要任务的目的是："保障人体健康，促进经济和社会的可持续发展。"

"保障人体健康"与"促进经济和社会的可持续发展"是我国环境保护法的双重目的，也称"二元目的"论。世界一些经济发达国家对环境保护法目的的规定与我国不同。如日本国会 1967 年制定的《公害对策基本法》第一条第一款的规定便与我国不同。但该法第一条第三款又规定，"前款规定的保护生活环境是与经济健全发展相协调进行的"。该法公布后，遭到社会一些人士的反对，认为该款的规定为企业不顾环境保护而追求经济利益提供了借口，是经济优先的观点。于是，日本国会于 1970 年修订了《公害对策基本法》，删去了该款的规定。这就是所谓环境保护法的"一元目的"论，即以保护人体健康和维护其生活环境为其唯一宗旨。1993 年日本国会颁布的《日本环境基本法》，重申了上述"一元目的"论的规定，还加上了"为人类的福利做贡献"。另外，从美国《国家环境政策法》第一条的规定可知，其环境保护法也属于"一元目的"论的类型。

我国环境法之所以秉持"二元目的"论，就是充分考虑到我国现阶段的基本国情。我国属于发展中的国家，人口众多，人均耕地和其他自然资源大大低于世界平均水平，加上经济、科技水平低，国家只能在发展经济的同时加强环境保护，在经济发展的过程中解决环境问题。但是，经济建设绝不能以破坏人类生存环境为代价，不能把环境保护同经济建设对立起来或割裂开来。因为，发展经济的根本目的是保障人体健康。如果经济发展了，人们的生活水平提高了，但呼吸的空气是不新鲜的，喝的水是脏的，工作、学习和生活的环境是被污染的，那并不是真正的现代化，不是人民群众的愿望，也不是我们现代化建设的目的。可见，"先污染后治理""先破坏后恢复"的做法必将使经济建设走上不可持续发展的道路，既不符合广大群众的利益，也与环境保护法的立法目的相违背。

三、环境法的作用

1. 环境法是实施环境监督管理，实现环境保护法目的的法律依据

发展经济，必须走可持续发展的道路，否则将受到大自然的惩罚，这是客观规律，也是世界各国环境保护工作的宝贵经验。但是，一些人并未认识到这个道理。有人认为，为发展经济而污染或者破坏环境是难免的；也有人认为，我国是个发展中国家，首先要解决的是吃饭、就业的问题，先把经济搞上去，其余一切都好办。上述认识和看法显然是造成我国一些地区环境质量继续恶化的主因。要改变这种状况，国家要采取宣传教育、行政、经济和科技等手段的同时，必须采取强有力的法律手段。要切实改变有法不依、执法不严、违法不究的状况。各级政府应依法将环境保护规划纳入国民经济和社会发展计划，采取有利于环境保护的经济、技术政策和措施，力戒决策不当对环境造成重大失误。行政、司法部门要加大执法、司法力度，凡是污染或者破坏环境的，要依法追究法律责任，绝不姑息。同时，要加强环境监督管理队伍建设，认真学习和坚决执行环境保护法，严肃查处以言代法、以权谋私、以罚代刑等渎职行为。

2. 环境法是提高广大干部群众环境保护意识和法制观念的好教材

环境保护法规定了国家机关、社会团体、企事业单位和公民在环境保护中的职责和权利、义务。使人们懂得什么是法律所禁止的，什么是法律所鼓励的，从而获得判断是非、合

法与违法犯罪的标准。特别是各级领导干部，要不断提高对环境保护重要性的认识，从而带头遵守环境保护法，并为环境保护监督管理部门严格执法创造好的条件。各级环境保护部门要努力提高监督管理的能力，开展环境警示教育，鼓励公众参与，发挥新闻媒体的舆论监督作用。环境保护法要求一切单位和个人，自觉履行保护环境的义务，并对污染和破坏环境的单位和个人进行检举和控告。广大群众要学会运用环境保护法，积极参与环境保护事业，以维护国家和公民个人的环境权益。

3. 环境法是维护我国环境权益的重要武器

臭氧层破坏、温室效应、海洋污染和放射性物质泄漏等，其危害范围往往跨越国界，这就涉及国家间环境权益的维护问题。近年来，随着对外贸易、引进外资和旅游业的发展，一些发达国家或者地区向我国内地转嫁污染；某些地区还发生外来物种的入侵和珍稀、濒危野生动植物被偷运出境等破坏环境的现象。为了维护我国的环境权益，环境法已设置了相应的规范。例如，《环境保护法》第三十条规定："禁止引进不符合我国环境保护规定要求的技术和设备。"《中外合资经营企业法实施条例》第五条规定："外商在我国境内投资建设必须遵守我国环境保护法律、法规和有关规定，防治环境污染和生态破坏，接受环境保护行政主管部门的监督管理。"这些规定，体现了我国环境保护法在维护国家环境权益中的重要作用。有关部门、企事业单位和个人，要结合我国加入世贸组织面临的新形势，正确运用环境保护法的有关规定，坚决维护国家、单位和个人的环境权益。

4. 环境法是促进环境保护的国际交流与合作，保护世界环境的重要手段

20 世纪 80 年代以来，我国积极参与国际环境保护事业，签署了多项国际环境保护条约。例如，《保护臭氧层维也纳公约》及其议定书、《控制危险废物越境转移及其处置巴塞尔公约》《气候变化框架公约》《生物多样性公约》和《联合国海洋法公约》等。特别是 1992 年在联合国环境与发展大会上，我国提出了加强环境与发展领域国际合作的"五点主张"，突出了国际环境保护中的国家主权地位，为发展中国家伸张了正义，受到会议的重视和国际社会的好评。此外，我国还加强了与周边国家和地区环境保护交流与合作。我国在各种国际环境保护会议上多次表示，愿为保护和改善全球环境作出积极的贡献，但是不能承诺与我国发展水平不相适应的义务。众所周知，世界环境的恶化主要是发达国家造成的，它们理所当然应该在这个方面多负起责任。我国坚决反对一些发达国家借环境保护问题干涉别国的内政，在国内环境保护立法方面也体现了这一原则立场。例如《环境保护法》第四十六条规定："中华人民共和国缔结或者参加的与环境保护有关的国际条约，同中华人民共和国法律有不同规定的，适用国际条约的规定，但中华人民共和国声明保留的条款除外。"这一规定表明了我国政府对国际环境保护事业的高度责任心，既促进了国际环境保护的交流与合作，也维护了我国的国家主权和环境权益。

第三节　环境法的适用范围

环境法的适用范围是指环境法在哪些地方和在什么时间对哪些人有效力的问题，具体来讲包括在空间的适用范围、对人的适用范围和时间上的适用范围。

一、环境法在空间的适用范围

环境法在空间上的适用范围是指环境法在哪些地方、区域有效力。

1. 全国性的环境保护法律、法规、规章，一般均在全国范围内有效

例如《环境保护法》和各种自然资源保护与环境污染防治单行法。其中《环境保护法》第三条规定："本法适用于中华人民共和国领域和中华人民共和国管辖的其他海域。"这是我国环境保护法在空间效力上总的规定，表明其效力及于我国的全部领域。包括我国的领陆、领海、领空和延伸意义上的其他领域。需要注意的是，上述环境保护法律、法规、规章，虽然在全国范围内有效，但其实际效力只在特定范围内，即环境保护领域内或者该领域的某一方面有效力。例如，《水污染防治法》只适用于陆地水体的污染防治，不适用于海洋环境污染损害的防治。

2. 地方性环境保护法规、规章的效力及于该地区

地方权力机关、行政机关制定的地方性环境保护法规、规章，只在该辖区内的环境保护领域或者该领域的某一方面有效力，不能作为处理其他地区环境保护纠纷的法律依据。

3. 我国某些环境保护法律具有"域外效力"

有关我国环境法的效力及于国家主权所管辖的领域，称"域内效力"，意味着环境法在国家主权管辖的领域内有效，只是不同层次的环境法律、法规、规章在空间上的具体适用范围有差别。

随着对外贸易和国际交往的增多，为了防止域外单位或者个人危害我国的环境权益，我国的某些环境保护法律、法规也实行"域外效力"原则，也就是在我国领域以外生效的原则。例如《海洋环境保护法》和《刑法》就是如此。《海洋环境保护法》第二条第三款规定："在中华人民共和国管辖海域以外，造成中华人民共和国海域污染的，也适用本法。"就是说，在我国管辖海域以外的单位或者个人实施了污染损害我国海洋环境的行为，我国有关行政机关可以依据该法追究其法律责任。《刑法》中破坏环境资源罪的规定也具有域外的效力。这种"域外效力"，国外法律也有类似的规定，且一般都必须以同有关国家缔结的多边、双边协定为基础，才得以顺利实施。

4. 我国参加的国际条约效力优于国内法

对于我国参加或者签署的国际环境保护条约，与国内环境保护法有不同规定的，除我国政府声明保留的条款以外，适用国际条约的规定。这种国际法优于国内法的原则，是国际上的通例。

5. 国内跨区域环境保护法律的适用

对跨行政区域环境保护纠纷案件适用法律的问题，原则上应以环境保护违法行为发生地的法规为依据。

二、环境法对人的适用范围

环境保护法对人的适用范围，是指环境保护法对哪些人发生效力，包括对哪些自然人和单位有效力。关于法律对人的适用范围，世界各国所确立的原则不尽相同，概括起来有以下几种：

1. 属人主义

属人主义指凡是本国人不论在国内还是国外，均适用本国法律，但对在该国领域内的外

国人不适用。

2. 属地主义

属地主义指一国的法律对其管辖领域内的一切人，不论本国公民或外国人，均适用本国法律。

3. 保护主义

保护主义指本国法律对任何损害该国家利益的人都有约束力，而不问此人的国籍或者所在地。

4. 以属地主义为主，以属人主义、保护主义为辅

以属地主义为主，以属人主义、保护主义为辅，指以属地主义为基础，把属地主义、属人主义和保护主义三者结合起来的原则。

三、环境法在时间上的适用范围

环境法在时间上的适用范围，是指环境保护法在什么时间生效和何时终止效力，以及对环境保护法颁布以前发生的破坏或者污染环境的行为是否有效力的问题。

1. 环境保护法生效时间的三种形式

（1）立即生效。即自颁布之日起生效，例如，1979 年 9 月 13 日和 1979 年 2 月 23 日颁布的《环境保护法（试行）》和《森林法（试行）》。立即生效形式在环境保护法领域中比较少见。

（2）公布之日起一定期限后生效。这是环境保护法律、法规较普遍的生效形式。其中包括修订和新制定的。前者如 2000 年 4 月 29 日修订公布施行的《大气污染防治法》（2000 年 9 月 1 日起施行）等；后者如 2003 年 6 月 28 日公布的《放射性污染防治法》（2003 年 10 月 1 日起施行）等。之所以采取公布之后不立即生效，而另定生效时间，是因为这些法律、法规的贯彻实施，需要有一定时间做准备。

（3）公布之后经过一段时间的试行和修改后才正式生效。这是我国环境保护法曾经采取的生效形式，目前已停止使用。

2. 环境保护法的三种失效形式

（1）经修订的法律明文规定在该法律施行之日起相应的原法同时废止。例如《环境保护法》第四十七条规定："本法自公布之日起施行。《中华人民共和国环境保护法（试行）》同时废止。"

（2）规定与新法相抵触的原法律规定失效。例如，1982 年 8 月 23 日公布实施的《海洋环境保护法》第四十六条规定："现行有关海洋环境保护的规定，凡与本法相抵触的，均以本法为准。"

（3）随着新法的颁布施行原有同类法律自行失效。例如，《水污染防治法》是根据 1996 年 5 月 15 日第八届全国人大常委会第十九次会议《关于修改〈中华人民共和国水污染防治法〉的决定》修订的。在该法条文和公布该法的命令，以及在上述《决定》中，均没有规定在新法生效之后，原同样内容的法律相应地失效。但是，根据惯例，应当认为原《水污染防治法》中与新法的规定相抵触的部分自行失效。

3. 环境保护法的溯及力问题

指环境保护法对其生效以前的行为和事件是否有约束力的问题。如果有约束力，称有溯

及力；如果没有约束力，则称无溯及力。

关于法律的溯及力问题，我国采用从旧兼从轻原则。所谓从旧兼从轻原则，是指新法原则上不溯及既往，但新法对行为人处罚较轻的，从新法。例如，《刑法》第九条规定："中华人民共和国成立以后本法实施以前的行为，如果当时的法律、法令、政策不认为是犯罪的，适用当时的法律、法令、政策。如果当时的法律、法令、政策认为是犯罪的，依照本法总则第四章第八节的规定应当追诉的，依照当时的法律、法令、政策追究刑事责任。但是，如果本法不认为是犯罪或是处刑较轻的，适用本法。"我国法律一般没有溯及力。

第四节　环境法体系概念

一、环境法体系的定义

环境法的体系是指由调整因保护和改善生活环境与生态环境，防治污染和其他公害而产生的社会关系的法律规范所形成的有机统一体。或者说，环境法体系是由保护和改善生活环境与生态环境，防治污染和其他公害的法律、法规、规章所组成的统一体。

上述两种定义，前者是按照调整环境保护社会关系的法律规范来定义的，后者则是按照法律文件来定义的。前一种定义法的优点是包括的范围比较广，它可包括一切与环境保护有关的法律规范，而不限于环境保护法律文件；后一种定义的优点是文件的法律地位一目了然，比较清楚，但所包括的范围有限，不如前一种定义广泛、全面。

二、环境法是一个独立的法律部门

环境法是一个新兴的在我国法律体系中具有不可替代作用的，具有自己独立地位的法律部门。环境法之所以是一个独立地位的法律部门，是因为：

1. 环境法有自己独立的调整对象

区别法律部门的最重要标志就是其调整对象的独立性或特殊性。环境法的调整对象是环境社会关系，这类社会关系是在人们开发利用、保护改善环境的过程中所产生的，其特征是它的产生及发展以人类—环境关系为基础，并且与人类对环境保护的认识水平密切相关。环境社会关系具有广泛性、复杂性和综合性，既不是单纯的行政关系，也不是单纯的经济关系。这样一类社会关系，不是其他任何法律部门所调整的社会关系所能包含的。

2. 环境法有自己特殊的任务和目的

一般来说，环境法的任务和目的是保护环境，保障人体健康，维护生态平衡，各国在环境立法中根据本国情况各有侧重。我国《环境保护法》规定的任务和目的是"为保护和改善生活环境与生态环境，防治污染和其他公害，保障人体健康，促进社会主义现代化建设的发展"。这一任务无法被其他法律部门的任务所代替，目的也不可能由别的法律部门来实现。

3. 环境法有自己的特征

由于环境保护是一项永久性、全民性的活动，环境质量改善的后果对全体社会成员一视同仁，因而环境保护法的调整对象与保护对象都具有广泛性，环境法以生态规律为基础结合社会规律而产生，经济全球化要求世界各国在环境保护领域携手合作，使得这一部门法的社会性与公益性更为显著。这些特征都是环境法性质的体现，是环境法区别于其他法律部门的标志。

4. 环境法有独立的法律体系

环境法虽然出现的时期不长，但由于其与人类生存和发展密切相关而得到迅速发展，各国均已制定和颁布了大量的环境法律、法规，进行了多种理论研究，形成了独立的法律体系。环境法律体系的形成，也是环境法能够区别于其他法律部门并取得独立地位的重要条件。

三、环境法体系的构成

1. 环境法体系的纵向结构

环境法体系的纵向结构又称为环境法的效力体系，是根据环境法的制定机关，按照不同的效力层次而划分的环境法的内部结构。环境法体系的纵向结构的构成关系如图 1—1 所示。

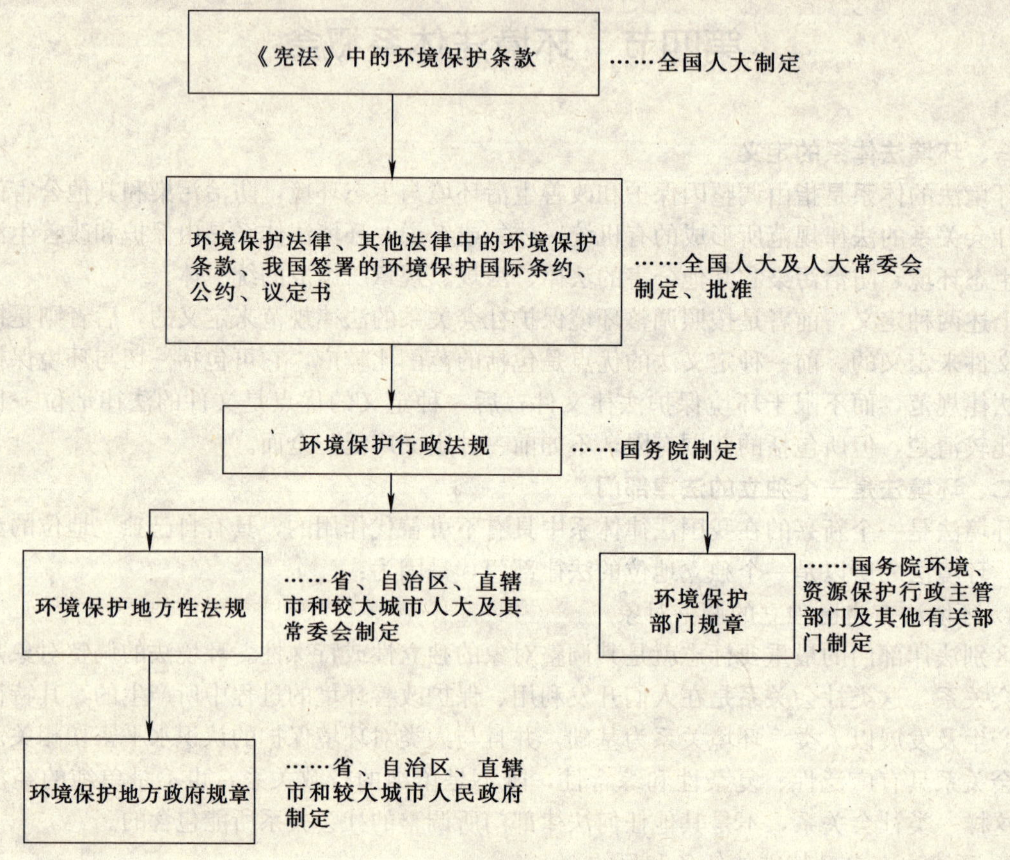

图 1—1　环境法体系的纵向结构图

(1)《宪法》

我国《宪法》中关于环境保护的条款是制定其他环境法的依据。《宪法》由全国人大制定，它具有最高法律效力，一切法律、行政法规、地方性法规、自治条例、单行条例、规章都不得同《宪法》相抵触。

(2) 环境保护法律、其他法律、我国签署的环境保护国际公约

1) 环境保护法律、其他法律。环境保护法律、其他法律由全国人大及人大常委会制定，由国家主席签署主席令予以公布，法律效力高于行政法规、地方性法规、规章。

2) 我国签署的环境保护国际公约。根据我国《宪法》有关规定，经全国人大常委会或

国务院批准参加的国际条约、公约和议定书与国内法具有同等法律效力。但《环境保护法》第四十六条规定，如与国际公约与国内法有不同规定时，应优先适用国际公约的规定，但我国声明保留的条款除外。

3）环境保护行政法规。国务院根据《宪法》和法律制定环境保护行政法规，并由总理签署国务院令予以公布。行政法规的法律效力高于地方性法规、规章。

4）环境保护部门规章。环境保护部门规章由国务院环境、资源保护行政主管部门或有关部门发布，它们有的由环境、资源保护行政主管部门单独发布，有的由几个有关部门联合发布，是以有关环境法律、行政法规、决定、命令为根据在权限范围内制定的规章。部门规章由部门首长签署命令予以公布，由部务会议或者委员会会议决定。

5）环境保护地方性法规。环境保护地方性法规由省、自治区、直辖市、省会城市、自治区首府所在市和较大城市的人大及其常委会制定。地方性法规效力高于本级和下级地方人民政府规章。环境保护地方性法规在本行政辖区适用。

6）环境保护地方政府规章。环境保护地方政府规章由省、自治区、直辖市、省会城市、自治区首府所在市和较大城市的政府制定，经政府常务会议或者全体会议决定并由省长、自治区主席或者市长签署命令予以公布，在本行政区域内适用。

2. 环境法体系的横向结构

从环境法体系的内容即从环境法体系的横向结构看，环境法体系由不同方面、不同功能的环境法律、法规所组成。环境法体系的横向结构的构成关系如图 1—2 所示。

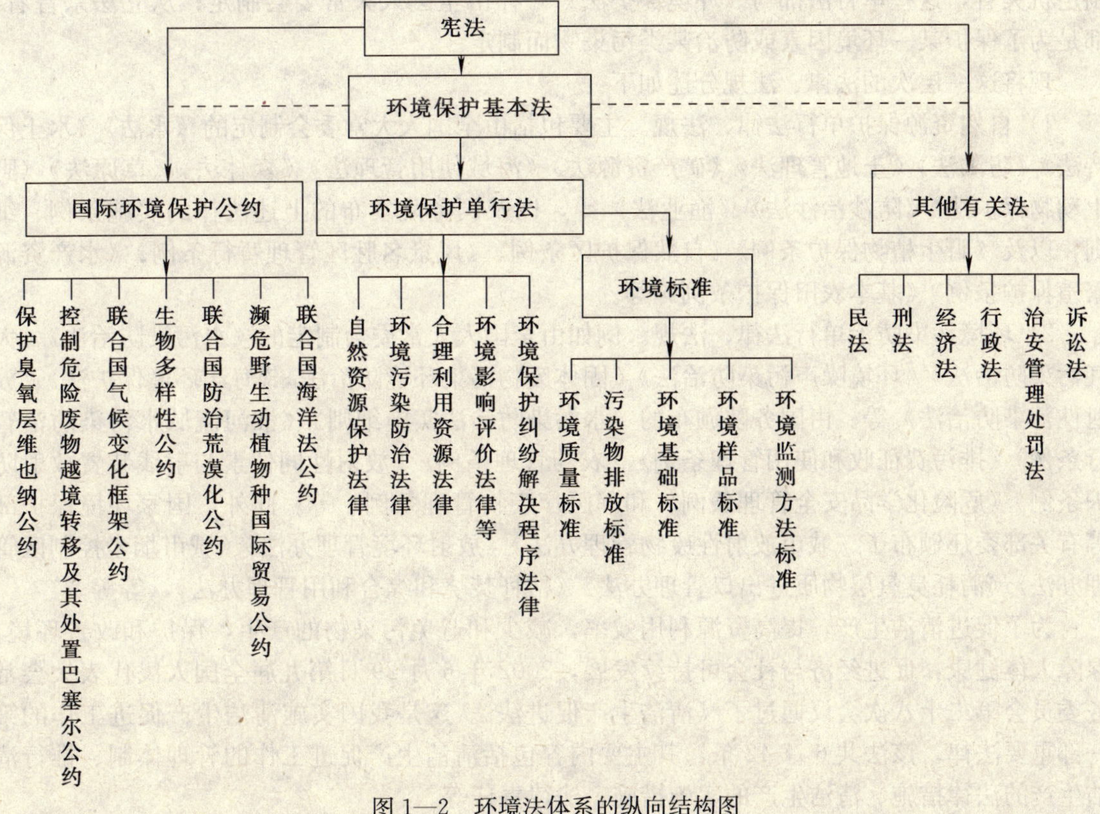

图 1—2 环境法体系的纵向结构图

（1）《宪法》中有关环境与资源保护的规定

《宪法》中关于环境与资源保护的规定是环境法的基础，是各种环境法律、法规和规章的立法依据。把环境保护作为一项国家职能和基本国策在《宪法》中予以确认，把环境保护的指导原则和主要任务在《宪法》中作出规定，为国家和社会的环境活动奠定了基础。

我国《宪法》对环境与资源保护作了一系列规定：

第九条规定："矿藏、水流、森林、山岭、草原、荒地、滩涂等自然资源，都属于国家所有，即全民所有；由法律规定属于集体所有的森林和山岭、草原、荒地、滩涂除外。国家保障自然资源的合理利用，保护珍贵的动物和植物。禁止任何组织或者个人用任何手段侵占或者破坏自然资源。"

第十条第五款规定："一切使用土地的组织和个人必须合理地利用土地。"

第二十二条第二款规定："国家保护名胜古迹、珍贵文物和其他重要历史文化遗产。"

第二十六条规定："国家保护和改善生活环境和生态环境，防治污染和其他公害。"

（2）环境保护基本法

环境保护综合性基本法在整个环境保护法体系中，具有重要的地位和不可替代的意义，其效力仅次于《宪法》，是制定各种环境保护单行法律、法规和规章的基本依据。1989 年 12 月颁布的《环境保护法》是我国的环境保护基本法。

（3）环境保护单行法律、法规

这一层次的法律规范，其内容包括自然资源保护和环境污染防治两大类。其特点是：从制定机关看，这些单行法都与《环境保护法》一样由全国人大常委会制定；从立法宗旨看，都是为了保护某一环境因素或防治某类污染物而制定。

现将这一层次的法律、法规分述如下：

1）自然资源保护单行法律、法规。主要包括由全国人大常委会制定的《水法》《水土保持法》《防洪法》《土地管理法》《矿产资源法》《海域使用管理法》《森林法》《草原法》《野生动物保护法》《防沙治沙法》《渔业法》等，以及国务院发布的上述法律的实施条例、细则，以及《野生植物保护条例》《自然保护区条例》《风景名胜区管理暂行条例》《水产资源繁殖保护条例》《基本农田保护条例》等。

2）环境污染防治单行法律、法规。例如由全国人大常委会制定的《水污染防治法》《大气污染防治法》《环境噪声污染防治法》《固体废物污染环境防治法》《海洋环境保护法》《放射性污染防治法》等。由国务院颁布的《水污染防治法实施细则》《淮河流域水污染防治暂行条例》《排污费征收和使用管理条例》《农药管理条例》《放射性同位素与射线装置放射防护条例》《危险化学品安全管理条例》和《医疗废物管理条例》等。此外，国家环境保护部等有关部委还颁布了《城市放射性废物管理办法》《放射环境管理办法》《城市烟尘控制区管理办法》《消耗臭氧层物质进出口管理办法》《秸秆焚烧和综合利用管理办法》，等等。

为了促进清洁生产，提高资源利用效率，减少和避免污染物的产生，保护和改善环境，保障人体健康，促进经济与社会可持续发展，2002 年 6 月 29 日第九届全国人民代表大会常务委员会第二十八次会议通过了《清洁生产促进法》。这是我国实施清洁生产促进工作的第一部重要法律。该法共 6 章 42 条，其主要内容包括清洁生产促进工作的管理体制、推行清洁生产的法律措施、清洁生产的实施措施、法律责任等。

3）合理利用资源法律。为了促进可再生能源的开发利用，增加能源供应，改善能源结构，保障能源安全，保护环境，实现经济社会的可持续发展，2005年2月28日第十届全国人民代表大会常务委员会第十四次会议通过《可再生能源法》，2009年12月，第十届全国人民代表大会常务委员第十二次会议表决通过《关于修改〈中华人民共和国可再生能源法〉的决定》，对该法进行了修正。该法共8章33条，其主要内容包括资源调查与发展规划、产业指导与技术支持、推广与应用、价格管理与费用分摊、经济激励与监督措施、法律责任。

为了促进循环经济发展，提高资源利用效率，保护和改善环境，实现可持续发展，2008年8月29日中华人民共和国第十一届全国人民代表大会常务委员会第四次会议通过了《循环经济促进法》。该法共7章58条，其主要内容包括基本管理制度、减量化、再利用和资源化、激励措施和法律责任等。

4）其他环境保护法律。全国人大常委会还制定了《海洋环境保护法》和《环境影响评价法》。这两部法律的特点与前述单行法不同，既具有污染防治，也具有自然资源保护的双重任务。

5）环境保护纠纷解决程序的法律、法规。这类法律、法规是指有关追究破坏或者污染环境者的行政、民事、刑事责任的程序性规范。对此，世界各国一般均沿用该国的行政、民事、刑事诉讼法的有关规定。

我国与上述大多数国家类似，环境保护纠纷的解决也适用我国的《行政诉讼法》《民事诉讼法》《刑事诉讼法》《国家赔偿法》《行政复议法》等，以及环境保护法中的有关规定。在涉外的海洋污染损害民事纠纷方面，还可根据《中国海事仲裁会仲裁规则》予以解决。

为了规范环境保护监督管理部门的行政处罚行为，除了执行《行政处罚法》之外，国务院有关部门还发布了有关行政处罚程序方面的规章。如《环境行政处罚办法》《土地违法案件处理暂行办法》《林业行政处罚程序规定》《渔业行政处罚程序规定》《水行政处罚实施办法》《风景名胜区管理处罚规定》和《交通管理处罚程序规定》等。

（4）环境保护标准中的环境保护规范

环境保护标准中的环境质量标准和污染物排放标准，属于强制性标准，具有法律规范的性质和特点，因此是环境保护法体系的重要组成部分。除了国家环境标准之外，一些省级人民政府也制定了大批地方环境保护标准。

（5）地方性环境保护法规、规章

环境问题的地方性特点和我国幅员辽阔的国情，决定了这一层次环境保护法律规范的特殊意义。20世纪80年代以来，我国各地依据《宪法》和《环境保护法》，结合本地区的实际，先后制定了大量的地方性环境保护法规和规章。这些环境保护规范，内容相当广泛，有的还规定得比较具体，可操作性也较强，还为国家环境保护立法提供了经验。不足之处是：各省的情况很不平衡；突出地方性特点不够；自然资源和生态保护方面的立法滞后等。

（6）其他部门中的环境保护规范

如《民法通则》中关于使用自然资源者有保护、合理利用义务的规定；关于相邻关系的规定；关于污染环境造成他人损害应当承担民事责任的规定；关于承担民事责任的要件、免责条件和不可抗力的规定；关于诉讼时效的规定等。《刑法》中关于犯罪的概念、刑事责任年龄、犯罪的追诉时效的规定；关于破坏环境资源罪的规定；关于正当防卫、紧急避险等免责条件的规定。《经济法》中关于指导外商投资方向和防止污染转嫁的规定等。《行政法》中关于行政执法的效力、特点、种类的规定。《治安管理处罚法》中关于处罚故意破坏树木、草坪、花卉的规定，关于在城镇违法使用音响器材应给予治安管理处罚的规定等。

第五节 《环境保护法》

环境保护基本法在环境法体系中，除宪法之外占有核心的最高的地位。它是一种综合性的实体法，即对环境保护方面的重大问题加以全面综合调整，一般是对环境保护的目的、范围、方针政策、基本原则、重要措施、管理制度、组织机构、法律责任等做出原则性规定。

1989 年 12 月颁布的《环境保护法》，是我国的环境保护基本法。该法是 1979 年《环境保护法（试行）》经修订后重新颁布的。

作为一部综合性的基本法，《环境保护法》对环境保护的重要问题作了全面的规定：

（1）规定了环境法的任务是为了保护和改善生活环境与生态环境，防治污染和其他公害，保障人体健康，促进社会主义现代化建设的发展。

（2）环境保护的对象是那些直接或间接地影响人类生存和发展的环境要素的总体，包括大气、水、海洋、土地、矿藏、森林、草原、野生生物、自然遗迹、人文遗迹、自然保护区、风景名胜区、城市和乡村等。

这样的规定把生活环境和生态环境权全纳入了保护范围，从而确定了环境保护的完整对象。

（3）规定了我国的环境保护应采取的基本原则和制度。如将环境保护纳入经济和社会发展计划，实行经济发展与环境保护相协调的原则；以预防为主、防治结合、综合治理的原则；污染者付费、利用者补偿、开发者保护、破坏者恢复的原则；国家专门机关管理与群众参与相结合的原则；环境影响评价制度、“三同时”制度、排污收费制度、限期治理制度等。

（4）规定了保护自然环境的基本要求和开发利用环境资源者的法律义务。如对有代表性的自然生态区域、珍稀野生动植物分布区域、重要水源涵养区，以及重要的自然遗迹和人文遗迹，要采取有效保护措施，严禁破坏；在风景名胜区、自然保护区内不得建设污染型工业企业，已经建成的要限期治理。加强对农业环境的保护，防止土壤污染、沙化和水土流失等。

（5）规定了防治环境污染的基本要求和相应的义务。如产生环境污染和其他公害的单位，必须把环境保护纳入计划，建立环境保护责任制，采取有效措施，防治废水、废气、废渣、粉尘、放射性物质、噪声、振动、恶臭气体等对环境的污染和危害；对严重污染企业限期治理；禁止引进不符合环境保护要求的技术和设备；发生环境污染的事故或突发性事件要采取处理措施并报告环境保护部门；县级以上环境保护部门在环境受到严重污染，威胁居民生命、财产安全时，必须立即报告当地人民政府，以便采取有效措施；对有毒化学品实行严格登记和管理；不得将产生严重污染的生产设备转移给没有污染防治能力的单位使用等。

（6）规定了中央和地方环境管理机构对环境进行监督管理的权限和义务。

（7）规定了一切单位和个人都有保护环境的义务，对污染和破坏环境的单位和个人，有监督、检举和控告的权利。

（8）规定了违反环境法的法律责任，即行政责任、民事责任和刑事责任。

《环境保护法》的颁布，对于促进我国环境法体系的完备，加强我国的环境管理，起了重要作用。

第六节　环境保护法的基本原则

环境保护法的基本原则，是指环境保护法所确认或者体现的，为实现环境保护法的任务和目的所必须遵循的基本准则或者基本指导方针。

环境保护法的基本原则具有如下主要特征：

（1）必须是为环境保护法所确认且贯穿于所有的环境保护法中。环境保护法的基本原则，是环境保护法本质的集中体现，因此它必然在环境保护法中有明确的规定或者在对环境保护实行法律调整中有所体现，而不是可以随意确定的。

（2）是各项环境保护具体原则、法律制度和措施的基础。各项环境保护具体原则、法律制度和措施的制定和实施是以环境保护法的基本原则为依据的，而每项环境保护法基本原则的实施，也都离不开相应的具体法律原则、法律制度和措施相配合、协调。总之，环境保护法的基本原则只有通过环境保护法律规范加以具体化才能得以实现。

（3）适用于环境保护法的一切领域，对环境保护监督管理具有普遍的指导意义。它与环境保护立法的原则不同：环境保护法的基本原则是环境保护执法、司法以及守法必须遵循的基本准则，因此在环境保护法监督管理等环境保护活动中起着重要的指导作用；而环境保护立法原则只是环境保护立法所必须遵循的基本准则，只在环境保护立法中起着指导作用。

由于环境保护法保护对象的广泛性和调整对象的复杂性，它所包含的原则也是多种多样，但不是说所有的原则都是环境保护法基本原则的。称得上环境保护法基本原则的，必须具备上述三个主要特征。据此，我国环境保护法的基本原则主要是指：①经济社会发展与环境保护相协调原则；②预防为主、防治结合、综合治理原则；③开发者保护、污染者治理原则；④公众参与原则。

一、经济社会发展与环境保护相协调原则

1．经济社会发展与环境保护相协调原则的概念

经济社会发展与环境保护相协调原则，简称协调发展原则，是指经济建设和环境保护必须统筹规划、同步实施、协调发展，实现经济效益、社会效益和环境效益的统一。这一原则正确反映了经济社会和环境保护的关系，同时也指出了如何正确对待和处理它们之间的关系。

如何正确认识和处理好经济社会发展和环境保护的关系，不仅是一个理论问题，也是一个重要的实践问题。我国三十多年来的环境保护实践经验教训说明，经济社会和环境保护是对立统一的辩证关系。

一方面，环境和自然资源物质基础，制约着经济社会的发展。环境问题，多是伴随着经济社会的发展而产生的，与经济活动、社会发展有着密切的关系。如果在经济社会发展中，

只重视经济建设而忽视环境保护，一味采用高耗能、高污染、低产出的粗放型经营模式，必然会使环境受到严重污染，资源遭到严重破坏，必然危及人体健康，人们就无法正常地进行经济建设，反而影响和阻碍经济的发展。

另一方面，经济的发展能够为实现环境保护的目标创造条件。在经济社会发展过程中，贯彻落实科学发展观，重视和加强环境保护，实行环境与发展综合决策，推行低耗、低排放、低污染、高产出的集约型经营模式，严格控制新污染源，加大现有污染源的治理力度，合理开发利用自然资源，就可以促进生态系统的良性循环，提高资源的再生补给能力，实现资源可持续利用，从而有力地推动经济的发展。同时，经济发展了，综合国力增强了，就可以加大环境保护资金投入，为保护和改善环境提供更多的资金、技术等物质保证，有利于实现我国环境保护的目标。因此，必须正确认识和处理经济社会发展和环境保护的关系。

坚持和采取有力措施贯彻落实协调发展原则，是社会经济发展规律和自然生态规律的客观要求，它对于促进社会生产力的发展，全面建设小康社会，推进社会主义现代化建设具有十分重要的意义。

2. 经济社会发展与环境保护相协调原则的形成

产业革命以来，人类在改造自然和发展经济方面建树了辉煌业绩。与此同时，一些国家由于对环境与发展的关系处理不当，采用“高生产、高消费、高污染”的发展模式，以超出环境承受力的方式开发利用自然资源，结果造成了严重的环境污染和生态破坏。面对严重的环境危机，一批西方专家提出了为保护环境必须停止经济发展的“反增长”或“零增长”主张；而另外一些人仍抱着传统的发展方式不放，继续走“以牺牲环境换取发展”的老路。

以 1972 年在斯德哥尔摩召开的联合国人类环境会议为转机，人们开始认识环境同经济、社会发展相协调的重要意义。这一次会议通过的《人类环境宣言》宣布，“为这一代和将来的世世代代保护和改善人类环境，已经成为人类一个紧迫的目标，这个目标将同争取和平和全世界的经济与社会发展这两个既定的基本目标共同和协调地实现”。

1987 年 4 月，世界环境与发展委员会发表了《我们共同的未来》的报告，正式提出了可持续发展的战略和理论。1992 年于巴西召开的联合国环境与发展会议，通过了“一揽子”体现“环境与经济、社会协调、持续发展的原则”观点的文件，其中被称为“地球宪章”的《关于环境与发展的里约宣言》是一个关于环境同经济、社会协调发展的可持续发展宣言，《21 世纪议程》则是一个在全球和各区域范围内实现可持续发展的行动纲领。

《21 世纪议程》通篇体现了“环境、经济、社会这三个方面可持续发展、协调发展”的思想和原则，反复强调综合决策、综合政策，强调“确保在各级决策和所有部门中将经济、社会和环境考虑结合起来”，提出“为了有效地将环境和发展纳入每个国家的政策和实践中，必须发展和执行综合的、可实施的和有效的法律、法规，这些法律、法规是以周全的社会、生态、经济和科学原则为基础的，……”“总目标是根据国家的具体条件，通过适当的法律、法规政策、文件和执行机制，来促进国家、州（省）和地方各级的环境与发展政策的结合”。

我国早在 1973 年 11 月《国务院批转国家计划委员会关于全国环境保护会议情况的报告》的批文中，国务院就已强调“经济发展和环境保护，同时并进，协调发展”。1983 年年底召开的第二次全国环境保护会议，是该原则发展的一个里程碑；会议制定了“经济建设、城乡建设和环境建设要同步规划、同步实施、同步发展，实现经济效益、社会效益、环境效益的统一”的战略方针，简称“三同步、三效益”原则。

在1992年联合国环境与发展会议召开后不到两个月，中共中央、国务院很快批转了《关于出席联合国环境与发展大会的情况及有关对策的报告》，指出“走持续发展道路，是加速我国经济发展、解决环境问题的正确选择”。接着，国务院于1994年3月通过了贯彻可持续发展战略的《中国21世纪议程》。该《议程》强调“突出经济、社会与环境之间的联系与协调。通过法规约束、政策引导和调控，推进经济与社会和环境的协调发展”。

长期以来，我国GDP保持高速增长。由于粗放型经济增长方式转变缓慢，环境问题成为制约经济可持续发展的“瓶颈”和影响社会和谐的突出因素。

2005年12月，国务院发布《关于落实科学发展观加强环境保护的决定》，强调经济社会必须与环境保护相协调，要求把环境保护摆上更加重要的战略位置。2006年4月召开的第六次全国环境保护大会指出，做好新形势下的环境保护工作，关键是要加快实现“三个转变”。“三个转变”的核心就是调整经济与环境的关系，促使经济发展与环境保护的拐点提前到来。

3. 经济社会发展与环境保护相协调原则在我国的贯彻

(1) 把环境保护规划纳入国民经济和社会发展计划

首先，将环境保护与经济建设重大项目纳入国民经济和社会发展计划，并在基本建设、技术改造、城市建设、水利开发等方面优先保证环境建设资金需求。其次，建立环境保护资金有偿使用机制，把环境因素纳入国民经济核算体系，使有关统计指标和市场价格能较准确地反映经济活动所造成的资源和环境变化。

我国的国民经济和社会发展计划从“六五”计划开始都对环境保护作了专门规定，提出了环境保护的目标、要求和措施，使环境保护从国家计划上得到保证。从1992年开始，在国民经济和社会发展年度计划中也列入了环境保护指标。在第十一个五年规划纲要中，把单位国内生产总值能源消耗降低20%，主要污染物排放总量减少10%等约束性指标作为经济社会发展的主要目标。

(2) 促进地区经济与环境协调发展

各地区要根据资源禀赋、环境容量、生态状况、人口数量以及国家发展规划和产业政策，明确不同区域的功能定位和发展方向，将区域经济规划和环境保护目标有机结合起来。在环境容量有限、自然资源供给不足而经济相对发达的地区实行优化开发，坚持环境优先，大力发展高新技术，优化产业结构，加快产业和产品的升级换代，同时率先完成排污总量削减任务，做到增产减污。在环境仍有一定容量、资源较为丰富、发展潜力较大的地区实行重点开发，加快基础设施建设，科学合理利用环境承载能力，推进工业化和城镇化，同时严格控制污染物排放总量，做到增产不增污。在生态环境脆弱的地区和重要生态功能保护区实行限制开发，在坚持保护优先的前提下，合理选择发展方向，发展特色优势产业，确保生态功能的恢复与保育，逐步恢复生态平衡。在自然保护区和具有特殊保护价值的地区实行禁止开发，依法实施保护，严禁不符合规定的任何开发活动。要认真做好生态功能区划工作，确定不同地区的主导功能，形成各具特色的发展格局。必须依照国家规定对各类开发建设规划进行环境影响评价。对环境有重大影响的决策，应当进行环境影响论证。

(3) 采取有利于环境保护的经济、技术政策和措施

有利于环境保护的经济、技术政策和措施，是促进经济与环境协调发展的重要手段。例如：实行“谁利用谁补偿，谁破坏谁恢复”的环境经济政策，征收资源费、生态补偿费，以及实行“植被还原”原则，可以促进节约资源、减少排污、控制（或制止）生态破坏。有利于环境保护的经济、技术政策涉及的范围很广，主要有：产业政策，能源政策，结合技术改造控制工业污染政策，推行清洁生产政策，以及奖励综合利用，对环境保护项目在贷款、税收等方面给予优惠的政策等。

(4) 转变经济增长方式，发展循环经济，控制开发强度

为实现经济社会与环境保护的协调发展，应当把开发建设强度（规模和速度）控制在环境综合承载力限度之内。目前我国耕地、淡水、能源和重要矿产资源相对不足，生态环境比较脆弱，经济结构不合理。在经济快速发展中又出现了一些突出问题：经济增长方式转变缓慢，能源资源消耗过大，环境污染加剧。因此必须加快转变经济增长方式。要把节约资源作为基本国策，发展循环经济，保护生态环境，加快建设资源节约型、环境友好型社会，促进经济发展与人口、资源、环境相协调。切实走新型工业化道路，坚持节约发展、清洁发展、安全发展，实现可持续发展。

二、预防为主、防治结合、综合治理原则

1. 预防为主、防治结合、综合治理原则的概念

预防为主、防治结合、综合治理原则，是指采取各种预防措施，防止环境问题的产生和恶化，或者把环境污染和破坏控制在能够维持生态平衡、保护人体健康和社会物质财富及保障经济社会持续发展的限度之内。这一原则明确了预防与治理的关系，指出了治理环境污染和生态破坏的主要方式和途径。

预防为主，是指在环境管理中通过规划以及各种管理手段，采取防范性措施，尽可能避免环境损害或者将其消除在生产过程中，做到防患于未然。采取预防为主的方针是非常重要的，这是因为：

第一，环境污染和破坏一旦发生，往往难以消除和恢复，甚至具有不可逆转性。例如：重金属的污染、地下水的污染就很难消除；由于植被破坏造成的水土流失、土壤沙漠化或者物种的灭绝，也很难恢复或者根本无法恢复。这种状况将给人类健康和经济社会发展造成严重危害和威胁。

第二，环境污染和破坏后，再进行治理，从经济上来说是最不合算的，往往要耗费巨额资金。如日本琵琶湖，是国际上湖泊治理的著名工程，已用了 30 多年，投资 180 多亿美元，但目前水质改善还不明显；中国滇池被污染后花费巨额资金进行治理，但也未取得良好效果。

防治结合，是指立足于预防的同时，对已造成的环境污染和生态破坏，采取措施积极治理。“防”是立足于预先控制产生环境问题的根源；“治”则是着眼于解除已经出现的环境问题，因而也是实施预防原则所不可少的。把防和治有机地结合起来，在预防中及时治理，在治理中加强预防，这才是有效控制环境污染和生态破坏，保护和改善环境的根本途径。

综合治理，是指从整体利益出发，正确处理防和治，单项治理与区域、流域治理的关系，采取多种方式和途径相结合的办法，加以整治环境污染和破坏，以求用较小的投入取得

较大的效益，并提高治理效果。由于环境污染和破坏往往是由许多复杂因素所造成的，所以采取单一治理的办法一般投入较高且难以达到预期效果。因此，解决环境问题，必须在坚持预防为主的同时，采取各种措施和多种手段进行综合治理，把防治环境污染和生态破坏同经济社会发展结合起来，把治理污染同强化管理结合起来，做到以管促治。

全面贯彻落实预防为主、防治结合、综合治理的原则具有重要的意义：一是可以有效地控制新污染和破坏的产生；二是可以结合综合治理老污染和环境破坏，使我国的环境保护工作由消极的应付转为积极的防治；三是可以实现经济效益、社会效益和环境效益相统一等。

2. 预防为主、防治结合、综合治理原则的形成

预防为主、防治结合、综合治理原则是当代环境法的一项重要的基本原则。然而在20世纪60年代末之前，人类还没有真正认识到环境在自身生存和发展中的价值。虽然也制定了一些防治污染的法律，但都只是采取“头痛医头，脚痛医脚”的方法，仅仅针对某一环境要素作出规定，而没有将环境作为一个整体来对待。

到了20世纪60年代末后，随着环境问题的日益加剧，各国才逐渐认识到各种环境要素是相互联系的一个整体，孤立地防止某一种环境要素的污染并不能彻底解决问题。于是，提出了“与其在环境问题出现后治理，不如在未出现时就预防”的观点。据计算，预防污染费用与事后治理的费用比例是1∶20。有鉴于此，各国环境立法逐渐从消极的防治污染转到了积极的预防上来，采取了预防为主和综合治理的环境政策，并将预防为主、防治结合、综合治理原则作为环境立法的重要原则加以确立。

我国关于预防为主、防治结合、综合治理原则，最初体现在1973年第一次全国环境保护工作会议通过的《关于保护和改善环境的若干规定》所规定的“全面规划，合理布局，综合利用，化害为利，依靠群众，大家动手，保护环境，造福人民”的环境保护工作方针中。1989年的《环境保护法》进一步确认和完善了这一原则，该法第二十五条规定：“新建工业企业和现有工业企业的技术改造，应当采用资源利用率高、污染物排放量少的设备和工艺，采用经济合理的废弃物综合利用技术和污染物处理技术。”其他如《水污染防治法》《大气污染防治法》《固体废物污染环境防治法》《清洁生产促进法》的有关规定都体现了这一原则。上述规定，为贯彻实施预防为主、防治结合、综合治理原则，有效地保护和改善环境提供了重要的法律保障。

3. 预防为主、防治结合、综合治理原则在我国的贯彻

（1）搞好全面规划、合理布局和宏观调控

贯彻预防为主的原则，应该从各个方面、通过各种途径去预防环境污染和生态破坏。首先应该重视和搞好政府行为中的源头活动即规划工作。从国家中央政府来讲，应根据国情和规划能力，制定全面、科学、可行的环境规划，制定和执行有利于环境资源保护的宏观调控政策，发挥环境规划的统筹安排、协调平衡、引导和约束功能。要制定科学的合理开发资源能源的规划、保护环境的规划、节约资源能源的规划和综合治理环境污染与环境破坏的行动方案，制定有利于保护环境的产业结构、资源利用、产品开发、区域建设、财政税收、能源分配、商品交换等各种政策。要根据国情，调整不合理的工业、产业布局，建立科学的开发整治环境资源的布局，形成有利于从根本上防治各种环境问题的合理的城镇体系、产业结构、能源结构和生态结构。在一个城市或一个区域，要搞好环境功能分区，合理

安排工业区、商业区、文教区、生活区和各种休闲游览区域。要建立环境风险评价和防范机制。

(2) 建立健全各种环境管理法律制度

首先应完善环境影响评价制度。对于拟议中可能对环境产生重大不利影响的活动(包括立法、规划和重大经济技术政策的制定等宏观活动和具体的建设项目)应进行环境影响评价。要加强建设项目的环境管理,实行环境影响评价制度和"三同时"制度,严格控制新的环境污染源和生态破坏源。

要加强企业环境管理,建立健全清洁生产制度,推行源削减和清洁生产工艺、技术和设备,对原料和废物进行综合利用,实现废物无害化、资源化,对已经产生的环境污染和生态破坏积极进行治理。源削减是在废物还没有产生时尽量不让废物产生或减少废物产生,即预防废物的产生,其防治对象不是废物和污染,而是有可能产生废物和污染的产品开发、设计、生产、储藏、运输、管理过程,即废物和污染的源头。在企业,应建立健全环境保护规章制度和责任制度,推行 ISO 14000 环境管理系列、生态标志和生态审计,把原材料管理、产品管理和废物管理紧密地结合在一起,将企业内部经济性与外部经济性、环境与发展、环境管理与生产管理有机地结合起来,从源头的生产经济活动考虑末端的环境生态效益。

要加强城市和农村环境的综合整治,健全城乡环境综合整治定量考核制度。要进一步健全和改进排污申报登记制度、排污许可证制度、现场检查制度、限期治理制度、建设项目环境管理制度、污染物总量控制制度、污染集中治理制度、综合利用制度等各种防治环境污染和生态破坏的制度。

(3) 综合运用各种环境保护管理的方法和手段

要加强环境法制、宣教、科技等各项工作,充分发挥环境科学技术、环境宣传教育、道德力量和经济手段的作用,坚持环境保护与发展综合决策,科学规划,突出预防为主的方针,从源头防治污染和生态破坏,综合适用法律、经济、技术和必要的行政手段解决环境问题。

三、开发者保护、污染者治理原则

1. 开发者保护、污染者治理原则的概念

开发者保护,是指开发利用自然资源的单位和个人,不仅有依法开发自然资源的权利,而且负有恢复、整治、保护环境和自然资源的责任。

《宪法》第九条关于"国家保障自然资源的合理利用,保护珍贵的动物和植物。禁止任何组织和个人用任何手段侵占或者破坏自然资源"、第十条关于"一切使用土地的组织或者个人必须合理地利用土地"的规定,以及《环境保护法》《水法》《矿产资源法》《草原法》等有关规定,都体现了谁开发谁保护的原则。

污染者治理,是指对环境造成污染危害的单位或者个人有责任对其污染源和被污染的环境进行治理,并承担治理费用。实行污染者治理原则,可以推动排污者积极治理污染,促进企业加强管理和进行技术改造,还可为环境污染治理筹集资金。

《环境保护法》第二十四条规定:"产生环境污染和其他公害的单位,必须把环境保护工作纳入计划,建立环境保护责任制度;采取有效措施,防治在生产建设或者其他活动中产生的……对环境的污染和危害。”第二十八条规定：“排放污染物超过国家或者地方规定的污染物排放标准的企业事业单位，依照国家规定缴纳超标准排污费，并负责治理。”2000 年 9 月 1 日修订实施的《大气污染防治法》更进一步完善了这一原则。该法规定：“向大气排放污染物的，其污染物排放浓度不得超过国家和地方规定的排放标准。”“国家实行按照向大气排放污染物的种类和数量征收排污费的制度……”征收的排污费“按照国务院的规定用于大气污染防治”。此外，《水污染防治法》《环境噪声污染防治法》《固体废物污染环境防治法》《海洋环境保护法》等法律都确认了这一原则。

全面贯彻落实开发者保护、污染者治理的原则，对于促进企业、事业单位合理开发利用自然资源以提高资源综合利用率，推动企业、事业单位加强环境管理、积极治理环境污染和生态破坏，引导企业、事业单位全面推行清洁生产、以减少污染物的排放量等方面，都具有重要的意义。

2. 开发者保护、污染者治理原则的形成

现代环境问题是由各种不适当的人为活动引起的，对实施不当行为而造成环境问题者是否承担责任和应当承担什么责任，国内外都有一个认识过程。

在相当长的一段时期内，造成环境问题的人只要没有对具体的人及财产造成直接损害就不承担任何责任。随着环境问题的加剧，各国政府开始对环境保护实行财政援助。政府投资实际上是全体纳税人投资，为什么由个别不当行为造成的环境问题却要由全体社会人员来承担责任。为了解决造成环境污染的责任问题，1972 年由西方 24 个国家组成的经济合作与发展组织环境委员会首先提出了“污染者负担原则”或“污染者付费原则”。这项原则有利于实现社会公平和防治环境污染，很快就得到了国际社会的认可，并被一些国家确定为环境保护的一项基本原则。

3. 开发者保护、污染者治理原则的贯彻

（1）实行环境保护目标责任制

环境保护目标责任制，是一种把环境保护任务定量化、指标化，并层层落实的管理措施。《环境保护法》第十六条规定：“地方各级人民政府，应当对本辖区的环境质量负责，采取措施改善环境质量。”为落实“十一五”规划纲要中提出的主要污染物总量削减任务，2006 年 5 月，国务院授权国家环境保护总局与各省、市、区政府和华能等 6 家电力集团公司，签订了“十一五”二氧化硫总量削减目标责任书，同年 7 月，国家环境保护总局又与各省、市、区政府签订了“十一五”水污染物总量削减目标责任书。要层层建立环境保护目标责任制，还要进一步完善考核制度和奖惩措施，将环境保护目标的完成情况，与领导干部业绩考核和各地经济工作考核相结合，做到责任、措施、投入到位，政府各部门要按环境保护目标要求和职能分工，各负其责，通力合作，完成环境保护目标要求。同时建立健全企事业单位的环境保护责任制度，并建立相应的定期检查、考核和奖惩办法。

（2）加强对开发建设活动的监督

各级人民政府环境保护行政主管部门，应当加强对开发建设活动的监督和检查，严格实施环境标准和开发活动规程，建立健全环境评价和监测管理制度，建立新建工业项目污染物排放总量审批制度，严格控制对环境和自然资源可能造成污染和破坏的开发活动。开发自然资源的单位和个人，必须严格执行有关环境影响评价制度、“三同时”制度、环境资源补偿费制度的规定，防止开发建设活动对环境和自然资源造成污染和破坏。

(3) 采取限期治理措施，开展区域、流域污染综合治理

《大气污染防治法》规定，向大气排放污染物超过国家或者地方规定的排放标准的，应当限期治理，并由所在地县级以上地方人民政府环境保护行政主管部门处1万元以上10万元以下罚款。这一规定明确了排污单位强制性的污染治理责任，是贯彻污染者治理原则的一种强制性的有效措施，这一措施使排污企业的治理责任更加明确并有了时间上的限制。

"九五"期间我国实现了"一控双达标"的基本目标，并且自20世纪90年代以后，实施了"三河三湖两区一市一海工程"，采取综合性措施，治理流域和区域的环境污染，并取得阶段性成果。

在"十五"期间，通过建立政府主导、市场推进、公众参与的新机制，以重点项目的实施带动环境污染治理和生态保护工作的全面开展；实施污染物排放总量收费制度，调动企业治污的积极性；同时全面征收城镇污水处理费、城镇生活垃圾费和危险废物处置费。按照"污染者负担原则"，"十五"期间需要的工业污染治理投资3 060亿元，全部由企业负责解决。并通过"以新带老"，做到增产不增污和增产减污。

四、公众参与原则

1. 公众参与原则的概念

所谓公众参与原则是指在环境保护中任何单位和个人都享有平等参与环境管理、环境决策的权利。

环境质量好坏，直接关系到每个人的生活质量，关系到一个民族的生存和发展。保持清洁、舒适、优美的环境，既是人们的愿望，也符合人民的利益。人们既应享有在良好的环境中生活的权利，依法参与环境资源管理的权利，同时，也有保护和改善环境资源的义务。《关于环境与发展的里约宣言》强调了公众参与的重要性。该宣言规定了公众参与的原则，明确提出"环境问题最好是在全体有关公民的参与下，在有关级别上加以处理。在国家一级，每一个人都应能适当地获得公共当局所有的关于环境的资料，包括关于在其社区内的危险物质和活动的资料，并应有机会参与各项决策进程。各国应通过广泛提供资料来便利及鼓励公众的认识和参与。应让人人都能有效地使用司法和行政程序，包括补偿和补救程序。"

环境保护事业是千千万万人的事业，环境法制建设需要每一位社会成员自觉努力。为此，必须动员全社会的力量，充分发挥人民群众的主动性、积极性和创造性，在环境法上将公众参与作为一项基本原则，就是要在环境法制建设过程中充分注意环境保护的广泛性特征，在各项法律制度的制定、执行及实施过程中注重发挥人民群众的作用，赋予公民参与环境保护的各项权利，形成公众参与的机制，将环境保护事业建立在公众广泛参与、支持、监督的基础之上，将公众参与作为我国民主建设的一个重要组成部分。

2. 公众参与原则在我国的发展

在我国，公众参与原则的发展主要得力于党和国家的群众路线和发展环境保护事业的迫切需要。目前，公众参与环境保护已取得一定的成效。我国宪法明确规定："人民依照法律规定，通过各种途径和形式，管理国家事务，管理经济和文化事业，管理社会事务。"这是我国实行公众参与环境管理的宪法根据。《环境保护法》第六条规定："一切单位和个人都有

保护环境的义务，并有权对污染和破坏环境的单位和个人进行检举和控告。”这为公众参与环境保护提供了原则性的法律依据。2002 年颁布的《环境影响评价法》规定：“对环境可能造成重大影响、应当编制环境影响报告书的建设项目，建设单位应当在报批建设项目环境影响报告书前，举行论证会、听证会，或者采取其他形式，征求有关单位、专家和公众的意见。建设单位报批的环境影响报告书应当附具对有关单位、专家和公众的意见采纳或者不采纳的说明。”

“十五”以来，从环境立法到环境保护实践，公众参与环境保护经历了诸多的“第一次”，以环境影响评价领域为先导，进入到“快步走”阶段。2002 年《环境影响评价法》的出台，对公众参与环评做出了制度性规定。2005 年 4 月 13 日，原国家环境保护总局举行《环境影响评价法》实施以来的首次公众听证会，各界代表就社会广泛关注的圆明园环境整治工程的环境影响各抒己见。这场听证会，成为公众参与环境保护的一次检阅。2006 年 3 月，原国家环境保护总局颁布中国环境保护领域第一部公众参与的规范性文件——《环境影响评价公众参与暂行办法》，详细规定公众参与环境影响评价的范围、程序、组织形式等内容。该《办法》实施以来，一批项目因公众参与信息公开不充分、公众参与范围不全面、缺乏必要的信息反馈等原因被拒批。听取民意，吸纳民智，公众参与不仅大幅度提高了公众的环境意识，也有效地提高了政府决策的质量和公信度，向环境决策科学化迈进。

3. 公众参与原则的贯彻

(1) 公众参与环境影响评价

实践中，我国环境影响评价中的公众参与主要以两种形式出现。一是专家与环境管理部门参与。这种方式主要是由有关专家和环境管理部门就环境管理政策和技术复杂的决策性问题，通过咨询、评价、参与研究等方式，听取各方面的意见和建议，对环境影响评价工作进行改进。二是群众参与，这是最常见的方式。“群众参与”通常使用填写设计调查问卷的形式，通过向工程所在区域公众介绍拟建工程在施工期和运营期可能造成的有利与不利、长期与短期的影响，了解公众对拟建项目的关心程度和所持态度，以及公众关心的主要问题，听取公众对项目的意见和建议，使项目的设计建设更加合理和完善，从而最大程度降低项目对周围自然环境和社会环境产生的不利影响。

原国家环境保护总局制定的《环境影响评价公众参与暂行办法》共 5 章 40 条，其中第三章“公众参与的组织形式”分三节十三条具体规定了“调查公众意见和咨询专家意见”“座谈会和论证会”“听证会”三种主要的公众参与环境影响评价的方式，这一规章的规定较《环境保护法》和《环境影响评价法》等法律的规定更为具体、详尽，更具有可操作性。此后，作为行业组织的环境影响评价中心还于 2006 年修改了相关的环境影响评价的技术导则，规范环境影响评价机构在环境影响评价中保障公众参与的权利的行为。

(2) 公众参与环境行政许可听证

公众参与环境行政许可听证是指以环境保护行政主管机关作为听证组织机关，依法律规定或因其审议的重大坏境许可事项涉及公共利益而依职权启动，或者依环境行政许可申请人或利害关系人的依法申请而启动听证程序，听证组织机关指派专人主持听取审查该环境行政许可申请的工作人员和申请人、利害关系人就事实和证据进行陈述、质证、辩论的法定程序。原国家环境保护总局于 2004 年 6 月 23 日发布，并于 2004 年 7 月 1 日起施行了《环境保护行政许可听证暂行办法》。该暂行办法施行以来，全国各地已经举行了许多适用该暂行办法而举行的听证会，如2004年8月13日举行的“北京西上六输电线路工程电磁辐射污染环境影响评价行政许可听证”，2004年10月19日举行的“山东省平度市‘美食一条街’项目环境保护行政许可听证会”，2004年11月30日举行的“大连西部通道环境影响评价报告书审批听证会”等。

(3) 公众参与环境行政立法听证

在我国尚未就公众参与环境行政立法听证制定专门性的法律，但相关立法中已经就此有所规定。例如，《中华人民共和国立法法》第五十八条规定，行政法规在起草过程中，应当广泛听取有关机关、组织和公民的意见。听取意见可以采取座谈会、论证会、听证会等多种形式。《环境保护行政许可听证暂行办法》第三十九条规定，环境保护行政主管部门受权起草的环境保护法律、法规，或者依职权起草的环境保护规章，直接涉及公民、法人或者其他组织切身利益，有关机关、组织或者公民对草案有重大意见分歧的，环境保护行政主管部门可以采取听证会形式，听取社会意见。环境立法听证会，参照本办法关于听证组织和听证程序的规定执行。

原国家环境保护总局在《关于贯彻落实〈全面推进依法行政实施纲要〉的通知》等文件中明确提出：“要建立公众参与环境立法的机制，扩大环境行政立法的公众参与程度，进一步增强环境立法项目、立法过程的公开性和透明度。”要“采取听证会、论证会等形式听取公众意见，广泛征求社会各界意见”。全国首例环境行政许可立法听证会——《排污许可证条例（征求意见稿）》的立法听证会于2004年8月18日在南京举行。

(4) 公众参与与环境保护有关的行政管理决策和执法

公众参与政府环境保护管理决策和执法的其他方式在我国已有实践基础。地方政府也制定一些地方政府规章或规范性文件对此予以推动和规范，如2004年7月1日起施行的《重庆市行政决策听证暂行办法》第三条规定，“行政决策涉及下列事项之一的，行政机关应当依照本办法组织听证，但因情况紧急须即时决定的除外”，其中该条第（五）项为：“可能对生态环境、城市功能造成重大影响的政府投资项目的立项审批或核准”。该办法还具体规定了听证的程序。

“武汉市餐饮油烟噪声扰民社区居民自治听证会案”是一起非常具有新颖性的公众参与环境保护案例。2004年4月，武汉市在全国率先开展了社区餐饮扰民问题居民自治听证的试点工作，探索一条民主听证与依法行政相结合的环境管理新路子，使得环境行政执法有了群众基础，便于决议的落实。有利于保障市民的饮食安全与身体健康，减少与降低社区油烟噪声污染，从而改善社区居民的生活环境。

4. 推进公众参与的措施

(1) 建立环境信息公开制度

环境信息公开又称环境信息披露，是一种全新的环境管理手段。它承认公众的环境知情权和批评权，通过公布相关信息，借用公众舆论和公众监督，对环境污染和生态破坏的制造者施加压力。环境信息公开制度在西方国家都已通过法律予以确认，并且取得了较好的效果。公众参与环境法实施的前提是享有知情权，只有了解和掌握有关环境信息，才能真正拥有参与权、监督权。这就要求：一是环境执法部门向公众公布其掌握的有关环境执法信息；

二是企业向公众公布有关其企业环境行为的信息；三是保障公民的知情权和获取信息的渠道畅通，建立公众查询和获取环境执法信息的制度。

（2）建立环境公益诉讼制度

所谓环境公益诉讼，是指任何公民、社会团体、国家机关为了社会公共利益，都可以以自己的名义，向国家司法机关提起诉讼。而我国现行的环境诉讼法律规定中，唯有直接受害人才有权提起民事诉讼，最后被归于民事法律管辖范畴。由于环境权益不仅仅属于私人权益，更属于社会公益，所以在欧美各国的环境法中，都普遍采用了环境公益诉讼制度。由于环境诉讼涉及许多十分专业的技术问题，为减轻公众在环境诉讼中的成本，弥补其专业知识，各国都为公众环境诉讼创造了便利的司法条件。在我国，为加大对环境污染和生态破坏的惩治力度，司法部门逐步扩大环境诉讼的主体范围，从环境问题的直接受害者扩大到政府环境保护部门，扩大到具有专业资质的其他环境保护组织，再扩大到更广阔的公众主体，将公众日趋增长的环境权益要求，纳入规范有序的管理。

（3）加强民间组织的力量

民间组织和志愿者是环境保护公众参与的重要力量。据不完全统计，目前我国非政府环境保护组织已经突破 3 500 家。政府应加大环境宣传，提高公众的环境意识，让更多的公众自觉组织、参加到民间的环境保护组织中来，壮大民间环境保护组织的队伍，扩大民间环境保护组织的知名度，加强其社会影响。作为政府机关，要对大部分积极健康的民间环境保护组织予以支持引导。如对各类环境保护组织进行专业培训；多层次地搭建政府与公众座谈与对话的平台；联合民间环境保护组织和各界人士共同合作社会公益行动；就重要的公共政策进行专门的解释与沟通等。

第七节　环境监督管理体制

一、环境监督管理体制概述

1. 环境监督管理体制的定义

环境保护监督管理体制，也称环境监督管理体制，是指国家环境保护监督管理机构的设置，以及这些机构之间环境监督管理权限职能的划分。

2. 环境监督管理体制的法律规定

关于我国的环境监督体制，《环境保护法》第七条作了原则规定：

“国务院环境保护行政主管部门，对全国环境保护工作实施统一监督管理。”

“县级以上地方人民政府环境保护行政主管部门，对本辖区的环境保护工作实施统一监督管理。”

“国家海洋行政主管部门、港务监督、渔政渔港监督、军队环境保护部门和各级公安、交通、铁道、民航管理部门，依照有关法律的规定对环境污染防治实施监督管理。”

“县级以上人民政府的土地、矿产、林业、农业、水利行政主管部门，依照有关法律的规定对资源的保护实施监督管理。”

二、我国环境监督管理机构的建立和发展

我国的环境保护监督管理机构，随着环境保护事业的发展经历了从无到有，从弱到强，从不健全到逐步健全的艰难发展过程，大体可分为如下四个阶段：

起步阶段（1972—1978年）：1972年斯德哥尔摩人类环境会议之后，1973年8月，我国召开了第一次全国环境保护工作会议，并于1974年2月成立了国务院环境保护领导小组。国务院环境保护领导小组的成立，标志着我国环境保护监督管理机构建立的起步。

初创阶段（1979—1981年）：1979年9月13日，第五届全国人大第十一次常委会通过了《中华人民共和国环境保护法（试行）》。该法设专章规定了“环境保护机构和职责”，明确规定了国务院和地方人民政府以及大中型企业和有关事业单位建立环境保护机构的原则及其职责，从而为我国环境保护机构的建立提供了法律依据。随后，中央和地方相继设立了相应的环境保护机构，使我国的环境保护机构初具规模。

徘徊阶段（1982—1987年）：1982年12月29日，国务院决定撤销原国务院环境保护领导小组，其业务并入城乡建设环境保护部，成为该部内设的一个局，称环境保护局。1984年5月，国务院成立环境保护委员会，以加强对全国环境保护工作的统一领导和部门之间的协调。同年年底，原城乡建设环境保护部内设的环境保护局对外称“国家环境保护局”，享有相对独立性，与此同时，一些地方环境保护监督管理机构也作了相应的调整。

发展时期（1988年至今）：1988年，在国家机构改革中，国务院决定将原城乡建设环境保护部内的环境保护局独立出来，成为国务院的直属机构，同时作为国务院原环境保护委员会的办事机构，称“国家环境保护局”。

1998年，在国务院机构改革中，国家环境保护局被升格为国家环境保护总局（正部级），仍为国务院直属机构。同时，国务院环境保护委员会被撤销，其职能由国家环境保护总局承担。

2008年，国务院成立了环境保护部。

为了加大环境执法力度，遏制地方保护主义，2006年7月8日，原国家环境保护总局决定设立华东环境保护督查中心、华南环境保护督查中心、西北环境保护督查中心、西南环境保护督查中心、东北环境保护督查中心。督查中心为环境保护部派出的执法监督机构，是环境保护部直属事业单位。督查中心受环境保护部领导，对环境保护部负责，受环境保护部委托开展工作，但不指导地方环境保护部门业务工作。

三、企业环境监督员制度

企业环境监督员制度是借鉴日本“公害防治管理员制度”的经验而开展的。日本公害防治管理员制度是日本20世纪70年代初为有效遏制工业污染而实施的一项企业环境管理制度。这项制度从企业生产源头着手，将污染防治从末端治理延伸到生产的全部过程，在有效防治生产污染的同时，全面推进了企业生产工艺革新和技术进步，从而解决工业高速发展引发的一系列环境问题。

1. 企业环境监督员制度的概念

企业环境监督员制度是指在特定企业设置负责环境保护的企业环境管理总负责人和具有掌握环境基本法律和污染控制基本技术的企业环境监督员，规范企业内部环境管理机构和制度建设，通过建立企业环境管理组织架构和规范企业环境管理制度，全面提高企业的自主环境管理水平，推动企业主动承担环境保护社会责任。

2. 实施企业环境监督员制度的重要意义

（1）促进企业自觉加强污染控制

企业环境监督员既掌握国家环境政策法规和一定的环境科学知识，又对本单位的生产工艺、设备、生产管理、排污状况最为熟悉，能找准存在的环境问题，提出科学、有效的改进方案，督促企业实施改进方案，监督企业生产减污增效。

（2）能快速、准确地应对环境风险

经过专业训练的企业环境监督员工作在企业的环境管理第一线，出现环境污染事故时，能在第一时间赶到第一现场进行应急处理。

（3）推动企业员工参与环境保护

企业环境监督员是企业的一名员工，所提建议和要求容易被采纳，容易在企业内部建立与企业生产相宜的环境保护工作机制，推动企业全员参与环境保护。

（4）强化环境执法

企业环境监督员是联结环境行政主管部门和企业的桥梁和纽带。充分发挥企业环境监督员的作用，有利于缓解当前环境执法力量薄弱、执法取证难的矛盾，有效化解污染纠纷，是当前环境管理制度的重要补充。

3. 企业环境监督员制度的法律依据

企业环境监督员制度的实施是有法律依据的，符合我国《宪法》和有关环境法律规定。

（1）《环境保护法》第二十四条规定："产生环境污染和其他公害的单位，必须把环境保护工作纳入计划，建立环境保护责任制度。"

（2）《国务院关于落实科学发展观加强环境保护的决定》（国发［2005］39号）第二十条规定："建立健全国家监察、地方监管、单位负责的环境监管体制"，"法人和其他组织负责解决所辖范围有关的环境问题。建立企业环境监督员制度，实行职业资格管理"。

（3）《国务院关于印发〈国家环境保护"十一五"规划〉的通知》（国发［2007］37号）要求"建立企业环境监督员制度，实施职业资格管理"。

（4）《国务院关于印发〈节能减排综合性工作方案〉的通知》（国发［2007］15号）要求"企业必须严格遵守节能和环境保护法律、法规及标准，落实目标责任，强化管理措施，自觉节能减排，""扩大国家重点监控污染企业实行环境监督员制度试点"。

由此可见，企业环境监督员制度是法律赋予人民群众参与环境保护工作的一项法定权利和义务，更是规范企业环境行为，承担环境社会责任的重要形式。

4. 企业环境监督员的选任

（1）企业环境监督员的条件

应当从两个方面加以考虑：一是能够胜任对企业的环境行为监督职责；二是自愿并敢于监督，被所在企业认可。

（2）企业环境监督员的产生

为了统一试点指导工作，试点工作的企业环境管理与监督人员的培训工作由环境保护部统一组织实施，培训考试合格者，可以获得培训合格证书。通过培训，使不同类别的企业环境管理与监督人员掌握相应的专业知识和实际操作技术，确保其在具体工作岗位履行职责的能力。

5. 企业环境监督员的职责

《企业环境监督员制度建设指南（暂行）规定》规定，企业应明确设置环境监督管理机构，建立企业领导、环境管理部门、车间负责人和车间环境保护员组成的企业环境管理责任体系，定期不定期召开企业环境保护情况报告会和专题会议，专题研究解决企业的环境问题，共同做好本企业的环境保护工作。企业需设置1名由企业主要领导担任的企业环境管理总负责人，全面负责企业的环境管理工作，负责监督检查企业的环境守法状况。企业应根据企业规模和污染物产生排放实际情况，至少设置1名企业环境监督员，负责监督检查企业的环境守法状况，并保持相对稳定。废气、废水等处理设施必须配备保证其正常运行的足够操作人员，设立能够监测主要污染物和特征污染物的化验室，配备专职的化验人员。有关职责如下：

（1）企业环境管理总负责人

①全面负责企业的环境管理工作；②负责监督、指导企业环境监督员的工作，审核企业环境报告和环境信息等；③负责组织制定并实施企业污染减排计划，落实削减目标；④负责组织制定并实施企业内部环境管理制度；⑤负责建立并组织实施企业环境突发事故应急制度。

（2）企业环境监督员

①负责制定并监督实施企业的环境保护工作计划和规章制度；②负责企业污染减排计划实施和工作技术支持，协助污染减排核查工作；③协助组织编制企业新建、改建、扩建项目环境影响报告及“三同时”计划，并予以督促实施；④负责检查企业产生污染的生产设施、污染防治设施及存在环境安全隐患设施的运转情况，监督各环境保护操作岗位的工作；⑤负责检查并掌握企业污染物的排放情况；⑥负责向环境保护部门报告污染物排放情况，污染防治设施运行情况，污染物削减工程进展情况以及主要污染物减排目标实现情况，报告每季度不少于一次，接受环境保护部门的指导和监督，并配合环境保护部门监督检查；⑦协助开展清洁生产、节能节水等工作；⑧组织编写企业环境应急预案，对企业突发性环境污染事件及时向环境保护行政主管部门汇报，并进行处理；⑨负责环境统计工作；⑩负责组织对企业职工的环境保护知识培训。

本章小结

环境法学是在环境科学基础上产生、发展起来的一个新的法律分支学科，具有边缘学科的性质，通过对本章知识的学习需要认识到环境法在环境保护工作中的重要地位。环境法的适用范围是解决环境法在什么时候、什么地方、对什么人有约束力的问题，通过本章的学习应该能找到上述问题的答案。环境法是一个有机统一体，具备完整的体系。环境法的基本原则是环境法制建设的指导方针，是学习和掌握环境法具体制度的基础和纲领。环境法的基本原则适用于所有的环境保护法律、法规，贯穿在整个环境法中，它们彼此相互联系而又相互制约，是认识环境法的性质、准确理解和执行环境法的关键所在。我国环境法基本原则包括：经济社会发展与环境保护相协调原则，预防为主、防治结合、综合治理原则，开发者保护、污染者治理原则，公众参与原则。环境保护监督管理体制，是指国家环境保护监督管理机构的设置，以及这些机构之间环境监督管理权限职能的划分。

复习思考题

1. 怎样理解环境法的定义及特征？
2. 环境法的任务是什么？怎样理解环境法的“二元目的”论？
3. 如何理解环境法对人的适用范围？
4. 你认为环境保护法生效时间的三种形式中哪一种方式更合理？理由是什么？
5. 如何理解环境保护法的溯及力问题？
6. 位于昆明市和玉溪市交界处的阳宗海是云南九大高原湖泊之一，2008 年 6 月以来，云南省阳宗海水体出现砷浓度超标，导致严重污染，并影响到当地 2 万多群众的生产生活。云南省通过在全球范围内招标，力争用 3 年左右时间恢复阳宗海水质。根据法律、法规相关规定，司法机关判决被告单位云南澄江锦业工贸有限责任公司（简称锦业公司）犯重大环境污染事故罪，判处罚金人民币 1 600 万元；被告人锦业公司负责人李大宏犯重大环境污染事故罪，判处有期徒刑 4 年，并处罚金人民币 30 万元；锦业公司负责人李耀鸿、金大东犯重大环境污染事故罪，判处有期徒刑 3 年，并处罚金人民币各 15 万元。问：通过此案如何看待环境法的作用？
7. 什么是环境法体系？如何理解环境法是一个独立的法律部门？
8. 简述环境法的纵向结构的主要内容。
9. 简述环境法的横向结构的主要内容。
10. 简述《环境保护法》的主要内容。
11. 《环境保护法》规定的环境保护的对象是什么？
12. 《环境保护法》规定的基本原则、基本制度有哪些？
13. 如何理解经济建设与环境保护协调发展的原则？
14. 如何理解以保护环境优化经济发展？
15. 什么是公众参与原则？结合实际谈谈如何完善公众参与制度。

阅读材料

原国家环保总局发布了《“十一五”全国环境保护法规建设规划》（以下简称《规划》），提出了我国 5 年（2006—2010 年）全国环境法规建设的目标和任务。《规划》指出，要坚持现有环境法律体系，通过立足我国具体国情与借鉴国外成功经验相结合，通过制定新法和修订现有法律的结合，到 2010 年初步建立起促进资源节约型、环境友好型社会和保障可持续发展的环境法律体系。

为了实现这个目标，《国家环境政策法》《生态保护法》《核安全法》《环境污染损害赔偿法》等一大批环境法律、法规、规章列入了此次《规划》的制定、修订名单。根据《规划》，将制定《自然保护区法》《生物安全法》《土壤污染防治法》《生态保护法》《农村环境保护条例》《畜禽养殖污染防治条例》《生物物种资源保护条例》等法律、法规，主管行政部门还制订了一系列规章，以填补生态保护领域的法律空白：制定《核安全法》《民用核设备安全监督管理条例》等法律、行政法规和部门规章，以完善核安全领域的法律空白；制定《有毒有害化学物质控制法》等法律、法规，填补污染控制领域中某些方面的空白。

为进一步明确环境侵权的民事责任，此次还将《环境污染损害赔偿法》《环境污染损害评估办法》《跨界环境污染损害赔付补偿办法》等列入《规划》的法律、法规、规章的制定范畴。同时将制定《环境监测管理条例》《环境监察工作条例》《环境行政违法行为行政处分办法》等法规，以完善环境管理制度、规范执法行为。“十一五”期间，还会通过制定《公众参与环境保护管理办法》《企业环境信息公开管理办法》等，将环境保护工作中行之有效的管理模式规范化、制度化、法制化。

制定配套法规，增强环境法律、法规的可操作性，有效破解“违法成本低、守法成本高、执法成本高”的环境难题，也是“十一五”环境法规建设规划的重要方面之一。除完成《排污许可证管理条例》《饮用水水源保护区污染防治条例》《环境污染限期治理管理条例》等法律授权立法外，“十一五”的环境法规建设还将细化上位法规定的行政处罚的行为、种类和幅度范围，如制定《环境噪声污染防治行政处罚办法》，明确《环境噪声污染防治法》中“给予罚款”的具体数额和幅度；针对上位法的原则性规定，制定具体措施和制度的实施性法规，如根据《固体废物污染环境防治法》有关废弃产品生产者延伸责任的规定，制定《特种产品和包装物回收利用处置系列规定》，根据《环境影响评价法》中环境影响后评估制度的规定，制定《建设项目环境影响后评价管理办法》。此外，“十一五”期间还规划制定《防治机动车排放污染管理条例》《社会生活噪声污染防治条例》等法律实施细则或单项法规。

根据《规划》，“十一五”期间还将完成《大气污染防治法》的修改，启动《环境影响评价法》《环境噪声污染防治法》《建设项目环境保护管理条例》等一批法律、法规的修订。

第二章　环境法律制度

本章学习目标

了解　突发环境事件信息报告与应急预案制度、清洁生产制度、循环经济制度。

熟悉　排污申报登记与许可证制度、排污收费制度、限期治理与限期淘汰制度、现场检查制度。

掌握　环境影响评价制度、“三同时”制度。

制度一般指法则、执行机制和机构的总称。在我国，制度一词通常与政策结合使用，但它们两者在性质上却是不同的。政策是执政者在一定时期确立的行为目标或希望达到的结果，它不具有法的拘束力，但可以对制度的执行和变革产生影响。制度是由法律确立的行为模式或行为准则，它具有法的拘束力，同时在执行中可能要求执政者采取有利于制度的政策。

环境保护法律制度是指为实现环境法的任务和目的，根据环境法的基本原则，通过立法形成的在环境监督管理中起主要作用且具有普遍意义的法律规则和程序，是调整某一方面或某一类环境保护社会关系的一系列环境法律规范所组成的体系。

环境保护法律制度是环境保护法律规范的重要组成部分，是环境管理制度的法制化。因而它不同于一般的环境法律规范，也不同于环境保护法的基本原则，具有以下主要特征：

（1）环境保护法律制度具有普遍性。环境保护法律制度是环境保护基本政策和环境保护法基本原则的具体化，是环境保护法律关系主体必须共同遵守的行为规则，对实现环境保护法的任务和目的起主要的法制保障作用，其适用对象和调整范围广泛，在环境监督管理中普遍适用且使用的频率高。因此，在调整特定的或各不相同的环境保护社会关系的法律、法规中一般都作了相当明确、具体的规定。

（2）环境保护法律制度具有系统性。环境保护法律制度不是由某一个法律规范所组成，而是由一系列法律规范所组成。这些规范之间相互关联，相互制约，相互作用，共同构成一个相对完整的系统。正因为环境保护法律制度具有较强的系统性特点，才使其显示了一般性法律规范所不具有的整体功效，在环境保护监督管理中起着重要的作用。

（3）环境保护法律制度具有程序性。环境保护法律制度对调整某一方面或某一类环境保护社会关系，从法律上明确了法律关系主体的权利、义务和必须遵循的规则、程序，把环境监督管理工作规范化、程序化，从而既维护了环境保护法制的正常秩序，又提高了工作效率。环境保护法律制度在实践中能够得到有效的贯彻实施，与程序性的规定有密切的关系。因此，程序化也是环境保护法律制度的一个明显的特点。

（4）环境保护法律制度具有约束性。环境保护法律制度是由某一方面或某一类的环境法律规范所组成的，因此，必然具有法律规范的逻辑结构属性及其特点。由于这些法律规范多属于强制性规范，系统性强，且明确规定了环境保护法律制度适用条件、法律关系主体的权利和义务以及应承担的法律后果，因而法的强制性体现得很明显，约束力很强。

第一节　环境影响评价制度

一、环境影响评价制度的概念和意义

依照我国《环境影响评价法》第二条的规定，环境影响评价是指对规划和建设项目实施后可能造成的环境影响进行分析、预测和评估，提出预防或者减轻不良环境影响的对策和措施，进行跟踪监测的方法与制度。环境影响评价制度则是指有关环境影响评价的范围、内容、编制、审批环境影响报告书（表）、登记表的程序等一系列法律规定的总称。

建立和实施环境影响评价制度，对于贯彻“预防为主”的原则，推进产业合理布局和企业的优化选址；加强环境管理，预防开发建设、经济发展规划等活动可能产生的环境污染和破坏；提高公众的环境意识，调动公众参与环境保护的积极性；实现环境保护同经济建设协调发展等，都具有重要的意义。

环境影响评价制度首创于美国，是由美国的柯威尔教授提出的。1969 年，美国《国家环境政策法》把环境影响评价作为联邦政府在环境管理中必须遵循的一项制度，以后被很多国家所采用。

为了适应市场经济发展的要求，在总结我国近二十年实施环境影响评价制度的实践经验基础上，国务院于 1998 年 11 月发布了《建设项目环境保护管理条例》，提出了对建设项目实行分类管理，并进一步完善了建设项目环境影响评价报告书（表）的申报，批准程序及法律责任，使环境影响评价制度的法律地位得到进一步的提升。

但是，随着经济活动范围和规模的不断扩大，区域开发、自然资源开发利用以及产业化发展所造成的环境影响越来越突出，尤其是有关政策和规划已不能解决一些新的环境问题，影响我国经济的可持续发展。为了解决以往单纯对建设项目进行环境影响评价已适应不了全面保护环境和可持续地利用自然资源的需要，同时为了提升环境影响评价制度的法律地位，必须制定一部完整的环境影响评价法。2002 年 10 月 28 日，第九届全国人大常委会第三十次会议通过了《环境影响评价法》，首次以专门立法的形式确立了环境影响评价制度。

《环境影响评价法》第一次将环境影响评价的范围从以往单纯建设项目拓展到对规划进行战略环境影响评价，并强化了公众参与环境影响评价的民主决策机制，明确规定环境影响

评价的跟踪评价与后评价制度，从而进一步完善了我国的环境影响评价体系，为从源头上采取防治措施，促进环境与经济、社会协调发展，开创环境影响评价工作的新局面，全面贯彻实施可持续发展战略提供了有力的法律依据。

2009年8月17日，国务院总理温家宝签署国务院令，公布《规划环境影响评价条例》，该条例于2009年10月1日起施行。条例包括6章36条，旨在加强对规划的环境影响评价工作，提高规划的科学性，从源头预防环境污染和生态破坏，促进经济、社会和环境的全面协调可持续发展。

二、环境影响评价制度的主要内容

根据《环境影响评价法》和《规划环境影响评价条例》的规定，我国环境影响评价的适用范围包括对各级人民政府组织编制的规划（包括专项规划）以及对环境有影响的建设项目。也就是说，环境影响评价的对象分为规划和建设项目两大类。

1. 规划环境影响评价

(1) 规划环境影响评价的范围

依照《环境影响评价法》规定，我国法定应当进行环境影响评价的规划主要包括两种：

第一种属于综合指导规划，其内容是就国家或地方有关宏观、长远发展提出的具有指导性、预测性、参考性的指标。综合指导规划包括国务院有关部门、设区的市级以上地方人民政府及其有关部门组织编制的土地利用的有关规划，以及区域、流域、海域的建设、开发利用规划。

第二种属于专项规划，其内容是对有关的指标、要求作出具体的执行安排。专项规划涉及几乎所有的经济活动领域，包括国务院有关部门、设区的市级以上地方人民政府及其有关部门组织编制的工业、农业、畜牧业、林业、能源、水利、交通、城市建设、旅游、自然资源开发的有关专项规划。

(2) 规划环境影响评价的内容

根据《规划环境影响评价条例》第八条规定，对规划进行环境影响评价，应当分析、预测和评估以下内容：

1）规划实施可能对相关区域、流域、海域生态系统产生的整体影响。

2）规划实施可能对环境和人群健康产生的长远影响。

3）规划实施的经济效益、社会效益与环境效益之间以及当前利益与长远利益之间的关系。

(3) 规划环境影响评价的依据

根据《规划环境影响评价条例》第九条规定，对规划进行环境影响评价，应当遵守有关环境保护标准以及环境影响评价技术导则和技术规范。其中，规划环境影响评价技术导则由国务院环境保护主管部门会同国务院有关部门制定；规划环境影响评价技术规范由国务院有关部门根据规划环境影响评价技术导则制定。

(4) 规划环境影响评价的形式

1）编制综合性规划和编制专项规划中的指导性规划（是指以发展战略为主要内容的专项规划），应当根据规划实施后可能对环境造成的影响，编写环境影响篇章或者说明，不必另外单独编写规划的环境影响报告书。环境影响篇章或者说明应当包括下列内容：

①规划实施对环境可能造成影响的分析、预测和评估。主要包括资源环境承载能力分析、不良环境影响的分析和预测以及与相关规划的环境协调性分析。

②预防或者减轻不良环境影响的对策和措施。主要包括预防或者减轻不良环境影响的政策、管理或者技术等措施。

2）编制专项规划，应当在规划草案报送审批前编制环境影响报告书。环境影响报告书除包括环境影响篇章或者说明应当包括的内容外，还应当包括环境影响评价结论。主要包括规划草案的环境合理性和可行性，预防或者减轻不良环境影响的对策和措施的合理性和有效性，以及规划草案的调整建议。

（5）规划环境影响评价的公众参与

根据《规划环境影响评价条例》第十三条规定，规划编制机关对可能造成不良环境影响并直接涉及公众环境权益的专项规划，应当在规划草案报送审批前，采取调查问卷、座谈会、论证会、听证会等形式，公开征求有关单位、专家和公众对环境影响报告书的意见。但是，依法需要保密的除外。有关单位、专家和公众的意见与环境影响评价结论有重大分歧的，规划编制机关应当采取论证会、听证会等形式进一步论证。规划编制机关应当在报送审查的环境影响报告书中附具对公众意见采纳与不采纳情况及其理由的说明。

（6）规划环境影响评价的报送审批

1）规划编制机关在报送审批综合性规划草案和专项规划中的指导性规划草案时，应当将环境影响篇章或者说明作为规划草案的组成部分一并报送规划审批机关。未编写环境影响篇章或者说明的，规划审批机关应当要求其补充，按期未补充的，规划审批机关不予审批。

2）规划编制机关在报送审批专项规划草案时，应当将环境影响报告书一并附送规划审批机关审查；未附送环境影响报告书的，规划审批机关应当要求其补充；未补充的，规划审批机关不予审批。

（7）专项规划环境影响评价的审查

1）审查主体。根据《规划环境影响评价条例》第十五条规定，设区的市级以上人民政府审批的专项规划的环境影响报告书，在审批前由其环境保护主管部门召集审查小组进行审查；省级以上人民政府有关部门审批的专项规划，其环境影响报告书的审查办法由国务院环境保护主管部门会同国务院有关部门制定。

审查小组的专家应当从依法设立的专家库内相关专业的专家名单中随机抽取。但是，参与环境影响报告书编制的专家，不得作为该环境影响报告书审查小组的成员。审查小组中专家人数不得少于审查小组总人数的二分之一，少于二分之一的，审查小组的审查意见无效。

2）审查的内容和程序。审查小组应当对环境影响报告书的基础资料、数据，评价方法，分析、预测和评估情况，提出的对策和措施，公众意见情况，环境影响评价结论等六个方面的内容进行审查。发现规划存在重大环境问题的，审查小组应当提出不予通过环境影响报告书的意见；发现规划环境影响报告书质量存在重大问题的，审查小组应当提出对环境影响报告书进行修改并重新审查的意见。审查意见应当经审查小组四分之三以上成员签字同意。

3）审查的效力。规划审批机关在审批专项规划草案时，应当将环境影响报告书结论以及审查意见作为决策的重要依据。规划审批机关对环境影响报告书结论以及审查意见不予采纳的，应当逐项就不予采纳的理由作出书面说明，并存档备查，有关单位、专家和公众可以申请查阅。

（8）对规划的环境影响进行跟踪评价

为了及时发现规划实施后出现的不良环境影响，《规划环境影响评价条例》规定对环境有重大影响的规划实施后，规划编制机关应当组织环境影响的跟踪评价，发现产生重大不良环境影响的，应当及时提出改进措施，向规划审批机关报告；环境保护主管部门发现产生重大不良环境影响的，也应当及时向规划审批机关提出采取改进措施或者修订规划的建议。规划审批机关应当及时组织论证，并根据论证结果采取改进措施或者对规划进行修订。

2. 建设项目环境影响评价

（1）建设项目环境影响评价的范围

根据《环境影响评价法》规定，凡从事对环境可能造成不良影响的建设项目，都必须依法执行环境影响评价制度。建设项目是指以固定资产投资方式进行的一切开发建设活动，包括国有经济、城乡集体经济、联营、股份制、外资、港澳台投资、个体经济和其他各种不同经济类型的开发活动。按计划管理体制，建设项目可分为基本建设、技术改造、房地产开发（包括开发区建设、新区建设、老区改造）和其他共四个部分的工程和设施建设。

（2）建设项目环境影响评价的分类管理

对建设项目进行分类管理是根据建设项目对环境的影响程度和范围所确定的。《环境影响评价法》第十六条和《建设项目环境影响评价分类管理名录》（2008 年 10 月 1 日起施行，国家环境保护总局发布）对建设项目环境影响评价的分类管理作了如下规定：

1）国家根据建设项目对环境的影响程度，对建设项目的环境影响评价实行分类管理。建设单位应当按照本名录的规定，分别组织编制环境影响报告书、环境影响报告表或者填报环境影响登记表。

2）建设项目所处环境的敏感性质和敏感程度，是确定建设项目环境影响评价类别的重要依据。建设涉及环境敏感区的项目，应当严格按照本名录确定其环境影响评价类别，不得擅自提高或者降低环境影响评价类别。环境影响评价文件应当就该项目对环境敏感区的影响作重点分析。

环境敏感区，是指依法设立的各级各类自然、文化保护地，以及对建设项目的某类污染因子或者生态影响因子特别敏感的区域，主要包括：

①自然保护区、风景名胜区、世界文化和自然遗产地、饮用水水源保护区。

②基本农田保护区、基本草原、森林公园、地质公园、重要湿地、天然林、珍稀濒危野生动植物天然集中分布区、重要水生生物的自然产卵场及索饵场、越冬场和洄游通道、天然渔场、资源性缺水地区、水土流失重点防治区、沙化土地封禁保护区、封闭及半封闭海域、富营养化水域。

③以居住、医疗卫生、文化教育、科研、行政办公等为主要功能的区域，文物保护单位，具有特殊历史、文化、科学、民族意义的保护地。

3）名录未作规定的建设项目，其环境影响评价类别由省级环境保护行政主管部门根据建设项目的污染因子、生态影响因子特征及其所处环境的敏感性质和敏感程度提出建议，报国务院环境保护行政主管部门认定。

(3) 建设项目环境影响评价的内容

根据《环境影响评价法》第十七条规定，建设项目的环境影响报告书的内容包括以下几个方面：

1）建设项目概况。

2）建设项目周围环境现状。

3）建设项目对环境可能造成影响的分析、预测和评估。

4）建设项目环境保护措施及其技术、经济论证。

5）建设项目对环境影响的经济损益分析。

6）对建设项目实施环境监测的建议。

7）环境影响评价的结论。

涉及水土保持的建设项目，还必须有经水行政主管部门审查同意的水土保持方案。

(4) 环境影响评价中的公众参与

2006年2月，原国家环境保护总局颁布了我国环境保护领域第一部公众参与的规范性文件——《环境影响评价公众参与暂行办法》(以下简称《暂行办法》)，详细规定了公众参与环境影响评价的范围、程序、组织形式等内容。

1）须征求公众意见的情况。《暂行办法》明确提出，国家鼓励公众参与建设项目和规划的环境影响评价活动。公众参与实行公开、平等、广泛和便利的原则。《环境影响评价法》第十一条、第二十一条、第二十四条规定范围内的专项规划环境影响评价的活动、应当编制环境影响报告书的建设项目、应当重新报批环境影响报告书的建设项目、应当重新审核环境影响报告书的建设项目等，都要公开征求公众意见。

按照国家规定应当征求公众意见的建设项目，其环境影响报告书中没有公众参与篇章的，环境保护行政主管部门不得受理。

2）公开环境信息。在环境影响评价三个具体阶段需公开信息的内容包括：在环境影响评价开始阶段，建设单位应当通过有利于公众知情的方式公告项目名称及概要等信息（含环境影响评价报告书简本）；在环境影响评价进行阶段，建设单位应当公告可能造成环境影响的范围、程度以及主要预防措施等内容；在环境影响评价审批阶段，环境保护部门应当公告已受理的环境影响评价文件简要信息（含环境影响评价报告书简本）及审批结果。

3）征求公众意见：

①形式：《暂行办法》规定公众参与形式有五种：调查公众意见、咨询专家意见、座谈会、论证会、听证会。

②期限：《暂行办法》规定，公开征求公众对建设项目或专项规划的环境影响、环境影响评价工作和环境影响评价文件的意见（以下统称意见)，征求意见的期限应不少于10日。

③“公众”的选择：建设单位或者其委托的环境影响评价机构、环境保护行政主管部门，应当综合考虑地域、职业、专业知识背景、表达能力、受影响程度等因素，合理选择被征求意见的公民、法人或者其他组织。被征求意见的公众必须包括受建设项目影响的公民、法人或者其他组织的代表。

④公众意见采纳与否的说明：为保证公众参与的有效性，《暂行办法》明确要求，建设单位应当在申报的环境影响评价报告书中附上对公众意见采纳或者不采纳的说明。

⑤公众意见的核实：依照《暂行办法》规定，公众认为建设单位或者其委托的环境影响评价机构对公众意见未采纳且未附具说明的，或者对公众意见未采纳的理由说明不成立的，可以向负责审批或者重新审核的环境保护行政主管部门反映，并附具明确具体的书面意见。负责审批或者重新审核的环境保护行政主管部门认为必要时，可以对公众意见进行核实。

(5) 环境影响报告书（表）、登记表的审批程序

根据《建设项目环境保护管理条例》《规划环境影响评价条例》等规定，环境影响报告书（表）、登记表的审批程序分为报批、预审和审批。

1）报批：

①建设单位在建设项目可行性研究阶段报批。

②铁路、交通等建设项目，经环境保护行政主管部门同意，可以在初步设计完成前报批。

③不需要进行可行性研究的建设项目，建设单位应当在项目开工前报批。

④需要办理营业执照的，建设单位应当在办理营业执照前报批。

⑤经批准的建设项目的性质、规模、地点或者采用的生产工艺发生重大变化的，建设单位应当重新报批。

⑥环境影响报告书（表）、登记表自批准之日起满 5 年方开工建设的，应当报原审批机关重新审核。

2）预审。建设项目有行业主管部门的，其环境影响报告书或者环境影响报告表应当经行业主管部门预审后，报有审批权的环境保护行政主管部门审批。建设项目行业主管部门预审建设项目环境影响评价文件时，不得收取任何费用。

3）审批：

①环境保护行政主管部门自接到环境影响报告书、环境影响报告表、环境影响登记表之日起，分别在 60 日、30 日、15 日内，作出审批决定并书面通知。

②需要重新审核的建设项目的环境影响报告书（表）、登记表，原审批机关应当自收到之日起 10 日内，将审核意见书面通知。

③海岸工程建设项目的环境影响报告书（表），经海洋行政主管部门审核后，报环境行政主管部门审批。

④建设项目造成跨行政区域环境影响，有关环境保护行政主管部门对环境影响评价结论有争议的，其环境影响报告书或者环境影响报告表由共同上一级环境保护行政主管部门审批。

环境保护行政主管部门审核、审批建设项目环境影响评价文件，不得收取任何费用。

(6) 环境影响评价文件的审批权限

《环境影响评价法》第二十三条和《建设项目环境影响评价文件分级审批规定》（2009 年 3 月 1 日起施行，环境保护部发布）对建设项目环境影响评价的分类管理作了如下规定：

1）环境保护部负责审批下列类型的建设项目环境影响评价文件：

①核设施、绝密工程等特殊性质的建设项目。

②跨省、自治区、直辖市行政区域的建设项目。

③由国务院审批或核准的建设项目，由国务院授权有关部门审批或核准的建设项目，由国务院有关部门备案的对环境可能造成重大影响的特殊性质的建设项目。

2）其他建设项目环境影响评价文件的审批权限，由省级环境保护部门参照第四条及下述原则提出分级审批建议，报省级人民政府批准后实施，并抄报环境保护部。

①有色金属冶炼及矿山开发、钢铁加工、电石、铁合金、焦炭、垃圾焚烧及发电、制浆等对环境可能造成重大影响的建设项目环境影响评价文件由省级环境保护部门负责审批。

②化工、造纸、电镀、印染、酿造、味精、柠檬酸、酶制剂、酵母等污染较重的建设项目环境影响评价文件由省级或地级市环境保护部门负责审批。

③法律和法规关于建设项目环境影响评价文件分级审批管理另有规定的，按照有关规定执行。

3）环境保护部可以将法定由其负责审批的部分建设项目环境影响评价文件的审批权限，委托给该项目所在地的省级环境保护部门，并应当向社会公告。受委托的省级环境保护部门，应当在委托范围内，以环境保护部的名义审批环境影响评价文件。受委托的省级环境保护部门不得再委托其他组织或者个人。环境保护部应当对省级环境保护部门根据委托审批环境影响评价文件的行为负责监督，并对该审批行为的后果承担法律责任。

4）建设项目可能造成跨行政区域的不良环境影响，有关环境保护部门对该项目的环境影响评价结论有争议的，其环境影响评价文件由共同的上一级环境保护部门审批。

5）下级环境保护部门超越法定职权、违反法定程序或者条件做出环境影响评价文件审批决定的，上级环境保护部门可以按照下列规定处理：

①依法撤销或者责令其撤销超越法定职权、违反法定程序或者条件做出的环境影响评价文件审批决定。

②对超越法定职权、违反法定程序或者条件做出环境影响评价文件审批决定的直接责任人员，建议由任免机关或者监察机关依照《环境保护违法违纪行为处分暂行规定》的规定，对直接责任人员，给予警告、记过或者记大过处分；情节较重的，给予降级处分；情节严重的，给予撤职处分。

(7）建设项目环境影响评价的后评价及跟踪检查

《环境影响评价法》第二十七条和第二十八条对建设项目环境影响评价的后评价及跟踪检查作了如下规定：

1）建设项目在建设、运行过程中产生不符合经审批的环境影响评价文件的情形的，建设单位应当组织环境影响的后评价，采取改进措施，并报原环境影响评价文件审批部门和建设项目审批部门备案；原环境影响评价文件审批部门也可以责成建设单位进行环境影响的后评价，采取改进措施。

2）环境保护行政主管部门应当对建设项目投入生产或者使用后所产生的环境影响进行跟踪检查，对造成严重环境污染或者生态破坏的，应当查清原因、查明责任。

上述规定，明确了建设单位和环境保护行政主管部门对建设项目的环境影响进行后评价和跟踪检查的法定义务，从而使建设项目的环境影响评价从编制、报批、审批到后评价和跟踪检查形成了完整的法定程序。

（8）环境影响评价资质管理

继清理整顿环境影响评价机构、实行环境影响评价工程师资格全国考试等措施后，原国家环境保护总局于2005年7月21日发布了《建设项目环境影响评价资质管理办法》（以下简称《资质管理办法》），规定凡接受委托为建设项目环境影响评价提供技术服务的机构，应当按照规定申请建设项目环境影响评价资质，经国家环境保护总局审查合格，取得《建设项目环境影响评价资质证书》后，方可在资质证书规定的资质等级和评价范围内从事环境影响评价技术服务。《资质管理办法》对评价机构的资质条件、评价资质的申请与审查、评价机构的管理、评价资质的考核与监督，以及罚则等作了详细规定。

依照《环境影响评价法》第十九条规定，为建设项目环境影响评价提供技术服务的机构，不得与负责审批建设项目环境影响评价文件的环境保护行政主管部门或者其他有关审批部门存在任何利益关系。

关于评价单位的确定，《建设项目环境保护管理条例》第十四条规定，建设单位可以采取公开招标的方式，选择从事环境影响评价工作的单位，对建设项目进行环境影响评价。任何单位和个人不得为建设单位指定对其建设项目进行环境影响评价的机构。

3. 法律责任

《环境影响评价法》规定了规划编制机关、规划审批机关、建设单位、建设项目审批单位、环境影响评价机构、环境影响评价审批机关和主管机关违反环境影响评价制度的法律责任，具体参见表2—1。

表2—1　　违反环境影响评价制度的法律责任

违法行为	处罚依据	处罚种类、幅度	执法主体
1. 规划编制机关在组织环境影响评价时弄虚作假或者有失职行为，造成环境影响评价严重失实的	《环境影响评价法》第二十九条	对直接负责的主管人员和其他直接责任人员，依法给予行政处分	上级机关或者监察机关
2. 规划审批机关对依法应当编写有关环境影响的篇章或者说明而未编写的规划草案，依法应当附送环境影响报告书而未附送的专项规划草案，违法予以批准的	《环境影响评价法》第三十条	对直接负责的主管人员和其他直接责任人员，依法给予行政处分	上级机关或者监察机关
3. 建设单位未依法报批建设项目环境影响评价文件，或者未按规定重新报批或者报请重新审核环境影响评价文件，擅自开工建设的	《环境影响评价法》第三十一条	（1）责令停止建设，限期补办手续；逾期不补办手续的，可以处5万元以上20万元以下的罚款 （2）对建设单位直接负责的主管人员和其他直接责任人员，依法给予行政处分	（1）有权审批该项目环境影响评价文件的环境保护行政主管部门 （2）上级机关或者监察机关
4. 建设项目环境影响评价文件未经批准或者未经原审批部门重新审核同意，建设单位擅自开工建设的	《环境影响评价法》第三十一条	（1）责令停止建设，可以处5万元以上20万元以下的罚款 （2）对建设单位直接负责的主管人员和其他直接责任人员，依法给予行政处分	（1）有权审批该项目环境影响评价文件的环境保护行政主管部门 （2）上级机关或者监察机关

续表

违法行为	处罚依据	处罚种类、幅度	执法主体
5. 建设项目依法应当进行环境影响评价而未评价，或者环境影响评价文件未经依法批准，审批部门擅自批准该项目建设的	《环境影响评价法》第三十二条	对直接负责的主管人员和其他直接责任人员，依法给予行政处分；构成犯罪的，依法追究刑事责任	上级机关或者监察机关
6. 评价机构在环境影响评价工作中不负责任或者弄虚作假，致使环境影响评价文件失实的	《环境影响评价法》第三十三条	降低其资质等级或者吊销其资质证书，并处所收费用1倍以上3倍以下的罚款；构成犯罪的，依法追究刑事责任	授予环境影响评价资质的环境保护行政主管部门
7. 负责预审、审核、审批建设项目环境影响评价文件的部门在审批中收取费用的	《环境影响评价法》第三十四条	责令退还；情节严重的，对直接负责的主管人员和其他直接责任人员依法给予行政处分	上级机关或者监察机关
8. 环境保护行政主管部门或者其他部门的工作人员徇私舞弊，滥用职权，玩忽职守，违法批准建设项目环境影响评价文件的	《环境影响评价法》第三十四条	依法给予行政处分；构成犯罪的，依法追究刑事责任	上级机关或者监察机关

第二节 “三同时”制度

一、“三同时”制度的概念和意义

“三同时”制度，是指对环境有影响的一切新建、改建、扩建的基本建设项目，技术改造项目，区域开发项目或自然资源开发项目，其防治污染和生态破坏的设施，必须与主体工程同时设计、同时施工、同时投产使用的法律规定。

“三同时”制度，是我国环境管理实践经验的总结，是我国所独创的一项重要的环境保护法律制度。它与环境影响评价制度相结合，有效地贯彻“预防为主”的原则，落实开发建设活动对环境产生影响的防治措施，防止新的环境污染和生态破坏的产生，并根据“以新带老”的原则，促进老污染源的治理，保证建设项目建成后达标排放或不对周围环境造成破坏。因此，严格贯彻执行“三同时”制度，对于加强建设项目的环境管理，有效地控制新污染源，促进老污染源的治理，防止生态破坏，改善环境质量具有重要意义。

二、“三同时”制度的主要内容

1. “三同时”制度的适用范围

“三同时”制度，开始只适用于新建、改建和扩建的企业，后来其适用范围不断扩大。目前，该制度适用于以下几个方面的开发建设项目：新建、改建、扩建项目；技术改造项目；一切可能对环境造成污染和破坏的开发建设项目；确有经济效益的综合利用项目。

2. “三同时”制度在不同阶段的要求

(1) 设计阶段

建设单位在建设项目投入施工前，必须向环境保护行政主管部门提交初步设计中的环境保护篇章。环境保护篇章应当包括：环境保护措施的设计依据；环境影响报告书（表）及审批规定的各项要求和措施；环境保护设施及简要工艺流程、预期效果；对资源开发引起的生态变化所采取的防范措施；绿化设计、监测手段；环境保护投资概算等。施工图设计，必须按照已批准的初步设计文件及其环境保护篇章所确定的各种措施的要求设计。

（2）施工阶段

建设单位与施工单位应将环境保护工程纳入施工计划、建设进度，做好环境保护工程施工组织工作，保证环境保护设施施工所需要的资金、材料供应，负责落实环境保护行政主管部门对施工阶段的要求。

（3）竣工验收阶段

建设项目竣工后，建设单位必须按照《建设项目环境保护管理条例》和《建设项目竣工验收环境保护验收管理办法》的规定，做到环境保护设施的竣工验收与主体工程同时进行。

建设项目竣工后，环境保护验收范围包括：与建设项目有关的各项环境保护设施，包括为防治污染和保护环境所建成或配套的工程、设备、装置和监测手段，各项生态保护设施；环境影响报告书（表）、环境影响登记表和有关项目设计文件规定应采取的其他各项环境保护措施。

1）需要进行试生产的建设项目，由建设单位向有审批权的环境保护行政主管部门提出试生产申请。

试生产申请经环境保护行政主管部门同意后，建设单位方可进行试生产。

国务院环境保护行政主管部门审批环境影响报告书（表）或者环境影响登记表的非核设施建设项目，由其所在地省级环境保护行政主管部门受理其试生产申请，并将其审查决定报送国务院环境保护行政主管部门备案。

核设施建设项目试运行前，建设单位应向国务院环境保护行政主管部门报批首次装料阶段的环境影响报告书，经批准后，方可进行试运行。

2）进行试生产的建设项目，建设单位应当自试生产之日起 3 个月内，向有审批权的环境保护行政主管部门申请该建设项目竣工环境保护验收。

对试生产 3 个月内确不具备环境保护验收条件的建设项目，建设单位应当在试生产的 3 个月内，向有审批权的环境保护行政主管部门提出延期验收申请，经批准后建设单位方可继续进行试生产。试生产期限最长不超过 1 年，核设施建设项目最长不超过 2 年。

3）分期建设、分期投入生产或者使用的建设项目，其配套的环境保护设施分期进行验收。

4）根据国家建设项目分类环境保护管理的规定，对建设项目竣工环境保护验收实施分类管理：

①编制环境影响报告书的建设项目申请竣工验收，应向有审批权的环境保护行政主管部门提交建设项目竣工环境保护验收申请报告，并附环境保护验收监测报告或调查报告。

②编制环境影响报告表的建设项目申请竣工验收，应向有审批权的环境保护行政主管部门提交建设项目竣工环境保护验收申请表，并附环境保护验收监测表或调查表。

③填报环境影响登记表的建设项目申请竣工验收，应向有审批权的环境保护行政主管部门提交建设项目竣工环境保护验收登记卡。

主要因排放污染物对环境产生污染和危害的建设项目，建设单位应提交环境保护验收监测报告（表）；主要对生态环境产生影响的建设项目，建设单位应提交环境保护验收调查报告（表）。

5）环境保护行政主管部门自收到环境保护设施验收申请之日起，30日内完成验收，并予以批复或签署意见。凡验收合格的，批准其申请报告、申请表或验收登记卡。

6）已建成投入生产或使用的环境保护设施，确有必要拆除或者闲置的，必须征得所在地的环境保护行政主管部门的同意。

3. 各有关部门的职责分工

（1）环境保护行政主管部门的职责

负责初步设计中环境保护篇章的审查及环境保护设施建设施工的检查，负责环境保护设施的竣工验收；负责环境保护设施运转和使用情况的监督检查。

（2）建设项目主管部门的职责

负责初步设计中环境保护篇章和环境保护设施竣工验收的预审；监督建设项目的设计与施工中的环境保护措施的落实；监督建设项目竣工验收后环境保护设施的正常运行。

（3）建设单位的职责

负责落实初步设计中的环境保护措施；负责及时报批环境保护设施的试运行和竣工验收；负责建设项目竣工验收后环境保护设施的正常运转。

（4）施工单位的职责

负责保护施工现场周围的环境，防止施工过程中造成环境污染和生态破坏；负责建设项目竣工后对周围环境的修整和恢复；负责环境保护设施的工程质量和安装调试。

4. 法律责任

《环境保护法》和国务院发布的有关条例规定了建设单位违反“三同时”制度的法律责任，具体参见表2—2。

表2—2　违反“三同时”制度的法律责任

违法行为	处罚依据	处罚种类、幅度	执法主体
1. 试生产建设项目需要配套建设的环境保护设施未与主体工程同时投入试运行的	《建设项目环境保护管理条例》第二十六条	责令限期改正；逾期不改正的，责令停止试生产，可处以5万元以下的罚款	审批该建设项目环境影响报告书（表）、登记表的环境保护行政主管部门
2. 建设项目投入试生产超过3个月，建设单位未申请环境保护设施竣工验收的	《建设项目环境保护管理条例》第二十七条	责令限期办理环境保护设施竣工验收手续；逾期未办理的，责令停止试生产，可处以5万元以下的罚款	审批该建设项目环境影响报告书（表）、登记表的环境保护行政主管部门
3. 建设项目需要配套建设的环境保护设施未建成、未经验收或者经验收不合格，主体工程正式投入生产或者使用的	《建设项目环境保护管理条例》第二十八条	责令停止生产或者使用，可处以10万元以下的罚款	审批该建设项目环境影响报告书（表）、登记表的环境保护行政主管部门
4. 未经环境保护行政主管部门同意，擅自拆除或者闲置防治污染的设施，污染物排放超过规定的排放标准的	《环境保护法》第三十七条	责令重新安装使用，并处罚款	环境保护行政主管部门

第三节 排污申报登记与许可证制度

一、排污申报登记制度

1. 排污申报登记制度的概念和意义

排污申报登记制度，是指向环境排污者，必须依照法定程序向环境保护行政主管部门申报其污染物的排放及防治情况，提供有关技术资料，并接受监督管理的法律规定的总称。

实行排污申报登记制度的重要意义：能够让环境保护行政主管部门全面掌握本辖区内排污单位的排污情况，为环境保护规划的制定及环境保护工作重点的确定提供科学依据；及时掌握污染隐患，以便及时采取预防措施，防止环境污染与破坏事故的发生；依据排污单位申报登记的数据（经核定后）按时征收排污费等。

2. 排污申报登记制度的主要内容

（1）排污申报登记的适用对象

排污申报登记适用于在中华人民共和国领域内及中华人民共和国管辖的其他海域内直接或者间接向环境 排放污染物 、工业和建筑施工噪声或者产生固体废物的企业、事业单位。其中，污染物是指废水、废气和其他有害环境的物质。但是，生活废水、废气、噪声和垃圾除外，即不需要申报登记。排放放射性废物的单位，应履行特殊的申报登记手续。

（2）排污申报登记的内容

1）在正常情况下排放污染物的种类、数量、浓度（强度）、排放去向、排放地点、排放方式。

2）拥有的污染物排放设施和处理设施（处理场所）。

3）有关防治污染的技术资料。

4）排放污染物超过排放标准的原因及限期治理措施。

5）排放污染物的种类、数量、浓度等发生重大改变的情况。

6）拆除或闲置污染物处理设施的理由。

7）限期治理项目的治理进展情况等。

（3）排污申报登记工作程序

1）填报登记表。排污单位必须依照所在地环境保护行政主管部门指定的时间，填报《排污申报登记表》，并按要求提供必要的资料；新建、改建、扩建项目的排污申报登记，应在项目的污染防治设施竣工并经验收合格后一个月内办理；建筑施工噪声的申报登记，应当在工程开工15日前向当地环境保护行政主管部门申报；需要拆除或者闲置污染物处理设施的，必须提前向所在地环境保护部门申报，说明理由。环境保护部门接到申报后，应当在一个月内予以批复，逾期未批复的，视为同意拆除或闲置。

2）审核注册。排污单位填写的《排污申报登记表》，经其行业主管部门审核后向所在地环境保护行政主管部门登记注册，领取《排污申报登记注册证》。

3）变更。排污单位申报登记后，排放污染物的种类、数量、浓度、排放去向、排放地点、排放方式、噪声源种类、数量和噪声强度、噪声污染防治设施或者固体废物的储藏、利用或处置场所等需作重大改变的，应在变更前十五天，经行业主管部门审核后，向所在地环境保护行政主管部门履行变更申报手续，征得所在地环境保护行政主管部门的同意，填报《排污变更申报登记表》；发生紧急重大改变的，必须在改变后三天内向所在地环境保护行政主管部门提交《排污变更申报登记表》。

4）注销。排污单位终止营业的，应当在终止营业后一周内向所在地环境保护行政主管部门办理注销登记，并交回《排污申报登记注册证》。

（4）环境保护行政主管部门的职责

环境保护行政主管部门在实施排污申报登记制度中，应履行以下职责：接受申报、审核登记表，经审核符合条件的应及时予以批复或予以注册发证；加强对排污单位的监督检查，及时提出防治污染、达标排放建议及要求；综合分析排污数据资料，向有关部门报告，并建立排污申报登记档案或数据库。

（5）法律责任

《环境保护法》《大气污染防治法》《水污染防治法》等法律明确了排污单位违反排污申报登记制度的法律责任，具体参见表2—3。

表2—3　违反排污申报登记制度的法律责任

违法行为	处罚依据	处罚种类、幅度	执法主体
1. 拒报或谎报排污申报登记事项的	《环境保护法》第三十五条	给予警告或者处以罚款	环境保护行政主管部门
	《大气污染防治法》第四十六条	责令限期改正，给予警告或者处以5万元以下罚款	
	《水污染防治法》第七十二条	责令限期改正，逾期不改正的，处以1万元以上10万元以下的罚款	
	《固体废物污染环境防治法》第六十八条	责令限期改正，处以5 000元以上5万元以下的罚款	
2. 未经环境保护行政主管部门同意，擅自拆除或者闲置污染物处理设施（视为未申报）的	《环境保护法》第三十七条	责令重新安装使用，并处罚款	环境保护行政主管部门
	《大气污染防治法》第四十六条	责令限期改正，给予警告或者处以5万元以下罚款	
	《水污染防治法》第七十三条	责令限期改正，处应缴纳排污费数额1倍以上3倍以下的罚款	

二、许可证制度

1. 许可证制度的概念和意义

所谓许可，是指环境保护行政主管部门根据行政相对人的申请，依照法定程序审查，准予从事某项须经许可的行为。在法律上，环境保护行政许可表现为认可、承认、登记等，并通常以证书的形式表现。证书包括环境保护行政机关批准、核发的许可证、资格证书、注册证书、批准证书、批复等各种形式的证件和文书。

目前，我国环境保护法中规定的许可证主要有：排污许可证；海洋倾废许可证；危险废物经营、转移许可证；核设施建造、运行许可证；化学危险物品生产、经营许可证；放射性药品生产、经营、使用许可证；林木采伐许可证；采矿许可证；勘探许可证；取水许可证；捕捞许可证；特许猎捕证；驯养繁殖许可证；建设用地许可证和建设工程规划许可证等。在同一种许可证中，还可根据不同的标准进行分类。如在海洋倾废许可证中，根据其有害物质和毒性含量及对海洋环境的影响等因素，可分为紧急许可证、特别许可证和普通许可证三种。

在环境保护领域中的许可证制度，是指环境管理相对人在从事对环境有害或可能有害的活动之前，必须向环境保护行政主管部门提出申请，经准许发给许可证后，方可从事该活动的法律规定。许可证制度是环境保护行政许可行为的法制化、制度化，是环境保护行政机关有效进行环境监督管理的重要手段。

实践证明，实施许可证制度，可以把影响环境的各种开发、建设、经营、排污活动纳入国家统一管理的轨道，并将其严格控制在法律规定的范围内；有利于环境保护行政机关及时掌握持证单位或个人从事开发利用环境的情况，并根据实际情况，采取有针对性的具体措施，实行有效的监督管理；有利于调动环境管理相对人保护环境的积极性，促使开发利用环境者加强内部管理，节约资源，减少排污；有利于实现我国环境管理的战略思想，促进我国的环境管理向科学化、法制化、规范化发展。由于许可证制度在环境管理中发挥着重要的作用，所以在许多国家的环境法中都规定了这一制度，甚至有些国家把许可证制度视为环境法的“支柱”。

本书重点介绍排污许可证制度。

2. 排污许可证制度

（1）排污许可证制度的概念

排污许可证制度，是指向环境排放污染物的单位或个人，事先必须向环境保护行政主管部门提出申请，经审查批准领取许可证后，按照排污许可证所规定的条件排放污染物的一项法律规定。

排污许可证制度是我国正在逐步推行的一项具有科学化、定量化、目标化性质的有效的环境保护监督管理手段，其核心是确定污染物总量控制目标和分配污染物总量的削减指标，通过颁发许可证的形式对单位或个人的排污行为进行控制。对不超过排放标准或总量控制指标的单位，发给排污许可证；对超过排放标准或超过总量控制指标的，发给临时排污许可证。

修订后的《水污染防治法》在排污许可证制度和规范排污行为方面有不少创新。一是对于排污许可证制度，修订后的《水污染防治法》第二十条规定，直接或者间接向水体排放工业废水和医疗污水以及其他按照规定应当取得排污许可证方可排放的废水、污水的企业、事业单位，应当取得排污许可证；二是城镇污水集中处理设施的运营单位也应当取得排污许可证；三是禁止企业、事业单位无排污许可证或者违反排污许可证的规定向水体排放法律规定的废水、污水。

(2) 排污许可证制度的主要内容

根据有关环境保护法律、法规的规定，排污许可证制度的主要内容包括：

1）排污申报登记。排污申报登记是排污许可证的基础工作。排污单位必须在指定的时间内，向当地环境保护行政主管部门办理排污申报登记手续，并提供防治污染方面的技术资料。

2）核定排污量。县级以上人民政府按照本地区的环境容量确定污染物总量控制指标，或者以某一年该地区污染物排放总量为基础确定污染物排放削减总量，并通过经济、技术可行性分析和优化方案比较，核定各排污单位的污染物允许排放量。

3）审核、发放排污许可证。环境保护行政主管部门收到排污单位填报的排污申报登记表后，经审查、核实，对不超过排放标准或者不超出排污总量控制指标的排污单位，颁发排污许可证；对超过排放标准或者超出排污总量控制指标的排污单位，颁发临时排污许可证，并限期削减排污量；对跨越省（区、市）界区的排污单位，特殊性质的排污单位，特大型建设项目，其排污许可证和临时排污许可证需报国务院环境保护行政主管部门审查核准其污染物排放量。

4）排污许可证的监督与管理：

①排污单位必须严格按照排放许可证的规定排放污染物，并按规定向当地环境保护行政主管部门变更本单位的排污情况；

②持有临时排污许可证的单位，必须定期向当地环境保护行政主管部门报告削减排放量的进度情况，经削减达到排污总量控制指标的单位，可向当地环境保护行政主管部门申请排污许可证。

第四节　排污收费制度

一、排污收费制度的概念和意义

排污收费，是指国家环境保护行政主管部门依照环境保护法的规定，对于向环境排放污染物或者超过国家或地方排放标准排放污染物的排污者征收一定数额的费用。排污收费制度，是关于征收排污费的对象、范围、标准以及排污费的征收、使用、管理等法律规定的总称。

排污收费制度，是强化环境管理的一种经济手段，其目的是为了促进排污者加强经营管理，节约和综合利用资源，改善环境。现行的排污收费制度体现了“污染者负担”原则和环境资源价值理论，又结合了我国的实际情况。它是利用价值规律，通过征收排污费，给排污者以外部的压力，将排污情况与排污者的经济效益、社会形象直接挂钩，因而具有如下重要意义和作用：利用经济杠杆调节经济发展与环境保护的关系，促使排污者力求经济效益、社会效益、环境效益的统一；有利于促使排污者加强经营管理，进行技术改造，开展废物综合利用，推行清洁生产，提高资源、能源利用率，减少污染物的排放；为国家治理环境污染，改善环境质量开辟了一条重要的专项资金渠道，利于增强国家防治环境污染和生态破坏的能力；可以利用专项资金加强污染防治新技术、新工艺的研究、开发、示范和应用，促进环境保护产业的发展。

2002年1月30日，国务院第54次常务会议通过了《排污费征收使用管理条例》（本节中简称《条例》），2003年7月1日起施行。《条例》公布后，原国家环境保护总局于2003年出台了与《条例》相配套的部门规章：《排污费征收标准管理办法》《关于排污费征收核定有关工作的通知》《排污费资金收缴使用管理办法》《排污费征收标准及计算办法》《关于减免及缓缴排污费有关问题的通知》《关于环境保护部门实行收支两条线管理后经费安排的实施办法》等，从而建立了一整套完整的符合市场经济要求的排污费征收使用管理体系。

《条例》及配套规章的适时公布，标志着我国排污收费制度的一次重大改革，实现了由超标收费向排污收费转变。使我国的排污收费标准由单一浓度收费向浓度与总量相结合的收费转变，由单因子收费向多因子收费转变，由静态收费向动态收费转变，改革排污费资金使用，变无偿使用为有偿使用，改变了单纯用行政办法管理排污费资金。

二、排污收费制度的主要内容

1. 排污费的征收

(1) 征收排污费的对象

《条例》第二条规定：直接向环境排放污染物的单位和个体工商户，应当依照本条例的规定缴纳排污费。这一规定，将征收排污费的对象，从原来的企业、事业单位扩大到直接向环境排放污染物的所有单位和个体工商户。同时，《条例》又作了限制性规定，即排污者向城市污水集中处理设施排放污水、缴纳污水处理费用的，不再缴纳排污费。

(2) 排污收费项目

1) 污水排污费。

2) 废气排污费。

3) 危险废物排污费。

4) 噪声超标排污费。

(3) 排污费征收标准及计算方法

1) 污水排污费按排污者排放污染物的种类、数量以污染当量计征，每一污染当量征收标准为0.7元。

对每一排放口征收污水排污费的污染物种类数，以污染当量数从多到少的顺序，最多不超过3项。其中，超过国家或地方规定的污染物排放标准的，按照排放污染物的种类、数量和《条例》规定的收费标准计征污水排污费的收费额加一倍征收超标准排污费。

水污染物污染当量数计算方法如下：

某污染物的污染当量数＝该污染物的排放量（千克）/该污染物的污染当量值（千克）。

禽畜养殖业、小型企业和第三产业的污染当量数＝污染排放特征值/污染当量值。

污水排污费计算方法为：污水排污费收费＝0.7元×前3项污染物的污染当量数之和；对超过国家或者地方规定排放标准的污染物，应在该种污染物排污费收费额基础上加1倍征收超标准排污费；同一排放口中的化学需氧量（COD）、生化需氧量（BOD）和总有机碳（TOC），只征收一项。

例题：某石化工厂1990年建成投产，2005年4月确定废水总排放口月废水排放量100 000 m^3，经监测污染物排放浓度COD 200 mg/L、BOD 80 mg/L、SS 160 mg/L、pH值4、石油类 20 mg/L、硫化物 1 mg/L。该厂排污口通向Ⅳ类水域，求该厂 8 月份应缴纳的污水排污费。

解：①查排放标准：

该厂废水执行《污水综合排放标准》表 2 中的二级标准：COD150 mg/L、BOD60 mg/L、SS200 mg/L、pH 值 6～9、石油类 10 mg/L、硫化物 1.0 mg/L。

②计算污染物当量数：

COD 排放量＝$200\times10^{-3}\times100\,000$＝20 000 kg/月

COD 的当量数＝20 000 /1＝20 000 污染当量

BOD 排放量＝$80\times10^{-3}\times100\,000$＝8 000 kg/月

BOD 的当量数＝8 000 /0.5 kg＝16 000 污染当量

SS 排放量＝$160\times10^{-3}\times100\,000$＝16 000 kg/月

SS 的当量数＝16 000/4＝4 000 污染当量

石油类排放量＝$20\times10^{-3}\times100\,000$＝2 000 kg/月

石油类的当量数＝2 000 /0.1＝20 000 污染当量

硫化物排放量＝$1\times10^{-3}\times100\,000$＝100 kg/月

硫化物的当量数＝100/0.125＝800 污染当量

pH 值当量数＝100 000 t 污水/1 t 污水＝100 000 污染当量

③三因子选择：

选择排污量前三位是 pH 值、COD 和石油类。

排放总量＝100 000＋20 000＋20 000＝140 000 污染当量/月

污水排污费＝0.7×140 000＝98 000 元/月

④加倍收费：

pH 值、COD、石油类均超标，COD、石油类需加倍收费。

加倍收费额＝0.7×（20 000＋20 000）＝28 000

⑤计算总收费额：

总收费额＝排污费＋加倍收费＝98 000＋28 000＝126 000（元/月）

2）废气排污费按排污者排放污染物的种类、数量以及污染当量计算征收，每一污染当量征收标准为 0.6 元。

大气污染物的污染当量计算方法为：某污染物的污染当量数＝该污染物的排放量（千克）/该污染物的污染当量值（千克）。

对难以监测的烟尘，可按林格曼黑度指数征收排污费。

3）危险废物排污费征收标准。对于不符合国家有关规定填埋处置危险废物的，危险废物排污费征收标准为每次每吨 1 000 元。

4）噪声超标排污费征收标准。对产生环境噪声的排污者，超过国家规定的环境噪声排放标准，且干扰他人正常、工作和学习的，按照超标的分贝数征收噪声超标排污费。

所谓污染当量是指根据各种污染物或污染排放活动对环境的有害程度、对生物体的毒性以及处理的技术经济性规定的有关污染物或污染排放活动相对数量的一种关系，是有害当量、毒性当量和费用当量的一种综合当量，反映了不同的污染物或污染排放变量之间的污染

危害和处理费用的相对关系。

污水污染当量值是以污水中1千克最主要污染物化学需氧量（COD）为一个基准污染当量，再按照其他污染物的有害程度、对生物体的毒性以及处理的费用等进行测算，并与COD进行比较，分别得出其他污染物的污染当量值。将每个排放口每种污染物的排放量按污染当量值换算成污染当量数，再把所有的污染当量数相加，得出该排放口排放的所有污染物的总污染当量数，用总污染当量数乘污染当量收费单价，即得出应交纳的排污费额。

(4) 征收排污费的程序

根据《条例》和《关于排污费征收核定有关工作的通知》（以下简称《核定通知》）的规定，征收排污费应遵循如下程序：

1）申报登记。《条例》第六条和《核定通知》第二条规定，排污者应当于每年12月15日前，填报《全国排放污染物申报登记报表（试行）》（以下简称《申报登记报表》），申报下一年度正常作业条件下排放污染物种类、数量、浓度等情况，并提供与污染物排放有关的资料；新建、扩建、改建项目，应当在项目试生产前3个月内办理排污申报手续；在城市市区范围内，建筑施工过程中使用机械设备，可能产生环境噪声污染的，施工单位必须在工程开工15日前办理排污申报手续；排放污染物需作重大改变或者发生紧急重大改变的，排污者必须分别在变更前15日内或改变后3日内履行变更申报手续，填报《排污变更申报登记表（试行）》。排污者可以采取书面填表、网上申报等申报方式进行排污申报。

2）审核。《核定通知》第三条规定，环境监察机构应当在每年1月15日前依据排污者申报的《申报登记报表》进行排污收费年度审核。

环境监察机构在进行排污收费年度审核时，第一，对排污者申报的新建、扩建、改建项目《申报登记报表》和排放污染物需作重大改变或者发生紧急重大改变的《排污变更申报登记表》应当及时进行审核；第二，对符合要求的，环境监察机构向排污者发回经审核同意的《申报登记报表》；第三，对符合减免规定的，按规定予以减免并公告。对不符合要求的，责令限期补报，逾期未报的，视为拒报。

3）核定。《核定通知》对排污费征收核定权限、核定依据、核定通知书的送达以及核定异议的处理作了如下规定：

①核定权限。根据《核定通知》第一条规定，县级环境保护局负责行政区划范围内排污费的征收管理工作；直辖市、设区的市级环境保护局负责本行政区域市区范围内排污费的征收管理工作；省、自治区环境保护局负责装机容量30万千瓦以上的电力企业排放二氧化硫排污费的征收管理工作。

②核定依据和顺序。《核定通知》第四条规定，环境监察机构应当依据《条例》，按照下列规定顺序对排污者排放污染物的种类、数量进行核定：排污者按照规定正常使用国家强制检定并经依法定期校验的污染物排放自动监控仪器，其监测数据作为核定污染物排放种类、数量的依据；具备监测条件的，按照国家环境保护（现为环境保护部）规定的监测方法监测所得的监督监测数据；不具备监测条件的，按照国家环境保护总局（现为环境保护部）规定的物料衡算方法计算所得物料衡算数据；对餐饮、娱乐、服务等第三产业的小型排污者，采用抽样测算的办法核算排污量。

③核定通知书的送达。《核定通知》第五条规定，各级环境监察机构应当在每月或者每

季终了后10日内，依据经审核的《申报登记报表》《排污变更申报登记表（试行）》，并结合当月或者当季的实际排污情况，核定排污者排放污染物的种类、数量，并向排污者送达《排污核定通知书（试行）》。

④核定异议的处理。《核定通知》第五条规定，排污者对核定结果有异议的，自接到《排污核定通知书（试行）》之日起7日内，可以向发出通知的环境监察机构申请复核；环境监察机构应当自接到复核申请之日起10日内，做出复核决定。

排污者对核定有异议的，应当先缴排污费，后再申请行政复议或者提起行政诉讼。

4）公告及排污费的缴纳。根据《核定通知》第六条规定，各级环境监察机构应当按月或按季根据排污费征收标准和经核定的排污者排放污染物种类、数量，确定排污者应当缴纳的排污费数额，并予以公告；排污费数额确定后，由环境监察机构向排污者送达《排污费缴纳通知单（试行）》；排污者应当自接到《排污费缴纳通知单（试行）》之日起7日内，到指定的商业银行缴纳排污费；逾期未缴纳的，负责征收排污费的环境监察机构从逾期未缴纳之日起7日内向排污者下达《排污费限期缴纳通知书（试行）》。

（5）排污费的减免

《条例》及《关于减免及缓缴排污费有关问题的通知》（以下简称《减免及缓缴通知》）对减免排污费的条件、期限及程序作了如下规定：

1）减免排污费的条件。《条例》第十五条及《减免及缓缴通知》第一条规定，减免排污费应具备如下条件：因不可抗力的自然灾害以及因突发公共卫生事件、火灾、他人破坏等遭受重大直接经济损失，可以申请减缴或者免缴排污费；排污者因未及时采取有效措施，造成环境污染的，不得申请减缴或者免缴排污费。

符合上述条件的排污者申请减免排污费的最高限额不得超过1年的排污费应缴额。

2）减免程序。《减免及缓缴通知》第三条、第七条规定，减免排污费按照下列程序办理：

①排污者自遇不可抗力自然灾害和其他突发事件之日起30日内，向具有审批权限的市（地、州）级以上财政、价格、环境保护部门提出减免排污费的书面申请（书面申请包括排污者名称、减免理由、减免数额、减免期限等内容）。

②市（地、州）级以上财政、价格、环境保护部门收到排污者减免排污费的书面申请后，应当在30日内由环境保护部门先进行调查核实，并提出审核意见报同级财政、价格主管部门。

③市（地、州）级以上财政、价格主管部门应当在收到环境保护部门审核意见的30日内按照本通知第二条规定的权限，会同环境保护部门作出是否批准减免排污费的决定，并以书面形式批复申请减免排污费的排污者，同时抄送上级财政、价格、环境保护部门以及负责征收排污费的环境保护部门和同级财政、价格主管部门。

④批准减免排污费的排污者名单，由环境保护部门会同同级财政、价格主管部门每半年公告一次。

根据《减免及缓缴通知》第四条规定，养老院、残疾人福利机构、殡葬机构、幼儿园、特殊教育学校、中小学校（不含其所办企业）等国务院财政、价格、环境保护部门规定的非营利性社会公益事业单位，在达标排放污染物的情况下，经负责征收排污费的环境保护部门核准后可以免缴排污费。

(6) 排污费的缓缴

《减免及缓缴通知》对缓缴排污费的条件、期限及程序作了如下规定：

1) 缓缴的条件。《减免及缓缴通知》第五条第一款规定，排污者申请缓缴排污费应具备下列条件：遇不可抗力自然灾害和其他突发事件，正在申请减免排污费以及市（地、州）级以上财政、价格、环境保护部门正在批复减免排污费期间；企业由于经营困难处于破产、倒闭、停产、半停产状态。

2) 缓缴的期限。《减免及缓缴通知》第五条第二款规定，申请缓缴排污费的最长期限不超过 3 个月。在批准缓缴后 1 年内不得再重新申请。

3) 缓缴程序。《减免及缓缴通知》第六条、第七条对申请缓缴排污费的程序作了如下规定：

①排污者自接到排污费缴纳通知单之日起 7 日内，向负责征收排污费的环境保护部门提出缓缴排污费的书面申请，书面申请包括排污者名称、缓缴理由、缓缴期限等内容。

②环境保护部门自接到申请之日起 7 日内，应当作出是否批准缓缴排污费的书面决定，期满未作出决定的，视为同意缓缴排污费。

③批准缓缴排污费的排污者名单，由环境保护部门会同同级财政、价格主管部门每半年公告一次。

2. 排污费的使用

《条例》及《排污费资金收缴使用管理办法》（以下简称《使用办法》）规定，排污费必须纳入财政预算，列入环境保护专项资金进行管理，主要用于下列污染防治项目的拨款补助或者贷款：

(1) 重点污染源防治项目。包括技术和工艺符合环境保护及其他清洁生产要求的重点行业、重点污染源防治项目。

(2) 区域性污染防治项目。主要用于跨流域、跨地区的污染治理及清洁生产项目。

(3) 污染防治新技术、新工艺的推广应用项目。主要用于污染防治新技术、新工艺的研究开发以及资源综合利用率高、污染物产生量少的清洁生产技术、工艺的推广应用。

(4) 国务院规定的其他污染防治项目。《使用办法》第十三条还规定，环境保护专项资金不得用于环境卫生、绿化、新建企业的污染治理项目以及与污染防治无关的其他项目。关于环境保护专项资金的使用申请，应当按照《使用办法》第十五条、第十六条、第十七条的规定进行申报、评审。

3. 排污费的管理

根据《条例》第三条、第四条、第五条、第十九条、第二十条规定，县级以上人民政府环境保护行政主管部门、财政部门、价格主管部门应当按照各自的职责，加强对排污费征收、使用工作的指导、管理和监督；县级以上地方人民政府财政部门和环境保护行政主管部门每季度向本级人民政府、上级财政部门和环境保护行政主管部门报告本行政区域内环境保护专项资金的使用和管理情况；排污费的征收、使用必须严格实行“收支两条线”，征收的排污费一律上缴财政；排污费应当全部专项用于环境污染防治，任何单位和个人不得截留、挤占或者挪作他用；审计机关应当加强对环境保护专项资金使用和管理的审计监督。

4. 法律责任

《环境保护法》《条例》《使用办法》规定了排污单位违反排污收费制度的法律责任，具体参见表 2—4。

表 2—4　　违反排污收费制度的法律责任

违法行为	处罚依据	处罚种类、幅度	执法主体
1. 拒绝缴纳排污费或超标排污费的	《条例》第二十一条	责令限期缴纳；逾期拒不缴纳的，处应缴纳排污费数额 1 倍以上 3 倍以下的罚款，并报经有批准权的人民政府批准，责令停产停业整顿	县级以上地方人民政府环境保护行政主管部门
2. 排污者以欺骗手段骗取批准减缴、免缴或者缓缴排污费的	《条例》第二十二条	责令限期补缴应当缴纳的排污费，并处所骗取批准减缴、免缴或者缓缴排污费数额 1 倍以上 3 倍以下的罚款	县级以上地方人民政府环境保护行政主管部门
3. 环境保护专项资金使用者不按照批准的用途使用环境保护专项资金的	《条例》第二十三条	责令限期改正；逾期不改正的，10 年内不得申请使用环境保护专项资金，并处挪用资金数额 1 倍以上 3 倍以下的罚款	县级以上地方人民政府环境保护行政主管部门
4. 排污者在规定期限内未足额缴纳排污费的	《使用办法》第二十二条	责令限期缴纳，并从滞纳之日起加收 2‰的滞纳金	县级以上地方人民政府环境保护行政主管部门

第五节　限期治理制度

一、限期治理制度的概念

限期治理制度，是指对长期超标排放污染物、造成环境严重污染的排污单位和在特殊保护区域内超标排污的已有设施，经人民政府决定，环境保护行政主管部门监督其在一定期限内治理并达到规定要求的法律规定的总称。

我国环境保护的实践证明，实施限期治理制度，对于集中有限的资金解决突出的环境问题，推动企业积极治理污染，改善流域、区域环境质量，改善厂群关系，促进社会稳定。都具有十分重要的意义。

2009 年 7 月 8 日，环境保护部发布了《限期治理管理办法（试行）》（以下简称《办法》），自 2009 年 9 月 1 日起施行。根据最新修订的《水污染防治法》，《办法》对限期治理适用情形、决定权限、治理期限、部门职责以及法律后果，做出了具体、明确的规定，对于进一步规范限期治理工作、提高环境执法能力具有重要意义。《办法》的贯彻实施，对督促排污单位在限期内治理现有污染源，纠正水污染物处理设施与处理需求不匹配的状况，推动水污染物“工程减排”，提供了强有力的法律保障。

二、限期治理制度的主要内容

1. 限期治理的适用对象

综合现有有关环境法律、法规的规定，限期治理的基本适用对象主要为五类单位：

(1) 造成严重污染的单位

这是该制度诞生以来最基本的适用范围。有关法律还进一步设定了限制条件。如《环境噪声污染防治法》第十七条规定：只有对“在噪声敏感建筑物集中区域内造成严重环境噪声污染的企业、事业单位”，才能适用限期治理。

关于“严重污染”的判断依据。原国家环境保护局1996年8月23日曾以《关于对经限期治理逾期未完成治理任务的单位进行处罚问题的复函》（环法［1996］696号）做过专门解释。该函明确提出了“关于企业、事业单位严重污染环境的判断依据”的四项基本指标为：“环境保护部门在判断过程中，应以排污单位排放污染物的超标情况作为主要依据，同时还应综合考虑排污单位所在区域的环境功能及其容量、排污单位排放污染物的特性及其对人体健康和环境造成的危害、排污周围居民对污染的反映及其他有关情况。”

(2) 特殊保护区内的排污设施

根据国家有关环境法律和行政法规的规定，在国务院、国务院有关主管部门和省级政府划定的饮用水源保护区、风景名胜区、自然保护区和其他需要特别保护的区域内，已经建成并且排污超标的设施，应当限期治理。

(3) 排放污染物超过标准的单位

根据《大气污染防治法》第四十八条、《水污染防治法》第七十四条、《海洋环境保护法》第十二条规定，排污单位只要超标排污，不管是否造成严重污染都可以要求其限期治理。

(4) 排放重点污染物超过总量控制指标的单位

《水污染防治法》第七十四条规定，重点污染物排放量超过总量控制指标的，限期治理。

(5) 未完成排污削减任务的单位

如《海洋环境保护法》第十二条规定，对在行政机关规定的期限内未完成污染物排放削减任务的单位，应当限期治理。

2. 不适用限期治理的情形

《办法》第三条规定，排放水污染物超标或者超总量，但有下列情形之一，法律、法规相关条款另有特别规定的，适用特别规定，不适用限期治理：

建设项目的水污染防治设施未建成、未经验收或者验收不合格，主体工程即投入生产或者使用的，根据《水污染防治法》第七十一条处罚。

建设项目投入试生产，其配套建设的水污染防治设施未与主体工程同时投入试运行的，根据《建设项目环境保护管理条例》第二十六条处罚。

不正常使用水污染物处理设施，或者未经环境保护行政主管部门批准拆除、闲置水污染物处理设施的，根据《水污染防治法》第七十三条处罚。

违法采用国家强制淘汰的造成严重水污染的设备或者工艺，情节严重的，根据《水污染防治法》第七十七条处罚。

3. 限期治理的期限

环境保护行政主管部门应当根据完成限期治理任务的实际需要，合理确定限期治理期限。根据《水污染防治法》第七十四条的规定，限期治理的期限最长不超过一年。但完全由于不可抗力的原因，导致被限期治理的排污单位不能按期完成治理任务的除外。环境保护行政主管部门不得通过重复下达限期治理决定等方式，变相延长限期治理期限。

4. 限期治理中的信息公开

环境保护行政主管部门应当通过报刊、门户网站等便于公众知晓的方式，将下列信息向社会公开：被责令限期治理的排污单位名称、《限期治理决定书》、排污单位的限期治理方案等相关文件；完成限期治理任务后，被依法解除限期治理的排污单位名称；因逾期未完成限期治理任务，被依法责令关闭的排污单位名称。环境保护行政主管部门不得公开涉及国家秘密、商业秘密、个人隐私的政府信息。

5. 限期治理的决定程序

(1) 立案调查

环境保护行政主管部门现场检查时，可以凭环境保护行政主管部门工作人员现场即时采样或者监测的结果，判定污染源排放水污染物是否超标或者超总量。对经现场检查判定排放水污染物超标或者超总量的污染源，环境保护行政主管部门应当及时分析原因。经分析判断超标或者超总量可能是由水污染物处理设施与处理需求不匹配原因造成的，环境保护行政主管部门应当按照本办法有关限期治理管辖权限的规定立案调查，并确定负责立案调查的机构。

(2) 监测评估

对已被立案调查的排污单位，负责立案调查的机构应当通过现场监测和技术评估，对排放水污染物超标或者超总量是否因水污染物处理设施与处理需求不匹配所致作出判断，并报环境保护行政主管部门。

其中，现场监测是指组织环境监测机构按照污染源监测规范规定的采样频次，对污染源在生产周期内所排水污染物进行监测；技术评估是指组织行业生产专家、污染物处理技术专家和企业代表，采用工艺流程分析、物料衡算等方法，对排污单位水污染物处理设施与处理需求是否匹配进行分析评估。

(3) 事先告知

环境保护行政主管部门根据监测数据和技术评估结果，判断水污染物处理设施与处理需求不匹配导致排放水污染物超标或者超总量的，应当向排污单位发出《限期治理事先告知书》。

《限期治理事先告知书》应当载明以下内容：排污单位名称；水污染物处理设施与处理需求不匹配导致排放水污染物超标或者超总量的事实和证据；拟作出的限期治理决定和法律依据；未完成限期治理任务的法律后果；排污单位陈述、申辩和申请听证的权利。环境保护行政主管部门认为必要时，可以就污染源限期治理事项，约谈排污单位的法定代表人或者其他主要负责人。

(4) 听证

排污单位对排放水污染物超标或者超总量的事实以及是否应当适用限期治理有异议

的，可以自收到《限期治理事先告知书》之日起7个工作日内，向环境保护行政主管部门进行陈述、申辩，或者以书面形式提出听证申请。排污单位提出听证申请的，环境保护行政主管部门应当自收到听证申请之日起7个工作日内，决定听证的时间和地点，并通知排污单位。

（5）做出决定

环境保护行政主管部门应当在综合考虑监测数据和技术评估结果、排污单位的陈述申辩意见或者听证结果的基础上，对水污染物处理设施与处理需求是否匹配作出认定。环境保护行政主管部门对因水污染物处理设施与处理需求不匹配导致排放水污染物超标或者超总量的，应当作出限期治理决定，并制作《限期治理决定书》。

《限期治理决定书》应当载明以下内容：排污单位的名称、营业执照号码、组织机构代码、地址以及法定代表人或者主要负责人姓名；事实、证据和作出限期治理决定的法律依据；限期治理任务，即排污单位在限期治理后应当稳定达到的排放标准或者总量控制指标；限期治理的期限。

对被决定限期治理的排污单位，环境保护行政主管部门还应当在《限期治理决定书》中告知以下事项：排污单位负责自行选择限期治理具体措施；限期治理期间排放水污染物超标或者超总量的，环境保护行政主管部门可以直接责令限产限排或者停产整治；逾期未完成限期治理任务的，环境保护行政主管部门将报请人民政府责令关闭。

6. 限期治理的执行

（1）企业采取治理措施

排污单位接到《限期治理决定书》后，应当根据限期治理任务和期限，制定限期治理方案，并报知作出决定的环境保护行政主管部门。限期治理方案，应当确定具体污染治理措施、进度安排、资金保障和责任人员。

（2）监测

限期治理期间，排污单位应当按照污染源监测规范，对所排水污染物进行监测，保存原始监测记录，以备查核。不具备环境监测能力的排污单位，应当委托环境保护行政主管部门所属监测机构或者经省、自治区、直辖市环境保护行政主管部门认定的其他监测机构进行监测。

（3）排放要求

限期治理期间，排放水污染物不得超标或者超总量。

7. 限期治理的督察

（1）试运行监管要求

限期治理期间，水污染物处理设施需要试运行并排放污染物的，排污单位应当事先书面报告环境保护行政主管部门。试运行期间，排污单位应当在污染源监测规范规定的采样频次基础上，相应增加采样频次，进行加密监测。

在试运行期间，因水污染物处理工艺调试等原因所产生的水污染物不可避免超标或者超总量的，排污单位必须将所产生的水污染物存放于应急储存池或者其他临时储存设施，不得直接向环境排放；确需排放的，必须事先报经环境保护行政主管部门批准，并制定突发环境事件应急预案。

(2) 跟踪检查

环境保护行政主管部门作出限期治理决定后，应当制定跟踪检查方案，明确负责跟踪检查的工作机构。负责跟踪检查的工作机构，应当根据跟踪检查方案，通过现场检查、采样监测等方式，对排污单位执行限期治理决定的治理进度和排放水污染物状况加强后督察。

试运行期间，负责跟踪检查的工作机构应当加强现场监督检查，相应增加监测频次。

(3) 限产限排、停产整治

负责跟踪检查的工作机构发现被责令限期治理的污染源在限期治理期间排放水污染物超标或者超总量的，应当报由环境保护行政主管部门责令限产限排或者责令停产整治。

8. 限期治理的解除程序

(1) 解除依据

被责令限期治理的污染源，经过限期治理后，符合下列条件的，可以认定为已完成限期治理任务：在工况稳定、生产负荷达75%以上、配套的水污染物处理设施正常运行的条件下，按照污染源监测规范规定的采样频次监测认定，在生产周期内所排水污染物浓度的日均值能够稳定达到排放标准限值的；生产负荷无法调整到75%以上，但经行业生产专家、污染物处理技术专家和企业代表，采用工艺流程分析、物料衡算等方法，认定水污染物处理设施与处理需求相匹配的；所排重点水污染物未超过有关地方人民政府依法分解的总量控制指标的。

(2) 届满核查

限期治理期限届满之日起7个工作日内，作出限期治理决定的环境保护行政主管部门应当及时组织现场核查。

现场核查，应当采取现场监测、实地察看水污染物处理设施、查阅监测记录、工程建设资料以及投资报告等方式；对因排放水污染物超标或者超总量造成较大社会影响，或者造成跨行政区环境污染的，环境保护行政主管部门还可以通过走访或者举行座谈会等方式，听取公众意见。

负责跟踪检查的工作机构应当对现场核查情况进行记录，形成限期治理现场核查笔录，并由环境保护行政主管部门所属监测机构或者经省、自治区、直辖市环境保护行政主管部门认定的其他监测机构出具限期治理监测报告。限期治理现场核查笔录应当由现场核查人员签字。

负责现场核查的工作机构，应当制作限期治理核查意见，连同限期治理现场核查笔录、限期治理监测报告，一并报本部门负责人。限期治理核查意见应当提出对排污单位解除限期治理决定或者依法关闭的建议和理由。限期治理核查意见、现场核查笔录、监测报告，应当与限期治理决定文书，一并存档备查。

环境保护行政主管部门应当根据不同情况，分别作出如下决定：对已完成限期治理任务的排污单位，解除限期治理；对逾期未完成限期治理任务的排污单位，根据《水污染防治法》第七十四条和《固体废物污染环境防治法》第八十一条，应报经有批准权的人民政府批准，责令关闭。

(3) 提前解除

排污单位在限期治理期限届满前，认为其已完成限期治理任务，可以向决定限期治理的环境保护行政主管部门提出解除申请。申请提前解除的，应当提交解除限期治理申请书，并附具能够证明其已完成限期治理任务的监测报告等相关资料。

环境保护行政主管部门应当自收到解除限期治理申请书之日起7个工作日内，按照本办法有关限期治理核查的规定组织核查，分别作出如下处理决定：对确已提前完成限期治理任务的排污单位，环境保护行政主管部门应当作出提前解除限期治理的决定；对未提前完成限期治理任务的排污单位，环境保护行政主管部门应当书面告知其必须采取有效措施，并在期限届满前完成限期治理任务。

（4）企业后续管理

被解除限期治理的排污单位，应当建立健全环境保护责任制度，保持水污染物处理设施的正常使用，并加强设施的检查和维护，确保所排水污染物稳定达到排放标准或者总量控制指标。

（5）环境保护行政主管部门后续监管

环境保护行政主管部门应当将被解除限期治理的排污单位确定为重点监管对象，并加强监督检查。对被解除限期治理后12个月内再次排放水污染物超标或者超总量的排污单位，应当从重处罚。

9. 限期治理的决定机关

关于限期治理的决定权，《环境保护法》规定：中央或者省级政府直接管辖的企事业单位的限期治理，由省级政府决定。市、县或者市、县以下政府管辖的企事业单位的限期治理，由市、县政府决定。被限期治理的企事业单位必须如期完成治理任务。

在单项环境污染防治立法中，对限期治理的决定机关做出了有别于《环境保护法》的规定，表现为：

（1）规定可由政府授权环境保护行政主管部门决定

如《环境噪声污染防治法》第十七条规定："对小型企业事业单位的限期治理，可以由县级以上人民政府在国务院规定的权限内授权其环境保护行政主管部门决定。"

（2）明确授权由环境保护行政主管部门决定

《固体废物污染环境防治法》第八十一条规定："造成固体废物严重污染环境的，由县级以上人民政府环境保护行政主管部门按照国务院规定的权限决定限期治理。"授权环境保护行政主管部门决定限期治理，这毫无疑问是该制度在决定权限方面的重大突破。

新修订的《水污染防治法》第七十四条规定："排放水污染物超过国家或者地方规定的水污染物排放标准，或者超过重点水污染物排放总量控制指标的，由县级以上人民政府环境保护主管部门按照权限责令限期治理。"

《办法》还对限期治理的级别管辖和特殊管辖作出了规定。

其中级别管辖规定：国家重点监控企业的限期治理，由省、自治区、直辖市环境保护行政主管部门决定，报环境保护部备案。省级重点监控企业的限期治理，由所在地设区的市级环境保护行政主管部门决定，报省、自治区、直辖市环境保护行政主管部门备案。其他排污单位的限期治理，由污染源所在地设区的市级或者县级环境保护行政主管部门决定。

特殊管辖规定：下级环境保护行政主管部门实施限期治理有困难的，可以报请上一级环境保护行政主管部门决定限期治理。下级环境保护行政主管部门对依法应予限期治理的排污单位不作出限期治理决定的，上级环境保护行政主管部门应当责成下级环境保护行政主管部门依法决定限期治理，或者直接决定限期治理。排污单位排放水污染物超标或者超总量造成的社会影响特别重大，或者有其他特别严重情形的，环境保护部可以直接决定限期治理。上下级环境保护行政主管部门，对同一污染源的同一违法行为，不得重复下达限期治理决定。

第六节　限期淘汰制度

一、限期淘汰制度的概念

限期淘汰制度，是指国家以防止环境污染、生态破坏和调整产业结构为目的，定期公布浪费资源严重污染环境的落后生产技术、工艺、设备和产品的名录，并限期禁止其生产、销售、进口、使用或转让的规定的总称。

近几年来，我国为了降低污染负荷和资源、能源消耗，实现工业企业达标排放，通过一系列的法律文件规定了限期淘汰制度，关闭、取缔了一大批污染严重的小企业。实践证明，实行限期淘汰制度，对于促进经济结构的调整，减少环境污染，改善环境质量具有十分重要的意义。

二、限期淘汰制度的法律依据

《大气污染防治法》和《水污染防治法》都规定：国务院经济综合主管部门会同国务院有关部门公布限期禁止采用的严重污染大气或水环境的工艺名录和限期禁止生产、禁止销售、禁止进口、禁止使用的严重污染大气或水环境的设备名录。生产者、销售者、进口者或者使用者必须在国务院经济综合主管部门会同国务院有关部门规定的期限内分别停止生产、销售、进口或者使用列入前款规定的名录中的设备。生产工艺的采用者必须在国务院经济综合主管部门会同国务院有关部门规定的期限内停止采用列入前款规定的名录中的工艺。

《固体废弃物污染防治法》规定：国务院经济综合宏观调控部门应当会同国务院有关部门组织研究、开发和推广减少工业固体废物产生量和危害性的生产工艺和设备，公布限期淘汰产生严重污染环境的工业固体废物的落后生产工艺、落后设备的名录。

《清洁生产促进法》规定：国家对浪费资源和严重污染环境的落后生产技术、工艺、设备和产品实行限期淘汰制度。国务院经济贸易行政主管部门会同国务院有关行政主管部门制定并发布限期淘汰的生产技术、工艺、设备以及产品的名录。

除国家环境保护法律、法规的规定之外，一些地方性环境保护法规和规章也将超薄塑料袋、发泡塑料餐具、含磷洗衣粉等分别列入了本地区限期淘汰之列。

三、限期淘汰制度的主要内容

1. 限期淘汰的对象

根据环境保护法律、法规的规定，限期淘汰的对象包括：浪费资源和严重污染环境的落后的生产技术、工艺、设备和产品。

2. 发布名录及实施监督管理的机关

发布名录的机关，是国务院经济综合部门和其他有关部门。

迄今为止，国务院经济综合部门会同环境保护部门及有关产业部门，先后提出并公布了一系列限期淘汰的名录。主要的淘汰名录有：

(1)《关于禁止和限制支持的乡镇工业污染控制重点企业名录》。

(2)《第一批严重污染大气环境的淘汰工艺与设备的名录》。

(3)《淘汰落后生产能力、工艺和产品的名录（第一批）》。

(4)《工商投资领域制止重复建设名录（第一批）》。

(5)《国务院关于关闭非法和布局不合理煤矿有关问题的通知》。

(6)《关于限期停止生产、销售、使用含铅汽油的通知》。

(7)《汽车报废标准》。

(8)《关于加强塑料包装废物管理的若干意见》。

(9)《关于禁止新建、生产、使用消耗臭氧层物质生产设施的通知》。

(10)《关于在气雾剂行业停止使用氯氟化碳类物质的通知》。

(11)《关于限制电池含汞量的规定》。

(12)《中国禁止或严格限制进口的有毒化学品的目录（第一批）》。

(13)《关于限期淘汰“五小”的规定》。

(14)《淘汰落后生产能力、工艺和产品的名录（第二批）》。

(15)《淘汰落后生产能力、工艺和产品的名录（第三批）》。

实施监督管理的机关，是县级以上人民政府的经济综合部门和同级人民政府。

3. 违反限期淘汰制度的法律责任

《水污染防治法》第七十七条规定：生产、销售、进口或者使用列入禁止生产、销售、进口、使用的严重污染水环境的设备名录中的设备，或者采用列入禁止采用的严重污染水环境的工艺名录中的工艺的，由县级以上人民政府经济综合宏观调控部门责令改正，处5万元以上20万元以下的罚款；情节严重的，由县级以上人民政府经济综合宏观调控部门提出意见，报请本级人民政府责令停业、关闭。

《大气污染防治法》和《固体废弃物污染防治法》也都规定：生产、销售、进口或者使用禁止生产、销售、进口、使用的设备，或者采用禁止采用的工艺的，由县级以上人民政府经济综合主管部门责令改正；情节严重的，由县级以上人民政府经济综合主管部门提出意见，报请同级人民政府按照国务院规定的权限责令停业、关闭。

《大气污染防治法》第四十九条还规定：将淘汰的设备转让给他人使用的，由转让者所在地县级以上地方人民政府环境保护行政主管部门或者其他依法行使监督管理权的部门没收转让者的违法所得，并处违法所得两倍以下罚款。

《循环经济促进法》第五十条规定：使用列入淘汰名录的技术、工艺、设备、材料的，由县级以上地方人民政府循环经济发展综合管理部门责令停止使用，没收违法使用的设备、材料，并处以5万元以上20万元以下的罚款；情节严重的，由县级以上人民政府循环经济发展综合管理部门提出意见，报请本级人民政府按照国务院规定的权限责令停业或者关闭。

第七节 现场检查制度

一、现场检查制度的概念和意义

现场检查制度，是指环境保护行政主管部门或者其他依法行使环境保护监督管理权的部门，进入辖区内的排污单位现场，对其排污情况、污染治理等进行检查的法律规定的总称。

现场检查制度是环境保护行政机关在环境保护行政执法中最普遍适用的一项重要的行政监督管理手段，具有如下重要意义和作用：有利于环境保护行政机关及时了解和掌握管辖区内排污单位的开发、建设、排污、治污情况，有针对性地加强监督管理；有利于督促排污单位加强内部环境管理，认真履行法律规定的各项环境保护义务；有利于帮助和指导排污单位及其有关人员提高环境保护意识和环境保护法制观念；也有利于促进环境保护行政机关及其执法人员依法行政，提高执法水平。

二、现场检查制度的主要内容

1. 现场检查的机关和对象

《环境保护法》第十四条规定，有权行使现场检查权的机关是：县级以上人民政府的环境保护行政主管部门和其他依照法律规定行使环境监督管理权的部门。

现场检查的对象是：管辖区范围内的一切排污单位。

2. 现场检查的程序

现场检查的程序是指现场检查必需的过程或步骤。现场检查是检查部门的一项重要的权利，使用不当不仅会对被检查企业造成不好的影响，而且不能完成检查任务，达不到检查的目的。因此，现场检查必须遵循一定的程序。目前我国环境保护法律、法规未对此作出统一规定，综合现有的规定，现场检查应当遵循以下程序：

(1) 检查前的准备

进入现场前应明确检查任务，确定对象和内容，选择适当的方式，列出检查的项目以及有关要求等。

(2) 明示身份

进入被检查的现场前，必须出示行政执法证件或者佩带戴政执法标志。

(3) 检查

检查人员必须两人以上，检查人员应当注意搜集证据、询问时做好调查询问笔录，并对检查过程中获取的企业技术和业务秘密承担保密义务。

(4) 总结归档

检查人员在检查结束后，应当及时整理好检查笔录和相应资料，做好总结，提出必要的意见和建议，然后分类存档。

3. 现场检查中被检查单位及检查机关的义务

(1) 被检查单位的义务

被检查的单位有义务接受现场检查，并积极配合检查机关如实反映情况和提供有关资料。《水污染防治法实施细则》第十八条规定，被检查单位应提供下列情况和资料：

1）污染物排放情况。

2）污染物治理设施及其运行、操作和管理情况。

3）监测仪器、仪表、设备的型号和规格以及检定、校验情况。

4）采用的监测分析方法和监测记录。

5）限期治理进展情况。

6）事故情况及有关记录。

7）与污染有关的生产工艺、原材料使用的资料。

8）与水污染防治有关的其他情况和资料。

（2）检查机关的义务

环境保护行政主管部门和其他依照法律规定行使环境监督管理权的部门及其执法人员，在实施现场检查时，必须履行以下义务：

1）必须出示行政执法证件或者佩戴行政执法标志。

2）必须为被检查单位保守技术秘密和业务秘密。

环境保护行政主管部门，除认真履行上述义务外，还应注意既要敢于执法，还要善于执法，坚持文明执法，讲究执法技巧，避免不必要的冲突，以树立良好的执法形象。

4. 法律责任（见表2—5）

表2—5　　违反现场检查制度的法律责任

违法行为	处罚依据	处罚种类、幅度	执法主体
拒绝现场检查或者在被检查时弄虚作假	《环境保护法》第三十五条	给予警告或者处以罚款	县级以上地方人民政府环境保护行政主管部门
	《大气污染防治法》第四十六条	限期改正，给予警告或者处以5万元以下罚款	县级以上地方人民政府环境保护行政主管部门
	《水污染防治法》第七十条	责令改正，处以1万元以上10万元以下的罚款	县级以上地方人民政府环境保护行政主管部门
	《固体废物污染环境防治法》第七十条	处以2 000元以上2万元以下的罚款	县级以上地方人民政府环境保护行政主管部门

第八节　突发环境事件信息报告与应急预案制度

一、突发环境事件信息报告与应急预案制度概念

突发环境事件，是指突然发生，造成或者可能造成重大人员伤亡、重大财产损失和对全国或者某一地区的经济社会稳定、政治安定构成重大威胁和损害，有重大社会影响的涉及公共安全的环境事件。

突发环境事件信息报告，是指各级环境保护行政主管部门按照职责范围，及时、准确地向同级人民政府和上级环境保护行政主管部门报告辖区内发生的突发环境事件信息的规范性措施的总称。

突发环境事件应急预案制度，是指为及时应对突发环境事件，由政府事先编制突发环境事件的应急响应方案及其应急机制，在发生或者可能发生突发环境事件时，启动该应急预案以最大限度地预防和减少突发环境事件及其可能带来的危害等规范性措施的总称。

二、突发环境事件信息报告与应急预案制度的法律依据

为提高政府保障公共安全和处置突发公共事件的能力，最大限度地预防和减少突发公共事件及其造成的损害，保障公众的生命财产安全，维护国家安全和社会稳定，促进经济社会全面、协调、可持续发展。2006 年 1 月 8 日国务院发布了《国家突发公共事件总体应急预案》。2006 年 1 月 24 日，国务院依据《环境保护法》《海洋环境保护法》《安全生产法》和《国家突发公共事件总体应急预案》及相关的法律、行政法规，制定了《国家突发环境事件应急预案》（以下简称《环境应急预案》），适用于应对以下各类事件的应急响应：超出事件发生地省（区、市）人民政府突发环境事件处置能力的应对工作；跨省（区、市）突发环境事件应对工作；国务院或者全国环境保护部际联席会议需要协调、指导的突发环境事件或者其他突发事件次生、衍生的环境事件。2007 年 1 月 30 日，原国家环境保护总局又对《国家环保总局核事故与辐射事故应急响应方案》进行了修订，划分为《国家环保总局核事故应急预案》和《国家环保总局辐射事故应急预案》。

在突发环境事件的信息报告方面，2006 年 3 月 31 日，为提高环境保护行政主管部门应对突发环境事件的能力，保障人民群众生命健康和财产安全，原国家环境保护总局发布了《环境保护行政主管部门突发环境事件信息报告办法（试行）》（以下简称《报告办法》），规范了突发环境事件的信息报告程序。

三、突发环境事件信息报告制度

1. 基本规定

《报告办法》规定，在得知突发环境事件发生后，事发地环境保护行政主管部门应当立即派人赶赴现场调查了解情况，采取措施努力控制污染和生态破坏事故继续扩大，对突发环境事件的性质和类别作出初步认定，并把初步认定的情况及时报同级人民政府和上级环境保护行政主管部门。紧急情况下，可直接向国家环境保护总局（现为国家环境保护部）报告，并同时报送省级环境保护行政主管部门。

2. 对不同类别环境事件报告的规定

按照突发事件严重性和紧急程度，《环境应急预案》将突发环境事件分为特别重大环境事件（Ⅰ级）、重大环境事件（Ⅱ级）、较大环境事件（Ⅲ级）、一般环境事件（Ⅳ级）（参见表 2—6，突发环境事件的分级）。

表 2—6　　突发环境事件的分级

分级	依据要素
Ⅰ级	（1）死亡 30 人以上，或中毒（重伤）100 人以上；（2）因环境事件需疏散、转移群众 5 万人以上，或直接经济损失 1 000 万元以上；（3）区域生态功能严重丧失或濒危物种生存环境遭到严重污染，或因环境污染使当地正常的经济、社会活动受到严重影响；（4）因环境污染使当地正常的经济、社会活动受到严重影响；（5）利用放射性物质进行人为破坏事件，或 1 类、2 类放射源失控造成大范围严重辐射污染后果；（6）因环境污染造成重要城市主要水源地取水中断的污染事故；（7）因危险化学品（含剧毒品）生产和贮运中发生泄漏，严重影响人民群众生产、生活的污染事故；（8）造成跨国（界）的环境污染事件。

续表

分级	依据要素
Ⅱ级	（1）发生 10 人以上，30 人以下死亡，或中毒（重伤）50 人以上，100 人以下；（2）区域生态功能部分丧失或濒危物种生存环境受到污染；（3）因环境污染使当地经济、社会活动受到较大影响，疏散转移群众 1 万人以上，5 万人以下的；（4）1 类、2 类放射源丢失、被盗或失控；（5）因环境污染造成重要河流、湖泊、水库以及沿海水域大面积污染，或县级以上城镇水源地取水中断的污染事件。
Ⅲ级	（1）发生 3 人以上，10 人以下死亡，或中毒（重伤）10 人以上，50 人以下；（2）因环境污染造成跨地级行政区纠纷，使当地经济、社会活动受到影响；（3）3 类放射源丢失、被盗或失控。
Ⅳ级	（1）发生 3 人以下死亡，中毒（重伤）10 人以下；（2）因环境污染造成跨县级行政区域纠纷，引起群体性影响的；（3）4 类、5 类放射源丢失、被盗或失控。

一般（Ⅳ级）突发环境事件，事发地环境保护行政主管部门应在发现或得知突发环境事件后 1 小时内，向同级人民政府和上一级环境保护行政主管部门报告。

较大（Ⅲ级）、重大（Ⅱ级）、特别重大（Ⅰ级）突发环境事件，市（区）、县级环境保护行政主管部门应当在发现或得知突发环境事件后 1 小时内，报告同级人民政府和省级环境保护行政主管部门。省级环境保护行政主管部门在接到报告后，除认为需对突发环境事件进行必要核实外，应当立即报告环境保护部。需要对突发环境事件进行核实的，原则上应在 1 小时内完成。

特别重大（Ⅰ级）突发环境事件，事发地环境保护行政主管部门在依照本条前两款规定报告的同时，应当向国家环境保护部报告。

国家环境保护部在接到重大（Ⅱ级）、特别重大（Ⅰ级）突发环境事件报告后，应当立即向国务院总值班室报告。

当突发环境事件发生初期无法按突发环境事件分级标准确认等级时，报告上应注明初步判断的可能等级。随着事件的续报，可视情核定突发环境事件等级并报告应报送的部门。

3. 突发环境事件的报告分类

对突发环境事件的报告分为初报、续报和处理结果报告三类。

初报在发现和得知突发环境事件后上报；续报在查清有关基本情况后随时上报；处理结果报告在突发环境事件处理完毕后上报。

初报可用电话或传真直接报告，主要内容包括：突发环境事件的类型、发生时间、发生地点、初步原因、主要污染物质和数量、人员受害情况、自然保护区受害面积和濒危物种生存环境受到破坏程度、事件潜在危害程度等初步情况。

续报可通过网络或书面报告，视突发环境事件进展情况可一次或多次报告。在初报的基础上报告突发环境事件有关确切数据、发生的原因、过程、进展情况、危害程度及采取的应急措施、措施效果等基本情况。

处理结果报告采用书面报告。处理结果报告在初报和续报的基础上，报告处理突发环境事件的措施、过程和结果，突发环境事件潜在或间接的危害及损失、社会影响、处理后的遗留问题、责任追究等详细情况。处理结果报告应当在突发环境事件处理完毕后立即报送。

核与辐射事件的信息报告在按照《报告办法》规定报告的同时，还须按照有关核安全法律、法规的规定报告。

4. 跨（省）界突发环境事件的信息报告

突发环境事件可能波及相邻省级行政区域的，事发地省级环境保护行政主管部门应当在向国家环境保护部报告的同时，及时通报可能波及的其他省级环境保护行政主管部门。接到突发环境事件通报的有关省级环境保护行政主管部门，应视情况及时报告本级人民政府。

四、突发环境事件应急预案制度

1. 突发环境事件应急组织体系和综合协调机构

《环境应急预案》规定，国家突发环境事件应急组织体系由应急领导机构、综合协调机构、有关类别环境事件专业指挥机构、应急支持保障部门、专家咨询机构、地方各级人民政府突发环境事件应急领导机构和应急救援队伍组成。

在国务院的统一领导下，全国环境保护部际联席会议负责统一协调突发环境事件的应对工作，各有关成员部门负责各自专业领域的应急协调保障工作。各级人民政府也自上而下地设立了相应的应急指挥或者领导机构。

2. 突发环境事件管理的运行机制

（1）预防和预警机制

《环境事件预案》规定，全国环境保护部际联席会议有关成员单位应当按照早发现、早报告、早处置的原则，开展对国内（外）环境信息、自然灾害预警信息、常规环境监测数据、辐射环境监测数据的综合分析、风险评估工作。国务院有关部门和地方各级人民政府及其相关部门，负责突发环境事件信息接收、报告、处理、统计分析，以及预警信息监控，并且还必须开展污染源、放射源和生物物种资源调查，开展突发环境事件的假设、分析和风险评估工作，完善各类突发环境事件应急预案。

按照突发事件严重性、紧急程度和可能波及的范围，《环境应急预案》将突发环境事件的预警分为四级，预警级别由低到高，设置的颜色依次为蓝色、黄色、橙色、红色。根据事态的发展情况和采取措施的效果，预警颜色可以升级、降级或解除。

当收集到的有关信息证明突发环境事件即将发生或者发生的可能性增大时，应当按照相关应急预案执行。进入预警状态后，当地县级以上人民政府和政府有关部门应当立即启动相关应急预案措施，发布预警公告，转移、撤离或者疏散可能受到危害的人员，并进行妥善安置，指令各环境应急救援队伍进入应急状态，环境监测部门立即开展应急监测，针对突发事件可能造成的危害，封闭、隔离或者限制使用有关场所，中止可能导致危害扩大的行为和活动，调集环境应急所需的物资和设备，确保应急保障工作。

为此，各级人民政府应当建立包括环境安全预警系统、环境应急资料库和应急指挥技术平台系统在内的预警支持系统。

（2）应急响应机制

《环境应急预案》规定的应急响应机制包括如下几个部分：

1）突发环境事件应急响应坚持属地为主的原则，实行分级响应机制。

按突发环境事件的可控性、严重程度和影响范围，突发环境事件的应急响应分为特别重大（Ⅰ级响应）、重大（Ⅱ级响应）、较大（Ⅲ级响应）、一般（Ⅳ级响应）四级。

其中，Ⅰ级应急响应由环境保护部和国务院有关部门组织实施，应急响应程序包括开通通信联系、立即向环境保护部领导报告、及时向国务院报告进展情况、通知有关专家组成专家组分析情况、派出相关应急救援力量和专家赶赴现场参加五个步骤。省级地方人民政府突发环境事件应急响应，可以参照Ⅰ级响应程序，自行确定应急响应行动。

此外，当有关类别环境事件专业指挥机构接到特别重大环境事件信息后也应当依照规定启动应急预案。

2）突发环境事件的报告（参见本节对突发环境信息报告制度的介绍）。

3）根据需要，国务院有关部门和部际联席会议成立环境应急指挥部，负责指导、协调突发环境事件的应对工作。

各应急机构接到事件信息通报后，应立即派出有关人员和队伍赶赴事发现场，在现场救援指挥部统一指挥下，按照各自的预案和处置规程，相互协同，密切配合，共同实施环境应急和紧急处置行动。现场应急救援指挥部成立前，各应急救援专业队伍必须在当地政府和事发单位的协调指挥下坚决、迅速地实施先期处置，果断控制或切断污染源，全力控制事件态势，严防二次污染和次生、衍生事件发生。

应急状态时，专家组组织有关专家迅速对事件信息进行分析、评估，提出应急处置方案和建议，供指挥部领导决策参考。发生环境事件的有关部门、单位要及时、主动向环境应急指挥部提供应急救援有关的基础资料，环境保护、海洋、交通、水利等有关部门提供事件发生前的有关监管检查资料，供应急指挥部研究救援和处置方案时参考。

此外，《国家突发环境事件应急预案》还对指挥协调的主要内容、应急监测、信息发布、安全防护等作出了规定。

4）确立了应急终止的条件和程序。《环境应急预案》规定，对符合下列条件之一的，即满足应急终止条件：

①事件现场得到控制，事件条件已经消除。

②污染源的泄漏或释放已降至规定限值以内。

③事件所造成的危害已经被彻底消除，无继发可能。

④事件现场的各种专业应急处置行动已无继续的必要。

⑤采取了必要的防护措施以保护公众免受再次危害，并使事件可能引起的中长期影响趋于合理且尽量低的水平。

应急终止的程序是：

①现场救援指挥部确认终止时机，或事件责任单位提出，经现场救援指挥部批准。

②现场救援指挥部向所属各专业应急救援队伍下达应急终止命令。

③应急状态终止后，相关类别环境事件专业应急指挥部应根据国务院有关指示和实际情况，继续进行环境监测和评价工作，直至其他补救措施无须继续进行为止。

应急终止后，环境应急指挥部还应当指导有关部门及突发环境事件单位查找事件原因，防止类似问题的重复出现。有关类别环境事件专业主管部门负责编制特别重大、重大环境事件总结报告，在应急终止后上报。环境保护部应当组织有关专家，会同事发地省级人民政府组织实施应急过程评价。根据实践经验，有关类别环境事件专业主管部门负责组织对应急预案进行评估，并及时修订环境应急预案。参加应急行动的部门负责组织、指导环境应急队伍维护、保养应急仪器设备，使之始终保持良好的技术状态。

(3) 应急保障机制

《环境应急预案》还分别对资金保障、装备保障、通信保障、人力资源保障、技术保障等应急保障机制作出了专门规定，并对宣传、培训与演练以及应急能力评价等作了规定。

(4) 后期处置机制

《环境应急预案》规定，地方各级人民政府做好受灾人员的安置工作，组织有关专家对受灾范围进行科学评估，提出补偿和对遭受污染的生态环境进行恢复的建议。此外，还应当建立突发环境事件社会保险机制，为环境应急工作人员办理意外伤害保险。可能引起环境污染的企业、事业单位，要依法办理相关责任险或其他险种。

(5) 责任追究机制

在突发环境事件应急工作中，对于不认真履行环境保护法律、法规，而引发环境事件的；不按照规定制定突发环境事件应急预案，拒绝承担突发环境事件应急准备义务的；不按规定报告、通报突发环境事件真实情况的；拒不执行突发环境事件应急预案，不服从命令和指挥，或者在事件应急响应时临阵脱逃的；盗窃、贪污、挪用环境事件应急工作资金、装备和物资的；阻碍环境事件应急工作人员依法执行公务或者进行破坏活动的；散布谣言，扰乱社会秩序的；有其他对环境事件应急工作造成危害行为的，《环境应急预案》规定按照有关法律和规定，对有关责任人员视情节和危害后果，由其所在单位或者上级机关给予行政处分。构成犯罪的，由司法机关依法追究刑事责任。

第九节　清洁生产制度与循环经济制度

一、清洁生产制度

1. 清洁生产制度的概念

清洁生产，是指不断采取改进设计、使用清洁的能源和原料、采用先进的工艺技术与设备、改善管理、综合利用等措施，从源头削减污染，提高资源利用效率，减少或者避免生产、服务和产品使用过程中污染物的产生和排放，以减轻或者消除对人类健康和环境的危害。

2. 清洁生产制度的法律依据

为了促进清洁生产，提高资源利用效率，减少和避免污染物的产生，保护和改善环境，促进经济与社会可持续发展，中华人民共和国第九届全国人民代表大会常务委员会第二十八次会议于 2002 年 6 月 29 日通过了《中华人民共和国清洁生产促进法》，自 2003 年 1 月 1 日起施行。该法共分六章四十二条，第一章从总体上明确了各政府机构在促进清洁生产中的职责，第二章在此基础上进一步规定了各政府机构在各自职责范围内推进清洁生产的具体任务，第三章针对一、二、三产业的单位和个人如何实施清洁生产提出了要求，第四章规定政府部门制定鼓励措施，第五章明确了各政府部门对违法行为的处罚条款，第六章规定了施行日期。

2004 年 10 月 1 日，国家发改委、原国家环境保护总局根据《中华人民共和国清洁生产促进法》制定并审议通过了《清洁生产审核暂行办法》（国家环境保护总局令第 16 号）全面推行清洁生产，规范清洁生产审核行为。

3. 清洁生产制度的主要内容

（1）清洁生产制度的适用范围

《清洁生产促进法》第三条规定："在中华人民共和国领域内，从事生产和服务活动的单位以及从事相关管理活动的部门依照本法规定，组织、实施清洁生产。"从这一规定可以看出，我国《清洁生产促进法》的适用对象有两类：一类是从事生产、提供服务活动的单位；另一类是从事相关管理活动的部门，不包括公民个人。

按照上述规定，清洁生产促进法的适用范围包含了全部生产和服务领域。上述规定主要是考虑：其一，目前国内外对清洁生产的认识已经突破了传统的工业生产领域，农业、服务业等领域也已经开始推行清洁生产；其二，本法规定的政府职责是以支持、鼓励措施为主，这个范围宜宽不宜窄，事实上也没有必要对不同的生产领域制定不同的清洁生产促进法；其三，由于清洁生产的推行是一个渐进的过程，法律应当为其未来的发展留下空间，如果规定过窄，反而会对今后清洁生产的推行造成障碍。

（2）政府及其有关部门推行清洁生产的责任

《清洁生产促进法》第二章"清洁生产的推行"对政府及其有关部门明确规定了要支持、促进清洁生产的具体要求，其中包括：①制定有利于实施清洁生产的财政税收政策、产业政策、技术开发和推广政策；②制定清洁生产的推行规划，合理规划本行政区域的经济布局，调整产业结构，发展循环经济，促进企业在资源和废物综合利用等领域进行合作，实现资源的高效利用和循环使用；③组织和支持建立清洁生产信息系统和技术咨询服务体系，向社会提供有关清洁生产方法和技术、可再生利用的废物供求以及清洁生产政策等方面的信息和服务；④制定并发布限期淘汰的生产技术、工艺、设备以及产品的名录；⑤根据需要批准设立节能、节水、废物再生利用等环境与资源保护方面的产品标志，并按照国家规定制定相应标准；⑥指导和支持清洁生产技术和有利于环境与资源保护的产品的研究、开发以及清洁生产技术的示范和推广工作；⑦组织开展清洁生产的宣传和培训，提高国家工作人员、企业经营管理者和公众的清洁生产意识，培养清洁生产管理和技术人员；⑧优先采购节能、节水、废物再生利用等有利于环境与资源保护的产品，通过宣传、教育等措施，鼓励公众购买和使用节能、节水、废物再生利用等有利于环境与资源保护的产品；⑨加强对清洁生产实施的监督，推进环境信息公开。

（3）对生产经营者的清洁生产要求

《清洁生产促进法》第三章"清洁生产的实施"主要规定了对生产经营者的清洁生产要求，共分为三类，包括指导性要求、自愿性要求和强制性要求。同时本法第五章"法律责任"对违反有关强制性要求的行为规定了相应的处罚。

1）指导性要求。指导性要求是对生产经营者从事清洁生产发出的倡导，不附带法律责任，主要内容包括有关建设活动或设计活动应当优先考虑采用清洁生产方式、企业应当按照清洁生产要求进行技术改造、普通企业的清洁生产审核等。

2）自愿性要求。自愿性要求是鼓励生产经营者自愿实施清洁生产，改善企业及其产品的形象，相应可以依照有关规定得到奖励和享受政策优惠的要求，主要内容包括：自愿签订节约资源、削减污染物排放量的协议；自愿申请环境管理体系认证。

3）强制性要求。强制性要求是生产经营者必须履行的清洁生产义务，如果不履行上述义务，则要承担相应的法律责任，主要内容包括：

①注明产品材料成分的要求和责任。生产大型机电设备、机动运输工具以及国务院经济贸易行政主管部门指定的其他产品的企业，应当按照国务院标准化行政主管部门或者其授权机构制定的技术规范，在产品的主体构件上注明材料成分的标准牌号。按照本法关于法律责任的规定，违反上述规定，未标注产品材料的成分或者不如实标注的，由县级以上地方人民政府质量技术监督行政主管部门责令限期改正；拒不改正的，处以五万元以下的罚款。

②对建筑和装修材料的要求和责任。建筑和装修材料必须符合国家标准。禁止生产、销售和使用有毒、有害物质超过国家标准的建筑和装修材料。违反规定，生产、销售有毒、有害物质超过国家标准的建筑和装修材料的，依照《产品质量法》和有关民事、刑事法律的规定，追究行政、民事、刑事法律责任。

③对产品和包装物强制回收的要求和责任。生产、销售被列入强制回收目录的产品和包装物的企业，必须在产品报废和包装物使用后对该产品和包装物进行回收。强制回收的产品和包装物的目录和具体回收办法，由国务院经济贸易行政主管部门制定。国家对列入强制回收目录的产品和包装物，实行有利于回收利用的经济措施；县级以上地方人民政府经济贸易行政主管部门应当定期检查强制回收产品和包装物的实施情况，并及时向社会公布检查结果。具体办法由国务院经济贸易行政主管部门制定。按照关于法律责任的规定，违反上述规定，不履行产品或者包装物回收义务的，由县级以上地方人民政府经济贸易行政主管部门责令限期改正；拒不改正的，处以十万元以下的罚款。

④超标排放或超总量控制指标排放污染物企业的清洁生产审核的要求和责任。污染物排放超过国家和地方规定的排放标准或者超过经有关地方人民政府核定的污染物排放总量控制指标的企业，应当实施清洁生产审核。使用有毒、有害原料进行生产或者在生产中排放有毒、有害物质的企业，应当定期实施清洁生产审核，并将审核结果报告所在地的县级以上地方人民政府环境保护行政主管部门和经济贸易行政主管部门。按照关于法律责任的规定，违反规定，不实施清洁生产审核或者虽经审核但不如实报告审核结果的，由县级以上地方人民政府环境保护行政主管部门责令限期改正；拒不改正的，处以十万元以下的罚款。

⑤公布主要污染物的排放情况的要求和责任。列入污染严重企业名单的企业，应当按照国务院环境保护行政主管部门的规定公布主要污染物的排放情况，接受公众监督。按照关于法律责任的规定，违反上述规定，不公布或者未按规定要求公布污染物排放情况的，由县级以上地方人民政府环境保护行政主管部门公布，可以并处十万元以下的罚款。

在上述三种要求中，指导性要求所占比重较大，强制性要求所占比重较小，这样制定，突出了《清洁生产促进法》是一部促进性质的立法的特点，有利于引导、规范生产经营者实施清洁生产。

(4) 清洁生产的鼓励措施

《清洁生产促进法》将“鼓励措施”列为一章，其规定的鼓励措施主要有：表彰奖励、资金支持、减免税务等。

二、循环经济制度

1. 循环经济制度的概念

循环经济，是指生产、流通和消费等过程中进行的减量化、再利用、资源化活动的总称。循环经济是推进可持续发展战略的一种优选模式，它强调以循环发展模式替代传统的线性增长模式，表现为以“资源—产品—再生资源”和“生产—消费—再循环”的模式有效地利用资源和保护环境，最终达到以较小发展成本获取较大的经济效益、社会效益和环境效益。

2. 循环经济制度的主要内容

(1) 循环经济促进法规定的基本管理制度

1）编制循环经济发展规划。循环经济发展规划是国家对循环经济发展目标、重点任务和保障措施等进行安排和部署的指导性文件。循环经济发展规划的内容主要包括：规划目标、适用范围、主要内容、重点任务和保障措施以及资源产出率、废物再利用和资源化率等指标。

2）实行总量控制。《循环经济促进法》规定，县级以上地方人民政府应当依据上级人民政府下达的本行政区域主要污染物排放、建设用地和用水总量控制指标，规划和调整本行政区域的产业结构，促进循环经济发展；新建、改建、扩建建设项目，必须符合本行政区域主要污染物排放、建设用地和用水总量控制指标的要求。

3）建立和完善循环经济评价指标体系。为进一步强化政府发展循环经济的责任，《循环经济促进法》规定，国务院循环经济发展综合管理部门会同国务院统计、环境保护等有关主管部门建立和完善循环经济评价指标体系。上级人民政府根据规定的循环经济主要评价指标，对下级人民政府发展循环经济的状况定期进行考核，并将主要评价指标完成情况作为对地方人民政府及其负责人考核评价的内容。

4）确立生产者责任延伸制度。在传统的法律领域，产品的生产者只对产品本身的质量承担责任。生产者责任延伸制度就是将生产者单纯的产品质量责任依法延伸到产品废弃后的回收、利用、处置环节，相应对其产品设计和原材料选用等提出更高的要求。生产者责任延伸限于在技术上和经济上可行的范围内。对此，《循环经济促进法》作了规定，即：①生产列入强制回收名录的产品或者包装物的企业，必须对废弃的产品或者包装物负责回收；对其中可以利用的，由各该生产企业负责利用；对因不具备技术经济条件而不适合利用的，由各该生产企业负责无害化处置；②对上述规定的废弃产品或者包装物，生产者委托销售者或者其他组织进行回收的，或者委托废物利用或者处置企业进行利用或者处置的，受托方应当依照有关法律、行政法规的规定和合同的约定负责回收或者利用、处置；③对列入强制回收名录的产品和包装物，消费者应当将废弃的产品或者包装物交给生产者或者其委托回收的销售者或者其他组织；④强制回收的产品和包装物的名录及管理办法，由国务院循环经济发展综合管理部门规定。

5）对耗能、耗水总量大的重点企业实行重点监督管理。我国目前正处在工业化加速发展的时期，钢铁、有色金属、煤炭、电力、石油加工、化工、建材、建筑、造纸、印染等主要工业行业资源消耗高、资源利用效率低、污染物排放量大，其中的大企业在资源消耗中又占很大比重。为了保证节能减排的各项规划目标得以实现，《循环经济促进法》规定，国家对钢铁、有色金属、煤炭、电力、石油加工、化工、建材、建筑、造纸、印染等行业年综合能源消费量、用水量超过国家规定总量的重点企业，实行能耗、水耗的重点监督管理制度。重点能源消费单位的节能监督管理，依照我国《节约能源法》的规定执行。重点用水单位的监督管理办法，由国务院循环经济发展综合管理部门会同国务院有关部门规定。

6）建立健全能源统计制度和循环经济标准体系。建立健全能源统计制度和循环经济标准体系是减量化、再利用和资源化相关法律规定实施的前提和基础。《循环经济促进法》规定，建立健全循环经济统计制度，加强资源消耗、综合利用和废物产生的统计管理，并将主要统计指标定期向社会公布。国务院标准化主管部门会同国务院循环经济发展综合管理和环境保护等有关部门建立健全循环经济标准体系，制定和完善节能、节水、节材和废物再利用、资源化等标准。

（2）*减量化的主要内容*

《循环经济促进法》所称的减量化，是指在生产、流通和消费等过程中减少资源消耗和废物产生。按照《循环经济促进法》的规定，减量化的主要内容包括：

1）禁止生产、进口、销售、使用淘汰的设备、材料、产品或者技术、工艺。禁止生产、进口、销售列入由国务院循环经济发展综合管理部门会同国务院环境保护等有关主管部门定期发布的淘汰的技术、工艺、设备、材料和产品名录中的设备、材料和产品，禁止使用列入该淘汰名录的技术、工艺、设备和材料。违反循环经济促进法上述规定的，应当承担相应的法律责任：①对生产、销售列入淘汰名录的产品、设备的，依照产品质量法的规定处罚。②使用列入淘汰名录的技术、工艺、设备、材料的，由县级以上地方人民政府循环经济发展综合管理部门责令停止使用，没收违法使用的设备、材料，并处5万元以上20万元以下的罚款；情节严重的，由县级以上人民政府循环经济发展综合管理部门提出意见，报请本级人民政府按照国务院规定的权限责令停业或者关闭。③进口列入淘汰名录的设备、材料或者产品的，由海关责令退运，可处以10万元以上100万元以下的罚款。进口者不明的，由承运人承担退运责任，或者承担有关处置费用。

2）包装设计的减量化要求。从事工艺、设备、产品及包装物设计，应当符合有关国家标准的强制性要求，并按照减少资源消耗和废物产生的要求，优先选择采用易回收、易拆解、易降解、无毒无害或者低毒低害的材料和设计方案。设计产品包装物应当符合产品包装标准，防止过度包装造成资源浪费和环境污染。

对在拆解和处置过程中可能造成环境污染的电器电子等产品，不得设计使用由国务院循环经济发展综合管理部门会同国务院环境保护等有关主管部门制定的禁止在电器电子等产品中使用的有毒有害物质名录中的物质。违反上述规定的，由县级以上地方人民政府质量监督管理部门责令限期改正；逾期不改正的，处以2万元以上20万元以下的罚款；情节严重的，由县级以上地方人民政府产品质量监督管理部门向本级工商行政管理部门通报有关情况，由工商行政管理部门依法吊销营业执照。

3）工业企业用油的减量化要求。国家鼓励和支持企业使用高效节油产品。内燃机和机动车制造企业应当按照国家规定的内燃机和机动车燃油经济性标准，采用节油技术，减少石油产品消耗量。

电力、石油加工、化工、钢铁、有色金属和建材等企业，应当在国家规定的范围和期限内，以洁净煤、石油焦、天然气等清洁能源替代燃料油，停止使用不符合国家规定的燃油发电机组和燃油锅炉。违反《循环经济促进法》上述规定的，由县级以上地方人民政府循环经济发展综合管理部门责令限期改正；逾期不改正的，责令拆除该燃油发电机组或者燃油锅炉，并处5万元以上50万元以下的罚款。

4）开采矿产资源的减量化要求。开采矿产资源，应当统筹规划，制定合理的开发利用方案，采用合理的开采顺序、方法和选矿工艺。采矿许可证颁发机关应当对申请人提交的开发利用方案中的开采回采率、采矿贫化率、选矿回收率、矿山水循环利用率和土地复垦率等指标依法进行审查；经审查不合格的，不予颁发采矿许可证。采矿许可证颁发机关应当依法加强对开采矿产资源的监督管理。违反《循环经济促进法》的规定，矿山企业未达到经依法审查确定的开采回采率、采矿贫化率、选矿回收率、矿山水循环利用率和土地复垦率等指标的，由县级以上人民政府地质矿产主管部门责令限期改正，处以5万元以上50万元以下的罚款；逾期不改正的，由采矿许可证颁发机关依法吊销采矿许可证。

5）建筑设计、建设、施工的减量化要求。建筑设计、建设、施工等单位应当按照国家有关规定和标准，采用节能、节水、节地、节材的技术工艺和小型、轻型、再生产品。国家鼓励利用无毒无害的固体废物生产建筑材料，鼓励使用散装水泥，推广使用预拌混凝土和预拌砂浆。

禁止损毁耕地烧砖。禁止在国务院或者省、自治区、直辖市人民政府规定的期限和区域内生产、销售或者使用黏土砖。违反《循环经济促进法》上述规定的，由县级以上地方人民政府指定的部门责令限期改正；有违法所得的，没收违法所得；逾期继续生产、销售的，由地方人民政府行政管理部门依法吊销营业执照。

此外，循环经济促进法还对工业节水、农业节水和节肥节药、国家机关节能与节水、服务性企业的节能及节水、限制一次性消费品的生产和销售作出了鼓励、引导的规定。

（3）再利用和资源化的主要内容

《循环经济促进法》所称的再利用，是指将废物直接作为产品或者经修复、翻新、再制造后继续作为产品使用，或者将废物的全部或者部分作为其他产品的部件予以使用；资源化，是指将废物直接作为原料进行利用或者对废物进行再生利用。按照《循环经济促进法》的规定，再利用和资源化的主要内容包括：

1）各类产业园区再利用和资源化的要求。包括：①县级以上人民政府应当统筹规划区域经济布局，合理调整产业结构，促进企业在资源综合利用等领域进行合作，实现资源的高效利用和循环使用；②各类产业园区应当组织区内的企业进行资源综合利用，促进循环经济发展；③国家鼓励各类产业园区的企业进行废物交换利用、能量梯级利用、土地集约利用和水的分类、循环使用，共同使用基础设施和其他有关设施。

2）企业余热、余压的综合利用要求。企业应当采用先进或者适用的回收技术、工艺和设备，对生产过程中产生的余热、余压等进行综合利用。建设利用余热、余压、煤层气以及煤矸石、煤泥、垃圾等低热值燃料的并网发电项目，应当依照法律和国务院的规定取得行政许可或者报送备案。电网企业应当按照国家规定，与综合利用资源发电的企业签订并网协议，提供上网服务，并全额收购并网发电项目的上网电量。违反《循环经济促进法》上述规定，电网企业拒不收购企业综合利用资源生产的电力，造成企业经济损失的，应当赔偿损失，并由国家电力监管机构责令限期改正。

3）废物的回收与利用。包括：①国家支持生产经营者建立产业废物交换信息系统，促进企业交流产业废物信息。企业对生产过程中产生的废物不具备综合利用条件的，应当提供给具备条件的生产经营者进行综合利用。②国家鼓励和推进废物回收体系建设。地方人民政府应当按照城乡规划，合理布局废物回收网点和交易市场，支持废物回收企业和其他组织开展废物的收集、储存、运输及信息交流。③县级以上人民政府应当统筹规划建设城乡生活垃圾分类收集和资源化利用设施，建立和完善分类收集和资源化利用体系，提高生活垃圾资源化率。④县级以上人民政府应当支持企业建设污泥资源化利用和处置设施，提高污泥综合利用水平，防止产生再次污染。

4）对再利用、再制造和翻新产品的要求。对废电器、电子产品、报废机动车船、废轮胎、废铅酸电池等特定产品进行拆解或者再利用，应当符合有关法律、行政法规的规定。回收的电器、电子产品，经过修复后销售的，应当符合再利用产品标准，并在显著位置标识为再利用产品。回收的电器、电子产品，需要拆解和再生利用的，应当交售给具备条件的拆解企业。销售的再制造产品和翻新产品的质量应当符合国家规定的标准，并在显著位置标识为再制造产品或者翻新产品。违反上述规定，销售没有再利用产品标识的再利用电器、电子产品，或者销售没有再制造或者翻新产品标识的再制造或者翻新产品的，由地方人民政府工商行政管理部门责令限期改正，可处以5 000元以上5万元以下的罚款；逾期不改正的，依法吊销营业执照；造成经济损失的，应当赔偿损失。

此外，《循环经济促进法》还对工业废物的综合利用、企业用水的循环利用和再生利用、建筑废物的综合利用、农业和林业废物的综合利用提出了原则要求。

本章小结

我国环境法的基本制度主要包括了环境影响评价制度、“三同时”制度、排污申报登记与排污许可证制度、排污收费制度、限期治理制度、限期淘汰制度、现场检查制度、突发环境事件信息报告与应急预案制度、清洁生产制度和循环经济制度。这些法律制度综合概括了我国各种环境保护法律、法规的有关规定，是我国环境管理基本制度的法制化和规范化。它们具体体现了我国环境保护政策和原则，具有系统性、程序性、约束性的特点，在防治环境污染和其他公害，保护和改善环境中具有重要作用。学习环境法的基本制度，要求同学们掌握其概念、内容、程序及违反该制度的法律后果，能运用该制度解决基本的环境法律问题。

复习思考题

1. 什么是环境保护法律制度？其特征包括哪些？

2. 我国主要的环境保护法律制度包括哪些?

3. 什么是环境影响评价制度?有何意义?

4. 2004年7月下旬,工商业主阮某在领取工商执照后未经环境保护行政主管部门审批许可,擅自在某市某景区搭建“城东草原风情园”(25个蒙古包可容纳200人就餐)并开张营业,造成餐饮油烟和废水未经处理直接排放,污染景区环境。该市环境保护局经立案调查,于2004年10月13日作出罚款的行政处罚决定,并责令其立即停止排污,限期在20日内补办环境保护审批手续,完成油烟和废水治理任务,并经环境保护验收合格后方可投入营业。问:

(1)环境保护局作出罚款决定,并责令停止排污的依据是什么?

(2)建设项目环境影响评价的分类管理是如何规定的?

(3)环境影响报告书(表)、登记表的审批程序是如何规定的?

5. 某包装有限公司未经环境保护行政主管部门审批,未建设需配套的污染防治设施,于2002年1月建成投产,对周边造成环境污染。2005年6月区环境保护局查实了该公司的违法行为,并送达了环境违法行为限期改正通知书,要求该公司于2005年7月15日之前办理环境影响评价报批手续。该公司逾期未报批。之后,区环境保护局认定该公司违反了《建设项目环境保护管理条例》第九条规定,依据《条例》第二十八条规定,于12月25日作出责令停止生产,并处2万元罚款的行政处罚。问:

(1)什么是“三同时”制度?

(2)建设项目竣工验收应遵循的程序是什么?

(3)违反“三同时”制度应承担的法律责任是什么?

6. 简述排污申报登记的程序。

7. 排污申报登记制度存在的主要问题是什么?

8. 排污许可证制度的主要内容包括哪些?

9. 排污收费项目包括哪些?

10. 简述排污收费标准及计算方法。

11. 简述征收排污费程序及减缴、免缴、缓缴排污费的条件及程序。

12. 某造纸厂建于20世纪50年代,由于没有相应的环境保护治理设施,加之管理不善、工艺技术落后,生产中“跑”“冒”“滴”“漏”现象十分严重,每日向附近河流排放10吨左右的生产废水,废水中含有大量的纤维素、游离硫及酚类物质,使该河严重污染,沿河有3万人直接受到污染危害。鉴于此,2001年,某区环境保护局报请区政府批准,由区政府作出决定,责令该厂在一年内完成限期治理,并且要求在限期治理阶段不得向河流排放含酚物质。问:

(1)什么是限期治理制度?

(2)限期治理的对象是什么?

(3)限期治理的权限是如何规定的?

(4)环境保护行政主管部门在实施限期治理制度中的主要职责是什么?

13. 在现场检查中检查机关与被检查单位的义务是什么?

14. 突发环境事件的等级是如何划分的?

15. 结合实际谈谈环境保护行政主管部门在处理突发环境事件中的主要职责。

16.《循环经济促进法》规定了哪些激励机制?

17.《循环经济促进法》对生产者责任延伸制度是如何规定的?

实训一：模拟听证会

1. 案情介绍

华北电网有限公司北京电力公司于 2004 年 2 月开工建设由北京市规划委审批的西沙屯—上庄—六郎庄 220 kV/110 kV 架空输电线（上青段 12＃—36＃塔架）工程（以下简称“西上六架空输电工程”）。该项目是北京市政府 2002 年批准建设的“9950”工程北线线路，线路总长 7 公里，总投资约 27 220 万元。这条高压线也是奥运建设工程之一，列入了 2003 年北京市 60 个重点工程之一，可以承载百万千瓦负荷，能够有效提高京城西北地区供电能力。

该工程最南端的高压铁塔距颐和园仅 50 米，线路沿京密引水渠一路向北，穿越国防大学、解放军 309 医院、天秀花园、百旺家苑、百望山森林公园和乔家庄村，向东则延伸到中国科学院药用植物园、药用植物研究所及药植所宿舍区等，共涉及 12 个单位。其中该项目的 20～25 号铁塔线路从百旺家苑西侧的绿化带内通过，距离居民楼 40～55 米。小区居民认为该项目建成后不仅电磁辐射会对人体健康造成损害，还会对周围的生态环境和自然环境景观造成影响，经查，该项目正式建设之前没有进行环境影响评价。从 2004 年 5 月份开始，小区居民开始自发组织、签名抵制高压线路的架设，并不断向北京市环境保护局、北京市政府、原国家环境保护总局副局长潘岳以及温家宝总理反映此情况。6 月 22 日，北京市环境保护局对北京市电力公司做出了“责令停工，补办环境影响评价报告书”的决定。7 月，铁道科学研究院环境评价与工程中心接受电力公司委托做出了“《西上六架空输电线路工程环境影响报告书》”。此间，电力公司仍多次强行进入小区施工，遭到居民极力阻止，小区居民强烈要求对此项目举行听证会。8 月 13 日，北京市环境保护局应当地居民的强烈要求组织召开了全国首次环境保护行政许可听证会。

2. 实践活动

针对以上“北京西上六架空输电线路工程电磁辐射污染环境影响评价听证案”分角色模拟环境影响评价听证会。

（1）模拟步骤：角色分配——查阅资料——模拟听证。

（2）听证流程：

第一项宣布听证会开始。

第二项申请人陈述意见。

第三项与会代表按顺序发言。

（休息五分钟）

第四项自由发言。

第五项互动环节。

第六项总结发言。

第七项宣布完毕。

3. 扩展活动

利用各种渠道查找类似案例，分组演练并进行模拟听证会比赛。

实训二：环评风暴的讨论

1. 案情简介

（1）2005 年 1 月 18 日，原国家环境保护总局在京宣布停建金沙江溪洛渡水电站等 13 个省市的 30 个违法开工项目，并指出要严肃环境保护法律、法规，严格环境准入，彻底遏制低水平重复建设和无序建设，绝不允许出现象铁本那样的违法建设项目。

（2）2006 年 2 月 7 日，原国家环境保护总局对 9 省 11 家布设在江河水边的环境问题突出企业实施挂牌督办；对 127 个投资共约 4 500 亿元的化工、石化类项目进行环境风险排查；对 10 个投资共约 290 亿元的违法建设项目进行查处。

（3）2007 年 1 月 10 日，原国家环境保护总局通报了投资 1 123 亿元的 82 个严重违反环评和“三同时”制度的钢铁、电力、冶金等项目，并首次使用“区域限批”办法，对唐山市、吕梁市、莱芜市、六盘水市 4 个城市及国电集团等 4 家电力企业处以制裁。

（4）2007 年 7 月 3 日，针对中国当前严峻的水污染形势，原国家环境保护总局开始对长江、黄河、淮河、海河四大流域水污染严重、环境违法问题突出的 6 市 2 县 5 个工业园区实行“流域限批”，对部分同处一个流域内污染严重的县市或工业园区同时“限批”，对流域内 32 家重污染企业及 6 家污水处理厂实行“挂牌督办”。

（5）2009 年 6 月 11 日，环境保护部新闻发言人通报说，环境保护部针对个别地区和企业严重违反国家产业政策、发展规划和环境保护准入条件进行项目建设的行为，决定从即日起在完成科学论证和各项整改措施前暂停审批金沙江中游水电开发项目、华能集团和华电集团（除新能源及污染防治项目外）建设项目、山东省钢铁行业建设项目环境影响评价，以遏制环境违法行为，在保持经济平稳较快增长的同时，促进结构调整和发展方式转变，增强发展的协调性和可持续性。

2. 实践活动

（1）讨论题：

1）从环评风暴看地方政府环境责任。

2）从环评风暴看企业违法成本。

3）从环评风暴看公众参与。

（2）讨论的方式：

1）分组：同学们在自愿的基础上分成 6 个组，每 2 组就上列问题中的 1 个，进行准备。

2）准备时，应广泛查阅相关资料。

3）写出发言提纲。

4）由教师主持全班讨论。

3. 扩展活动

同学们以讨论题为中心，写出一篇小评论。

实训三：模拟制作调查询问笔录

1. 案情简介

由内蒙古某电管局承建的准格尔发电厂，严重违反“三同时”规定，在环境保护设施储灰场未建成的情况下，未经环境保护行政主管部门同意，于 2006 年 12 月 27 日剪彩发电，造成对生活水源和黄河的严重污染。准格尔发电厂在生产发电过程中，产生大量的粉煤灰。由于未设计和建设储灰场，粉煤灰和冲灰水直排到附近的龙王沟，致使排污口下游约 7 公里处的陈家沟准格尔煤炭工业公司及薛家湾镇水源地遭受严重污染，甚至下游约 20 公里的黄河支流也难免其害。据统计，从 2006 年 12 月底该厂投产至 2007 年 12 月准格尔发电厂共发电 11 亿千瓦时，燃用煤约 6.9 万吨，向龙王沟排放最后进入黄河的粉煤灰约 1.3 万吨，废水 11.04 万吨。这一严重污染事故，引起了当地群众的强烈不满。环境保护行政主管部门获悉此事后，决定依法对准格尔发电厂予以处罚。

2. 实践活动

针对这一环境违法案件，分角色模拟制作调查询问笔录（3 人一组）。

调查询问笔录参考格式：

__________环境保护局调查询问笔录

日　　期：__________时间：__________地点：__________

案　　由：____

____

被询问人：__________性别：__________年龄：__________

工作单位：__________职务：__________

家庭住址：__________电话：__________

询 问 人：__________记录人：__________

参 加 人：____

问：____

答：____

____

问：____

答：____

____

问：____

答：____

____

3. 扩展活动

选择较简单的环境违法案件参与当地环境保护行政主管部门的调查询问工作，在实践中熟悉环境法律、法规的运用，掌握调查询问技能。

实训四：模拟现场检查

1. 案情简介

某日上午，环境保护执法人员对石家庄市×××有限公司进行现场检查时，发现该单位主要从事饭店餐具清洗，无任何环境保护审批手续，污水超标排放。执法人员现场取证过程中，该单位负责人态度蛮横，阻碍检查。

该单位负责人先是阻碍执法人员在厂区内排污口采集水样，在执法人员已经出示执法证件的情况下，硬要索取石家庄市环境保护局检查介绍信，同时强行把执法人员拉拽出该单位办公室。最后以环境保护执法人员没有携带介绍信为由对执法人员进行驱赶，使执法人员无法取证填写笔录。

2. 实践活动

(1) 讨论对以上拒绝现场检查的行为，环境保护执法人员应如何处理。

(2) 对现场检查进行模拟演练。

(3) 采用“请进来”的方法，邀请当地环境保护行政主管部门的有关专家点评典型案例，传授现场检查的技巧、成功的经验和失败的教训。

3. 扩展活动

同学们以如何提高企业环境守法意识为题，写出一篇小评论。

第三章　环境保护标准

本章学习目标

了解　环境保护标准的分类、分级、作用、体系；固体废物与化学品环境污染控制标准、核辐射与电磁辐射环境保护标准、生态环境保护标准等环境保护标准。

熟悉　水环境质量标准、大气环境质量标准、声环境质量标准、土壤环境质量标准。

掌握　水污染物排放标准、大气污染物排放标准、环境噪声排放标准等环境保护标准的使用范围、标准限值及其监测方法。

第一节　环境保护标准概述

一、环境保护标准的概念

环境保护标准通常是指为了防治环境污染，维护生态平衡，保护人体健康，对环境保护工作中需要统一的各项技术规范和技术要求所做的规定的总称。具体讲，环境保护标准是国家为了保护人体健康，促进生态良性循环，实现社会经济发展目标，根据国家的环境政策和法规，在综合考虑本国自然环境特征、社会经济条件和科学技术水平的基础上规定环境中污染物的允许含量和污染源排放污染物的数量、浓度、时间和速率以及有关技术规范。

环境保护标准是随着环境问题的产生而出现的，是和我国的环境保护事业同步发展的。在 1973 年 8 月召开的第一次环境保护工作会议上审查了我国环境保护的第一个标准——《工业“三废”排放试行标准》，奠定了我国环境保护标准建设的基础。

1979 年 3 月，第二次全国环境保护工作会议在成都召开，会议决定进一步加强环境保护标准工作。与此同时，国家颁布了《中华人民共和国环境保护法（试行）》，明确规定了环境保护标准的制定、修订、审批和实施权限，使环境保护标准工作有了法律依据和保证。

1991 年 12 月，在广州召开的环境保护标准工作座谈会上，提出了新的环境保护标准体系。此后，针对排放标准的时限问题和重点污染源控制问题，进一步明确了排放标准的时间段的确定依据，综合排放标准及行业排放标准的关系，着手修订综合排放标准和重点行业排放标准，进一步理顺和解决了在实施中的一些问题。

2000 年 4 月，第九届全国人大第十五次常委会议上，通过了修订的《中华人民共和国大气污染防治法》，阐明了“超标即违法”的思想，使环境保护标准在环境管理中的地位进一步明确。

随着我国成为世界贸易组织的正式成员，我国在建立国内标准的同时，还积极参加了国际上的环境保护标准化活动。1996 年随着 ISO 14000（环境管理体系）系列标准的陆续发布，原国家环境保护总局在跟踪研究国际标准的基础上，等同转化了 ISO 系列标准并积极开展了试点工作，并于 1997 年成立了中国环境管理体系认证指导委员会，为我国顺利推进这项国际标准提供了有利的组织保障。

据统计，截至 2008 年 7 月 30 日，历年发布的国家环境保护标准共 1 187 项，其中，现行标准 1 131 项，废止标准 56 项。另外，自 2008 年 8 月 1 日至 2009 年 4 月 10 日止，国家环境保护部相继发布了 34 项环境保护标准。为落实科学发展观，加强环境保护，“十一五”期间需要制定、修订的国家环境保护标准有 360 多项。

二、环境保护标准的分类和分级

环境标准可分为国家级和地方级两级。根据环境标准的定义，因限制对象的不同，又分为许多不同类型的环境标准。

1. 按环境介质分类

以环境介质作为一级分类依据，可以将环境标准分为：“水”“大气”“环境噪声与振动”“固体废物与化学品”“土壤”“核辐射与电磁辐射”“生态环境保护”等几大类，其他无法划入具体介质类型的，列入“其他环境标准”之中。

2. 按标准属性分类

在介质分类下再按标准属性划分为“质量”“排放”“ 监测方法、仪器、规范”等类别。例如，“水环境保护标准”下分为“水环境质量标准”“水污染物排放标准 ”以及“水监测规范、方法标准”等。GB/T 24001 标准、“环境影响评价技术导则”“清洁生产标准”“环境标志产品标准”以及其他技术导则、规范等则纳入“其他环境保护标准”类目之中。

三、环境保护标准在企业环境管理中的作用

1. 环境质量标准在企业环境管理中的作用

（1）在建设项目环境管理中的作用

企业的选址要符合环境质量功能区的要求。如新建企业含有大气污染的项目，选址时要重点考虑环境质量标准对功能区的要求，看其布局是否合理；其他有污染的项目则要按照环境质量标准中功能区的要求，提出污染控制标准值。“三同时”验收时，要看配套污染防治设施是否符合该功能区的排放要求。

（2）在企业生产活动环境管理中的作用

在企业生产活动中，环境保护行政主管部门除要求企业污染物排放符合相应排放标准的要求外，还要符合该区域环境质量要求。如同样生产工艺、生产同样产品的企业，因处在不同的环境质量功能区，它们执行的标准不同。如位于城市工业区的玻璃厂和位于居民小区附近的玻璃厂，它们执行的排放标准是不同的，前者排放的噪声白天达到 65 dB（A）、夜间应

达到 55 dB（A）即符合要求，而后者噪声排放白天应低于 55 dB（A）、夜间应低于 45 dB（A）才符合要求。此外，有的区域水环境在各企业污水处理设施正常情况下，其水质仍然达不到水环境质量标准的要求，此时环境保护行政主管部门除要求企业污染物排放符合排放标准外，还要符合环境功能区污染物总量控制要求。

（3）环境质量标准是确认环境是否已被污染的根据

所谓环境污染是指某一地区环境中的污染物含量超过了适用的环境保护标准规定的数值。因此，判断某地区环境是否已被污染，只能以适用的环境质量标准为根据。

《环境保护法》规定，造成环境污染危害者，有责任排除危害并对直接遭受损失的单位和个人赔偿损失。如果排污者排放的污染物在环境中的含量超过了质量标准的规定，便应依法承担相应的民事责任。因此，环境质量标准也是判断排污者是否应承担民事责任的依据。但是，应该注意，某一地区的污染物如果超过环境质量标准的规定，必定是指在该地区污染物的总含量超过标准。也就是说，这里指的往往不是某单一污染源，而是该地区众多污染源排放量之和。这样，在确定该地区某一排污者应承担的民事责任时，还要根据该排污者排污量的多少，以及是否超过了排放标准，确定各自相当的民事责任。

2. 污染物排放标准在企业环境管理中的作用

污染物排放标准是为污染源规定的最高容许排污限额（浓度或者总量）。因此，从理论上来说企事业单位如以符合排污标准的方式排放污染物，则它的排污行为是合法的；反之，则是违法排污。很多国家在法律上（如我国的《大气污染防治法》《海洋环境保护法》）都规定：超标排污为违法，甚至是犯罪行为，要承担一系列法律后果。合法排污者只有在其排污造成了环境污染危害时，才依法承担民事责任。

违法排污者的排污行为不受法律保护。超标排污将承担一系列法律责任，包括民事责任、行政责任。超标排污造成重大污染事故，导致公私财产重大损失或者人身伤亡的严重后果的，还将依法承担刑事责任。

3. 环境基础标准和环境监测方法标准在企业环境管理中的作用

在环境纠纷中，争执双方为了证明自己主张的正确，都会出示各自的“证据”。这些“证据”旨在证明环境已经或者没有受到污染，或者证明排污是合法的或是违法的。确认这些“证据”是否为合法证据，就成了解决环境纠纷的先决条件。

合法的证据必须与“环境质量标准”或“污染物排放标准”中所列的限额数值具有可比性。而可比性只有当两者建立在同一基础上、同一方法上时才成立。因为环境质量标准和污染物排放标准是以环境基础标准、环境监测方法标准和环境保护标准样品标准为根据而确定的。只有当争执双方出示的证据也是以环境基础标准、环境监测方法标准和环境保护标准样品标准为根据而确定时，两者才有可比性。因此，判断争执双方所出示的证据是否是合法证据的办法只能是：检定它们是否按环境监测方法标准规定的方法去抽样、分析、试验、计算的。如果是，则为合法证据；否则，这些“证据”没有任何法律意义。

因此，环境基础标准和环境监测方法标准，在环境保护标准体系中也具有重要的地位和作用。

第二节　环境保护标准体系

按有关法律规定，我国环境保护标准包括国家级环境保护标准、地方级环境保护标准。

一、国家级环境保护标准

国家级环境保护标准包括国家环境质量标准、国家污染物排放（控制）标准、国家环境保护标准样品标准和各类用于环境保护执法和监督管理相关技术工作的国家环境保护行业标准。目前，国家环境保护行业标准共有20多种，包括适用于环境影响评价、"三同时"验收、清洁生产、循环经济、环境保护产品、环境标志产品、环境工程、生态保护等方面的标准。国家环境保护标准由国务院环境保护行政主管部门制定。

1. 国家环境质量标准

国家环境质量标准是指为保护自然环境、人体健康和社会物质财富，限制环境中的有害物质和因素而制定的标准。

2. 国家污染物排放标准（或控制标准）

国家污染物排放标准（或控制标准）是指为实现环境质量标准，结合技术经济条件和环境特点，限制排入环境中的污染物或对环境造成危害的其他因素而制定的标准。

3. 国家环境保护标准样品标准

国家环境保护标准样品标准是为保证环境监测数据的准确、可靠，对用于量值传递或质量控制的材料、实物样品，而研制的标准物质。标准样品在环境管理中起着甄别的作用：可用来评价分析仪器，鉴别其灵敏度；评价分析者的技术，使操作技术规范化。

二、地方级环境保护标准

地方级环境保护标准包括地方环境质量标准和地方污染物排放标准。

1. 地方环境质量标准

省、自治区、直辖市人民政府可以对国家污染物排放标准中未作规定的项目制定地方环境质量标准，并报国务院环境行政主管部门备案。地方环境质量标准在本辖区内适用。

2. 地方污染物排放标准

省、自治区、直辖市人民政府可以对国家污染物排放标准中未作规定的项目，制定地方污染物排放标准，也可以对国家污染物排放标准中已作规定的项目，制定严于国家污染物排放标准的地方污染物排放标准。地方污染物排放标准须报国务院环境保护行政主管部门备案。省、自治区、直辖市人民政府制定机动车、船大气污染物排放标准严于国家排放标准的须报国务院批准。

凡是向已有地方污染物排放标准的区域排放污染物的，应当执行地方污染物排放标准。

近年来为控制环境质量的恶化趋势，一些地方已将总量控制指标纳入地方环境保护标准。

三、国家级环境保护标准与地方级环境保护标准的关系

国家和地方环境质量标准同时执行，地方污染物排放标准的效力高于相应的国家污染物排放标准。

国家污染物综合排放标准与行业排放标准之间的关系：国家水、大气污染物排放标准包括两种类型，即通用型（或称综合型）排放标准（如污水综合排放标准、大气污染物综合排放标准、锅炉大气污染物排放标准等）和行业适用型（或称行业型）排放标准（如火电厂大气污染物排放标准、合成氨工业水污染物排放标准、造纸工业水污染物排放标准等）。综合型排放标准与行业型排放标准不交叉执行，即有行业型排放标准的，执行行业型排放标准，不执行综合型排放标准；没有行业型排放标准的，执行综合型排放标准。

第三节　环境保护标准介绍

一、水环境保护标准

水环境保护标准包括水环境质量标准、水污染物排放标准、饮用水水源地保护区划分技术规范等相关监测规范。

1. 水环境质量标准

水环境质量标准包括《地表水环境质量标准》《海水水质标准》《地下水质量标准》《农田灌溉水质标准》《渔业水质标准》等等国家环境保护标准。这里主要介绍《地表水环境质量标准》(GB 3838—2002)。

（1）适用范围

中华人民共和国领域内江河、湖泊、运河、渠道、水库等具有使用功能的地表水水域。具有特定功能的水域，应执行相应的专业用水水质标准。

（2）水域功能分类

依据地表水水域环境功能和保护目标，按功能高低依次划分为五类：

Ⅰ类　主要适用于源头水、国家自然保护区；

Ⅱ类　主要适用于集中式生活饮用水地表水源地一级保护区、珍稀水生生物栖息地、鱼虾类产卵场、仔稚幼鱼的索饵场等；

Ⅲ类　主要适用于集中式生活饮用水地表水源地二级保护区、鱼虾类越冬场、洄游通道、水产养殖区等渔业水域及游泳区；

Ⅳ类　主要适用于一般工业用水区及人体非直接接触的娱乐用水区；

Ⅴ类　主要适用于农业用水区及一般景观要求水域。

需要注意的是，同一水域兼有多类使用功能的，执行最高功能类别的标准值。

（3）指标体系

本标准项目共计 109 项，其中基本项目 24 项，集中式生活饮用水水源地补充项目 5 项，集中式生活饮用水水源地特定项目 80 项。

（4）一般规定

与近海水域相连的地表水河口水域根据水环境功能按《地表水环境质量标准》相应类别标准值进行管理，近海水功能区水域根据使用功能按《海水水质标准》相应类别标准值进行管理。批准划定的单一渔业水域按《渔业水质标准》进行管理；处理后的城市污水及与城市污水水质相近的工业废水用于农田灌溉用水的水质按《农田灌溉水质标准》进行管理。

2. 水污染物排放标准

水污染物排放标准主要有水污染物综合排放标准（1项）和国家行业性排放标准（34项），共有35项。我国在船舶、海洋石油开发、制浆造纸、制糖、混装制剂、制药、合成革与人造革、羽绒、电镀、农药、煤炭、皂素、啤酒、味素、柠檬酸、钢铁、肉类加工、纺织染整、兵器、航天推进剂、合成氨、烧碱/聚氯乙烯、磷肥等工业以及船舶、城市污水处理厂、畜禽养殖等都规定了行业性排放标准。这里主要介绍《污水综合排放标准》（GB 8978—1996）。

（1）适用范围

该标准适用于现有单位水污染物的排放管理，以及建设项目的环境影响评价、建设项目环境保护设施设计、竣工验收及其投产后的排放管理。

（2）按时间实行滚动管理

1）1997年12月31日之前建设（包括改、扩建）的单位，水污染物的排放必须同时符合标准中附录中表1、表2、表3（本书略）的规定［现有（老）污染源］。

2）1998年1月1日之后建设（包括改、扩建）的单位，水污染物的排放必须同时符合标准附录中表1、表4、表5（本书略）的规定（新污染源）。

相比较而言，新污染源要比老污染源执行更严格的标准（即按新污染源从严的原则执行）。

3）对比时间：建设单位的建设时间，以环境影响评价报告书（表）批准日期划分。

（3）标准分级

1）排入GB 3838《地表水环境质量标准》Ⅲ类水域（划定的保护区和游泳区除外）和排入GB 3097《海水水质标准》中二类海域的污水执行一级标准。

2）排入GB 3838中Ⅳ类、Ⅴ类水域和GB 3097中三类海域的污水执行二级标准。

3）排入设置二级污水处理厂的城镇排水系统的污水，执行三级标准。

4）排入未设置二级污水处理厂的城镇排水系统的污水，必须根据排水系统出水受纳水域的功能要求，分别执行相关规定。

GB 3838中Ⅰ类、Ⅱ类水域和Ⅲ类水域中划定的保护区和游泳区，GB 3097中一类、二类海域，禁止新建排污口，现有排污口应按水体功能要求实行污染物总量控制，以保证受纳水体水质符合规定用途的水质标准。

排放分级示例：

表3—1 排放分级 mg/L

地表水环境质量标准	Ⅰ类、Ⅱ类和Ⅲ类功能区的保护区和游泳区	Ⅲ类功能区的保护区和游泳区以外的区域	Ⅳ类、Ⅴ类功能区	二级污水处理厂
海水水质标准	一类海域	二类海域	三类、四类海域	
新污染源	禁止排放	一级	二级	三级
BOD_5示例		20	60	600
老污染源	总量控制	一级	二级	三级
BOD_5示例		30	100	600

（4）标准值

本标准将排放的污染物按性质分为两类：

第一类污染物，如总汞、总镉、总铬、总砷、总镍、总铁、总银、总放射性等 13 项。指能在环境或动植物体内蓄积，对人体健康产生长远不良影响者。根据剧毒物从严原则，含此类有害物质的污水，一律在车间处理设施排污口取样。

第二类污染物，如 pH 值、色度、悬浮物、BOD、COD、石油类、挥发酚、总氰化物、硫化物、氨氮、氰化物、磷酸盐、总铜、总锌、大肠菌群数等 26 项（或 56 项），指其长远影响小于第一类的污染物质，在排污单位排污口取样。其最高允许排放浓度和部分行业最高允许排放定额按不同时限分类规定。

表 3—2　　指标体系（浓度指标）

项目	第一类污染物（表 1）	第二类污染物
新污染源	13 项	56 项（表 4）
老污染源	13 项	26 项（表 2）

排水量：以单位吨产品排水量和单位产品水重复利用率为指标（见《污水综合排放标准》GB 8978—1996 之表 3、表 5）。

（5）监测

1）方法上的要求。对于具体的污染物监测要求使用统一的国家标准（见《污水综合排放标准》GB 8978—1996 之表 6）。

2）时间上的要求。工业污水按生产周期确定监测频率。生产周期在 8 小时以内的每 2 小时采样一次；生产周期大于 8 小时的每 4 小时采样一次；其他污水采样每 24 小时不少于 2 次。

3）空间上的要求。第一类污染物，不分行业和污水排放方式，也不分受纳水体的功能类别，一律在车间或车间处理设施排放口采样。

（6）标准的实施

1）各地环境保护行政主管部门会同有关部门根据流域整体规划和当地地表水使用要求，划定保护区和功能区类别，按相应值标准进行管理。

2）本标准由环境保护行政主管部门负责监督管理，其中三级标准由市政部门协同环境保护行政主管部门进行管理。

省、自治区、直辖市可以制定严于国家污染物排放标准的地方污染物排放标准，并报国务院环境保护行政主管部门备案。

示例：污水综合排放标准的适用（图 3—1 所示的表，是指《污水综合排放标准》GB 8978—1996 中的相应表格）。

3. 水环境保护标准适用时应注意的问题

（1）水环境质量标准与水污染物排放标准的关系

在确定地表水、地下水、渔业水域、近海海域、农业灌溉用水水质好坏，是否符合该水域的环境功能要求时应当适用相应的水环境质量标准；在确定排污者是否合法排污时应适用水污染物排放标准。

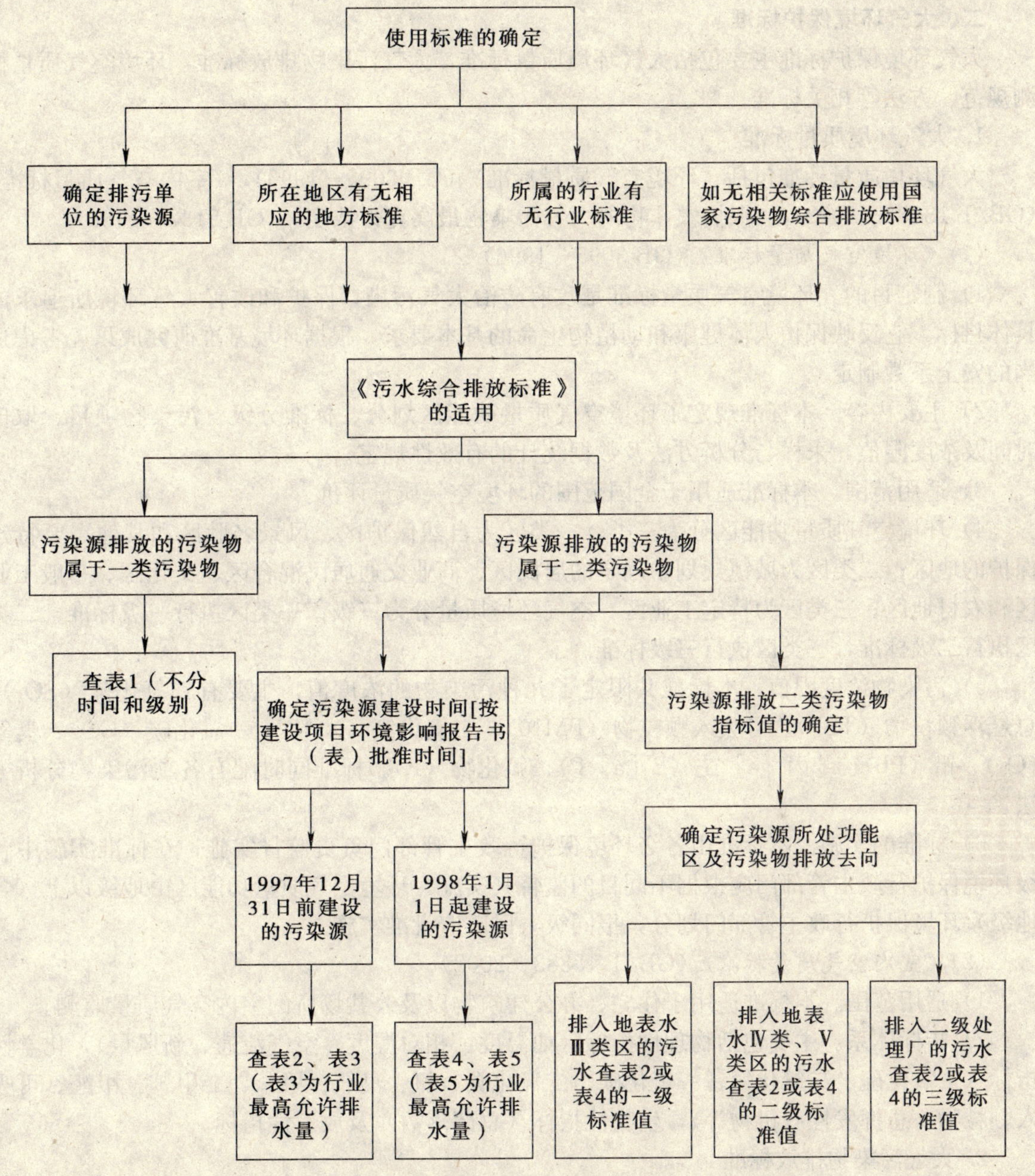

图 3—1　污水综合排放标准的适用

(2) 水污染物综合排放标准与行业排放标准的关系

按照国家综合排放标准与国家行业排放标准不交叉执行的原则，造纸、船舶、船舶工业、海洋石油开发工业、纺织染整工业、肉类加工工业、钢铁工业、合成氨工业、航天推进剂、兵器工业、磷肥工业、烧碱、聚氯乙烯工业等执行该行业标准，其他水污染物排放均执行《污水综合排放标准》。在《污水综合排放标准》颁布后，新增加国家行业水污染物排放标准的行业，按其适用范围执行相应的国家行业标准，不再执行本标准。

二、大气环境保护标准

大气环境保护标准主要包括大气环境质量标准，大气污染物排放标准，环境空气质量检测规范、方法等相关标准。

1. 大气环境质量标准

大气环境质量标准包括《环境空气质量标准》(GB 3095—1996)，《室内空气质量标准》(GB/T 18883—2002)，《保护农作物的大气污染物最高允许浓度》(GB 9137—1988)。

(1)《环境空气质量标准》(GB 3095—1996)

1) 制定目的。环境空气质量标准是政府防治大气污染，保护和改善大气环境所追求的具体目标，它反映保护人体健康和动植物生命的基本要求，根据环境基准研究成果，考虑适当的安全系数制定。

2) 主要内容。本标准规定了环境空气质量功能区划分、标准分级、污染物项目、取值时间及浓度限值，采样与分析方法及数据统计的有效性规定。

3) 适用范围。本标准适用于全国范围的环境空气质量评价。

4) 环境空气质量功能区分为三类。一类区为自然保护区、风景名胜区和其他需要特殊保护的地区；二类区为城镇规划中确定的居民区、商业交通居民混合区、文化区、一般工业区和农村地区；三类区为特定工业区。空气环境质量分为三级：一类区执行一级标准，二类区执行二级标准，三类区执行三级标准。

5) 污染物浓度限值。本标准共限定了九种污染物的浓度值，主要有二氧化硫 (SO_2)、总悬浮颗粒物 (TSP)、可吸入颗粒物 (PM10)、二氧化氮 (NO_2)、一氧化碳 (CO)、臭氧 (O_3)、铅 (Pb)、苯丙 [a] 芘 (B [a] P)、氟化物 (F)。标准同时配有各项污染物分析方法。

6) 标准的实施。本标准由各级环境保护行政主管部门负责监督实施；在标准实施中各级环境保护行政主管部门应根据不同目的监督其实施；环境空气质量功能区由地级以上（含地级）环境保护行政主管部门划分，报同级人民政府批准实施。

(2)《室内空气质量标准》(GB/T 18883—2002)

1) 适用范围。本标准适用于住宅、办公建筑物以及公共场所的室内空气质量监测。

2) 指标体系。主要包括物理性指标（如温度、相对湿度、空气流速、新风量），化学性指标（二氧化硫、二氧化氮、一氧化碳、二氧化碳、氨、臭氧、甲苯、二甲苯、甲醛、可吸入颗粒物、总挥发性有机物等），生物性指标（总菌落数）及放射性指标。

2. 大气污染物排放标准

大气污染物排放标准分为大气固定源污染物排放标准和移动源污染物排放标准两大类。

(1) 大气（固定源）污染物排放标准

大气固定源污染物排放标准包括《大气污染物综合排放标准》(GB 16297—1996) 和行业性排放标准。行业排放标准，如水泥工业、工业炉窑、炼焦炉、锅炉、饮食业油烟、火电厂、储油库、汽油运输、煤层气、电镀、合成革与人造革、煤炭、恶臭等污染物排放标准。这里主要介绍《大气污染物综合排放标准》(GB 16297—1996)。

(2)《大气污染物综合排放标准》(GB 16297—1996)

1) 适用范围。按照综合排放标准和行业性排放标准不交叉执行的原则，除了已发布国家行业排放标准的锅炉、工业窑炉、火电厂、炼焦炉、水泥厂、恶臭、汽车、摩托车等大气污染物排放标准外，其他大气污染物排放均执行本标准。

2）指标体系。标准中规定了33种大气污染物的排放限值，同时规定了标准执行中的各种要求。本标准设置下列三项指标：

①通过排气筒排放废气的最高允许排放浓度。

②按排气筒高度规定的最高允许排放速率。

③以无组织方式排放的废气，规定无组织排放的监控点及相应的监控浓度限值。

3）排放速率标准分级。本标准规定的最高允许排放速率，将现有污染源分为一级、二级、三级，新污染源分为二级、三级。按污染源所在的环境空气质量功能区类别，执行相应级别的排放速率标准：

①位于一类区的污染源，执行一级标准（禁止新、扩建污染源）。

②位于二类区的污染源，执行二级标准。

③位于三类区的污染源，执行三级标准。

4）对新、老污染源规定了不同的排放限值：

①1997年1月1日前设立的污染源为现有（老）污染源，1997年1月1日起设立的污染源为新污染源。

②污染源设立日期的判定。一般情况下应以建设项目环境影响报告书（表）批准日期作为设立日期；未经环境保护行政主管部门审批设立的污染源，应按补做的环境影响报告书（表）批准日期作为设立日期。

5）其他规定：

①排气筒高度应高于周围200 m半径范围的建筑物5 m以上。

②新污染源的排气筒一般不应低于15 m。

③凡不通过排气筒或进入排气系统而泄漏的，均为无组织排放，一般新污染源不应有无组织排放存在，新污染源的无组织排放，从严控制。

④位于酸雨控制区和二氧化硫污染控制区的污染源，其二氧化硫排放除执行本标准外，还应执行总量控制标准。

(3) 大气（移动源）污染物排放标准

移动源污染物排放标准共40项，包括汽车排放标准（15项）、摩托车排放标准（7项）、农用车排放标准（3项）、机动车船排放标准（1项）及相关标准（14项）。从2007年7月1日起轻型汽车尾气排放实施国Ⅲ标准；从2008年7月1日起，摩托车和轻便摩托车（工况法）尾气排放实施国Ⅲ标准；从2009年7月1日起重型汽车尾气排放实行国Ⅲ标准。

表3—3　　重型车用汽油发动机及汽车污染物排放限值

阶段	一氧化碳质量(g/kW·h)	总碳氢质量(g/kW·h)	氮氧化物质量(g/kW·h)
Ⅲ	9.7	0.41	0.98
Ⅳ	9.7	0.29	0.70

3. 大气环境保护标准适用时应注意的问题

（1）大气环境质量标准与大气污染物排放标准的关系

表 3—4　　大气质量与排放标准的关系

类别	适用功能	保护对象	大气污染物综合排放标准
一	自然保护区、林区、风景名胜区、其他需要特殊保护的区域	理想环境目标，为保护自然生态和舒适美好环境要求达到的水平。在长期接触情况下，对自然生态和人群不发生任何危害影响的空气质量	一级
二	城镇规划中确定的居住区、商业交通居民混合区、文化区、一般工业区和农村地区	为保护人群健康和城市、乡村的动植物应该达到的水平。在长期接触的情况下，除敏感植物外，对园林、蔬菜、果树和人体健康不发生伤害的空气质量	二级
三	特定工业区	为大气污染状况已经比较严重的城镇和工业区的过渡性管理标准。是保护人群不发生急慢性中毒和城市一般动植物（敏感植物除外）正常生长的空气质量要求，在此浓度下，一般植物长期接触可能有轻度伤害	三级

（2）大气污染物综合排放标准与行业排放标准的关系

大气污染物综合排放标准和行业性排放标准不交叉执行，有行业性排放标准的执行行业标准，没有行业性排放标准的执行大气污染物综合排放标准。

三、环境噪声标准

环境噪声标准包括声环境质量标准、环境噪声排放标准及相关监测规范、方法等环境保护标准。包括声环境质量标准、环境噪声排放标准和相关监测规范、方法标准。这里主要介绍《声环境质量标准》《城市区域环境振动标准》《社会生活环境噪声排放标准》《工业企业厂界环境噪声排放标准》和《建筑施工厂界噪声限值》。

1. 声环境质量标准

声环境质量标准包括《声环境质量标准》（GB 3096—2008）《城市区域环境振动标准》（GB 10070—88）和《机场周围飞机噪声环境保护标准》（GB 9660—88）等。

（1）《声环境质量标准》（GB 3096—2008）

1）适用范围。本标准适用于城市区域和乡村生活区域；适用于声环境质量评价与管理；机场周围区域受飞机通过（起飞、降落、低空飞越）噪声的影响，不适用本标准。

2）声环境功能区分类。城市五类环境噪声限值：

0 类声环境功能区：指康复疗养区等特别需要安静的区域。

1 类声环境功能区：指以居民住宅、医疗卫生、文化教育、科研设计、行政办公为主要功能，需要保持安静的区域。

2 类声环境功能区：指以商业金融、集市贸易为主要功能，或者居住、商业、工业混杂，需要维护住宅安静的区域。

3 类声环境功能区：指以工业生产、仓储物流为主要功能，需要防止工业噪声对周围环境产生严重影响的区域。

4 类声环境功能区：指交通干线两侧一定距离之内，需要防止交通噪声对周围环境产生严重影响的区域，包括 4a 类和 4b 类两种类型，4a 类为高速公路、一级公路、二级公路、城市快速路、城市主干路、城市次干路、城市轨道交通（路面段）、内河航道两侧区域；4b类为铁路干线两侧区域。各环境功能区环境噪声限值见表3—5。

表3—5　　环境噪声限值　　等效声级/dB（A）

功能区类别＼声环境＼时段		昼间	夜间
0		50	40
1类		55	45
2类		60	50
3类		65	55
4类	4a	70	55
	4b	70	60

3）一般规定：4b类声环境功能区环境噪声限值适用于2011年1月1日起环境影响评价文件通过审批的新建铁路（包括新开廊道的增建铁路）干线建设项目两侧区域。

对于穿越城区的既有铁路干线及其改建、扩建的建设项目，在不通过列车的情况下，其两侧的环境背景噪声限值按昼间70 dB（A）、夜间55 dB（A）执行。

各类声环境功能区夜间突发噪声，其最大声级超过环境噪声限值的幅度不得高于15 dB（A）。

（2）《城市区域环境振动标准》（GB 10070—88）

1）适用范围：适用于城市区域。

2）标准值。适用于连续发生的稳态振动、冲击振动和无规振动；每日发生几次的冲击振动，其最大值昼间不允许超过标准值10 dB（A），夜间不超过3 dB（A）（见表3—6）。

表3—6　　城市各类区域铅锤向Z振级标准　　等效声级/dB（A）

使用地带范围	昼间	夜间
特殊住宅区	65	65
居民、文教区	70	67
混合区、商业中心区	75	72
工业集中区	75	72
交通干线、道路两侧	75	72
铁路干线两侧	80	80

3）一般规定。测量时应在建筑物室外0.5 m处选取测量点，必要时可把测量点选在建筑物室内地面中央。

2. 环境噪声排放标准

环境噪声排放标准包括：《社会生活环境噪声排放标准》《工业企业厂界环境噪声排放标准》《建筑施工场界噪声限值》《铁路边界噪声限值及其测量方法》等国家环境保护标准。这里主要介绍《社会生活环境噪声排放标准》《工业企业厂界环境噪声排放标准》和《建筑施工厂界噪声限值》。

(1)《社会生活环境噪声排放标准》(GB 22337—2008)

1)适用范围。本标准适用于营业性娱乐文化场所、商业经营活动中使用的向环境排放噪声的设备、设施的管理、评价与控制。

2)环境噪声排放限值。社会生活噪声排放源边界噪声排放不得超过表3—7规定的排放限值;在社会生活噪声排放源位于敏感建筑物内的情况下,噪声通过敏感建筑物结构传播至噪声敏感建筑物室内时,噪声敏感建筑物室内等效声级不得超过表3—8、表3—9规定的限值。

表3—7　社会生活噪声排放源边界噪声排放限值　dB(A)

边界外声环境功能区类别 \ 时段	昼间	夜间
0	50	40
1	55	45
2	60	50
3	65	55
4	70	55

表3—8　结构传播固定设备室内噪声排放限值(等效声级)　dB(A)

噪声敏感建筑物声环境所处功能区类别 \ 房间类型 / 时段	A类房间		B类房间	
	昼间	夜间	昼间	夜间
0	40	30	40	30
1	40	30	45	35
2、3、4	45	35	50	40

说明:A类房间是以睡眠为主要目的的,需要保证夜间安静的房间,包括住宅卧室、医院病房、宾馆客房等。

B类房间是指主要在昼间使用,需要保证思考和精神集中、正常讲话不被干扰的房间,包括学校教室、会议室、办公室、住宅中卧室以外的其他房间等。

表3—9　结构传播固定设备室内噪声排放限值(倍频带声压级)　dB(A)

噪声敏感建筑所处声环境功能区类别	时段	倍频程中心频率 Hz / 房间类型	室内噪声倍频带声压级限值				
			31.5	63	125	250	500
0	昼间	A类、B类房间	76	59	48	39	34
	夜间	A类、B类房间	69	51	39	30	24
1	昼间	A类房间	76	59	48	39	34
		B类房间	79	63	52	44	38
	夜间	A类房间	69	51	39	30	34
		B类房间	72	55	43	35	29

续表

噪声敏感建筑所处声环境功能区类别	时段	倍频程中心频率 Hz / 房间类型	室内噪声倍频带声压级限值				
			31.5	63	125	250	500
2、3、4	昼间	A类房间	79	63	52	44	38
		B类房间	82	67	56	49	43
	夜间	A类房间	72	55	43	35	29
		B类房间	76	59	48	39	34

3）一般规定。在社会噪声排放源边界处无法进行测量或者测量的结果不能如实反映其对噪声敏感建筑物的影响程度的情况下，应在可能受影响的敏感建筑物的窗外 1 m 处进行。

当社会生活噪声排放源边界与噪声敏感建筑物的距离小于 1 m 时，应在噪声敏感建筑物的室内测量，并相应降低 10 dB（A）作为评价依据。

测量期间发生的不稳态噪声（如电梯噪声）不得高于限值 10 dB（A）。

（2）《工业企业厂界环境噪声排放标准》（GB 12348—2008）

1）适用范围。本标准适用于工业企业噪声排放的管理、评价及控制；机关、团体、事业单位等对外排放噪声的单位也按本标准执行。

2）环境噪声排放限值。工业企业厂界环境噪声排放不得超过表 3—10 规定的排放限值；当固定设备排放的噪声通过建筑物结构传播至噪声敏感建筑物室内时，噪声敏感建筑物室内等效声级不得超过表 3—11、表 3—12 规定的限值。

表 3—10　　工业企业厂界环境噪声排放限值　　dB（A）

功能区类别 / 厂界外声环境 / 时段	昼 间	夜 间
0	50	40
1	55	45
2	60	50
3	65	55
4	70	55

表 3—11　　结构传播固定设备室内噪声排放限值（等效声级）　　dB（A）

噪声敏感建筑物声环境所处功能区类别 / 时段 / 房间类型	A类房间		B类房间	
	昼间	夜间	昼间	夜间
0	40	30	40	30
1	40	30	45	35
2、3、4	45	35	50	40

说明：A类房间是以睡眠为主要目的的，需要保证夜间安静的房间，包括住宅卧室、医院病房、宾馆客房等。

B类房间是指主要在昼间使用，需要保证思考和精神集中、正常讲话不被干扰的房间，包括学校教室、会议室、办公室、住宅中卧室以外的其他房间等。

表 3—12　　结构传播固定设备室内噪声排放限值（倍频带声压级）　　dB（A）

噪声敏感建筑所处声环境功能区类别	时段	倍频程中心频率 Hz 房间类型	室内噪声倍频带声压级限值				
			31.5	63	125	250	500
0	昼间	A 类、B 类房间	76	59	48	39	34
	夜间	A 类、B 类房间	69	51	39	30	24
1	昼间	A 类房间	76	59	48	39	34
		B 类房间	79	63	52	44	38
	夜间	A 类房间	69	51	39	30	34
		B 类房间	72	55	43	35	29
2 3 4	昼间	A 类房间	79	63	52	44	38
		B 类房间	82	67	56	49	43
	夜间	A 类房间	72	55	43	35	29
		B 类房间	76	59	48	39	34

3）一般规定。夜间频发的噪声的最大声级不得超过限值 10 dB（A），夜间偶发的噪声的最大声级不得超过限值的 15 dB（A）。

工业企业若位于未划分声环境功能区的区域，当厂界外有噪声敏感建筑物时，由当地县以上人民政府参照《声环境质量标准》（GB 3096—2008）和《城市区域环境噪声适用区划分技术规范》（GB/T 15190）的规定确定厂界外声环境质量的要求，并执行相应的环境噪声排放限值。

当厂界与噪声敏感建筑物距离小于 1 m 时，应在噪声敏感建筑物室内测量，并相应降低排放限值 10 dB（A）作为评价依据。

（3）《*建筑施工厂界噪声限值*》（GB 12523—90）

1）适用范围。本标准适用于城市建筑施工期间施工场地产生的噪声。

2）标准值（见表 3—13）。

表 3—13　　不同施工阶段作业的噪声值　　等效声级/dB（A）

施工阶段	主要噪声源	噪声限值	
		昼间	夜间
土石方	推土机、挖掘机、装载机	75	55
施工阶段	各种打桩机	85	禁止施工
结构	混凝土搅拌机、振捣棒、电锯	70	55
装修	吊车、升降机	65	55

3）一般规定。几个施工阶段同时进行的，以高噪声阶段的限制为准。

3. 环境噪声标准适用时应注意的问题

（1）声环境质量标准与环境噪声排放标准的关系

声环境质量标准是衡量环境好坏、环境是否已被噪声污染的依据，而环境噪声排放标准是确定排污者的排放噪声行为是否合法的依据。即使排污者的排放噪声行为符合排放标准的规定，也可能对周围的环境造成污染，从而承担环境侵权民事责任。

（2）术语解释

1）昼间与夜间：6：00 至 22：00 的时段为昼间，22：00 至次日 6：00 的时段为夜间，当地人民政府根据需要可以另行规定。

2）交通干线：指铁路（铁路专用线除外）、高速公路、一级公路、二级公路、城市快速路、城市主干道、城市次干路、城市轨道交通线路（地面段）、内河航道。

3）噪声敏感建筑物：指医院、学校、机关、科研单位、住宅等需要保持安静的建筑物。

4）特殊住宅区：指特别需要安静的住宅区。

5）居民、文教区：指纯居民区和文教、机关区。

6）混合区：指一般商业与居民混合区；工业、商业、少量交通与居民混合区。

7）商业中心区：指商业集中的繁华地区。

8）工业集中区：指在一个城市或区域内规划明确确定的工业区。

9）社会生活噪声：指营业性文化娱乐场所和商业经营活动中所使用的设施、设备产生的噪声。

10）边界：由法律文书（土地使用权证、房产证、租赁合同等）中确定的业主拥有使用权（所有权）的场所或建筑边界。各种产生噪声的固定设备的厂界为其实际占地的边界。

11）背景噪声：被测量噪声源以外的声源发出的环境噪声的总和。

12）工业企业厂界环境噪声：指在工业生产活动中使用固定设备等产生的、在厂界处进行测量和控制的干扰周围生活环境的声音。

13）频发噪声：指频繁发生、发生的时间和间隔有一定规律、单次持续时间较短、强度较高的噪声。

14）偶发噪声（突发噪声）：指偶然发生、发生的时间和间隔无规律、单次持续时间较短、强度较高的噪声。

15）稳态噪声：在测量时间内，被测声源的升级起伏不大于 3 dB（A）的噪声。

16）不稳态噪声：在测量时间内，被测声源的升级起伏大于 3 dB（A）的噪声。

（3）测量的基本要求

1）一般情况下，测量点应选在噪声排放源边界 1 m、高 1.2 m 以上，距任一反射面的距离不小于 1 m。

2）如厂界有围墙，测点可选在边界外 1 m，高于围墙 0.5 m 处。

3）室内噪声测量时，室内测量点为设在距任一反射面 0.5 m 以上，距地面 1.2 m 高处（窗户开启状态下）。

4）社会生活噪声排放源的固定设备及结构传声至噪声敏感建筑物室内，在室内测量时，测点应距任一反射面 0.5 m 以上，距地面 1.2 m，距外窗 1 m 以上（窗户、各种电器关闭状态下）。

5）测量应在昼、夜两个时段内进行，夜间有频发、偶发噪声时，同时测量最大声级；

噪声测量值与背景噪声值的差在 3～10 dB（A）时，应按规定进行修正。

四、土壤环境保护标准

土壤环境保护标准包括土壤环境质量标准及相关监测规范、方法标准。其中，土壤环境质量标准包括：《土壤环境质量标准》（GB 15618—1995）、《工业企业土壤环境质量风险评价基准》（HJ/T 25—1999）、《食用农产品产地环境质量评价标准》（HJ 332—2006）、《温室蔬菜产地环境质量评价标准》（HJ 333—2006）、《展览会用地土壤环境质量评价标准（暂行）》（HJ 350—2007）、《拟开放场址土壤中剩余放射性可接受水平规定（暂行）》（HJ 53—2000）等国家环境保护标准；土壤监测规范、方法等标准如《土壤环境监测技术规范》（HJ/T 166—2004）等。

1.《土壤环境质量标准》（GB 15618—1995）

（1）适用范围

适用于农田、蔬菜地、茶园、果园、牧场、林地、自然保护区等地的土壤。

（2）土壤环境质量分类和标准分级

1）根据土壤应用功能和保护目标，划分为三类：

Ⅰ类　主要适用于国家规定的自然保护区、集中式生活饮用水水源地、茶园、牧场和其他保护地区的土壤，土壤质量基本上保持自然背景水平。

Ⅱ类　适用于一般的农田、蔬菜地、茶园、果园、牧场等土壤，土壤质量基本上对植物和环境和质量不造成危害和污染。

Ⅲ类　主要适用于林地土壤和污染物容量较大的高背景值土壤和矿产附近等地的农田土壤。土壤质量基本上对植物和环境和质量不造成危害和污染。

2）标准分级：

一级标准——保护区域自然生态，维持自然背景的土壤环境质量的限制值。

二级标准——保障农业生产，维护人体健康的土壤限制值。

三级标准——保障农林业生产和植物正常生长的土壤限制值。

3）各类土壤执行的标准级别：Ⅰ类土壤环境质量执行一级标准；Ⅱ类土壤环境质量执行二级标准；Ⅲ类土壤环境质量执行三级标准。

4）指标：本标准主要规定了镉、汞、砷、铜、铅、铬、镍、锌以及六六六、滴滴涕在各类土壤中的最高允许浓度指标值。

2. 其他土壤环境保护标准

（1）《工业企业土壤环境质量风险评价基准（HJ/T 25—1999）》，适用于工业企业选址阶段及工业企业生产活动发生后界区内土壤的环境质量风险评价，不适用于采矿、农田和居住用地。

（2）《食用农产品产地环境质量评价标准（HJ 332—2006）》，适用于食用农产品产地土壤环境质量、灌溉水质量、环境空气质量评价。

（3）《温室蔬菜产地环境质量评价标准（HJ 333—2006）》，适用于以土壤为基质种植的温室蔬菜产地温室内土壤环境质量、灌溉水质量、环境空气质量评价。

五、其他环境保护标准

1. 固体废物污染控制环境保护标准

固体废物环境保护标准包括固体废物污染控制标准、危险废物鉴别标准、固体废物鉴别方法标准等国家环境保护标准。

(1) 固体废物污染控制标准

包括:《农用污泥中污染物控制标准》(GB 4284—84);《城镇垃圾农用控制标准》(GB 8172—87);《农用粉煤灰中污染物控制标准》(GB 8173—87);《含多氯联苯废物污染控制标准》(GB 13015—91);《危险废物焚烧污染控制标准》(GB 18484—2001);《生活垃圾焚烧污染控制标准》(GB 18485—2001);《危险废物填埋污染控制标准》(GB 18598—2001);《一般工业固体废物贮存、处置场污染控制标准》(GB 18599—2001);《危险废物贮存污染控制标准》(GB 18597—2001);《医疗废物转运车技术要求》(GB 19217—2003);《医疗废物焚烧炉技术要求(试行)》(GB 19218—2003);《医疗废物集中处置技术规范》(环发[2003] 206 号);《进口可用作原料的固体废物环境保护控制标准(骨废料、冶炼渣、木及木制品废料、废纸或纸板、废纤维、废钢铁、废有色金属、废电机、废电线电缆、废五金电器、供拆卸的船舶及其他浮动结构体、废塑料、废汽车压件)》(GB 16487.1—2005～GB 16487.13—2005);《生活垃圾填埋场污染控制标准》(GB 16889—2008);《医疗废物专用包装袋、容器和警示标志标准》(HJ/T 421—2008)。

(2) 其他固体废物污染控制环境保护标准

包括危险废物鉴别标准、危险废物鉴别方法标准、固体废物处置工程技术规范等环境保护标准。

2. 放射性与电磁辐射环境保护标准

放射性与电磁辐射环境保护标准包括放射性环境保护标准、电磁辐射环境保护标准以及相关监测方法标准等国家环境保护标准。

(1) 放射性环境保护标准

包括:《放射性废物的分类》(GB 9133—1995);《建筑材料用工业废渣放射性物质限制标准》(GB 6763—86);《核电厂环境辐射防护规定》(GB 6249—86);《辐射防护规定》(GB 8703—88);《核辐射环境质量评价一般规定》(GB 11215—89);《环境核辐射监测规定》(GB 12379—1990);《核热电厂辐射防护规定》(GB 14317—1993);《放射性废物管理规定》(GB 14500—2002);《铀、钍矿冶放射性废物安全管理技术规定》(GB 14585—1993)等。

(2) 电磁辐射环境保护标准

包括:《电磁辐射防护规定》(GB 8702—88);《辐射环境保护管理导则 核技术应用项目环境影响报告书(表)的内容和格式》(HJ/T 10.1—1995);《辐射环境保护管理导则 电磁辐射监测仪器和方法》(HJ/T 10.2—1996);《辐射环境保护管理导则 电磁辐射环境影响评价方法与标准》(HJ/T 10.3—1996);《500 kV 超高压送变电工程电磁辐射环境影响评价技术规范》(HJ/T 24—1998)。

3. 生态环境保护标准

生态环境保护标准包括:《自然保护区类型与级别划分原则》(GB/T 14529—1993);《畜禽养殖业污染防治技术规范》(HJ/T 81—2001);《有机食品技术规范》(HJ/T 80—2001);《自然保护区管护基础设施建设技术规范》(HJ/T 129—2003);《山岳型风景资源开

发 环境影响评价指标体系》（HJ/T 6—1994）；《海洋自然保护区类型与级别划分原则》（GB/T 17504—1998）；《生态环境状况评价技术规范（试行）》（HJ/T 192—2006）；《食用农产品产地环境质量评价标准》（HJ 332—2006）；《温室蔬菜产地环境质量评价标准》（HJ 333—2006）；《综合类生态工业园区标准》（HJ 274—2009）等。

本章小结

环境保护标准通常是指为了防治环境污染，维护生态平衡，保护人体健康，对环境保护工作中需要统一的各项技术规范和技术要求所做的规定的总称。

根据环境介质不同，可以将环境保护标准分为：水、大气、声、固体废物、放射性与辐射、土壤、生态保护环境保护标准等。

环境保护标准可分为国家级和地方级两级。国家级环境保护标准包括国家环境质量标准、污染物排放标准、标准样品标准、监测方法标准等。地方级环境保护标准包括地方环境质量标准和污染物排放标准。国家和地方环境质量标准同时执行，地方污染物排放标准的效力高于相应的国家污染物排放标准。

复习思考题

1. 什么是环境保护标准？它是如何分级、分类的？

2. 环境保护标准在企业环境管理中有哪些作用？

3. 简述地方级环境保护标准与国家级环境保护标准的关系。

4. 水环境质量标准包括哪几类？依据水域环境功能和保护目标，可以将地表水分成哪几类？

5. 水环境保护标准在适用时应注意哪些问题？主要水污染物种类有哪几种？

6. 环境空气质量功能区分为几类？主要大气污染物种类有哪几种？

7. 室内空气质量标准主要有哪些指标？

8. 位于两控区内的污染源应执行什么标准？

9. 自然保护区、林区、风景名胜区等需要特殊保护的区域，应执行大气污染物综合排放标准的哪一级标准？在特定工业区执行几级标准？

10. 根据声环境质量标准，如何划分环境功能区？

11. 社会生活环境噪声排放标准的适用范围是什么？

12. 环境噪声排放标准主要有哪几种？

实训五：水环境保护标准的应用

一、阅读材料

2008 年环境状况公报显示，全国地表水污染依然严重。七大水系水质总体为中度污染，浙闽区河流水质为轻度污染，西北诸河水质为优，西南诸河水质良好，湖泊（水库）富营养化问题突出。长江、黄河、珠江、松花江、淮河、海河和辽河七大水系水质总体与上年持平。200 条河流 409 个断面中，Ⅰ～Ⅲ类、Ⅳ～Ⅴ类和劣Ⅴ类水质的断面比例分别为 55.0%、24.2%和 20.8%。其中，珠江、长江水质总体良好，松花江为轻度污染，黄河、淮河、辽河为中度污染，海河为重度污染。

长江水系　水质总体良好。104 个地表水国控监测断面中，Ⅰ～Ⅲ类、Ⅳ类、Ⅴ类和劣Ⅴ类水质的断面比例分别为 85.6%、6.7%、1.9%和 5.8%。主要污染指标为氨氮、石油类和五日生化需氧量。

黄河水系　水质总体为中度污染。44 个地表水国控监测断面中，Ⅱ～Ⅲ类、Ⅳ类、Ⅴ类和劣Ⅴ类水质的断面比例分别为 68.2%、4.5%、6.8%和 20.5%。主要污染指标为氨氮、石油类和五日生化需氧量。

珠江水系　水质总体良好。33 个地表水国控监测断面中，Ⅰ～Ⅲ类、Ⅳ类、Ⅴ类和劣Ⅴ类水质的断面比例分别为 84.9%、9.1%、3.0%和 3.0%。主要污染指标为石油类、五日生化需氧量和氨氮。

松花江水系　水质总体为轻度污染。42 个地表水国控监测断面中，Ⅰ～Ⅲ类、Ⅳ类、Ⅴ类和劣Ⅴ类水质的断面比例分别为 33.3%、45.2%、7.2%和 14.3%。主要污染指标为高锰酸盐指数、石油类和五日生化需氧量。

淮河水系　水质总体为中度污染。86 个断面中，Ⅱ～Ⅲ类、Ⅳ类、Ⅴ类和劣Ⅴ类水质断面比例分别为 38.4%、33.7%、5.8%和 22.1%。主要污染指标为高锰酸盐指数、五日生化需氧量和氨氮。

海河水系　水质总体为重度污染。63 个断面中，Ⅰ～Ⅲ类水质断面占 28.6%；Ⅳ类水质断面占 14.3%、Ⅴ类水质断面占 6.3%；劣Ⅴ类水质断面占 50.8%。主要污染指标为氨氮、五日生化需氧量和高锰酸盐指数。

辽河水系　水质总体为中度污染。37 个地表水国控监测断面中，Ⅱ～Ⅲ类、Ⅳ类、Ⅴ类和劣Ⅴ类水质的断面比例分别为 35.1%、13.5% 、18.9%和 32.5%。主要污染指标为石油类、高锰酸盐指数和氨氮。

二、实践活动

根据上述材料，讨论以下问题：

1. 判断“七大水系”的水质为良好、轻度污染、中度污染、重度污染的依据是水环境质量标准还是水污染物排放标准？

2. 影响本地地表水水质好坏的主要污染物有哪些？

3. 水污染物排放总量控制制度的应用条件是什么？

4. 污水综合性排放标准与行业性排放标准同时存在的情况下，应该适用哪个标准?

三、扩展活动

1. 查一下近三年全国及本地的环境状况公报，总结一下水环境质量的变化及原因。

2. 全面了解有关水环境保护标准的种类、内容等基本知识。

3. 对当地水环境质量及水污染案件进行调查，分析出现该类问题的原因。

4. 了解当地政府、社会公众对水污染问题的态度及典型水污染案件的处理结果。

实训六：大气环境保护标准的应用

一、阅读材料

2008年全国环境状况公报显示，全国城市空气质量总体良好，比上年有所提高，但部分城市污染仍较重；全国酸雨分布区域保持稳定，但酸雨污染仍较重。

2008年度，全国有519城市报告了空气质量数据，达到一级标准的城市21个（占4.0%)，二级标准的城市378个（占72.8%)，三级标准的城市113个（占21.8%)，劣于三级标准的城市7个（占1.4%)。全国地级及以上城市的达标比例为71.6%，县级城市的达标比例为85.6%。

地级及以上城市（含地、州、盟首府所在地）空气质量达到国家一级标准的城市占2.2%，二级标准的占69.4%，三级标准的占26.9%，劣于三级标准的占1.5%；可吸入颗粒物（PM10）年均浓度达到二级标准及以上的城市占81.5%，劣于三级标准的占0.6%。山东、陕西、新疆、内蒙古、湖北、江苏、甘肃、湖南等8省区参加统计的地级城市中PM_{10}未达到二级标准的比例超过20%；二氧化硫年均浓度达到二级标准及以上的城市占85.2%，劣于三级标准的占0.6%。贵州、山东、河北、山西、内蒙古、四川、湖南等7省区参加统计的地级城市中二氧化硫未达到二级标准的比例超过20%；所有地级及以上城市二氧化氮年均浓度均达到二级标准，87.7%的城市达到一级标准。

重点城市　113个环境保护重点城市空气质量有所提高，空气质量达到二级标准的城市占57.5%，三级的占41.6%，劣于三级的占0.9%。与上年相比，达标城市比例上升了13.3个百分点；劣三级城市比例无变化。

酸雨频率　监测的477个城市（县）中，出现酸雨的城市252个，占52.8%；酸雨发生频率在25%以上的城市164个，占34.4%；酸雨发生频率在75%以上的城市55个，占11.5%。

废气中主要污染物排放量　2008年，二氧化硫排放量为2 321.2万吨，烟尘排放量为901.6万吨，工业粉尘排放量为584.9万吨，分别比上年下降5.9%、8.6%和16.3%。

二、实践活动

根据上述材料，讨论以下问题：

1. 判断城市大气质量好坏的标准是质量标准还是排放标准?省一级政府的有关部门能否制定大气环境质量标准?

2. 对设区的市进行大气环境质量的监测是否应包括市区和县城在内?

3. 列入环境保护重点城市的条件是什么？

4. “两控区”内对大气环境质量的监测有什么要求？

5. 当地大气环境污染物的主要种类有哪些？能否达标？执行几级标准？

6. 大气污染物综合性排放标准与行业性排放标准同时存在的情况下，应该适用哪个标准？

三、扩展活动

1. 查一下近三年全国及本地的环境状况公报，总结一下大气环境质量的变化及原因。

2. 全面搜索一下有关大气环境保护标准的种类、内容等基本知识。

3. 对当地大气环境质量及大气污染案件进行调查，分析出现该类问题的原因。

4. 了解当地政府、社会公众对大气污染问题的态度及典型大气污染案件的处理结果。

实训七：声环境质量标准的应用

一、阅读材料

2008 年环境状况公报显示，全国 71.7%的城市区域声环境质量处于好或较好水平，环境保护重点城市区域声环境质量处于好或较好水平的占 75.2%。全国 65.3%的城市道路交通声环境质量为好，环境保护重点城市道路交通声环境质量处于好或较好水平的占 93.8%。城市各类功能区昼间达标率为 86.4%，夜间达标率为 74.7%。

区域环境噪声　监测的 392 个城市中，区域声环境质量好的城市占 7.2%，较好的占 64.5%，轻度污染的占 27.3%，中度污染的占 1.0%。与上年相比，全国城市区域声环境质量好的城市上升了 1.2 个百分点，较好的下降了 1.7 个百分点，轻度污染的上升了 0.9 个百分点，中度污染的下降了 0.4 个百分点；环境保护重点城市区域环境噪声等效声级为 45.7～61.1 dB（A），区域声环境质量处于好和较好水平的城市占 75.2%，轻度污染的城市占 23.9%，中度污染的城市占 0.9%。

道路交通噪声　监测的 384 个城市中，65.3%的城市道路交通声环境质量为好，27.1%的城市较好，4.2%的城市为轻度污染，2.9%的城市为中度污染，0.5%的城市为重度污染。与上年相比，全国城市道路交通声环境质量好的城市上升了 6.7 个百分点，较好的下降了 6.7 个百分点，轻度污染的下降了 1.5 个百分点，中度污染的上升了 1.8 个百分点，重度污染下降了 0.3 个百分点；环境保护重点城市道路交通声环境质量好的城市占 57.5%，较好的占 36.3%，轻度污染的占 4.4%，中度污染的占 1.8%。

城市功能区噪声　开展监测的 242 个城市中，各类功能区监测点位全年昼间达标 6 947 点次，占昼间监测点次的 86.4%；夜间达标 6 007 点次，占夜间监测点次的 74.7%。各类功能区昼间达标率高于夜间，3 类功能区好于其他类功能区。

二、实践活动

根据上述材料，讨论以下问题：

1. 判断城市声环境质量为好、较好、轻度污染、中度污染、重度污染时应采用声环境质量标准还是排放标准？

2. 声环境质量标准是否也适用于农村区域？

3. 在周围的居民对附近排污企业排放的噪声不满而要求环境保护部门进行监测时，应采用声环境质量标准还是噪声排放标准？

4. 某建筑工地位于一单位大院内，建筑施工单位在施工过程中对大院内的居民产生环境噪声影响，居民反映强烈，问：建筑施工单位在施工过程中对建筑产权方法定边界内居民产生环境噪声影响应如何处理？

5. 在住宅楼内地下的水泵产生的噪声影响了一楼住户生活安宁，对此如何监测，适用哪个标准？

6. 一住户受到来自对面 KTV 歌厅的噪声影响，生活质量严重下降，精神恍惚。如果环境保护部门进行监测，如何进行？

三、扩展活动

1. 全面搜索一下关于环境噪声方面的标准，了解标准值。

2. 调查当地声环境质量状况。

3. 调查当地突出的环境噪声污染的种类、产生原因、政府的态度、公众的参与情况以及解决的程度。

第四章　环境污染防治法

本章学习目标

了解　各单项污染防治法的立法概况。

理解　各单项污染防治法的主要法律规定。

掌握　污染环境的违法行为表现形式及其法律责任。

第一节　防治大气污染和水污染的法律规定

一、防治大气污染的法律规定

1. 防治大气污染的立法概况

(1) 法律

《大气污染防治法》(1988 年 6 月 10 日施行，经 1995 年、2000 年两次修订)。

(2) 行政法规

《国务院关于酸雨控制区和二氧化硫控制区有关问题的批复》(1998 年 1 月 12 日发布)。

(3) 部门规章

《关于发展民用型煤的暂行办法》(原国务院环境保护委员会、国家计委、国家经委、财政部等部门 1987 年 7 月 12 日发布)；《汽车排气污染监督管理办法》(原国家环境保护局、公安部、原交通部等部门 1990 年 8 月 15 日联合发布)；《秸秆禁烧和综合利用管理办法》(原国家环境保护总局、农业部、财政部等部门 1999 年 4 月 16 日联合发布)；《消耗臭氧层物质进出口管理办法》(原对外贸易经济合作部、原国家环境保护总局 2001 年 4 月 9 日联合发布)；《关于划分高污染燃料的规定》(原国家环境保护总局 2001 年 3 月 30 日发布)。

(4) 大气环境质量标准与污染物排放标准

《环境空气质量标准》(GB 3095—1996)；《大气污染物综合排放标准》(GB 16297—1996)；《锅炉大气污染物排放标准》(GB 13271—2001)；《工业炉窑大气污染物排放标准》

(GB 9078—1996);《火电厂大气污染物排放标准》(GB 13223—2003);《炼焦炉大气污染物排放标准》(GB 16171—1996);《水泥工业大气污染物排放标准》(GB 4915—2004);《恶臭污染物排放标准》(GB 14554—1993);《汽车大气污染物排放标准》(GB 14761.1~7—1993);《摩托车排气污染物排放标准》(GB 14621—1993);《室内空气质量标准》(GB/T 18883—2002)。

2. 防治大气污染的主要法律规定

(1) 大气污染防治的基本法律制度

1) 环境影响评价制度(《大气污染防治法》第十一条第一、第二款)。

2)"三同时"制度(《大气污染防治法》第十一条第三款)。建设项目的大气污染防治设施没有建成或者没有达到国家有关建设项目环境保护管理规定的要求,投入生产或者使用的,由审批该建设项目环境影响报告书的环境保护行政主管部门责令停止生产或者使用,可以并处一万元以上十万元以下罚款(《大气污染防治法》第四十七条)。

3) 排污申报登记制度(《大气污染防治法》第十二条)。拒报或者谎报国务院环境保护行政主管部门规定的有关污染物排放申报事项的,环境保护行政主管部门或者有关监督管理部门可以根据不同情节,责令停止违法行为,限期改正,给予警告或者处以五万元以下罚款(《大气污染防治法》第四十六条)。

4) 征收排污费制度(《大气污染防治法》第十四条)。

5) 污染物排放总量控制制度和排污许可制度。污染物总量控制是以环境质量目标为基本依据,对区域内各污染源的污染物的排放总量实施控制的管理制度。该制度在环境容量进行科学分析的基础上,对排污者排放污染物进行定量控制,即将总量分配给申报许可的排污者。在实施总量控制时,污染物的排放总量应小于或等于允许排放总量。

污染物总量控制管理比排放浓度控制管理具有较明显的优点,它与实际的环境质量目标相联系,在排污量的控制上宽、严适度;由于执行污染物总量控制,可避免浓度控制所引起的不合理稀释排放现象,因而利于改善环境质量;也能够促使排污者主动治污,减少污染物排放量,节省下来的排放量还可以进行排污权交易。

根据《大气污染防治法》第十五条的规定,实行总量控制的对象,一是对尚未达到规定的大气环境质量标准的区域,二是对国务院批准划定的酸雨控制区和二氧化硫控制区(以下简称"两控区")。确定实行总量控制的权限是国务院和省级人民政府。地方政府要按照国务院规定的条件和程序,按照公开、公平、公正的原则,核定企事业单位的主要大气污染物排放总量,并核发大气污染物排放许可证。

有大气污染物总量控制任务的企事业单位,必须按照核定的主要大气污染物排放总量和许可证规定的排放条件排放污染物,否则将依据《大气污染防治法》第四十八条的规定限期治理,并由所在地县级以上地方人民政府环境保护行政主管部门处以一万元以上十万元以下罚款。

需要说明的是,我国《大气污染防治法》采取的依然是"总量控制"与"浓度控制"相结合的污染控制方式。

6) 划定大气污染防治重点城市制度。根据《大气污染防治法》第十七条第二款"直辖市、省会城市、沿海开放城市和重点旅游城市应当列入大气污染防治重点城市"的规定,原国家环境保护总局于 2002 年 12 月颁布《大气污染防治重点城市划定方案》（环发［2002］164 号），划定直辖市、省会城市、沿海开放城市等 113 个城市为大气污染重点防护城市，要求上述城市加快城市能源结构调整，推广洁净煤技术，推行清洁生产，采取综合措施改善大气环境。

7）划定“两控区”制度。所谓“两控区”是指国务院环境保护主管部门及有关部门根据气象、地形、土壤等自然条件，对已经产生或可能产生酸雨的地区以及其他二氧化硫污染严重的地区，划定为酸雨控制区和二氧化硫控制区。1998 年，国务院规定，上海、江苏、浙江、安徽、福建、湖北、湖南、广东、广西、重庆、四川、贵州、云南等省级区域为酸雨控制区。

在酸雨控制区和二氧化硫污染控制区内，属于已建企业超过规定的污染物排放标准排放大气污染物的，依照《大气污染防治法》第四十八条的规定限期治理。

8）特别保护区制度。在国务院和省、自治区、直辖市人民政府划定的风景名胜区、自然保护区、文物保护单位附近地区和其他需要特别保护的区域内，不得建设污染环境的工业生产设施；建设其他设施，其污染物排放不得超过规定的排放标准，否则将依照《大气污染防治法》第四十八条的规定予以限期治理，并由所在地县级以上地方人民政府环境保护行政主管部门处以一万元以上十万元以下罚款。

9）限期治理制度。《大气污染防治法》对限期治理制度的适用做出了更为严格的规定，只要大气污染物排放超标即适用该制度。大气污染限期治理的对象是大气污染源，主要有两类：一是严重污染大气的污染源；二是在特殊保护区、特定区域内排放的污染物超过大气污染物排放标准的污染源。该法第十一、第十二条规定：“对造成大气严重污染的企业事业单位，限期治理。”“在国务院和省、自治区、直辖市人民政府划定的风景名胜区、自然保护区和其他需要特殊保护的区域内，不得建设污染环境的工业生产设施；建设其他设施，其污染物排放不得超过规定的排放标准，在本法施行前企业、事业单位已经建成的设施，其污染物排放超过规定的排放标准的，限期治理。”同时，该法第四十八条规定，限期治理的决定权限和违反限期治理要求的行政处罚由国务院规定。

10）清洁生产和限期淘汰制度。企业应当优先采用能源利用效率高、污染物排放量少的清洁生产工艺，减少大气污染物的产生。这与我国《清洁生产促进法》的立法宗旨是一致的。

我国目前是以煤为主的能源结构和能源消费体制，燃煤过程中产生的大量的二氧化硫等其他污染物排入大气中导致了严重的大气污染。因此，推行清洁能源对于改善大气污染状况有着十分重要的作用。清洁能源，诸如沼气、水电等已经在很多行业、领域起到了积极的作用。在我国一些农村，沼气的使用不仅节约了大量的资本，减少了对煤炭、木材等资源的使用，也减少了污染物的排放，有效改善了大气环境质量。

《大气污染防治法》第十九条规定：“国家对严重污染大气环境的落后生产工艺和严重污染大气环境的落后设备实行淘汰制度。国务院经济综合主管部门会同国务院有关部门公布限期禁止采用的严重污染大气环境的工艺名录和限期禁止生产、禁止销售、禁止进口、禁止使用的严重污染大气环境的设备名录。生产者、销售者、进口者或者使用者必须在规定的期限内分别停止生产、销售、进口或者使用列入前款规定的名录中的设备。被淘汰的设备，不得转让给他人使用。”

对于清洁能源的使用，《大气污染防治法》明确了政府的环境责任，第二十五条规定：“国务院有关部门和地方各级人民政府应当采取措施，改进城市能源结构，推广清洁能源的生产和使用。大气污染防治重点城市人民政府可以在本辖区内划定禁止销售、使用国务院环境保护行政主管部门规定的高污染燃料的区域。该区域内的单位和个人应当在当地人民政府规定的期限内停止燃用高污染燃料，改用天然气、液化石油气、电或者其他清洁能源。”该法第二十九条还规定：“大、中城市人民政府应当制定规划，对饮食服务企业限期使用天然气、液化石油气、电或者其他清洁能源。对未划定为禁止使用高污染燃料区域的大、中城市市区内的其他民用炉灶，限期改用固硫型煤或者使用其他清洁能源。”

生产、销售、进口或者使用禁止生产、销售、进口、使用的设备，或者采用禁止采用的工艺的，由县级以上人民政府经济综合主管部门责令改正；情节严重的，由县级以上人民政府经济综合主管部门提出意见，报请同级人民政府按照国务院规定的权限责令停业、关闭。将淘汰的设备转让给他人使用的，由转让者所在地县级以上地方人民政府环境保护行政主管部门或者其他依法行使监督管理权的部门没收转让者的违法所得，并处违法所得两倍以下罚款（《大气污染防治法》第四十九条）。

11）大气污染事故报告及应急措施制度。《大气污染防治法》第二十条规定，单位因发生事故或者其他突发性事件，排放和泄漏有毒有害气体和放射性物质，造成或者可能造成大气污染事故、危害人体健康的，必须立即采取防治大气污染危害的应急措施，通报可能受到大气污染危害的单位和居民，并报告当地环境保护行政主管部门，接受调查处理。在大气受到严重污染，危害人体健康和安全的紧急情况下，当地人民政府应当及时向居民公告，采取强制性应急措施，包括责令有关排污单位停止排放污染物。在具体的上报时间上，适用2006年3月31日原国家环境保护总局颁布的《环境保护行政主管部门突发环境事件信息报告办法》（以下简称《环境信息报告办法》）中的“一小时报告制度”。

12）现场检查制度（《大气污染防治法》第二十一条、第四十六条）。

（2）防治燃煤污染的措施

1）推行洁净煤。所谓“洁净煤”是指低硫份和低灰份的煤。依照国家规定的标准，煤炭中的含硫份不得高于3%，含灰份不得高于40%。我国目前是以煤为主的能源结构和能源消费体制，燃煤过程中大量的二氧化硫等气体排入大气导致严重的大气污染。一些以产煤为主要产业的城市，大气污染十分严重。

根据《大气污染防治法》第二十四条、第二十九条规定，国家主要采取以下措施推行洁净煤：①限制开采高硫份、高灰份的煤；②新建的煤矿属于高硫份、高灰份的，必须建设配套的洗选设施，使煤炭中的硫份和灰份达到规定的标准；③对已建成的煤矿，属于高硫份、高灰份的应限期建成配套的煤矿洗选设施；④禁止开采含放射性和砷等有毒有害物质超过标准的煤矿；⑤大中城市人民政府应当作出规划，对市区民用炉灶和饮食服务企业限期使用固硫型煤或者其他清洁燃料，逐步替代直接燃用散煤。

2）锅炉产品必须符合环境标准。国务院有关主管部门应当根据《锅炉烟尘排放标准》，在锅炉产品中规定相应的烟尘排放要求，达不到标准的，禁止制造、销售或者进口（《大气污染防治法》第二十七条）。

3）发展城市集中供热。我国幅员辽阔，城市众多，北方城市冬季气温低，为了抵御严寒，许多居民采用燃煤取暖，在加大城市大气污染的同时也增加了不安全因素——每年冬季都有一氧化碳中毒而伤亡的报道。因此，发展城市集中供热对于节约能源，减轻大气污染意义重大。

《大气污染防治法》第二十八条规定："城市建设应当统筹规划，在燃煤供热地区统一解决热源，发展集中供热。在集中供热管网覆盖地区，不得新建燃煤供热锅炉。"

4）加强烟尘污染物的存放管理。为防治烟尘污染，《大气污染防治法》第三十一条规定，在人口集中地区存放煤炭、煤矸石、煤渣、煤灰、石灰等物料，必须采取防燃、防尘措施，防止污染大气。未采取防燃、防尘措施，在人口集中地区存放煤炭、煤矸石、煤渣、煤灰、沙石、灰土等物料的，环境保护行政主管部门可以根据不同情节，责令停止违法行为，限期改正，给予警告或者处以五万元以下罚款（《大气污染防治法》第四十六条）。

(3) 防治机动车污染的措施

目前，我国机动车船对大气的污染，最主要的是汽车尾气排放造成的污染。据国家统计局统计，1984 年，我国颁布第一个汽车尾气排放标准时，全国汽车保有量仅有 260 多万辆。而到 2009 年年底，单是北京市汽车保有量已经达到 400 万辆。近 10 年来，私人轿车正在逐步进入家庭，预计到 2010 年，我国汽车保有量将达到 5 600 万辆。《大气污染防治法》设专章对防治机动车船排放做了具体规定：

1）机动车船排放污染物不得超过规定标准。机动车船向大气排放污染物不得超过规定的排放标准；任何单位和个人不得制造、销售或进口污染物排放超过标准的机动车船。

2）控制车用燃油质量以及有害物质含量。国家鼓励和支持生产、使用优质燃料油，采取措施减少燃料油中有害物质对大气环境的污染。单位和个人应当按照国务院规定的期限，停止生产、进口、销售含铅汽油。比如河南等一些地方在 2003 年已开始使用乙醇汽油，减少了有害物质的排放。

3）对机动车船实行年检、抽测制度。省、自治区、直辖市人民政府环境保护行政主管部门可以委托已取得公安机关资质认定的单位，对机动车排污进行检测；县级以上地方人民政府环境保护行政主管部门可以在机动车停放地对在用机动车的污染物排放状况进行监督抽测。

(4) 防治废气、尘和恶臭的措施

1）严格限制含有毒物质的废气和粉尘的排放。确需排放的，必须经过净化处理，不得超过规定的排放标准（《大气污染防治法》第三十六条）。

2）防止可燃气体污染大气。工业生产中产生的可燃性气体应当回收利用，不具备回收利用条件而向大气排放的，应当进行防治污染处理；向大气排放转炉气、电石气、电炉法黄磷尾气、有机烃类尾气的，须报经当地环境保护行政主管部门批准（《大气污染防治法》第三十七条）。

3）配备脱硫装置。炼制石油、生产合成氨、煤气和燃煤焦化、有色金属冶炼过程中排放含有硫化物气体的，应当配备脱硫装置或者采取脱硫措施（《大气污染防治法》第三十八条）。

4）防止放射性物质污染大气。向大气排放含放射性物质的气体和气溶胶，必须符合国家有关放射性防护的规定，不得超过规定的排放标准（《大气污染防治法》第三十九条）。

5）防治恶臭气体和有毒有害烟尘污染。那种能刺激人的感官从而引起不适感觉或产生有害影响的气体称为恶臭气体。这种气体在泄漏、燃烧过程中因刺激人的感官而使人产生不适感觉或有害健康。近年来，恶臭成为一个新的污染源，居民投诉、举报等情况屡见报端，如河北秦皇岛东部地区居民投诉某企业异味污染致使居民头晕、呕吐等报道。

《大气污染防治法》第四十条规定，向大气排放恶臭气体的排污单位，必须采取措施防止周围居民区受到污染。该法第四十一条规定，在人口集中地区和其他依法需要特殊保护的区域内，禁止焚烧沥青、油毡、橡胶、塑料、皮革、垃圾以及其他产生有毒有害烟尘和恶臭气体的物质；禁止在人口集中地区、机场周围、交通干线附近以及当地人民政府划定的区域露天焚烧秸秆、落叶等产生烟尘污染的物质。

6）防治城市扬尘污染。扬尘，是指地表松散物质在自然力或人力作用下进入到环境空气中形成的一定粒径范围的空气颗粒物。扬尘的形成，有两个必备条件，一是尘源，二是动力。地表的一切松散物质都是扬尘潜在的直接来源，其种类广泛而复杂，例如路面、硬地面、屋顶等上面的积尘，裸露地面及山体、干涸的河谷、农田等的表层松散颗粒物，未密闭的各种原料堆、废物堆等都是潜在的直接扬尘源。形成扬尘的动力包括自然力和人力：自然力最主要的形式是风力；人力的形式则相当广泛，包括挖掘、填埋、运输、拆迁、粉碎、搅拌等活动形式。城市是人类活动密集的区域，如果不控制尘源，对人类活动加以科学规范，城市扬尘将是重要空气颗粒物来源。

《大气污染防治法》第四十三条规定，城市人民政府应当采取绿化措施，减少市区裸露地面和地面尘土，防治城市扬尘污染。随着环境保护理念的不断推进，城市越来越注重绿化工作，不少城市利用城市空间发展城市绿地，增加城市绿化面积的同时减少城市扬尘污染的发生；对于交通要道两侧裸露树根处的处理，一些城市采用铺垫鹅卵石或者用镂空水泥板覆盖，在增加城市美感的同时有效防止了扬尘的产生。

7）防治城市饮食服务业油烟污染。城市餐饮服务的特点是数量多，且遍布于居民居住区之中，由此也带来了污染问题。由于许多餐馆紧邻居民住房，甚至就在居民楼的底层，油烟和异味直接窜入居民家中，严重的会致使附近居民不敢开窗、不能晾晒衣物，甚至还有的二层居民的窗户都被油烟熏得不透光亮。由于餐饮服务业污染问题已危害到居民群众的正常生活和切身利益，必须在法律上予以规范。因此，《大气污染防治法》第四十四条规定了城市饮食服务业的经营者，必须采取措施，防治油烟对附近居民的居住环境造成污染，否则将承担相应的法律责任。

二、防治水污染的法律规定

1. 防治水污染的立法概况

（1）法律

《水污染防治法》（1984 年 5 月 11 日颁布，经 1996 年 5 月 15 日、2008 年 2 月 28 日两次修订，2008 年 6 月 1 日施行）。

（2）行政法规

《水污染防治法实施细则》（2000 年 3 月 20 日发布，以下简称《水细则》）；《淮河流域水污染防治暂行条例》（1995 年 8 月 8 日发布）。

(3) 部门规章

《饮用水水源保护区污染防治管理规定》(卫生部、原建设部、原水利部、原国家环境保护局、原地矿部 1989 年 7 月 10 日联合发布);《限期治理管理办法》(环境保护部 2009 年 6 月 11 日发布)。

(4) 水环境质量标准与污染物排放标准

《地表水环境质量标准》(GB 3838—2002);《污水综合排放标准》(GB 8978—1996);《城镇污水处理厂污染物排放标准》(GB 18918—2002)。

2. 防治水污染的主要法律规定

(1) 水污染防治的基本法律制度

1) 环境影响评价制度(《水污染防治法》第十七条)。

2) “三同时”制度(《水污染防治法》第十七条第三款、第七十一条,《水细则》第四十条)。

3) 排污申报登记制度(《水污染防治法》第二十一条、第七十二条第一款,《水细则》第三十八条第一款)。

4) 排污收费制度。直接向水体排放污染物的企业事业单位和个体工商户,应当按照排放水污染物的种类、数量和排污费征收标准缴纳排污费(《水污染防治法》第二十四条)。

对向水体排放污染物的,按照排放污染物的种类、数量计征污水排污费;超过国家或者地方规定的水污染物排放标准的,按照排放污染物的种类、数量和本办法规定的收费标准计征的收费额加一倍征收超标准排污费(《排污收费征收使用管理条例》第二条)。

对向城市污水集中处理设施排放污水、按规定缴纳污水处理费的,不再征收污水排污费。

对城市污水集中处理设施接纳符合国家规定标准的污水,其处理后排放污水的有机污染物(化学需氧量、生化需氧量、总有机碳)、悬浮物和大肠菌群超过国家或地方排放标准的,按上述污染物的种类、数量和本办法规定的收费标准计征的收费额加一倍向城市污水集中处理设施运营单位征收污水排污费,对氨氮、总磷暂不收费。对城市污水集中处理设施达到国家或地方排放标准排放的水,不征收污水排污费(《排污费征收标准管理办法》第三条)。

5) 重点污染物排放总量控制制度和排污许可制度(《水污染防治法》第十八条、第二十条、第七十四条)。《水污染防治法》明确重点污染物实行总量控制制度,这与过去的浓度控制相比是水污染预防的一大进步。因为在实行浓度控制的情况下,对于跨流域或者区域的河流,虽然在某一流域或者区域的污染物做到达标排放,但是汇集于下游时就可能发生污染物超标问题。实行总量控制通过总量控制指标的分配防止污染物超标。

6) 水环境质量监测和水污染物排放监测制度(《水污染防治法》第二十五条、第二十六条、第二十七条,第七十二条第二、三款)。

7) 落后工艺、设备淘汰制度。《水污染防治法》第四十一条规定了对严重污染水环境的生产工艺和设备实施淘汰制度。同时规定,生产、销售、进口或者使用列入禁止生产、销售、进口、使用的严重污染水环境的设备名录中的设备,或者采用列入禁止采用的严重污染水环境的工艺名录中的工艺的,由县级以上人民政府经济综合宏观调控部门责令改正,处以五万元以上二十万元以下的罚款;情节严重的,由县级以上人民政府经济综合宏观调控部门提出意见，报请本级人民政府责令停业、关闭（《水污染防治法》第七十七条）。

8）限期治理制度。修订后的《水污染防治法》明确了环境保护行政主管部门在限期治理上的权限，即排放水污染物超过国家或者地方规定的水污染物排放标准，或者超过重点水污染物排放总量控制指标的，由县级以上人民政府环境保护主管部门按照权限责令限期治理，处应缴纳排污费数额二倍以上五倍以下的罚款（《水污染防治法》第七十四条）。

为督促排污单位在限期内治理现有污染源，纠正水污染物处理设施与处理需求不匹配的状况，推动水污染物工程减排，国家环境保护部于2009年6月11日发布《限期治理管理办法》（以下简称《办法》），明确了限期治理的级别管辖和执法程序。该《办法》规定，国家重点监控企业的限期治理，由省、自治区、直辖市环境保护行政主管部门决定，报环境保护部备案；省级重点监控企业的限期治理，由所在地设区的市级环境保护行政主管部门决定，报省、自治区、直辖市环境保护行政主管部门备案；其他排污单位的限期治理，由污染源所在地设区的市级或者县级环境保护行政主管部门决定。

9）现场检查制度（《水污染防治法》第二十七条、第七十条，《水细则》第三十八条第二款）。

10）跨行政区水污染纠纷协商解决制度。鉴于跨行政区水污染纠纷的原因复杂多样，且许多纠纷是由于各行政区地方政府在有关经济与社会发展计划之间的不协调所致。因此，跨行政区水污染纠纷的处理并非司法审判所能全面解决，需要通过政府之间的协调才能达到最终目标。《水污染防治法》第二十八条规定，跨行政区域的水污染纠纷，由有关地方人民政府协商解决，或者由其共同的上级人民政府协调解决。

11）水污染事故报告及处理制度（《水污染防治法》第六十六至第六十八条）。

（2）水污染防治措施

1）禁止向水体排放、倾倒有毒有害物质。《水污染防治法》规定了禁止向水体排放、倾倒有毒有害物质的具体内容，具体见表4—1：

表4—1　　禁止向水体排放、倾倒有毒有害物质的具体规定及法律责任

禁止行为	依据	违反禁止行为的法律责任	依据
禁止在水体清洗装贮过油类、有毒污染物的车辆或者容器	第二十九条第二款	由县级以上地方人民政府环境保护主管部门责令停止违法行为，限期采取治理措施，消除污染，处以一万元以上十万元以下的罚款；逾期不采取治理措施的，环境保护主管部门可以指定有治理能力的单位代为治理，所需费用由违法者承担	第七十六条第二款
禁止违反国家有关规定或者标准，向水体排放含低放射性物质的废水、热废水或者含病原体的污水	第三十一条、第三十二条、第七十六条第一款第五项		
禁止向水体排放油类、酸液、碱液	第二十九条第一款	由县级以上地方人民政府环境保护主管部门责令停止违法行为，限期采取治理措施，消除污染，处以二万元以上二十万元以下的罚款；逾期不采取治理措施的，环境保护主管部门可以指定有治理能力的单位代为治理，所需费用由违法者承担	第七十六条第二款
禁止向水体排放、倾倒工业废渣、城镇垃圾或者其他废弃物，或者在江河、湖泊、运河、渠道、水库最高水位线以下的滩地、岸坡堆放、存贮固体废弃物或者其他污染物	第三十三条第一款、第三十四条		
禁止利用无防渗漏措施的沟渠、坑塘等输送或者存贮含有毒污染物的废水、含病原体的污水或者其他废弃物	第三十六条		

续表

<table>
<tr><th>禁止行为</th><th>依据</th><th>违反禁止行为的法律责任</th><th>依据</th></tr>
<tr><td>禁止向水体排放剧毒废液，或者将含有汞、镉、砷、铬、铅、氰化物、黄磷等的可溶性剧毒废渣向水体排放、倾倒或者直接埋入地下</td><td>第三十三条第二款、第七十六条二款第二项</td><td rowspan="3">县级以上地方人民政府环境保护主管部门责令停止违法行为，限期采取治理措施，消除污染，处以五万元以上五十万元以下的罚款；逾期不采取治理措施的，环境保护主管部门可以指定有治理能力的单位代为治理，所需费用由违法者承担</td><td rowspan="3">第七十六条第二款</td></tr>
<tr><td>禁止向水体排放、倾倒放射性固体废物或者含有高放射性、中放射性物质的废水</td><td>第三十条第一款</td></tr>
<tr><td>禁止利用渗井、渗坑、裂隙或者溶洞排放、倾倒含有毒污染物的废水、含病原体的污水或者其他废弃物</td><td>第三十五条</td></tr>
<tr><td>禁止违反规定向水体排放、倾倒毒害性、放射性、腐蚀性物质或者传染病病原体等危险物质，构成非法处置危险物质的违反治安管理行为</td><td>全国人大法工委《对违法排污行为适用行政拘留处罚问题的意见》</td><td>公安机关对单位直接负责的主管人员和其他直接责任人员依法给予行政拘留处罚</td><td>《水污染防治法》第九十条、《治安处罚法》第三十条</td></tr>
</table>

2）排放其他污染物必须符合标准。向水体排放含低放射性物质的废水，必须符合国家有关放射防护的规定和标准；向水体排放含热废水，应当采取措施，保证水体的水温符合水环境质量标准，防止热污染危害；排放含病原体的污水，必须经过消毒处理，符合国家有关标准后，方可排放；存放可溶性剧毒废渣的场所，应当采取防水、防渗漏、防流失的措施（《水污染防治法》第三十至三十二条）。

《水污染防治法》加大了对超标排污的处罚力度，罚款也不再设立具体的上限，而是根据应缴排污费的不同倍数计算。该法第七十四条规定：排放水污染物超过国家或者地方规定的水污染物排放标准，或者超过重点水污染物排放总量控制指标的，由县级以上人民政府环境保护主管部门按照权限责令限期治理，处应缴纳排污费数额二倍以上五倍以下的罚款。

3）禁止兴建严重污染水环境的小企业。20 世纪世纪 80 年代，一些小的企业诸如造纸、电镀、皮革制品、印染、焦化等行业发展迅速。与这些行业迅速发展相伴随的是环境的严重污染，一些地方甚至到了污染泛滥成灾的地步。1996 年 8 月 3 日发布的《国务院关于环境保护若干问题的决定》（国发［1996］331 号）第四条明确要求，地方人民政府必须在 1996 年 9 月 30 日之前，限期取缔土法炼焦等 15 类严重污染的小企业（简称“15 小”企业）。1998 年 5 月，原国家环境保护总局向各省、自治区、直辖市人民政府发出了《关于 1998 年取缔、关闭和停产 15 种污染严重企业工作意见的函》（环法［1998］261 号）明确提出了执行《国务院关于环境保护若干问题的决定》取缔“15 小”企业的标准和措施，即对“15 小”企业要逐一落实，坚持标准，切实做到“断水断电、拆除设备、吊销执照、清除原料”，杜绝死灰复燃。

国家禁止新建不符合国家产业政策的小型造纸、制革、印染、染料、炼焦、炼硫、炼砷、炼汞、炼油、电镀、农药、石棉、水泥、玻璃、钢铁、火电以及其他严重污染水环境的生产项目。违反本法规定，建设不符合国家产业政策的上述严重污染水环境的生产项目的，由所在地的市、县人民政府责令关闭（《水污染防治法》第七十八条）。

4）城市污水集中处理。由于城市化进程的加快，而相应的环境基础设施发展滞后，致使城市污水成为我国水污染的重要污染源之一。为解决此问题，《水污染防治法》第四十四条特别规定："城镇污水集中处理设施的运营单位按照国家规定向排污者提供污水处理的有偿服务，收取污水处理费用，以保证污水集中处理设施的正常运行。向城镇污水集中处理设施排放污水、缴纳污水处理费用的，不再缴纳排污费。收取的污水处理费用应当用于城镇污水集中处理设施的建设和运行，不得挪作他用。"

城镇污水集中处理设施排放水污染物，应当符合国家或者地方规定的水污染物排放标准。城镇污水集中处理设施的出水水质达到国家或者地方规定的水污染物排放标准的，可以按照国家有关规定免缴排污费。城镇污水集中处理设施的运营单位，应当对城镇污水集中处理设施的出水水质负责（《水污染防治法》第四十五条）。

5）农业和农村水污染防治措施。修订后的《水污染防治法》加强了对农业和农村水污染防治的力度。加强了对农业和农村水污染防治，对促进社会主义新农村建设，保证广大农民的身体健康，全面实施可持续发展战略具有重要意义。对于农业和农村水污染防治的措施主要有：

① 规范农药的使用。使用农药，应当符合国家有关农药安全使用的规定和标准；县级以上地方人民政府农业主管部门和其他有关部门，应当采取措施，指导农业生产者科学、合理地施用化肥和农药，控制化肥和农药的过量使用，防止造成水污染。

②畜禽及水产养殖业的水污染防治措施。畜禽养殖场、养殖小区应当保证其畜禽粪便、废水的综合利用或者无害化处理设施正常运转，保证污水达标排放，防止污染水环境。从事水产养殖应当保护水域生态环境，科学确定养殖密度，合理投饵和使用药物，防止污染水环境。

③工业废水排放与灌溉规定。向农田灌溉渠道排放工业废水和城镇污水，应当保证其下游最近的灌溉取水点的水质符合农田灌溉水质标准，利用工业废水和城镇污水进行灌溉，应当防止污染土壤、地下水和农产品。

6）船舶水污染防治。《水污染防治法》对船舶污染水环境的防治做了明确规定，具体见表 4—2。

（3）饮用水水源和其他特殊水体保护措施

近年来，我国突发环境事件不断发生，对群众饮水安全造成严重威胁。仅 2008 年，国家环境保护部直接调度处理的突发环境事件就高达 135 起，其中威胁群众饮用水源安全的事件高达 46 起。2009 年以来，又相继发生了江苏省盐城饮用水水源酚污染、广东省韶关市水源水华暴发等事件，对饮用水安全构成了很大威胁。因此对于饮用水水源的保护是一项重要的工作。《水污染防治法》加强了对饮用水水源的保护。

1）饮用水水源保护区制度。国家将饮用水水源保护区分为一级保护区和二级保护区；必要时，可以在饮用水水源保护区外围划定一定的区域作为准保护区。饮用水水源受到污染可能威胁供水安全的，环境保护行政主管部门应当责令有关企业、事业单位采取停止或者减少排放水污染物等措施。国务院和省、自治区、直辖市人民政府根据水环境保护的需要，可以规定在饮用水水源保护区内，采取禁止或者限制使用含磷洗涤剂、化肥、农药以及限制种植养殖等措施（《水污染防治法》第五十六条第一款、第六十二条、第六十三条）。

表 4—2　　船舶水污染行为及其法律责任

违法行为	处罚依据	处罚种类、幅度	执法主体
船舶未配置相应的防污染设备和器材； 船舶未持有合法有效的防止水域环境污染的证书与文书	第七十九条第一款	责令限期改正，处以二千元以上二万元以下的罚款；逾期不改正的，责令船舶临时停航	海事管理机构、渔业行政主管部门
船舶进行涉及污染物排放的作业，未遵守操作规程或者未在相应的记录簿上如实记载的	第七十九条第二款	责令改正，处以二千元以上二万元以下的罚款	
向水体倾倒船舶垃圾或者排放船舶的残油、废油； 未经作业地海事管理机构批准，船舶进行残油、含油污水、污染危害性货物残留物的接收作业，或者进行装载油类、污染危害性货物船舱的清洗作业，或者进行散装液体污染危害性货物的过驳作业； 未经作业地渔业主管部门批准，在渔港水域进行渔业船舶水上拆解	第八十条第一款第一、第二、第四项	责令停止违法行为，处以五千元以上五万元以下的罚款；造成水污染的，责令限期采取治理措施，消除污染；逾期不采取治理措施的，可指定有治理能力的单位代为治理，所需费用由船舶承担	
未经作业地海事管理机构批准，进行船舶水上拆解、打捞或者其他水上、水下船舶施工作业	第八十条第一款第三项	责令停止违法行为，处以一万以上十万元以下的罚款；造成水污染的，责令限期采取治理措施，消除污染；逾期不采取治理措施的，海事管理机构、渔业主管部门按照职责分工可以指定有治理能力的单位代为治理，所需费用由船舶承担	

2）饮用水水源保护区内禁止设置排污口（《水污染防治法》第五十七条）。在饮用水水源保护区内设置排污口的，由县级以上地方人民政府责令限期拆除，处以十万元以上五十万元以下的罚款；逾期不拆除的，强制拆除，所需费用由违法者承担，处以五十万元以上一百万元以下的罚款，并可以责令停产整顿；除前款规定外，违反法律、行政法规和国务院环境保护主管部门的规定设置排污口或者私设暗管的，由县级以上地方人民政府环境保护主管部门责令限期拆除，处以二万元以上十万元以下的罚款；逾期不拆除的，强制拆除，所需费用由违法者承担，处以十万元以上五十万元以下的罚款；私设暗管或者有其他严重情节的，县级以上地方人民政府环境保护主管部门可以提请县级以上地方人民政府责令停产整顿；未经水行政主管部门或者流域管理机构同意，在江河、湖泊新建、改建、扩建排污口的，由县级以上人民政府水行政主管部门或者流域管理机构依据职权，依照前款规定采取措施、给予处罚（《水污染防治法》第七十五条）。

3）饮用水地表水源一级保护区的水体保护。《水污染防治法》第五十八条和第八十一条分别对地表水源一级保护区内的禁止行为和法律责任做了明确规定，见表 4—3。

表 4—3　地表水以及保护区的水污染行为及其法律责任

违法行为	处罚依据	处罚种类、幅度	执法主体
在饮用水水源一级保护区内新建、改建、扩建与供水设施和保护水源无关的建设项目	第五十八条第一款、第八十一条第二款	责令停止违法行为，处以十万元以上五十万元以下的罚款；并报经有批准权的人民政府批准，责令拆除或者关闭	县级以上地方人民政府环境保护行政主管部门
在饮用水水源一级保护区内从事网箱养殖或者组织进行旅游、垂钓或者其他可能污染饮用水水体的活动	第五十八条第二款、第八十一条第二款	责令停止违法行为，处以二万元以上十万元以下的罚款	
个人在饮用水水源一级保护区内游泳、垂钓或者从事其他可能污染饮用水水体的活动的	第八十一条第二款	责令停止违法行为，可处以五百元以下的罚款	

4）饮用水地表水源二级保护区的水体保护。禁止在饮用水水源二级保护区内新建、改建、扩建排放污染物的建设项目；已建成的排放污染物的建设项目，由县级以上人民政府责令拆除或者关闭。在饮用水水源二级保护区内从事网箱养殖、旅游等活动的，应当按照规定采取措施，防止污染饮用水水体（《水污染防治法》第五十九条）。

在饮用水水源二级保护区内新建、改建、扩建排放污染物的建设项目或者改建建设项目增加排污量的，由县级以上地方人民政府环境保护主管部门责令停止违法行为，处以十万元以上五十万元以下的罚款；并报经有批准权的人民政府批准，责令拆除或者关闭（《水污染防治法》第八十一条）。

5）饮用水水源准保护区内的水体保护。禁止在饮用水水源准保护区内新建、扩建对水体污染严重的建设项目；改建建设项目，不得增加排污量（《水污染防治法》第六十条），否则由县级以上地方人民政府环境保护主管部门责令停止违法行为，处以十万元以上五十万元以下的罚款；并报经有批准权的人民政府批准，责令拆除或者关闭（《水污染防治法》第八十一条）。

6）其他特殊水体的保护。2008 年中央电视台“新闻联播”曾报道：位于皖、浙、苏三省交界处的太极洞景区由于受数十家工业企业包围，致使该国家重点风景名胜和国家首批 4A 级旅游区的太极洞景区地下水及周围的流洞河遭到污染，原来以流洞河为饮用水源的 7 万余人饮水困难。为了加强对景区等特殊水体的保护，《水污染防治法》第六十四条、第六十五条规定，县级以上人民政府可以对风景名胜区水体、重要渔业水体和其他具有特殊经济文化价值的水体划定保护区，并采取措施，保证保护区的水质符合规定用途的水环境质量标准。在风景名胜区水体、重要渔业水体和其他具有特殊经济文化价值的水体的保护区内，不得新建排污口。在保护区附近新建排污口，应当保证保护区水体不受污染。

（4）水污染事故处置措施

随着社会经济的不断发展，水污染事件频频出现，仅 2009 年一年，因各种原因导致的水污染事件就多起，如 2 月的江苏盐城水污染事件、8 月的湖南浏阳镉污染事件、7 月的内蒙古赤峰、山西临沂水污染事件等。水污染事故频发为环境监管敲响警钟的同时也在考验着地方各级人民政府及环境行政主管部门处理水污染事故的执政能力。

1）突发水污染事故的应急准备措施。各级人民政府及其有关部门，可能发生水污染事故的企业、事业单位，应当依据《中华人民共和国突发事件应对法》的规定，做好突发水污染事故的应急准备、应急处置和事后恢复等工作（《水污染防治法》第六十六条）。

2）水污染事故的应急方案的编制。可能发生水污染事故的企业、事业单位，应当制定有关做好应急准备，并定期进行演练。生产、储存危险化学品的企业、事业单位，应当采取措施，防止在处理安全生产事故过程中产生的可能严重污染水体的消防废水、废液直接排入水体（《水污染防治法》第六十七条）。

3）水污染事故的报告。企业、事业单位发生事故或者其他突发性事件，造成或者可能造成水污染事故的，应当立即启动本单位的应急方案，采取应急措施，并向事故发生地的县级以上地方人民政府或者环境保护主管部门报告。环境保护主管部门接到报告后，应当及时向本级人民政府报告，并抄送有关部门（《水污染防治法》第六十八条第一款）。

不按照规定制定水污染事故的应急方案的；水污染事故发生后，未及时启动水污染事故的应急方案，采取有关应急措施的，由县级以上人民政府环境保护主管部门责令改正。情节严重的，处以二万元以上十万元以下的罚款（《水污染防治法》第八十二条）。

4）渔业污染事故的处置。造成渔业污染事故或者渔业船舶造成水污染事故的，应当向事故发生地的渔业主管部门报告，接受调查处理。其他船舶造成水污染事故的，应当向事故发生地的海事管理机构报告，接受调查处理；给渔业造成损害的，海事管理机构应当通知渔业主管部门参与调查处理（《水污染防治法》第六十六条第二款）。

（5）造成水污染事故的行政责任

为防止水污染事故，新修订的《水污染防治法》第八十三条加大了对水污染事故责任者的处罚力度，与之前的《水污染防治法》相比，罚款“上不封顶”是一个特点，改变“守法成本高，违法成本低”的怪圈；此外，对于违法排污的单位，责任主体除了排污单位之外，还包括排污单位的直接责任人，实行“双罚制”。

1）对于违反本法规定，造成水污染事故的企事业单位，由县级以上人民政府环境保护主管部门在处以罚款的同时，责令限期采取治理措施，消除污染。

2）实行行政代执行制度，即不按要求采取治理措施或者不具备治理能力的，由环境保护主管部门指定有治理能力的单位代为治理，所需费用由违法者承担。

3）对造成重大或者特大水污染事故的企事业单位，可以报经有批准权的人民政府批准，责令关闭；对直接负责的主管人员和其他直接责任人员可以处上一年度从本单位取得的收入百分之五十以下的罚款。

4）对造成一般或者较大水污染事故的企事业单位，按照水污染事故造成的直接损失的百分之二十计算罚款；对造成重大或者特大水污染事故的，按照水污染事故造成的直接损失的百分之三十计算罚款。

5）造成渔业污染事故或者渔业船舶造成水污染事故的，由渔业主管部门实施处罚；其他船舶造成水污染事故的，由海事管理机构实施处罚。

（6）违法排污的民事责任

1）排污方的免责事由：

①不可抗力。由于不可抗力造成水污染损害的，排污方不承担赔偿责任；法律另有规定的除外。

②受害人的过错。水污染损害是由受害人故意造成的，排污方不承担赔偿责任。水污染损害是由受害人重大过失造成的，可以减轻排污方的赔偿责任。

③第三人的过错。水污染损害如果是第三人的过错导致，排污方可以免责，但是为了保护处于弱势的受害者，《水污染防治法》第八十五条特别规定：水污染损害是由第三人造成的，排污方承担赔偿责任后，有权向第三人追偿。这也就意味着，在水污染事故中，即使造成污染事故的原因是第三人所为，排污方没有责任，污染受害者依然可以通过向排污方索赔的方式获得救济措施的满足。这对处于弱势的污染受害者权利的维护和所遭损失得到及时有效地弥补具有重要意义。

2）水污染纠纷的解决途径。因水污染引起的损害赔偿责任和赔偿金额的纠纷，可以根据当事人的请求，由环境保护主管部门或者海事管理机构、渔业主管部门按照职责分工调解处理；调解不成的，当事人可以向人民法院提起诉讼。当事人也可以直接向人民法院提起诉讼（《水污染防治法》第八十六条）。

3）举证责任倒置。由于环境污染的特殊性，其污染受损的原因通常远非受害者个人力量所能及，信息不对称导致受害者弱势地位的形成。排污方在经济、技术和信息等方面的优势使得环境污染受害纠纷从一开始就存在着利益不均衡。

最高人民法院《关于民事诉讼证据的若干规定》第四条规定，因环境污染引起的损害赔偿诉讼，由加害人就法律规定的免责事由及其行为与损害结果之间不存在因果关系承担举证责任。《水污染防治法》第八十七条明确规定在水污染纠纷中，因水污染引起的损害赔偿诉讼，由排污方就法律规定的免责事由及其行为与损害结果之间不存在因果关系承担举证责任。也就是说，在水污染案件中，如果加害人不能证明存在法律规定的免责事由或者无法证明其排污行为与损害结果之间不存在因果关系，那么，就应当承担不利的法律后果，即承担相应的侵权民事责任。

《水污染防治法》对于民事责任中举证责任倒置规则规定有助于加强排污企业的环境保护意识，平衡排污者与受害者的利益，体现了法律的公平。

4）共同诉讼。因水污染受到损害的当事人人数众多的，可以依法由当事人推选代表人进行共同诉讼。环境保护行政主管部门和有关社会团体可以依法支持因水污染受到损害的当事人向人民法院提起诉讼。

5）法律援助。国家鼓励法律服务机构和律师为水污染损害诉讼中的受害人提供法律援助（《水污染防治法》第八十八条）。随着环境污染事件的增多，受害者的范围在不断加大，不少民间组织已经在环境污染领域对受害者进行法律援助，如中国政法大学的“污染受害者法律帮助中心”，该中心在法律援助方面自 1999 年 11 月 1 日开通十年来，答询咨询电话 11 000 余人次，接待来访 600 余人次，回复来信 400 余封，帮助 120 多起环境案件的污染受害者向法院提起诉讼。此外，也有像中华环境保护联合会等社团组织在开展了环境污染纠纷的受害者的法律援助工作。

第二节　防治海洋环境污染和噪声污染的法律规定

一、防治海洋环境污染的法律规定

1. 防治海洋环境污染的立法概况

（1）法律

《海洋环境保护法》（1982 年 8 月 23 日颁布，1999 年 12 月 25 日修订，2000 年 4 月 1 日施行）。

（2）行政法规

《防治船舶污染海洋环境管理条例》（2009 年 9 月 9 日发布，2010 年 3 月 1 日施行）；《海洋石油勘探开发环境保护管理条例》（1983 年 12 月 29 日发布）；《海洋倾废管理条例》（1985 年 3 月 6 日发布）；《防治拆船污染环境管理条例》（1988 年 5 月 18 日发布）；《防治陆源污染物损害海洋环境管理条例》（1990 年 6 月 22 日发布）；《防治海岸工程建设项目污染损害海洋环境管理条例》（1990 年 6 月 25 日发布）。

（3）部门规章

《近岸海域环境功能区的管理办法》（原国家环境保护总局 1999 年 11 月 10 日发布）。

（4）环境标准

《海水水质标准》（GB 3097—1997）；《船舶污染物排放标准》（GB 3552—83）；《海洋石油开发工业含油污水排放标准》（GB 4914—85）；《污水海洋处置工程污染控制标准》（GB 18486—2001）。

2. 防治海洋环境污染的主要法律规定

20 世纪 90 年代以来，随着内河河流和沿岸超标陆源污染物的增多，造成海洋环境污染损害不断加剧，海洋资源也遭到严重破坏。加入《联合国海洋法公约》等国际条约后，我国在海洋环境保护方面的立法在不断完善。1999 年修订的《海洋环境保护法》在强化海洋污染防治法律制度的基础上，对海域污染物总量控制制度、海洋污染事故应急制度、船舶油污损害民事赔偿制度、船舶油污保险制度和海洋环境污染民事损害赔偿制度等内容作了新的规定。

（1）海洋污染防治的基本法律制度

1）海洋功能区划制度。《海洋环境保护法》第六条规定：国家海洋行政主管部门会同国务院有关部门和沿海省、自治区、直辖市人民政府拟定全国海洋功能区划，报国务院批准。沿海地方各级人民政府应当根据全国和地方海洋功能区划，科学合理使用海域。

我国重要的海洋环境区划有：海洋保护区、海上保护区、海滨风景游览区、航运区、渔业资源利用与养护区、海水资源利用区、海洋能利用区、工程用海区、保留区和其他保护区 10 种主要的海洋功能区。

2）重点海域排污总量控制制度（《海洋环境保护法》第三条）。

3）排污收费制度。《海洋环境保护法》的排污收费制度与一般的排污收费制度相比有其自身的特殊性。其一，排污收费的对象是直接向海洋排放污染物的单位和个人，包括陆地污染源，海洋工程建设项目，各种船舶等。其二，排污即收费，超标即违法（《海洋环境保护法》第十一条、第十二条)。

4)重大海上污染事故应急计划制度。重大海洋污染事故应急计划制度是指有关部门依照法律规定，对预见到的可能发生的海水突发性污染事件，事先制定抢救措施和实施抢救措施的步骤，以备在海上污染事故发生时按照拟订的方案解除或者减轻危害的法制化管理措施。发生事故或者其他突发性事件不按照规定报告的，由行使海洋环境监督管理权的部门予以警告，或者处以五万元以下的罚款(《海洋环境保护法》第七十四条第一款第二项、第二款);因发生事故或者其他突发性事件，造成海洋环境污染事故，不立即采取处理措施的，由行使海洋环境监督管理权的部门责令限期改正，并处以二万元以上十万元以下的罚款(《海洋环境保护法》第七十三条第一款第四项、第二款)。

(2)防治陆源污染物对海洋环境污染损害的措施

海洋污染的主要污染源是陆源污染。陆源污染物是指从陆地向海域排放的造成海洋环境污染的物质。我国《海洋环境保护法》主要从入海排污口设置和禁限措施两个方面对防治陆源污染物污染海洋环境做出了具体规定。

1)入海排污口的设置。入海排污口设置，必须符合以下规定：①应当根据海洋功能区划、海水动力条件和有关规定，并经过科学论证；②有条件的地区，应当将排污口深海设置，实行离岸排放；③不得在海洋自然保护区、重要渔业水域、海滨风景名胜区和其他需要特别保护的区域新建排污口。设置入海排污口的审批权限是设区的市级以上人民政府环境保护行政主管部门(《海洋环境保护法》第三十条)。

违反该条规定设置入海排污口的，由县级以上地方人民政府环境保护行政主管部门责令其关闭，并处二万元以上十万元以下的罚款(《海洋环境保护法》第七十七条)。

2)禁限措施。我国于1994年签署了《关于禁止在海上处置放射性废物及其他放射性物质的协议》,《海洋环境保护法》作为国内法对该国际公约的反映，规定了相应的禁限措施。

①禁止性措施：禁止向海域排放油类、酸液、剧毒废液和高、中水平放射性废水；禁止经中华人民共和国内水、领海转移危险废物；经中华人民共和国管辖的其他海域转移危险废物的，必须事先取得国务院环境保护行政主管部门的书面同意。

向海域排放禁止排放的污染物或其他物质的，由行使海洋环境监督管理权的部门责令限期改正，并处以三万元以上二十万元以下的罚款(第七十三条第一款第一项、第二款);经中华人民共和国管辖海域转移危险废物的，由国家海事行政主管部门责令非法运输该危险废物的船舶退出中华人民共和国管辖海域，处以五万元以上五十万元以下的罚款(第七十九条)。

②限制性措施：严格限制向海域排放低水平放射性废水，确需排放的，必须严格执行国家辐射防护规定；严格控制向海域排放含有不易降解的有机物和重金属的废水；严格控制向海湾、半封闭海及其他自净能力较差的海域排放含有有机物和营养物质的工业废水和生活废水；向海域排放含热废水，必须采取有效措施，保证邻近渔业水域的水温符合国家海洋环境质量标准等。

不按照规定向海洋排放污染物，或者超过标准排放污染物的，由行使海洋环境监督管理权的部门责令限期改正，并处二万元以上十万元以下的罚款(第七十三条第一款第二项、第二款)。

(3) 防止海岸工程建设项目对海洋环境污染损害的措施

1）严格执行环境影响评价制度和“三同时”制度（《海洋环境保护法》第四十三条、第四十四条）

2）采取措施保护海洋生态环境（《海洋环境保护法》第四十五条、第四十六条第二款、第七十六条、第八十二条）。

(4) 防止海洋工程建设项目对海洋环境污染损害的措施

海洋工程建设项目是指在海岸线以下施工兴建的各类海洋工程建设项目，包括海洋石油勘探开发、海上助航工程、跨海桥梁和隧道工程等影响海洋自然生态环境的开发建设项目。

防止海洋工程建设项目对海洋环境污染的损害，在严格执行环境影响评价制度和“三同时”制度的基础上做好防止油污染事故的措施，主要包括以下几方面：

①海洋石油勘探开发及输油过程中，必须采取有效措施，避免溢油事故的发生（《海洋环境保护法》第五十条第二款）。

②海洋石油钻井船、钻井平台和采油平台的含油污水和油性混合物，必须经过处理达标后排放；残油、废油必须予以回收，不得排放入海。经回收处理后排放的，其含油量不得超过国家规定的标准（《海洋环境保护法》第五十一条第一款）。

③海上试油时，应当确保油气充分燃烧，油和油性混合物不得排放入海（《海洋环境保护法》第五十三条）。

海洋石油勘探开发活动，造成海洋环境污染的，由国家海洋行政主管部门予以警告，并处二万元以上二十万元以下的罚款（《海洋环境保护法》第八十五条）。

(5) 防止倾倒废弃物对海洋环境污染损害的措施

所谓倾倒，是指通过船舶、航空器、平台及其他载运工具将废弃物和其他物质处置于海洋的活动，包括弃置船舶、航空器、平台及其辅助设施和其他浮动工具的行为。但不包括船舶、航空器及其他载运工具和设施正常操作产生的废弃物的排放。

1）倾倒许可证制度。倾倒许可证是国家海洋行政主管部门向倾倒废弃物的单位颁发的允许其向海洋倾倒的证明文件。根据所倾倒废弃物的毒性、有毒物质含量和对海洋环境影响程度等因素，倾倒单位申领的许可证可分为三类：一是普通许可证，适用于倾倒除适用紧急许可证和特别许可证以外的低毒或无毒的废弃物；二是特别许可证，适用于倾倒《海洋倾废管理条例》附件2所列的物质；三是紧急许可证，适用于法定禁止倾倒的废弃物及其他物质，但是因为出现紧急情况如果在陆地上处置它们会严重危及人体健康，经国家海洋管理部门批准可在规定地点按照规定方式倾倒。

任何单位未经国家海洋行政主管部门批准，不得向我国管辖海域倾倒任何废弃物。需要倾倒废弃物的单位，必须向国家海洋行政主管部门提出书面申请，经国家海洋行政主管部门审查批准，发给许可证后，方可倾倒。禁止我国境外的废弃物在我国管辖海域倾倒（《海洋环境保护法》第五十五条）。

将我国境外的废弃物运进我国管辖海域倾倒的，由国家海洋行政主管部门予以警告，并根据造成或者可能造成的危害后果，处以十万元以上一百万元以下的罚款（《海洋环境保护法》第八十七条）。

2）倾废单位的义务：

①获准倾倒废弃物的单位，必须按照许可证注明的期限及条件，到指定的区域进行倾倒；

②废弃物装载之后，批准单位应当予以核实。倾废单位应当详细记录倾倒的情况，并在倾倒后向批准部门做出书面报告；

③倾倒废弃物的船舶必须向驶出港的海事行政主管部门做出书面报告（《海洋环境保护法》第五十九条）。

对违反本法规定，不按照许可证的规定倾倒，或者向已经封闭的倾倒区倾倒废弃物的，由海洋行政主管部门予以警告，并处三万元以上二十万元以下的罚款；对情节严重的，可以暂扣或者吊销许可证（《海洋环境保护法》第八十六条）。

3）倾废主管部门的职责。国家海洋行政主管部门监督管理倾倒区的使用，组织倾倒区的环境监测。对经确认不宜继续使用的倾倒区，国家海洋行政主管部门应当予以封闭，终止在该倾倒区的一切倾倒活动，并报国务院备案（《海洋环境保护法》第五十八条）。

海洋环境监督管理人员滥用职权、玩忽职守、徇私舞弊造成海洋环境污染损害的，依法给予行政处分；构成犯罪的，依法追究刑事责任（《海洋环境保护法》第九十四条）。

（6）防治船舶及有关作业活动对海洋环境污染损害的措施

1）防污设备。从事船舶污染物、废弃物、船舶垃圾接收、船舶清舱、洗舱作业活动的，必须具备相应的接收处理能力（《海洋环境保护法》第六十二条第二款）。船舶必须配置相应的防污设备和器材。载运具有污染危害性货物的船舶，其结构和设备应当能够防治或者减轻所载货物对海洋环境的污染（《海洋环境保护法》第六十四条）。

船舶未配备防污设施、器材的，由行使海洋环境监督管理权的部门予以警告，或者处以二万元以上十万元以下的罚款（《海洋环境保护法》第八十八条）。

2）防污文书。船舶必须按照有关规定持有防止海洋环境污染的证书与文书，在进行设计污染物排放及操作时，应当如实记录并向海洋环境监督管理部门报告（《海洋环境保护法》第六十三条）。

船舶未持有防污证书、文书或者不按照规定记载排污记录的，由行使海洋环境监督管理权的部门予以警告，或者处以二万元以下的罚款（《海洋环境保护法》第八十八条）。

3）船舶污染损害民事赔偿制度。《海洋环境保护法》第九十条第一款明确规定，造成海洋环境污染损害的责任者，应当排除危害，并赔偿损失。对于完全由第三人过错导致的海洋环境污染损害，由第三人排除危害，并承担赔偿责任。

《海洋环境保护法》在我国的环境立法当中开创性的设立了环境责任保险和民事损害赔偿基金制度。该法第六十六条规定："按照船舶油污损害赔偿责任由船东和货主共同承担风险的原则，建立船舶油污保险、油污损害赔偿基金制度。实施船舶油污保险、油污损害赔偿基金制度的具体办法由国务院规定"。

鉴于国务院尚未制定船舶油污损害赔偿责任强制保险的行政法规，因此从事国内沿海油品运输的船舶投保油污损害赔偿责任险，目前应当向国内经营商业保险业务的保险公司投保。

二、防治噪声污染的法律规定

1. 防治噪声污染的立法概况

（1）法律

《环境噪声污染防治法》（1996 年 10 月 29 日颁布，1997 年 3 月 1 日施行）。

（2）行政法规

《关于调整超标污水和统一超标噪声排污费征收标准的通知》（1991年6月24日国务院批准发布）。

（3）部门规章

《军队环境噪声污染防治规定》（中国人民解放军总后勤部1994年发布）；《关于夜间违法进行建筑施工作业处罚问题的复函》（原国家环境保护总局2004年发布）；《关于限制营业性饮食服务单位和娱乐场所夜间工作时间的复函》（原国家环境保护总局2004年发布）。

（4）环境标准

《城市区域环境噪声标准》（GB 3096—93）；《工业企业厂界环境噪声排放标准》（GB 12348—2008）；《社会生活环境噪声排放标准》（GB 22337—2008）；《建筑施工场界噪声限值》（GB 12523—90）；《机场周围飞机噪声环境标准》（GB 9660—88）；《机动车辆允许噪声标准》（GB 1495—79）等。

2. 防治噪声污染的主要法律规定

环境噪声污染自20世纪70年代以来发展日益严重，为城市四大公害之一。在我国，环境噪声总体水平长期居高不下，环境噪声污染已经成为严重扰民的突出问题。《环境噪声污染防治法》针对工业噪声污染防治、建筑施工噪声污染防治、交通运输噪声污染防治和社会噪声污染防治做了如下规定：

（1）工业噪声污染防治的措施

工业噪声，是指在工业生产活动中使用固定设备时产生的干扰周围生活环境的声音，主要是工业企业中各类设备和产品在运行过程中发出的噪声。我国工业生产技术相对落后，设备陈旧致使运行过程中发出的噪声声级较高。《环境噪声污染防治法》对工业噪声污染的防治的规定，主要涉及以下两个方面：

1）产生环境噪声污染的工业企业，应当采取有效措施，减轻噪声对周围生活环境的影响。在城市范围内向周围生活环境排放工业噪声的，应当符合国家规定的工业企业厂界环境噪声排放标准（《环境噪声污染防治法》第二十三条）。

《工业企业厂界环境噪声排放标准》（GB 12348—2008）规定了各类厂界环境噪声排放限值，见表4—4：

表4—4　　工业企业厂界环境噪声排放限值　　dB（A）

厂界外声环境功能区类别	昼间	夜间	适用范围
0	50	40	康复疗养区等特别需要安全的区域
1	55	45	以居住、文教机关为主的区域
2	60	50	居住、商业、工业混杂区及商业中心区域
3	65	55	工业生产、仓储物流为主要功能的区域
4	70	55	交通干线道路两侧区域

说明：夜间频发噪声的最大声级超过限值的幅度不得高于10 dB（A）；
夜间偶发噪声的最大声级超过限值的幅度不得高于15 dB（A）。

2）使用固定的设备造成环境噪声污染的工业企业，必须按照国务院环境保护行政主管部门的规定，向所在地县级以上地方人民政府环境保护行政主管部门申报拥有的造成环境噪声污染的设备种类、数量以及在正常工作条件下所发出的噪声值和防治环境噪声污染的设施情况，并提供防治噪声污染的技术资料。造成环境噪声污染的设备种类、数量、噪声值和防治设施有重大改变的，必须及时申报，并采取应有的防治措施。如果拒报或者谎报的，由县级以上地方人民政府环境保护行政主管部门根据情节给予警告或处以罚款（《环境噪声污染防治法》第二十四条、第四十九条）。

（2）建筑施工噪声污染防治的措施

建筑施工噪声是指在建筑施工过程中产生的干扰周围生活环境的声音。由于我国目前正处于工业发展和城市化进程发展迅速的阶段，建筑施工造成的噪声污染也在不断增多，成为居民投诉的一个热点领域。《环境噪声污染防治法》对建筑施工噪声污染的防治做了较为细致的规定。

1）达标排放。该法第二十八条规定：“在城市市区范围内向周围生活环境排放建筑施工噪声的，应当符合国家规定的建筑施工场界环境噪声排放标准。”《建筑施工场界噪声限值》规定了不同施工阶段的噪声限值，见表 4—5。

表 4—5　　不同施工阶段噪声限值　　dB（A）

施工阶段	昼 间	夜 间	主要噪声源
土石方	75	55	推土机、挖掘机、装卸机等
打桩	85	禁止施工	各种打桩机等
结构	70	55	混凝土搅拌机、振捣棒、电锯等
装修	65	55	吊车、升降机等

说明：表中所列噪声值是指与敏感区域相应的兼职施工场地边界线处的限值；
如有几个施工阶段同时进行，以高噪声阶段的限值为准。

2）噪声排放申报登记制度。《环境噪声污染防治法》第二十九条规定，在城市市区范围内，建筑施工过程中使用机械设备，可能产生环境噪声污染的，施工单位必须在工程开工十五日前向工程所在地县级以上地方人民政府环境保护行政主管部门申报该工程的项目名称、施工场所和期限、可能产生的环境噪声值以及所采取的环境噪声污染防治措施的情况。

3）禁止夜间在噪声敏感建筑物集中区域进行建筑施工作业。噪声敏感建筑物集中区域是指医疗区、文教科研和以机关或者居民住宅为主的区域。这些区域需要保持安静，而建筑施工通常是开放性作业方式。因此，《环境噪声污染防治法》第三十条规定：“在城市市区噪声敏感建筑物集中区域即医疗区、文教科研区和以机关或者居民住宅区为主的区域范围内，禁止夜间进行产生环境噪声污染的建筑施工作业，但抢修、抢险作业和因生产工艺上要求或特殊需要必须连续作业的除外。”所谓“夜间”是指晚十点至晨六点之间的期间。如果确实因为特殊需要必须连续作业的，必须有县级以上人民政府或者其有关部门的证明，而且必须公告附近居民。

（3）交通运输噪声污染防治的措施

交通运输噪声主要是机动车辆、铁路机车、机动船舶、航空器等交通运输工具在运行时产生的干扰周围生活环境的声音。近年来，由于机动车辆猛增，特别是私家车的增多，机动车运行以及安装的防盗器等响声极大地影响了居民的正常生活。因此，交通运输噪声污染防治已经成为环境噪声污染防治工作的重点。

1）《环境噪声污染防治法》第三十二条规定，禁止制造、销售或者进口超过规定的噪声限值的汽车，以保证从源头降低、减轻环境噪声污染。

2）警报器及机动车日常维护。机动车辆在城市市区范围内行驶，机动船舶在城市市区的内河航道航行，铁路机车驶经或者进入城市市区、疗养区时，必须按照规定使用声响装置。警车、消防车、工程抢险车、救护车等机动车辆安装、使用警报器，必须符合国务院公安部门的规定；在执行非紧急任务时，禁止使用警报器（《环境噪声污染防治法》第三十四条）。在城市市区范围内行驶的机动车辆的消声器和喇叭必须符合国家规定的要求。机动车辆必须加强维修和保养，保持技术性能良好，防治环境噪声污染（《环境噪声污染防治法》第三十三条）。

3）禁行、禁鸣区域和时间。城市人民政府公安机关可以根据本地城市市区区域声环境保护的需要，划定禁止机动车辆行驶和禁止其使用声响装置的路段和时间，并向社会公告（《环境噪声污染防治法》第三十五条）。

4）对道路和基础设施建设的噪声污染防治措施。应对基础设施进行合理规划和设计，对噪声污染防治做到有效防范。《环境噪声污染防治法》规定，建设经过已有的噪声敏感建筑物集中区域的高速公路和城市高架、轻轨道路的，应当设置声屏障或者采取有效控制噪声污染的措施；在已有的城市交通干线两侧建设噪声敏感建筑物的，应当按照国家规定间隔一定距离，并采取减轻、避免交通噪声影响的措施；在车站、铁路编组站、港口、码头、航空港等交通枢纽指挥作业时使用广播喇叭的，应当控制音量，减轻噪声对周围环境的影响（《环境噪声污染防治法》第三十六条至第三十九条）。根据此规定，在城市道路建设中，如声屏障、绿化带等措施的使用有效降低了交通运输噪声对社会的影响；在道路两侧修建的住宅等声敏感建筑物，通常装有隔声玻璃等设施，以降低交通噪声对居民日常生活的影响。

需要说明的是，环境影响评价是降低交通运输噪声有效且重要的方面，只有对基础设施建设周边环境可能造成的影响进行充分分析、预测，并采取切实有效的措施，才可能保证最大限度地降低噪声污染的发生率。

（4）社会生活噪声污染防治的措施

1）社会噪声排放标准。为了规范对营业性文化娱乐场所和商业经营活动中产生环境噪声的管理，2008 年 8 月 19 日国家环境保护部联合国家质量监督检验检疫总局发布《社会生活环境噪声排放标准》，以期防治社会生活噪声污染，改善声环境质量。该标准对社会生活噪声排放源的噪声限值做了规定，见表 4—6。

表 4—6　　社会生活噪声排放源边界噪声排放限值　　dB（A）

边界外声环境功能区类别	昼间	夜间	适用范围
0	50	40	康复疗养区等特别需要安全的区域
1	55	45	以居住、文教机关为主的区域
2	60	50	居住、商业、工业混杂区及商业中心区域
3	65	55	工业生产、仓储物流为主要功能的区域
4	70	55	交通干线道路两侧区域

在社会生活噪声排放源位于噪声敏感建筑物内的情况下，噪声通过建筑物结构传播至噪声敏感建筑物室内时，噪声敏感建筑物室内等效声级不得超过表4—7规定的限值。

表4—7　　结构传播固定设备室内噪声排放限值　　dB (A)

噪声敏感建筑物声环境所处功能区类别 \ 房间类型 / 时断	A类房间		B类房间	
	昼间	夜间	昼间	夜间
0	40	30	40	30
1	40	30	45	35
2、3、4	45	35	50	40

说明：A类房间——指以睡眠为主要目的，需要保证夜间安静的房间，包括住宅卧室、医院病房、宾馆客房等。
B类房间——指主要在昼间使用，需要保证思考和精神集中、正常讲话不被干扰的房间，包括学校教室、会议室、办公室、住宅中卧室以外的其他房间等。

2）商业经营活动。在城市市区噪声敏感集中区域内，因商业经营活动中使用固定设备造成环境噪声污染的商业企业，必须向所在地的县级以上地方人民政府环境保护行政主管部门申报拥有的造成环境噪声污染的设备的状况和防治环境噪声污染的设施的情况（《环境噪声污染防治法》第四十二条）。

3）营业性文化娱乐场所。新建营业性文化娱乐场所的边界噪声必须符合国家规定的环境噪声排放标准；不符合国家规定的环境噪声排放标准，文化行政主管部门不得核发文化经营许可证，工商行政管理部门不得核发营业执照。经营中的文化娱乐场所，其经营管理者必须采取有效措施，使其边界噪声不超过国家规定的环境噪声排放标准。违反该规定的，由县级以上地方人民政府环境保护行政主管部门责令改正，可以处以罚款（《环境噪声污染防治法》第四十三条、第五十九条）。

4）饮食服务业。禁止在城市市区噪声敏感建筑物集中区域用高音广播喇叭，并禁止在商业经营活动中以使用高音喇叭或者采取其他发出高噪声的方法来招揽顾客；在商业经营活动中使用空调器、冷却塔等可能产生环境噪声污染的设备、设施的，其经营管理者应当采取措施，使其边界噪声不超过国家规定的环境噪声排放标准；在城市市区街道、广场、公园等公共娱乐场所组织娱乐、集会等活动，使用音响器材可能产生干扰周围生活环境的过大音量的，必须遵守和服从当地公安机关的规定（《环境噪声污染防治法》第四十四条、第四十五条）。

5）住宅楼室内装修等室内行为。在已竣工交付使用的住宅楼进行室内装修活动，应当限制作业时间，并采取其他有效措施，以减轻、避免对周围居民造成环境噪声污染；使用家用电器、乐器或者进行其他家庭室内娱乐活动时，应当控制音量或者采取其他有效措施，避免对周围居民造成环境噪声污染（《环境噪声污染防治法》第四十六条、第四十七条）。

第三节　防治固体废物污染和其他有毒有害物污染的法律规定

一、防治固体废物污染的法律规定

1. 防治固体废物污染的立法概况

（1）法律

《固体废物污染环境防治法》（1995 年 10 月 30 日颁布，2004 年 12 月 29 日修订，2005 年 4 月 1 日施行）。

（2）行政法规

《医疗废物管理条例》（2003 年 6 月 16 日发布）；《危险废物经营许可证管理办法》（2004 年 5 月 19 日发布）。

（3）部门规章

《废物进口环境保护管理暂行规定》（原国家环境保护局、对外经贸合作部、海关总署、国家工商行政管理局、原国家商检局 1996 年 3 月 1 日联合发布）；《关于加强承运进口废物管理的规定》（原交通部 1996 年 8 月 9 日发布）；《防治船舶垃圾和沿岸固体废物污染长江水域管理规定》（原交通部、原建设部、原国家环境保护局 1997 年 12 月 24 联合发布）；《危险废物转移联单管理办法》（原国家环境保护总局 1999 年 5 月 1 日发布）；《危险废物污染防治技术政策》（原国家环境保护总局 2001 年 12 月 17 日发布）。

（4）环境标准

《危险废物焚烧污染控制标准》（GB 18484—2001）；《危险废物鉴别标准》（GB 5085.1～7—2007）；《进口废物环境保护控制标准》（GB 16487.1～9 —1996）；《生活垃圾填埋场污染控制标准》（GB 16889—2008）；《城镇垃圾农用控制标准》（GB 8172—87）；《有色金属工业固体废物腐蚀性试验方法标准》（GB/T 5087—85）；《农用污泥中污染物控制标准》（GB 4284—84）；《农用粉煤灰中污染物控制标准》（GB 8173—87）等。

2. 防治固体废物污染的主要法律规定

（1）固体废物污染防治的基本原则

1）“3R”原则，即减量化、资源化、无害化原则。减量化是指从产生固体废物的源头进行控制，采取预防为主的原则，削减固体废物的产生量，采用清洁的生产工艺，将固体废物污染环境的防治提前到固体废物的产生阶段。努力控制固体废物的产生，是积极从源头控制污染的指导思想的要求，这一原则的实施不仅可以减轻污染的危害，也可以提高资源能源的利用率。例如，我国从 2008 年 6 月 1 日开始实施的“限塑令”，通过对垃圾袋使用的控制，从而减少白色污染的产生，这对降低固体废物污染环境的程度起到了积极作用。

资源化即充分合理利用固体废物，是指将其中一部分可以回收利用的固体废物加以充分利用，使其变废为宝，其核心是资源综合利用。通过对固体废物的大量利用，不仅减少了固体废物的数量，减轻了污染，而且创造了大量的物质财富，取得了可观的经济效益。综合利用、变废为宝，是防治固体废物污染环境的一项根本措施。在实践中，资源化的例子随处可见，利用木屑制作的家具、利用炉渣制作的空心砖等。在我国，资源综合利用主要表现在三个方面：一是矿产资源开采过程中，共生伴生矿、低品位矿、尾矿的综合开采和综合利用；二是工业废水、废气、废渣、余热的综合利用；三是以废旧物质为主的再生资源的综合利用。2008 年，全国工业固体废物综合利用量为 123 482 万吨，综合利用率为 64.9%。

无害化是指将固体废物中不可利用的部分进行无害化处置。即通过焚烧以及其他改变固体废物的物理、化学、生物特性的方法，达到减少已产生的固体废物的数量、缩小其体积，减少或者消除其危险成分的活动，或者将固体废物最终置于环境保护规定要求的场所或者设施并不再取回的活动。

“3R”原则代表了当今国际社会固体废物污染防治中的先进指导思想，已被越来越多的国家采纳并用于实践。我国《固体废物污染环境防治法》中的很多条款都体现了“3R”原则，如第三条规定：“国家对固体废物污染环境的防治，实行减少固体废物的产生量和危害性、充分合理利用固体废物和无害化处置固体废物的原则，促进清洁生产和循环经济发展。国家采取有利于固体废物综合利用活动的经济、技术政策和措施，对固体废物实行充分回收和合理利用。国家鼓励、支持采取有利于保护环境的集中处置固体废物的措施，促进固体废物污染环境防治产业发展。”

2）“全过程控制”原则。“全过程控制”原则是指对固体废物的产生、运输、储存、处理和处置的全过程及各个环节上都实行控制管理和开展污染防治工作，这一原则又形象地被称为从“摇篮”到“坟墓”的管理原则。这一原则也体现了我我国《清洁生产促进法》的立法目标。该原则主要包括以下规定：

① 产生固体废物的单位和个人，应当采取措施，防止或者减少固体废物对环境的污染。

② 收集、储存、运输、利用、处置固体废物的单位和个人，必须采取防扩散、防流失、防渗漏或者其他防止污染环境的措施；不得擅自倾倒、堆放、丢弃、遗撒固体废物；对收集、储存、运输、处置固体废物的设施、设备和场所，应当加强管理和维护，保证其正常运行和使用。

③ 产品和包装物的设计、制造，应当遵守国家有关清洁生产的规定（《固体废物污染环境防治法》第十七条、第十八条）。

产品的包装和设计在一些领域达到了“登峰造极”的地步，如曾经出现的“天价月饼”，多重的包装造成了资源的巨大浪费。应该尽量减少产品的包装，用可循环利用的包装材料设计包装，为有限资源的利用和环境保护作出贡献。

3）污染者依法负责原则。《固体废物污染环境防治法》第五条规定：“国家对固体废物污染环境防治实行污染者依法负责的原则。产品的生产者、销售者、进口者、使用者对其产生的固体废物依法承担污染防治责任。”第十八条规定：“生产、销售、进口依法被列入强制回收目录的产品和包装物的企业，必须按照国家有关规定对该产品和包装物进行回收”。它要求生产者不仅对其生产过程中的痕迹污染承担法律责任，还要对其生产的产品的整个生命周期内的痕迹污染和破坏承担法律责任，包括废弃产品的回收、处置责任，以及所造成污染损害承担赔偿等法律规定的责任。污染者依法负责的原则是环境法中污染者负担原则的体现，即“3P”（Polluter Pays Principle）。该原则如何能够得到全面贯彻落实，对从根本上解决固体废物污染环境意义重大。

4）对危险废物严格控制和重点防治原则。《固体废物污染环境防治法》设专节对危险废物的严格控制和防治作出规定。对此内容，将在后面详细阐述。

5）鼓励固体废物循环利用原则。国家鼓励单位和个人购买、使用再生产品和可重复利用产品；鼓励、支持采取有利于保护环境的集中处置固体废物的措施，促进固体废物污染环境防治产业发展；鼓励科研、生产单位研究、生产易回收利用、易处置或者在环境中可降解的薄膜覆盖物和商品包装物（《固体废物污染环境防治法》第三条、第九条、第十七条）。

(2) 固体废物污染防治的具体制度

1）环境影响评价制度和“三同时”制度（《固体废物污染环境防治法》第十三条、第十四条、第六十九条）。

2）现场检查制度（《固体废物污染环境防治法》第十五条、第七十条）。

3）污染防治设施、场所的停用核准制度（《固体废物污染环境防治法》第三十四条、第四十四条第二款、第七十四条、第七十五条）。

4）申报登记制度（《固体废物污染环境防治法》第三十二条、第五十三条、第六十八条、第七十五条）。

5）限期淘汰和限期治理制度（《固体废物污染环境防治法》第二十八条、第六十八条第一款第三项、第二款）。

造成固体废物严重污染环境的，县级以上人民政府环境保护行政主管部门有权对污染者做出限期治理的决定（《固体废物污染环境防治法》第八十一条），这是限期治理制度在固体废物防治立法中环境保护部门所享有的权利方面的突破。

6）排污收费制度（《固体废物污染环境防治法》第五十六条、第七十五条第一款第四项、第二款）。

7）生产者责任延伸制度。生产、销售、进口依法被列入强制回收目录的产品和包装物的企业，必须按照国家有关规定对该产品和包装物进行回收（《固体废物污染环境防治法》第十八条第二款）。

8）特殊保护区管理制度。特殊保护区是指国务院和国务院有关部门及省级人民政府划定的自然保护区，风景名胜区，饮水水源保护区，基本农田保护区和其他需特别保护的区域。禁止在特殊保护区建设工业固体废物集中储存、处置的设施、场所和生活垃圾填埋场（《固体废物污染环境防治法》第二十二条）。

违反上述规定的，由县级以上人民政府环境保护行政主管部门责令停止违法行为，限期改正，处以一万元以上十万元以下的罚款（第六十八条第一款第五项、第二款）。

9）控制固体废物转移的管理制度。控制固体废物转移的管理制度，是指为控制固体废物跨区或者越境转移而产生的环境污染，以及防止将治理污染的负担、损失向异地、异国转嫁的环境管理制度。

固体废物的越境转移已经发展成为国际社会普遍和严重关注的问题之一。一些发达国家出于自身利益的考虑，将固体废物，特别是危险废物向一些发展中国家转嫁，致使许多发展中国家成为发达国家的“垃圾场”，这在一定程度上引起了国际社会的强烈不满。有资料显示，中国已经成为世界上最大的电子垃圾倾倒场所。这些“洋垃圾”不仅损害着我国的环境权益，也侵害了人民群众的身体健康。原国家环境保护总局和能源部于 1999 年就发布《防止多氯联苯电力装置及其污染环境的规定》中，明令禁止我国管辖区域外的含多氯联苯电力装置、废液及受多氯联苯污染的物质入境。为了遏制危险废物的跨境转移，国际社会签署了《控制危险废物越境转移及其处置的巴尔塞公约》，以此保护发展中国家的利益。我国的《固体废物污染环境防治法》对固体废物的转移做了较为明确的规定：

①转移固体废物出省、自治区、直辖市行政区域贮存、处置的，应当向固体废物移出地的省、自治区、直辖市人民政府环境保护行政主管部门提出申请。移出地的省、自治区、直辖市人民政府环境保护行政主管部门应当商经接受地的省、自治区、直辖市人民政府环境保护行政主管部门同意后，方可批准转移该固体废物出省、自治区、直辖市行政区域。未经批准的，不得转移（第二十三条）。

②禁止中华人民共和国境外的固体废物进境倾倒、堆放、处置。

将中华人民共和国境外的固体废物进境倾倒、堆放、处置的，由海关责令退运该固体废物，可以并处十万元以上一百万元以下的罚款；构成犯罪的，依法追究刑事责任（第二十四条、第七十八条）。

③转移危险废物的，必须按照国家有关规定填写危险废物转移联单，并向危险废物移出地设区的市级以上地方人民政府环境保护行政主管部门提出申请。移出地设区的市级以上地方人民政府环境保护行政主管部门应当商经接受地设区的市级以上地方人民政府环境保护行政主管部门同意后，方可批准转移该危险废物。转移危险废物途经移出地、接受地以外行政区域的，危险废物移出地设区的市级以上地方人民政府环境保护行政主管部门应当及时通知沿途经过的设区的市级以上地方人民政府环境保护行政主管部门（第五十九条）。不按照国家规定填写危险废物转移联单或者未经批准擅自转移危险废物的，处以二万元以上二十万元以下的罚款（第七十五第一款第六项、第二款）。

④禁止经中华人民共和国过境转移危险废物。经中华人民共和国过境转移危险废物的，由海关责令退运该危险废物，可以并处五万元以上五十万元以下的罚款（第七十九条）。

10）进口分类管理制度：

①国务院环境保护行政主管部门会同国务院对外贸易主管部门、国务院经济综合宏观调控部门、海关总署、国务院质量监督检验检疫部门制定、调整并公布禁止进口、限制进口和自动许可进口的固体废物目录。

②进口列入限制进口目录的固体废物，应当经国务院环境保护行政主管部门会同国务院对外贸易主管部门审查许可。

③进口列入自动许可进口目录的固体废物，应当依法办理自动许可手续。

④进口的固体废物必须符合国家环境保护标准，并经质量监督检验检疫部门检验合格（第二十五条）。

进口属于禁止进口的固体废物或者未经许可擅自进口属于限制进口的固体废物用作原料的，由海关责令退运该固体废物，可以并处十万元以上一百万元以下的罚款；构成犯罪的，依法追究刑事责任（第七十八条）。

11）防治城市生活垃圾污染环境的制度。生活垃圾是指在日常生活中或者为日常生活提供服务的活动中产生的固体废物以及法律、法规规定为生活来源的固体废物。为了防止城市生活垃圾对环境的污染，《固体废物污染环境防治法》对生活垃圾污染环境的防治工作做了具体规定：

①县级以上人民政府和卫生部门的职责。一是统筹安排建设城乡生活垃圾收集、运输、处置设施；二是提高生活垃圾的利用率和无害化处理率，以减少对环境的危害；三是促进生活垃圾收集、处置的产业化发展；四是逐步建立和完善生活垃圾污染环境防治的社会服务体系。县级以上卫生部门在城市生活垃圾污染环境防治中的职责主要是组织对城市生活垃圾进行清扫、收集、运输和处置，尽快改变任意堆放、处置过程中造成二次污染的现象，努力提高综合利用水平；可采用招标等市场经济形式选择条件较好的单位从事生活垃圾清扫、收集、运输和处置。

②不得任意倾倒、抛撒或者堆放城市生活垃圾。在储存、运输、处置城市生活垃圾时不得违反环境法律关于水体、大气、海洋污染的规定。如在储存、运输、处置城市生活垃圾时应当按照环境卫生行政主管部门的规定，在指定的地点放置（是指当地卫生部门制定的城市生活垃圾收集设施、设备或者场所内放置），不得随意倾倒、抛撒或者堆放（《固体废物污染环境防治法》第四十条）。

随着人们环境保护意识的增强，越来越多的城市开始实行垃圾分类、袋装收集方式，对于按照上述垃圾方式进行垃圾收集的城市，应当按照当地的要求，将生活垃圾分类装入垃圾袋后投入卫生部门设置的容器内，不得乱扔乱投或者任意堆放。但是，现实生活中，很多城市在街道上设置分为“可回收”和“不可回收”类别的垃圾箱，由于垃圾分类知识普及的不足，致使很多公众并不十分清楚何种垃圾是可以回收的，何种垃圾是不可回收的，这样的后果是使垃圾分类制度形同虚设。因此，对社会公众开展生活垃圾分类的宣传和教育十分必要。

③清扫、收集、运输城市垃圾应当遵循国家有关规定。县级以上地方人民政府环境卫生行政主管部门应当组织对城市生活垃圾进行清扫、收集、运输和处置，并应当遵守国家有关环境保护和环境卫生管理的规定，防止污染环境（《固体废物污染环境防治法》第四十一条）。

在城市垃圾清扫方面，应注意清扫工具使用及处置措施的合理性，避免二次污染。

④及时清运、合理利用和无害化处置城市生活垃圾。《固体废物污染环境防治法》第四十二条规定：“对城市生活垃圾应当及时清运，逐步做到分类收集和运输，并积极开展综合利用和实施无害化处置。”合理利用生活垃圾是达到生活垃圾减量化的重要措施，采取这一措施不仅能够节余资源，同时也可减少生活垃圾对环境的污染。城市生活垃圾的及时清运可以避免长时间贮存生活垃圾所引起的影响生活环境、危害人体健康的现象的发生。

城市生活垃圾的处置是当前固体废物处置中的一大难题。目前，对生活垃圾常用的处置方式是焚烧或者填埋方式。但是焚烧易产生有毒有害气体，填埋也有可能污染地下水。寻找新的更好的处置生活垃圾的方式是摆在人们面前一个亟待解决的问题。

⑤改进燃料结构、组织净菜进城、合理安排生活垃圾收购网点。地方人民政府应当有计划地改进燃料结构，发展城市煤气、天然气、液化气及其他清洁能源，逐步改变以煤为主的燃料结构，在减少大气污染的同时减少煤渣的产生和对环境的影响；组织净菜进城，以减少生活垃圾的产生量，还可以缓解运输紧张的压力；统筹规划，合理安排生活垃圾收购网点，对于促进垃圾的清理和回收利用都具有重要意义。目前我国许多城市社区设置了生活垃圾中

转站，为城市垃圾的及时处置起到了积极的作用。

12）防治危险废物污染环境的特别制度：

①国家危险废物名录和鉴别制度。对危险废物实行名录制度是世界各国的通行做法，目的在于便于实施严格管理、界定危险废物的种类和范围，从而采取特殊的污染防治对策。《固体废物污染环境防治法》第五十一条规定："国务院环境保护行政主管部门应当会同国务院有关部门制定国家危险废物名录，规定统一的危险废物鉴别标准、鉴别方法和识别标志。"2008 年 6 月 17 日，国家环境保护部和国家发改委联合发布《国家危险废物名录》，将危险废物分为 49 类。

②危险废物识别标志制度。识别标志是指以文字、图像、色彩等综合形式表明危险废物的特性和种类。危险废物识别标志制度，是指对危险废物的容器和包装物以及收集、贮存、运输、处置危险废物的设施、场所，必须设置危险废物识别标志（《固体废物污染环境防治法》第五十二条）。实行危险废物识别标志制度旨在发挥标志的特殊功能，使人们对危险废物引起重视并采取防范措施。

不具备专门知识的人只能通过危险废物的标志来获得理解，如通过文字、图像、色彩等。因此，设置统一的危险废物标识标志有利于方便和严格管制危险废物，这也是国际通行的做法。我国已经加入的《巴塞尔公约》中就明确要求设置危险废物识别标志。目前，国家环境保护部正在组织制定有关统一识别标志及其管理的规定。

③危险废物经营许可证制度。危险废物的特性决定了并非任何单位和个人都有能力从事危险废物的收集、储存和处置工作，如果有关单位或者个人缺乏必要的知识和技能，在从事危险废物的处置过程中就有可能造成巨大事故，导致严重的环境污染后果的发生。

《固体废物污染环境防治法》第五十七条规定，从事收集、储存、处置危险废物经营活动的单位，必须向县级以上人民政府环境保护行政主管部门申请领取经营许可证；从事利用危险废物经营活动的单位，必须向国务院环境保护行政主管部门或者省、自治区、直辖市人民政府环境保护行政主管部门申请领取经营许可证。禁止无经营许可证或者不按照经营许可证规定从事危险废物收集、储存、利用、处置的经营活动；禁止将危险废物提供或者委托给无经营许可证的单位从事收集、储存、利用、处置的经营活动。

2004 年 6 月 5 日，国务院发布了《危险废物经营许可证管理办法》。该《办法》对危险废物许可证的管理部门、申领许可证的条件和程序、许可证使用的监督管理以及相应的法律责任做了具体规定，从而使我国对危险废物的管理上了一个新台阶。

④安全处置管理制度。第一，分类管理，禁混经营。收集、贮存危险废物，必须按照危险废物特性分类进行。禁止混合收集、储存、运输、处置性质不相容而未经安全性处置的危险废物。禁止将危险废物混入非危险废物中贮存（《固体废物污染环境防治法》第五十八条）。第二，运输管理。运输危险废物，必须采取防止污染环境的措施，并遵守国家有关危险货物运输管理的规定。禁止将危险废物与旅客在同一运输工具上载运（《固体废物污染环境防治法》第六十条）。第三，无害转用管理。收集、储存、运输、处置危险废物的场所、设施、设备和容器、包装物及其他物品转作他用时，必须经过消除污染的处理，方可使用（《固体废物污染环境防治法》第六十条）。

违反上述规定的，将由县级以上环境保护行政主管部门责令停止违法行为，限期改正，处以一万元以上十万元以下的罚款（《固体废物污染环境防治法》第七十五条第一款第十项、第二款）。

⑤行政代执行制度。行政代执行制度，是指为使危险废物的产生单位承担处置危险废物的责任，在其违反规定逾期不处置或者处置不符合规定时，由环境保护行政主管部门制定其他单位代为处置，处置费用由产生危险废物的单位承担的法律规定。

《固体废物污染环境防治法》第五十五条规定，产生危险废物的单位，必须按照国家有关规定处置危险废物，不得擅自倾倒、堆放；不处置的，由所在地县级以上地方人民政府环境保护行政主管部门责令限期改正；逾期不处置或者处置不符合国家有关规定的，由所在地县级以上地方人民政府环境保护行政主管部门指定单位按照国家有关规定代为处置，处置费用由产生危险废物的单位承担。由此可知，行政代执行主要针对两种情形：一是危险废物产生者不履行处置危险废物的义务，并经环境保护行政主管部门责任限期改正，逾期仍不处置的；二是危险废物产生者虽然自行处置其产生的危险废物，但处置不符合国家有关标准和规定。

危险废物产生者不处置其产生的危险废物又不承担依法应当承担的处置费用的，由县级以上地方人民政府环境保护行政主管部门责令限期改正，处代为处置费用一倍以上三倍以下的罚款（《固体废物污染环境防治法》第七十六条）。

⑥编制应急预案及事故处理制度。针对危险废物污染事故的突发性强，危害性大且难以消除等特点，《固体废物污染环境防治法》第六十二条规定了产生、收集、储存、运输、利用、处置危险废物的单位，应当制定意外事故的防范措施和应急预案，并向所在地县级以上地方人民政府环境保护行政主管部门备案；环境保护行政主管部门应当进行检查。因发生事故或者其他突发性事件，造成危险废物严重污染环境的单位，必须立即采取措施消除或者减轻对环境的污染危害，及时通报可能受到污染危害的单位和居民，并向所在地县级以上地方人民政府环境保护行政主管部门和有关部门报告，接受调查处理。在发生或者有证据证明可能发生危险废物严重污染环境、威胁居民生命财产安全时，县级以上地方人民政府环境保护行政主管部门或者其他固体废物污染环境防治工作的监督管理部门必须立即向本级人民政府和上一级人民政府有关行政主管部门报告，由人民政府采取防止或者减轻危害的有效措施。有关人民政府可以根据需要责令停止导致或者可能导致环境污染事故的作业（《固体废物污染环境防治法》第六十三条、第六十四条）。

二、防治其他有毒有害物污染的法律规定

1. 防治放射性污染的法律规定

（1）防治放射性污染的立法概况

1）法律。《放射性污染防治法》（2003 年 6 月 28 日日颁布，2003 年 10 月 1 日施行）。

2）行政法规：《民用核设施安全监督管理条例》（1986 年 10 月 29 日发布）；《核材料管理条例》（1987 年 6 月 15 日发布）；《放射性药品管理办法》（1989 年 1 月 13 日发布）；《核电厂核事故应急管理条例》（1993 年 8 月 4 日发布）；《放射性同位素与射线装置安全核防护条例》（2005 年 9 月 14 日发布）。

3）部门规章及规范性文件：《城市放射性废物管理办法》（原国家环境保护局 1989 年 7 月 16 日发布）；《放射环境管理办法》（原国家环境保护局 1990 年 5 月 28 日发布）；《关于加

强对进口废金属材料放射性污染检验的通知》（原国家进出口商品检验局 1993 年 10 月 18 日发布）；《关于进一步加强对进口可疑放射性物品检查的通知》（卫生部 1997 年 5 月 20 日发布）等。

4）环境标准：《放射卫生防护基本标准》（GB 4792—84）；《核电厂环境辐射防护规定》（GB 6249—86）；《电磁辐射防护规定》（GB 8702—88）；《核设施流出物监测的一般规定》（GB 11217—89）；《核辐射环境质量评价一般规定》（GB 11215—89）等。

（2）防治放射性污染的综合性管理措施

随着科学技术的发展，人类对放射性物质的认识和利用程度越来越高，同位素已经广泛运用于医学、工农业以及科研、军事等多个领域。在能源相对减少的今天，发展核能已经列入国家电力发展事业的议事日程。在核能的利用过程中，出现放射源丢失、放射性物质泄漏或者放射性剂量超标等情况，对人类的危害将是巨大的。1986 年，前苏联切尔诺贝利核电站大爆炸致大量放射性物质外泄，致使 30 余人短期内死亡。这次历史上最严重的核事故使 500 万人遭受核辐射，它迫使百万人口中的三分之一逃离家园，还在儿童中引发了甲状腺癌的大规模肆虐。这些年来，事故造成的经济损失已累计高达数千亿美元，包括医疗费、清理费、赔偿费和生产损失。

1）放射性污染防治的综合性管理措施：

①安全管理方针。《放射性污染防治法》第三条明确指出，国家对放射性污染的防治，实行预防为主、防治结合、严格管理、安全第一的方针。

②放射性污染防治标准。国家放射性污染防治标准由国务院环境保护行政主管部门根据环境安全要求、国家经济技术条件制定。国家放射性污染防治标准由国务院环境保护行政主管部门和国务院标准化行政主管部门联合发布（《放射性污染防治法》第九条）。

我国目前有关放射性的环境标准主要有《放射卫生防护基本标准》《核电厂环境辐射防护规定》《核设施流出物监测的一般规定》《核辐射环境质量评价一般规定》等。其中，涉及放射工作、辐射应用、放射性废物的标准主要是《辐射防护规定》。

③涉核单位的预防义务。涉核单位是指核设施运营单位、核技术利用单位、铀（钍）矿和伴生放射性矿开发利用单位。涉核单位必须采取安全与防护措施，预防发生可能导致放射性污染的各类事故，避免放射性污染危害，并应当对其工作人员进行放射性安全教育、培训，采取有效的防护安全措施（《放射性污染防治法》第十三条）。

④放射性标识与警示说明义务。放射性物质和射线装置应当设置明显的放射性标识和中文警示说明。生产、销售、使用、贮存、处置放射性物质和射线装置的场所，以及运输放射性物质和含放射源的射线装置的工具，应当设置明显的放射性标志（第十六条）。

不按照规定设置放射性标识、标志、中文警示说明的，由县级以上人民政府环境保护行政主管部门或者其他有关部门依据职权责令限期改正；逾期不改正的，责令停产停业，并处二万元以上十万元以下罚款；构成犯罪的，依法追究刑事责任（第五十五条）。

⑤对含有放射性物质产品的要求。装修污染成为近年来损害健康的重要因素之一。在北京某医院就诊的城市白血病患儿中，有 90%的家庭在半年内装修过。家庭装修用瓷砖会产生放射线，放射性包括 X 射线、γ 射线和快中子等，这些射线直接或间接作用于细胞内，可造成 DNA 的损伤，而引起细胞的变性，甚至死亡。早在 21 世纪初，科学家就发现射线能

使染色体畸变，甚至能导致妇女流产，胎儿死亡。为此，《放射性污染防治法》第十七条明确规定："含有放射性物质的产品，应当符合国家放射性污染防治标准；不符合国家放射性污染防治标准的，不得出厂和销售。使用伴生放射性矿渣和含有天然放射性物质的石材做建筑和装修材料，应当符合国家建筑材料放射性核素控制标准。"

2）核设施的管理措施：

①核设施的运营。核设施营运单位在进行核设施建造、装料、运行、退役等活动前，必须按照国务院有关核设施安全监督管理的规定，申请领取核设施建造、运行许可证和办理装料、退役等审批手续。此前还应当执行环境影响评价和"三同时"制度（《放射性污染防治法》第十九条、第二十条）。

违反环境影响评价制度的，由审批环境影响评价文件的环境保护行政主管部门责令停止违法行为，限期补办手续或者恢复原状，并处一万元以上二十万元以下罚款（《放射性污染防治法》第五十条）。

违反"三同时"制度的，由审批环境影响评价文件的环境保护行政主管部门责令停止违法行为，限期改正，并处五万元以上二十万元以下罚款（《放射性污染防治法》第五十一条）。

② 核设施建造、运行许可证和装料、退役审批制度。核设施运营单位在进行核设施建造、装料、运行、退役等活动前，必须按照《民用核设施安全监督管理条例》和《核电厂安全许可证的申请和颁发》的规定，向国家环境保护行政主管部门申请，取得相应的安全许可证或者批准文件后，方可进行相应的建造、装料、运行、退役等活动。

③核设施的进口。进口核设施，应当符合国家放射性污染防治标准；没有相应的国家放射性污染防治标准的，采用国务院环境保护行政主管部门指定的国外有关标准（《放射性污染防治法》第二十二条）。

④核设施的规划限制区。核动力厂等重要核设施外围地区应当划定规划限制区，其营运单位应当对核设施周围环境中所含的放射性核素的种类、浓度以及核设施流出物中的放射性核素总量实施监测，并定期向国务院环境保护行政主管部门和所在地省、自治区、直辖市人民政府环境保护行政主管部门报告监测结果。国务院环境保护行政主管部门负责对核动力厂等重要核设施实施监督性监测，并根据需要对其他核设施的流出物实施监测（《放射性污染防治法》第二十三条、第二十四条）。规划限制区，也称隔离区、应急计划区等，实质是将核动力厂外一定范围设定为缓冲地带，其作用在于一旦发生重大放射性污染事故，可以通过实施疏散、救援等应急措施，减轻或者避免对周围公众可能造成的放射性污染危害，从而最大限度地降低污染危害的发生。

⑤核设施的安全管理。核设施营运单位应当建立健全安全保卫制度，加强安全保卫工作，并接受公安部门的监督指导。核设施营运单位应当按照核设施的规模和性质制定核事故场内应急计划，做好应急准备。出现核事故应急状态时，核设施营运单位必须立即采取有效的应急措施控制事故，并向核设施主管部门和环境保护行政主管部门、卫生行政部门、公安部门以及其他有关部门报告（《放射性污染防治法》第二十五条）。

⑥核设施的核事故报告。国家建立健全核事故应急制度。核设施主管部门、环境保护行政主管部门、卫生行政部门、公安部门以及其他有关部门，在本级人民政府的组织领导下，

按照各自的职责依法做好核事故应急工作。中国人民解放军和中国人民武装警察部队按照国务院、中央军事委员会的有关规定在核事故应急中实施有效的支援（《放射性污染防治法》第二十六条）。

3）核技术利用的管理措施：

① 放射性同位素和射线装置许可。生产、销售、使用放射性同位素和射线装置的单位，应当按照国务院有关放射性同位素与射线装置放射防护的规定申请领取许可证，办理登记手续。转让、进口放射性同位素和射线装置的单位以及装备有放射性同位素的仪表的单位，应当按照国务院有关放射性同位素与射线装置放射防护的规定办理有关手续（《放射性污染防治法》第二十八条）。

《放射性污染防治法》第二十九条第一款还规定："生产、销售、使用放射性同位素和加速器、中子发生器以及含放射源的射线装置的单位，应当在申请领取许可证前编制环境影响评价文件，报省、自治区、直辖市人民政府环境保护行政主管部门审查批准；未经批准，有关部门不得颁发许可证"。

② 放射性同位素管理。国家建立放射性同位素备案制度。放射性同位素应当单独存放，不得与易燃、易爆、腐蚀性物品等一起存放，其贮存场所应当采取有效的防火、防盗、防射线泄漏的安全防护措施，并指定专人负责保管；储存、领取、使用、归还放射性同位素时，应当进行登记、检查，做到账物相符；生产、使用放射性同位素和射线装置的单位，应当按照国务院环境保护行政主管部门的规定对其产生的放射性废物进行收集、包装、储存（《放射性污染防治法》第二十九条第二款、第三十一条、第三十二条第二款）。

对违法生产、销售、使用、转让、进口、储存放射性同位素和射线装置以及装备有放射性同位素的仪表的，由县级以上人民政府环境保护行政主管部门或者其他有关部门依据职权责令停止违法行为，限期改正；逾期不改正的，责令停产停业或者吊销许可证；有违法所得的，没收违法所得；违法所得十万元以上的，并处违法所得一倍以上五倍以下罚款；没有违法所得或者违法所得不足十万元的，并处一万元以上十万元以下罚款；构成犯罪的，依法追究刑事责任（《放射性污染防治法》第五十三条）。

③ 放射源管理。生产放射源的单位，应当按照国务院环境保护行政主管部门的规定回收和利用废旧放射源；使用放射源的单位，应当按照国务院环境保护行政主管部门的规定将废旧放射源交回生产放射源的单位或者送交专门从事放射性固体废物贮存、处置的单位（《放射性污染防治法》第三十二第二款）。

生产、销售、使用、储存放射源的单位，应当建立健全安全保卫制度，指定专人负责，落实安全责任制，制定必要的事故应急措施。发生放射源丢失、被盗和放射性污染事故时，有关单位和个人必须立即采取应急措施，并向公安部门、卫生行政部门和环境保护行政主管部门报告（《放射性污染防治法》第三十三条）。

不按照规定报告放射源丢失、被盗情况或者放射性污染事故的，由县级以上人民政府环境保护行政主管部门或者其他有关部门依据职权责令限期改正；逾期不改正的，责令停产停业，并处二万元以上十万元以下罚款；构成犯罪的，依法追究刑事责任（《放射性污染防治法》第五十五条）。

放射源管理不力是目前在放射性污染事故频发的原因之一。许多建筑工地的探伤机由于管理混乱，年久失修，常常发生放射源丢失的情况，近年来已经出现多起由于放射源丢失造成公众受辐射伤害的事件。因此，加强放射源管理可以有效避免放射源丢失、泄漏对环境和社会公众造成的侵害。

4）放射性废物的管理措施。放射性废物，是指含有放射性核素或者被放射性核素污染，其浓度或者比活度大于国家确定的清洁解控水平，预期不再使用的废弃物。

对于放射性废物的管理，《放射性污染防治法》要求涉核单位应当合理选择和利用原材料，采用先进的生产工艺和设备，尽量减少放射性废物的产生量。向环境排放放射性废气、废液，必须符合国家放射性污染防治标准。对符合标准排放放射性废气、废液的，应向审批环境影响评价文件的环境保护行政主管部门申请放射性核素排放量，并定期报告排放计量结果。对符合标准的放射性废液按规定方式排放，对不得排放的放射性废液按要求处置或贮存。低、中水平放射性固体废物在符合国家规定的区域实行近地表处置，高水平放射性固体废物实行集中的深地质处置（《放射性污染防治法》第三十九条至第四十三条）。

违反上述规定的，由县级以上人民政府环境保护行政主管部门责令停止违法行为，限期改正，处以罚款；构成犯罪的，依法追究刑事责任（《放射性污染防治法》第五十四条）。

5）铀（钍）矿和伴生放射性矿开发利用放射性污染防治的规定。《放射性污染防治法》第三十六条至第三十八条规定，铀（钍）矿开发利用单位应当对铀（钍）矿的流出物和周围的环境实施监测，并定期向国务院环境保护行政主管部门和所在地省、自治区、直辖市人民政府环境保护行政主管部门报告监测结果。对铀（钍）矿和伴生放射性矿开发利用过程中产生的尾矿，应当建造尾矿库进行贮存、处置；建造的尾矿库应当符合放射性污染防治的要求。铀（钍）矿开发利用单位应当制定铀（钍）矿退役计划。铀矿退役费用由国家财政预算安排。

2. 防治危险化学品污染的法律规定

（1）防治危险化学品污染的立法概况

我国目前尚无对危险化学品的专门法律，但已经出台了一些有关防治化学品污染的行政法规和部门规章。这些法律、法规主要有：

1）行政法规：《监控化学品管理条例》（1995 年 12 月 27 日发布）；《危险化学品安全管理条例》（2002 年 3 月 15 日发布）。

2）部门规章：《防止含多氯联苯电力装置及其废物污染环境的规定》（原国家环境保护局、原能源部 1991 年 1 月 23 日联合发布）；《关于防治铬化物生产建设中环境污染的若干规定》（原国家环境保护局、原化工部 1992 年 5 月 5 日联合发布）；《化学品首次进口及有毒化学品进出口环境管理规定》（原国家环境保护局 1994 年 3 月 16 日发布）；《新化学物质环境管理办法》（原国家环境保护总局 2003 年 9 月 12 日发布）。

（2）防治危险化学品污染的主要法律规定

1）危险化学品生产、储存和使用法律制度：

① 危险化学品生产、储存审批制度。国家对危险化学品的生产和储存实行统一规划、合理布局和严格控制，并对危险化学品生产、储存实行审批制度；未经审批，任何单位和个人都不得生产、储存危险化学品（《危险化学品安全管理条例》第七条）。

② 危险化学品生产、储存企业的设立。危险化学品生产、储存企业必须满足《危险化

学品安全管理条例》第八条规定的条件。设立剧毒化学品生产、储存企业和其他危险化学品生产、储存企业应当向有关部门提出申请，经批准后才能办理登记注册手续（《危险化学品安全管理条例》第九条）。

③ 危险化学品重大危险源设立应与特定区域保持国家规定的距离（《危险化学品安全管理条例》第十条）。

④ 危险化学品的包装及储存。危险化学品的包装必须符合国家法律、法规、规章的规定和国家标准的要求；必须储存在专用仓库、专用场地或者专用储存室内，储存方式、方法与储存数量必须符合国家标准，并由专人管理（《危险化学品安全管理条例》第十四条、第二十二条）。

⑤ 危险化学品生产企业的生产许可制度。依法设立的危险化学品生产企业，必须向国务院质量监督检验检疫部门申请领取危险化学品生产许可证；未取得危险化学品生产许可证的，不得开工生产。国务院质量监督检验检疫部门应当将颁发危险化学品生产许可证的情况通报国务院经济贸易综合管理部门、环境保护部门和公安部门（《危险化学品安全管理条例》第二十七条、第二十九条）。

2）危险化学品的经营管理：

① 国家对危险化学品经营销售实行许可制度。未经许可，任何单位和个人都不得经营销售危险化学品（《危险化学品安全管理条例》第二十七条）。

② 经营危险化学品，不得从未取得危险化学品生产许可证或者危险化学品经营许可证的企业采购危险化学品；不得经营国家明令禁止的危险化学品和用剧毒化学品生产的灭鼠药以及其他可能进入人民日常生活的化学产品和日用化学品；不得销售没有化学品安全技术说明书和化学品安全标签的危险化学品（《危险化学品安全管理条例》第三十条）。

③ 危险化学品生产企业不得向未取得危险化学品经营许可证的单位或者个人销售危险化学品。剧毒化学品，凭证购买。剧毒化学品生产企业、经营企业不得向个人或者无购买凭证、准购证的单位销售剧毒化学品。剧毒化学品购买凭证、准购证不得伪造、变造、买卖、出借或者以其他方式转让，不得使用作废的剧毒化学品购买凭证、准购证（《危险化学品安全管理条例》第三十三条、第三十四条）。

3）危险化学品的运输。国家对危险化学品的运输实行资质认定制度。未经资质认定，不得运输危险化学品；危险化学品运输企业应当对其相应人员进行培训，并按规程运载（《危险化学品安全管理条例》第三十五条）。

4）危险化学品的登记。危险化学品生产、储存企业以及使用剧毒化学品和数量构成重大危险源的其他危险化学品的单位，应当向国务院经济贸易综合管理部门负责危险化学品登记的机构办理危险化学品登记（《危险化学品安全管理条例》第四十八条）。

5）危险化学品事故的应急救援。有关部门和危险品单位应该制定危险化学品事故应急救援预案。发生危险化学品事故，单位主要负责人应当按照本单位制定的应急救援预案，立即组织救援，并立即报告当地负责危险化学品安全监督管理综合工作的部门和公安、环境保护、质量监督检验检疫部门。地方人民政府负责组织、协调和实施危险化学品的事故救援工作（《危险化学品安全管理条例》第四十九条至第五十二条）。

3. 防治农药污染的法律规定

(1) 防治农药污染的立法概况

我国对农药的管理非常重视。虽然尚无防治农药污染的专门法律，但是大量行政法规和部门规章的出台对防治农药污染环境起到了积极作用。这些行政法规和部门规章主要有：

1) 行政法规：《农药管理条例》(国务院 1997 年 5 月 8 日发布，2001 年 11 月 29 日修订)。

2) 部门规章：《农药登记规定》(农业部、林业部、原化工部、卫生部、商业部、国务院环境保护领导小组 1982 年 4 月 12 日发布)；《农药登记规定实施细则》(原农牧渔业部 1982 年 9 月 1 日发布)；《农药毒性试验方法暂行规定》(原农牧渔业部 1982 年 9 月 1 日发布)；《农药安全使用规定》(1982 年 6 月 5 日原农牧渔业部、卫生部发布)。

3) 环境标准：《农药安全使用标准》(GB 4285—89)；《农药合理使用准则》(GB 8321.1—87)。

(2) 防治农药污染的主要法律规定

1) 农药登记制度。国家实行农药登记制度。生产和进口农药必须进行登记；国内首次生产的农药和首次进口的农药的登记，按照田间试验、临时登记、正式登记三个阶段进行登记(《农药管理条例》第六条)。

2) 农药的生产。国家实行农药生产许可制度。生产有国家标准或者行业标准的农药的，应当向国务院工业产品许可管理部门申请农药生产许可证；生产尚未制定国家标准、行业标准但已有企业标准的农药的，应当经省、自治区、直辖市工业产品许可管理部门审核同意后，报国务院工业产品许可管理部门批准，发给农药生产批准文件。农药产品包装必须贴有标签或者附具说明书(《农药管理条例》第十三条、第十四条、第十五条)。

3) 农药的经营。农药经营单位应当具备有关法律、行政法规规定的条件，并依法向工商行政管理机关申请领取营业执照后，方可经营农药。禁止收购、销售无农药登记证或者农药临时登记证、无农药生产许可证或者农药生产批准文件、无产品质量标准和产品质量合格证以及检验不合格的农药(《农药管理条例》第十八条、第十九条)。

4) 农药的安全使用。农药的安全使用一是应符合高效、安全、经济的原则；二是应按照安全使用标准用药；三是在配药、拌种、喷药过程中严格遵守农药使用注意事项，并在喷药结束时做好善后工作；四是要合理选择施药人员和做好施药人员的个人防护(《农药管理条例》第二十三条至第二十七条)。

本章小结

环境污染是环境问题的重要组成部分和表现形式，随着我国社会和经济的飞速发展，与之相伴的是环境污染事件频发。我国在污染防治方面的立法已相对完善，主要的法律有：《大气污染防治法》，该法主要对大气污染防治的基本制度以及对防治燃煤污染、机动车船排放污染和废气、粉尘和恶臭等作出了专门规定；《水污染防治法》，主要对水污染防治的基本制度、防止地表水污染和防止地下水污染的措施等问题进行了专门规定；《固体废物污染环境防治法》，主要对固体废物污染防治工作的监督管理、固体废物污染环境的防治措施以及危险废物污染环境的问题处理作了规定；《环境噪声污染防治法》，主要对工业噪声、建筑施工噪声、交通运输噪声以及社会生活噪声污染防治问题做了具体规定。此外，还有《海洋环境保护法》《放射性污染防治法》《危险化学品安全管理条例》《农药管理条例》《电磁辐射环境保护管理办法》等法律、法规。法律的实现有赖于环境监督管理部门执法的严格和排污者守法意识的增强以及广大社会公众环境保护意识的提高。

复习思考题

1. 《水污染防治法》和《固体废物污染环境防治法》对限期治理决定权的规定有哪些新突破？

2. 《水污染防治法》和《海洋环境保护法》对排污者的免责规定有何不同？

3. 分析污染物排放总量控制和浓度控制的优劣。

4. 借鉴《海洋环境保护法》中对环境责任保险和民事损害赔偿基金制度的规定，谈谈我国在环境污染损害赔偿立法方面应该做怎样的调整来保证受害者的权益。

5. 什么是“15 小”企业？谈谈这些企业对环境造成的污染损害的表现，并从环境法角度分析国家取缔“15 小”企业的理由。

6. 甲住在二楼，一楼是一家餐厅（乙）。该餐厅每天排放大量的油烟，致使甲家在炎热的夏天也无法开窗通风；其空调散热机，也由于长期被油烟熏无法正常使用。经当地环境保护局监测，该餐厅油烟排放未超过国家标准。在对甲乙双方纠纷调解无效的情况下，环境保护局作出餐厅赔偿甲 3 000 元经济损失的处理决定。餐厅不服，以环境保护局为被告向法院提起行政诉讼，要求撤销环境保护局的处理决定。问：环境保护部门在大气污染防治工作中的主要职责是什么？

7. 某市市级幼儿园与某水上娱乐城相邻。由于幼儿园不断向外排放浓烟，导致水上娱乐城的水面上总是有一层黑色漂浮物，后经市疾病预防控制部门检测，水上娱乐城的水质不符合卫生标准，被责令限期整改。娱乐城认为其被责令限期整改的主要责任在于幼儿园排放浓烟污染了娱乐城的水质。经市环境保护局现场检测，鉴定幼儿园两烟囱的排放严重超标，是娱乐城水质恶化的主要污染源，于是责令幼儿园限期治理，并罚款 15 000 元。问：

（1）水污染的危害有哪些？

（2）为了避免此类事件的再次发生，幼儿园应当执行《水污染防治法》规定的哪些相关的法律制度？

8. 甲在某河流进行水产养殖，但尚未办理养殖许可证。一天，上游的 A 厂由于超标排污导致甲鱼塘的鱼全部死亡。问：对于甲遭受的损失 A 厂有无赔偿责任？如果没有责任，原因何在？如果有责任，赔偿范围是什么？

9. 甲煤矿公司兴建的露天煤矿位于属于乙所有、被丙承包的养鸡场附近。养鸡场内饲养有 7 000 只雏鸡，并已先后进入产蛋期。露天煤矿正在进行土层剥离爆破施工，其震动和噪声惊扰了养鸡场的鸡群，鸡的产蛋率突然大幅度下降，并有部分鸡死亡，给丙造成经济损失约 3 万元。问：该案应如何处理？

10. 某市一化工公司将有毒化工废料送到固体废弃物交换中心处置，并交付处置费用。此后，固体废弃物交换中心主任甲通过不正当途径搞到一份针对该批有毒化工材料的“无毒化验单”，并将该批废料交给其朋友乙、丙处置。不料乙、丙将此废料倾倒在半山腰。倾倒完毕后恰逢天降暴雨，废料顺地势侵入下游村庄，导致村民鱼池、菜地、藕田和湖水遭受污染，直接经济损失达 200 万元。问：

（1）化工厂将化工废料交固体废弃物交换中心处置的行为违反了《固体废物污染环境防治法》的哪些规定？

（2）化工厂应承担何种法律责任？

11. 近年来，我国发生多起砷中毒事件，如 2008 年的湖南砷中毒事件和 2009 年的河南砷污染事件。砷中毒事件的发生主要是由于排污企业违反环境法的规定，不执行“三同时”制度，私设排污口，超标排污等行为所致。但不得不指出的是，对于损害后果的造成，除了有污染者的原因，政府有关部门也难辞其咎，疏于监管最终造成了重大污染事故的发生。问：

（1）重大环境事件的责任在企业还是在当地政府？负有责任者应当承担何种法律责任？

（2）环境污染民事责任有哪些特殊性？砷中毒事件的受害人按照法律规定能得到哪些赔偿？

实训八：阳宗海污染案

一、案情简介

阳宗海是云南九大高原湖泊之一，距昆明 36 km，地跨澄江、呈贡、宜良三县之间，因大理国时强宗部落居住而得名。阳宗海海拔 1 770 m，南北长约 12 km，面积为 31 km^2，总蓄水量 6.04 亿 m^3。阳宗海为高原断陷湖泊，湖岸平直，湖底凹凸不平，有岩洞暗礁，为淡水湖，属珠江流域南盘江水系。

2007 年 10 月，云南宜良县环境监测站监测到阳宗海水体砷浓度与此前相比出现异常波动、升高，至 2008 年 6 月砷浓度均值达 0.055 mg/L，超过国家Ⅲ类水限制（0.05 mg/L），于是将情况上报省环境保护局。后云南省环境监测中心、昆明市环境监测中心、玉溪市环境监测中心即对阳宗海实施加频、加密监测，至同年 7 月 16 日砷浓度达 0.102 mg/L，超过国家Ⅴ类水限制（0.1 mg/L）。饮用、水产品养殖等功能丧失，周边居民 2.6 万余人的饮用水源取水中断，直接经济损失达 900 余万元。

公安机关于 2008 年 9 月 13 日对此事件立案侦查，并委托鉴定机构组织有关专家，对本案的污染原因进行鉴定。鉴定人根据相关资料，并结合现场调查情况，证实阳宗海水体砷浓度增加不是自然地质因素造成，并排除了砷污染源来自阳宗海入湖河流。

经云南省环境保护局对阳宗海周边及入湖河道沿岸企业进行紧急检查，排查出 8 家企业有环境违法行为，并初步确定，阳宗海水体砷污染的主要来源是云南澄江锦业工贸有限公司，该公司违反国家规定，未经环境保护部门批准擅自建设渣场，对工业废水收集池、原料堆场未做防渗处理，使该公司生产过程中产生的砷通过地下水污染、堆场外溢水和地表水径流，进入该公司所在湖湾水域后向阳宗海全湖扩散，是造成阳宗海水体砷污染的主要来源。

2009 年 6 月 2 日，云南澄江县法院对该案做出一审判决。澄江县法院认为，鉴于云南澄江锦业公司为阳宗海的主要污染源，其违反了国家规定向土地、水体排放、倾倒有毒物质，造成重大环境污染事故，致使公私财产遭受特别重大损失，后果特别严重，故云南澄江锦业公司及三被告人应当承担阳宗海被污染的主要责任。最后判决认定被告单位云南澄江锦业工贸有限责任公司犯重大环境污染事故罪，判处罚金人民币 1 600 万元；被告人李大宏犯重大环境污染事故罪，判处有期徒刑 4 年，并处罚金人民币 30 万元；被告人李耀鸿、金大东犯重大环境污染事故罪，各判处有期徒刑 3 年，并处罚金人民币 15 万元。

二、实践活动

1. 活动内容

（1）根据《国家突发环境事件应急预案》的规定，判断阳宗海污染案的总体危害后果属于哪个级别的突发环境事件。

（2）分析被告云南澄江锦业公司存在哪些环境违法行为，按照《环境保护法》及《水污染防治法》的规定应分别承担何种法律责任（以下简称任务 A）。

（3）分析环境监督管理部门可能存在哪些渎职行为，应承担何种法律责任（以下简称任务 B）。

（4）被告云南澄江锦业公司只是造成阳宗海污染的主要污染源，分析其他污染源应如何对污染后果承担法律责任（以下简称任务 C）。

2. 活动方式

（1）将学生分为三个小组展开讨论。第 1 组同学负责任务 A，第 2 组同学负责任务 B，第 3 组同学负责任务 C。各组同学在承担各自主要任务的同时兼顾其他任务。

（2）集体作答阳宗海污染事件的级别。

（3）三组同学分别说明自己任务的解决方案，其他组别的同学可进行修订或者补充。

（4）教师总结：就三组同学的表现进行点评，帮助同学理清解题思路，掌握案件事实与法律责任之间的逻辑联系，从而得出正确的结论。

3. 活动目的

通过对实际案例展开的讨论，达到如下几个学习目的：

（1）掌握判断突发环境事件级别的标准。

（2）熟练掌握环境影响评价制度、“三同时”制度在企业水污染防治中的具体操作方式，掌握环境保护行政主管部门在水污染防治中的监督管理职责。

（3）通过回顾民法的共同侵权责任，界定本案中其他责任人的法律责任。

三、扩展活动

搜集各自家乡的水污染信息，调查污染造成的损害事实，分析造成损害事实的原因，借助“12369”环境保护热线电话举报、参与到水环境保护工作中来。

实训九：赤峰某厂大气污染案

一、案情简介

原告韩某自有果园一处，位于被告赤峰金锋铜业有限公司工厂东侧。1998 年 5 月至 6 月，被告的粗铜冶炼厂出现二氧化硫污染事故，经当地人民政府组织事故调查组进行调查后，划定了污染范围并进行了相应赔偿。同年 6 月，原告果园内林木也出现了异常现象，向被告索赔遭到拒绝。中国林科院生态研究所经鉴定认为林木受损系因二氧化硫超标排放污染所致。1998 年 11 月，经赤峰市环境监测中心站监测，被告工厂二氧化硫排放超标。

一审法院在审理期间，委托农业部果品及苗木质量监督检验测试中心对原告果园内林木受损害、死亡原因进行鉴定，结论为：原告果园内林木死亡原因并非二氧化硫污染所致，而是由于病虫害及立地条件差等因素造成的，果园内未见到二氧化硫污染的典型症状。依据该鉴定结论，一审法院判决驳回原告韩某的诉讼请求。韩某不服，提起上诉。

二审法院认为韩某提供的中国林科院对其果木受损原因的鉴定报告，系单方委托、单方送检，其鉴定程序违法不予采信；对于上诉人提出的原审法院所委托的鉴定单位农业部果品及苗木质量监督检验测试中心不具备鉴定资格，其鉴定结论不具备科学性、公正性及原审法院在审理本案时存在偏袒金锋铜业有限公司的情形，因无证据证实，故不予支持。二审法院最终判决驳回上诉，维持原判。

二、实践活动

1. 活动方式

模拟案件二审的审理过程，允许合理地更改审理结果。

2. 活动安排

（1）将学生分为四组，分别模拟法官、原告、被告和其他诉讼参加人。

（2）法官、原告、被告三方需要的材料以及程序安排根据案情提供的线索，由各组同学查找资料，补充完整。

（3）对各组同学中模拟的具体角色由同学自行协商。

（4）模拟审判结束，法院应出具判决书。

（5）教师对模拟审判进行总结。

3. 活动目的

通过对大气污染案件的模拟审判以期达到如下学习目的：

（1）掌握民事诉讼案件起诉、应诉、审理的程序。

（2）理解《大气污染防治法》对本案中企业违法行为承担法律责任的规定。

（3）理解环境污染案件民事诉讼中的举证规则。

三、扩展活动

环境污染民事诉讼采取举证责任倒置的规则，但并不是排除原告提出证据的责任。根据本案原告败诉的原因，谈谈对原告举证的理解。

实训十：环境噪声污染的防治

一、阅读材料

随着城市化进程的加快，许多建筑工地布满城市，建筑噪声侵害着百姓平静的生活，一些建筑工地就在居民小区附近，甚至一个工地上有不同单位在进行不同阶段的施工作业，获得夜晚的安宁成为不少居民的奢望。

城市汽车数量的激增带来的噪声污染也不容忽视。曾经有这样的报道：一私家车的防盗器在一居民小区响彻一夜，无奈的居民求助“110”，民警在查看了现场情况后，通报交警部门将车拖走，送至维修厂修理，小区才安静下来。

在征收排污费方面，企业也与环境保护行政主管部门进行着拉锯战。有些企业在农村建设，排放的环境噪声超过了国家规定的环境噪声厂界排放标准，但由于左右都是荒地，因而并未对其他单位和居民的生产和生活带来干扰，只有本厂的职工可能受有不同程度的噪声危害，环境保护部门在进行排污费征收时候遭遇企业的拒绝。

二、实践活动

1. 活动内容

（1）分析对噪声如何征收排污费。

（2）对不同施工单位在同一建筑工地进行的超过国家噪声标准的排污行为，如何计征超标排污费。

（3）分析阅读材料中环境保护部门征收排污费的行为是否正确，原因何在。

（4）对超标噪声的排污者，应采取哪些必要的执法措施。

（5）城市道路交通中的噪声应如何防治？

（6）在噪声污染防治中各执法部门的职责分别是什么？

2. 活动方式

（1）将学生分为三个小组展开讨论。

（2）三个小组的同学先分别派代表说出本组的解题思路或者解决方案。

（3）针对不同的解题思路或者解决方案，其他组的同学可以展开多轮“攻击”，在指出对方思路（或者方案）欠妥之处的同时指明己方观点正确性的原因。

（4）教师注意维持辩论、讨论纪律，纠正“攻击”过程中的人身攻击以及漫无边际的言论；讨论结束就三组同学的表现进行点评，帮助同学理清解题思路，在比较方案优劣的同时对学生大胆创新予以鼓励，提高他们学习和参与的积极性。

3. 活动目的

通过实际案例展开的讨论，达到如下学习目的：

（1）掌握环境噪声排污费的征收方法以及征收条件。

（2）理解不同环境保护监督管理部门在环境噪声污染防治工作中的职责，了解现实生活中存在责任推诿的根本原因。

（3）了解一定的噪声污染防治措施，增加学生环境维权意识。

三、扩展活动

除了建筑噪声和交通噪声，社会生活噪声也是近年来困扰百姓的一个头疼问题。以家庭装修为例，了解家庭装修噪声的产生源，查找与家庭装修有关的法律、法规，理解对家庭装修为代表的生活噪声污染防治措施。

实训十一：固体废物污染的防治

一、案情简介

1997 年以来，江苏省昆山市石浦镇多次发生养殖鱼死亡事件。尤其是 2000 年 6 月至 12 月期间，二十余户渔民的 3 000 亩养殖水面，经常发现不明原因的大量死鱼。昆山市环境保护局多次召开专门会议，对造成死鱼的成因深入排查。后来发现，自 1996 年以来，昆山市千灯镇景泽村三组村民汤某，在未向环境保护部门申领危险废物经营许可证的情况下，擅自从事收集、贮存、处置危险废物活动，并将从省外一家化工企业收集来的化工废料倒卖给石浦镇的金某等三名村民。金某等三人多次将委托处置的化工废料，向石浦镇的多处渔业水域倾倒，导致广大渔民养殖的成鱼频频死亡。调查取证显示，自 1997 年以来，汤某等人已先后非法向石浦镇转移碳酸氢钾、氯化钾、氟化钾、碳酸钾等化工废料 200 吨左右，仅 2001 年有记录可查的就达 28 吨左右。2001 年 5 月 30 日，汤某又一次以每吨 600 元“处置费”的价格，从省外一家化工企业接收了两车约 6 吨的化工废料，运至昆山市石浦镇花园村，再以每车 350 元的价格交给金某等三人处理。全部废料装在 35 只大铁桶和 9 只塑料桶内，陆续卸到一条水泥船上。当夜幕降临之际，金某等三人便实施了倾倒化工废料的行动。案件破获之后，江苏省环境监测中心对这批尚未倾倒完的化工废料取样监测，结果显示，化工废料浸出液中的铜超标 4.16 倍，浸出液的毒性级别为剧毒，根据案件破获情况，公安部门对本案定性为非法转移剧毒固体废物案。

二、实践活动

1. 活动内容

(1) 分析本案中排污者违反《固体废物污染环境防治法》的具体表现。

(2) 在查找资料的基础上理解什么是危险废物以及经营危险废物需满足的条件。

(3) 除了应承担相应的刑事责任外，分析本案中排污者如何承担民事责任。

(4) 讨论能否用高额罚款的形式代替刑事责任的承担。

2. 活动方式

(1) 将学生分为三个小组展开讨论。

(2) 交流查找到的相关资料，共同分析危险废物的内涵及其经营条件。

(3) 分组讨论民事责任的承担以及刑事责任的替代问题，各组同学可各抒己见，也可进行攻守辩论。

(4) 教师注意维持辩论、讨论纪律，讨论结束后就三组同学的表现进行点评，帮助同学理清解题思路，了解案情背后的法理问题，对有创意的观点给予肯定，激发学生的学习兴趣。

三、扩展活动

1. 活动内容

讨论生活垃圾分类处理问题。

2. 活动方式

以问卷调查方式，了解学生对生活垃圾分类处理问题的关注程度。

3. 问卷内容设置

（1）生活垃圾的种类。

（2）上述生活垃圾中哪些是可回收的，哪些是不可回收的？

（3）以一个香烟盒为例，指出一项生活垃圾可能存在的具体分类。

（4）生活垃圾的处置方式。

（5）上述处置方式存在哪些环境污染隐患？

第五章 资源保护法

本章学习目标

了解 各单项资源保护法的立法概况。
熟悉 各种自然资源的所有制形式。
掌握 各单项资源保护法的主要法律规定。

第一节 土地和矿产资源保护的法律规定

一、土地资源保护的法律规定

1. 土地资源保护的立法概况

(1) 法律

《物权法》(2007年3月16日第十届全国人民代表大会第五次会议通过，2007年3月16日中华人民共和国主席令第六十二号公布，自2007年10月1日起施行)；《土地管理法》(1986年6月25日第六届全国人民代表大会常务委员会第十六次会议通过，根据1988年12月29日第七届全国人民代表大会常务委员会第五次会议《关于修改〈中华人民共和国土地管理法〉的决定》第一次修正，1998年8月29日第九届全国人民代表大会常务委员会第四次会议修订，根据2004年8月28日第十届全国人民代表大会常务委员会第十一次会议《关于修改〈中华人民共和国土地管理法〉的决定》第二次修正)；《农村土地承包法》(2002年8月29日第九届全国人民代表大会常务委员会第二十九次会议通过，2002年8月29日中华人民共和国主席令第七十三号公布，自2003年3月1日起施行)；《城市房地产管理法》(1994年7月5日第八届全国人民代表大会常务委员会第八次会议通过，根据2007年8月30日第十届全国人民代表大会常务委员会第二十九次会议《关于修改〈中华人民共和国城市房地产管理法〉的决定》修正)；《农业法》(1993年7月2日第八届全国人民代表大会常务委员会第二次会议通过，2002年12月28日第九届全国人民代表大会常务委员会第三十一次会议修订，2002 年 12 月 28 日中华人民共和国主席令第八十一号公布，自 2003 年 3 月 1 日起施行）。

（2）行政法规

《土地管理法实施条例》（1998 年 12 月 27 日发布，自 1999 年 1 月 1 日起施行）；《基本农田保护条例》（1998 年 12 月 27 日发布，自 1999 年 1 月 1 日起施行）；《土地复垦规定》（1988 年 11 月 8 日发布，自 1989 年 1 月 1 日起施行）；《耕地占用税暂行条例》（2007 年 12 月 1 日公布，自 2008 年 1 月 1 日起施行）；《城镇国有土地使用权出让和转让暂行条例》（1990 年 5 月 19 日发布，自发布之日起施行）；《城镇土地使用税暂行条例》（1988 年 9 月 27 日发布，根据 2006 年 12 月 31 日《国务院关于修改〈中华人民共和国城镇土地使用税暂行条例〉的决定》修订，自 2007 年 1 月 1 日起施行）；《土地增值税暂行条例》（1993 年 12 月 13 日发布，自 1994 年 1 月 1 日起执行）；《退耕还林条例》（2002 年 12 月 14 日公布，自 2003 年 1 月 20 日起施行）。

2. 土地资源保护的主要法律规定

（1）土地所有权

我国实行土地的社会主义公有制，即全民所有制和劳动群众集体所有制（《土地管理法》第二条）。

1）全民所有制。全民所有，即国家所有土地的所有权由国务院代表国家行使（《土地管理法》第二条）。属于全民所有即国家所有的土地有：①城市市区的土地；②农村和城市郊区中已经依法没收、征收、征购为国有的土地；③国家依法征用的土地；④依法不属于集体所有的林地、草地、荒地、滩涂及其他土地；⑤农村集体经济组织全部成员转为城镇居民的，原属于其成员集体所有的土地；⑥因国家组织移民、自然灾害等原因，农民成建制地集体迁移后不再使用的原属于迁移农民集体所有的土地（《土地管理法实施条例》以下简称《条例》第二条）。

2）集体所有制。农村和城市郊区的土地，除由法律规定属于国家所有的以外，属于农民集体所有；宅基地和自留地、自留山，属于农民集体所有（第八条）。下列事项应当依照法定程序经本集体成员决定：①土地承包方案以及将土地发包给本集体以外的单位或者个人承包；②个别土地承包经营权人之间承包地的调整；③土地补偿费等费用的使用、分配办法；④法律规定的其他事项（《物权法》第五十九条）。对于集体所有的土地，依照下列规定行使所有权：①属于村农民集体所有的，由村集体经济组织或者村民委员会代表集体行使所有权；②分别属于村内两个以上农民集体所有的，由村内各该集体经济组织或者村民小组代表集体行使所有权；③属于乡镇农民集体所有的，由乡镇集体经济组织代表集体行使所有权（《物权法》第六十条）。

任何单位和个人不得侵占、买卖或者以其他形式非法转让土地。土地使用权可以依法转让（《土地管理法》第二条）。买卖或者以其他形式非法转让土地的，由县级以上人民政府土地行政主管部门没收违法所得；对直接负责的主管人员和其他直接责任人员，依法给予行政处分；构成犯罪的，依法追究刑事责任（《土地管理法》第七十三条）。

（2）土地征收

为了公共利益的需要，依照法律规定的权限和程序可以征收集体所有的土地和单位、个人的房屋及其他不动产。征收集体所有的土地，应当依法足额支付土地补偿费、安置补助费、地上附着物和青苗的补偿费等费用，安排被征地农民的社会保障费用，保障被征地农民的生活，维护被征地农民的合法权益（《物权法》第四十二条）。

1）征收土地的审批权限。根据《土地管理法》第四十五条规定，征收土地的审批权限见表5—1。

表5—1　　征收土地的审批权限

土地的类型	审批机关	备注
基本农田； 基本农田以外的耕地超过三十五公顷的； 其他土地超过七十公顷的	国务院	
其他土地	省、自治区、直辖市人民政府	报国务院备案

2）征收土地的补偿。国家征收土地的，依照法定程序批准后，由县级以上地方人民政府予以公告并组织实施。被征收土地的所有权人、使用权人应当在公告规定期限内，持土地权属证书到当地人民政府土地行政主管部门办理征地补偿登记（《土地管理法》第四十六条）。

根据《土地管理法》第四十七条规定，征收土地的，按照被征收土地的原用途给予补偿，补偿标准见表5—2）。

表5—2　　征收土地的补偿标准

征收耕地的补偿费用的组成	补偿标准
土地补偿费	为该耕地被征收前三年平均年产值的六至十倍
安置补助费	每一个需要安置的农业人口的安置补助费标准，为该耕地被征收前三年平均年产值的四至六倍。但是，每公顷被征收耕地的安置补助费，最高不得超过被征收前三年平均年产值的十五倍
地上附着物和青苗的补偿费	补偿标准，由省、自治区、直辖市规定

另外，依照规定支付土地补偿费和安置补助费，尚不能使需要安置的农民保持原有生活水平的，经省、自治区、直辖市人民政府批准，可以增加安置补助费。但是，土地补偿费和安置补助费的总和不得超过土地被征收前三年平均年产值的三十倍；征收城市郊区的菜地，用地单位应当按照国家有关规定缴纳新菜地开发建设基金（《土地管理法》第四十七条）。

土地补偿费归农村集体经济组织所有；地上附着物及青苗补偿费归地上附着物及青苗的所有者所有。需要安置的人员由农村集体经济组织安置的，安置补助费支付给农村集体经济组织，由农村集体经济组织管理和使用；由其他单位安置的，安置补助费支付给安置单位；不需要统一安置的，安置补助费发放给被安置人员个人或者征得被安置人员同意后用于支付被安置人员的保险费用（《条例》第二十六条）。

任何单位和个人不得贪污、挪用、私分、截留、拖欠征收补偿费等费用（《物权法》第四十二条）。侵占、挪用被征收土地单位的征地补偿费用和其他有关费用，构成犯罪的，依法追究刑事责任；尚不构成犯罪的，依法给予行政处分（《土地管理法》第七十九条）。

3）征地信息公开。征地补偿安置方案确定后，有关地方人民政府应当公告，并听取被征地的农村集体经济组织和农民的意见（《土地管理法》第四十八条）。被征地的农村集体经济组织应当将征收土地的补偿费用的收支状况向本集体经济组织的成员公布，接受监督（《土地管理法》第四十九条）。

征用土地方案经依法批准后，由被征用土地所在地的市、县人民政府组织实施，并将批准征地机关、批准文号、征用土地的用途、范围、面积以及征地补偿标准、农业人员安置办法和办理征地补偿的期限等，在被征用土地所在地的乡（镇）、村予以公告（《条例》第二十五条）。

市、县人民政府土地行政主管部门根据经批准的征用土地方案，会同有关部门拟订征地补偿、安置方案，在被征用土地所在地的乡（镇）、村予以公告，听取被征用土地的农村集体经济组织和农民的意见。征地补偿、安置方案报市、县人民政府批准后，由市、县人民政府土地行政主管部门组织实施。对补偿标准有争议的，由县级以上地方人民政府协调；协调不成的，由批准征用土地的人民政府裁决。征地补偿、安置争议不影响征用土地方案的实施（《条例》第二十五条）。

征用土地的各项费用应当自征地补偿、安置方案批准之日起3个月内全额支付（《条例》第二十五条）。

（3）与土地相关的用益物权

1）土地承包经营权。①家庭承包经营为基础，统分结合双层经营体制。农村集体经济组织实行家庭承包经营为基础、统分结合的双层经营体制。农民集体所有和国家所有由农民集体使用的耕地、林地、草地以及其他用于农业的土地，依法实行土地承包经营制度（《物权法》第一百二十四条）。土地承包经营权人依法对其承包经营的耕地、林地、草地等享有占有、使用和收益的权利，有权从事种植业、林业、畜牧业等农业生产（《物权法》第一百二十五条）。

②耕地的承包期为三十年；草地的承包期为三十年至五十年；林地的承包期为三十年至七十年；特殊林木的林地承包期，经国务院林业行政主管部门批准可以延长。上述规定的承包期届满，由土地承包经营权人按照国家有关规定继续承包（《物权法》第一百二十六条）。

③土地承包经营权的设立。土地承包经营权自土地承包经营权合同生效时设立。县级以上地方人民政府应当向土地承包经营权人发放土地承包经营权证、林权证、草原使用权证，并登记造册，确认土地承包经营权（《物权法》第一百二十七条）。颁发土地承包经营权证或者林权证等证书，除按规定收取证书工本费外，不得收取其他费用（《农村土地承包法》第二十三条）。

④土地承包经营权的流转。通过家庭承包取得的土地承包经营权，土地承包经营权人有权将土地承包经营权采取转包、出租、互换、转让等方式流转（《农村土地承包法》第三十二条）。流转的期限不得超过承包期的剩余期限。未经依法批准，不得将承包地用于非农建设（《物权法》第一百二十八条）。土地承包经营权流转的主体是承包方。承包方有权依法自主决定土地承包经营权是否流转和流转的方式（《农村土地承包法》第三十四条）。承包期内，发包方不得单方面解除承包合同，不得假借少数服从多数强迫承包方放弃或者变更土地

承包经营权，不得以划分“口粮田”和“责任田”等为由收回承包地搞招标承包，不得将承包地收回抵顶欠款（《农村土地承包法》第三十五条）。土地承包经营权流转的转包费、租金、转让费等，应当由当事人双方协商确定。流转的收益归承包方所有，任何组织和个人不得擅自截留、扣缴（《农村土地承包法》第三十六条）。土地承包经营权人将土地承包经营权互换、转让，当事人要求登记的，应当向县级以上地方人民政府申请土地承包经营权变更登记；未经登记，不得对抗善意第三人（《农村土地承包法》第三十八条）。

⑤土地承包经营权的调整。承包期内发包人不得调整承包地（《物权法》第一百三十条）。承包期内，因自然灾害严重毁损承包地等特殊情形对个别农户之间承包的耕地和草地需要适当调整的，必须经本集体经济组织成员的村民会议三分之二以上成员或者三分之二以上村民代表的同意，并报乡（镇）人民政府和县级人民政府农业等行政主管部门批准。承包合同中约定不得调整的，按照其约定（《农村土地承包法》第二十七条）。

2）建设用地使用权。任何单位和个人进行建设，需要使用土地的，必须依法申请使用国有土地。但是，兴办乡镇企业和村民建设住宅经依法批准使用本集体经济组织农民集体所有的土地的，或者乡（镇）村公共设施和公益事业建设经依法批准使用农民集体所有的土地的除外（《土地管理法》第四十三条）。建设用地使用权可以在土地的地表、地上或者地下分别设立。新设立的建设用地使用权，不得损害已设立的用益物权（《物权法》第一百三十六条）。

①建设用地使用权的设立。设立建设用地使用权，可以采取出让或者划拨等方式（《物权法》第一百三十七条）。

第一，出让设立。工业、商业、旅游、娱乐和商品住宅等经营性用地以及同一土地有两个以上意向用地者的，应当采取招标、拍卖等公开竞价的方式出让（《物权法》第一百三十七条）。采取招标、拍卖、协议等出让方式设立建设用地使用权的，当事人应当采取书面形式订立建设用地使用权出让合同。建设用地使用权出让合同一般包括下列条款：当事人的名称和住所；土地界址、面积等；建筑物、构筑物及其附属设施占用的空间；土地用途；使用期限；出让金等费用及其支付方式；解决争议的方法（《物权法》第一百三十八条）。

第二，划拨设立。严格限制以划拨方式设立建设用地使用权。采取划拨方式的，应当遵守法律、行政法规关于土地用途的规定（《物权法》第一百三十七条）。下列建设用地，经县级以上人民政府依法批准，可以以划拨方式取得：国家机关用地和军事用地；城市基础设施用地和公益事业用地；国家重点扶持的能源、交通、水利等基础设施用地；法律、行政法规规定的其他用地（《土地管理法》第五十四条）。

②建设用地使用权的内容：第一，建设用地使用权人的权利。建设用地使用权人依法对国家所有的土地享有占有、使用和收益的权利，有权利用该土地建造建筑物、构筑物及其附属设施（《物权法》第一百三十五条）。建设用地使用权人有权将建设用地使用权转让、互换、出资、赠与或者抵押，但法律另有规定的除外（《物权法》第一百四十三条）。建设用地使用权转让、互换、出资、赠与或者抵押的，当事人应当采取书面形式订立相应的合同。使用期限由当事人约定，但不得超过建设用地使用权的剩余期限（《物权法》第一百四十四条）。建设用地使用权转让、互换、出资或者赠与的，应当向登记机构申请变更登记（《物权法》第一百四十五条）。

第二，建设用地使用权人的义务。建设用地使用权人应当依照法律规定以及合同约定支付出让金等费用（《物权法》第一百四十一条）。建设用地使用权人应当合理利用土地，不得改变土地用途；需要改变土地用途的，应当依法经有关行政主管部门批准（《物权法》第一百四十条）。

③建设用地使用权的消灭。住宅建设用地使用权期间届满的，自动续期（《物权法》第一百四十九条），不存在期限届满而消灭的问题。当然，业主不同意续期或者自动放弃该权利的，则权利消灭。非住宅建设用地使用权期间届满后的续期，依照法律规定办理。该土地上的房屋及其他不动产的归属，有约定的，按照约定；没有约定或者约定不明确的，依照法律、行政法规的规定办理（《物权法》第一百四十九条）。

有下列情形之一的，由有关人民政府土地行政主管部门报经原批准用地的人民政府或者有批准权的人民政府批准，可以收回国有土地使用权：为公共利益需要使用土地的；为实施城市规划进行旧城区改建，需要调整使用土地的；土地出让等有偿使用合同约定的使用期限届满，土地使用者未申请续期或者申请续期未获批准的；因单位撤销、迁移等原因，停止使用原划拨的国有土地的；公路、铁路、机场、矿场等经核准报废的。依照上述规定收回国有土地使用权的，对土地使用权人应当给予适当补偿（《土地管理法》第五十八条）。建设用地使用权期间届满前，因公共利益需要提前收回该土地的，应当依照《物权法》第四十二条的规定对该土地上的房屋及其他不动产给予补偿，并退还相应的出让金（《物权法》第一百四十八条）。

建设用地使用权消灭的，出让人应当及时办理注销登记。登记机构应当收回建设用地使用权证书（《物权法》第一百五十条）。

3）宅基地使用权。宅基地使用权人依法对集体所有的土地享有占有和使用的权利，有权依法利用该土地建造住宅及其附属设施（《物权法》第一百五十二条）。

宅基地使用权的取得、行使和转让，适用《土地管理法》等法律和国家有关规定。农村村民一户只能拥有一处宅基地，其宅基地的面积不得超过省、自治区、直辖市规定的标准。农村村民建住宅，应当符合乡（镇）土地利用总体规划，并尽量使用原有的宅基地和村内空闲地。农村村民住宅用地，经乡（镇）人民政府审核，由县级人民政府批准；其中，涉及占用农用地的，依照法律的规定办理审批手续。农村村民出卖、出租住房后，再申请宅基地的，不予批准（《土地管理法》第六十二条）。宅基地因自然灾害等原因灭失的，宅基地使用权消灭。对失去宅基地的村民，应当重新分配宅基地（《物权法》第一百五十四条）。已经登记的宅基地使用权转让或者消灭的，应当及时办理变更登记或者注销登记（《物权法》第一百五十五条）。

4）地役权。地役权人有权按照合同约定，利用他人的不动产，以提高自己的不动产的效益。上述所称他人的不动产为供役地，自己的不动产为需役地（《物权法》第一百五十六条）。

①地役权的取得。设立地役权，当事人应当采取书面形式订立地役权合同。地役权合同一般包括下列条款：当事人的姓名或者名称和住所；供役地和需役地的位置；利用目的和方法；利用期限；费用及其支付方式；解决争议的方法（《物权法》第一百五十七条）。地役权自地役权合同生效时设立。当事人要求登记的，可以向登记机构申请地役权登记；未经登

记，不得对抗善意第三人（《物权法》第一百五十八条）。

土地所有权人享有地役权或者负担地役权的，设立土地承包经营权、宅基地使用权时，该土地承包经营权人、宅基地使用权人继续享有或者负担已设立的地役权（《物权法》第一百六十二条）。土地上已设立土地承包经营权、建设用地使用权、宅基地使用权等权利的，未经用益物权人同意，土地所有权人不得设立地役权（《物权法》第一百六十三条）。需役地以及需役地上的土地承包经营权、建设用地使用权部分转让时，转让部分涉及地役权的，受让人同时享有地役权（《物权法》第一百六十六条）。供役地以及供役地上的土地承包经营权、建设用地使用权部分转让时，转让部分涉及地役权的，地役权对受让人具有约束力（《物权法》第一百六十七条）。

②地役权的内容。供役地权利人应当按照合同约定，允许地役权人利用其土地，不得妨害地役权人行使权利（《物权法》第一百五十九条）。地役权人应当按照合同约定的利用目的和方法利用供役地，尽量减少对供役地权利人物权的限制（《物权法》第一百六十条）。地役权不得单独转让。土地承包经营权、建设用地使用权等转让的，地役权一并转让，但合同另有约定的除外（《物权法》第一百六十四条）。地役权不得单独抵押。土地承包经营权、建设用地使用权等抵押的，在实现抵押权时，地役权一并转让（《物权法》第一百六十五条）。

③地役权的消灭。地役权的期限由当事人约定，但不得超过土地承包经营权、建设用地使用权等用益物权的剩余期限（《物权法》第一百六十一条）。地役权期限届满，而地役权人又不续期时，该地役权归于消灭。地役权人有下列情形之一的，供役地权利人有权解除地役权合同，地役权消灭：违反法律规定或者合同约定，滥用地役权；有偿利用供役地，约定的付款期间届满后在合理期限内经两次催告未支付费用（《物权法》第一百六十八条）。已经登记的地役权变更、转让或者消灭的，应当及时办理变更登记或者注销登记（《物权法》第一百六十九条）。

(4) 耕地保护的法律规定

国家保护耕地，严格控制耕地转为非耕地。国家实行占用耕地补偿制度。非农业建设经批准占用耕地的，按照“占多少，垦多少”的原则，由占用耕地的单位负责开垦与所占用耕地的数量和质量相当的耕地；没有条件开垦或者开垦的耕地不符合要求的，应当按照省、自治区、直辖市的规定缴纳耕地开垦费，专款用于开垦新的耕地。省、自治区、直辖市人民政府应当制订开垦耕地计划，监督占用耕地的单位按照计划开垦耕地或者按照计划组织开垦耕地，并进行验收（《土地管理法》第三十一条）。县级以上地方人民政府可以要求占用耕地的单位将所占用耕地耕作层的土壤用于新开垦耕地、劣质地或者其他耕地的土壤改良（《土地管理法》第三十二条）。

1）确保耕地总量不减少。省、自治区、直辖市人民政府应当严格执行土地利用总体规划和土地利用年度计划，采取措施，确保本行政区域内耕地总量不减少；耕地总量减少的，由国务院责令在规定期限内组织开垦与所减少耕地的数量与质量相当的耕地，并由国务院土地行政主管部门会同农业行政主管部门验收。个别省、直辖市确因土地后备资源匮乏，新增建设用地后，新开垦耕地的数量不足以补偿所占用耕地的数量的，必须报经国务院批准减免本行政区域内开垦耕地的数量，进行易地开垦（《土地管理法》第三十三条）。

2）国家实行基本农田保护制度。下列耕地应当根据土地利用总体规划划入基本农田保护区，严格管理：经国务院有关主管部门或者县级以上地方人民政府批准确定的粮、棉、油生产基地内的耕地；有良好的水利与水土保持设施的耕地，正在实施改造计划以及可以改造的中、低产田；蔬菜生产基地；农业科研、教学试验田；国务院规定应当划入基本农田保护区的其他耕地。各省、自治区、直辖市划定的基本农田应当占本行政区域内耕地的百分之八十以上。基本农田保护区以乡（镇）为单位进行划区定界，由县级人民政府土地行政主管部门会同同级农业行政主管部门组织实施（《土地管理法》第三十四条）。

3）非农业建设必须节约使用土地。非农业建设可以利用荒地的，不得占用耕地；可以利用劣地的，不得占用好地。禁止占用耕地建窑、建坟或者擅自在耕地上建房、挖砂、采石、采矿、取土等。禁止占用基本农田发展林果业和挖塘养鱼（《土地管理法》第三十六条）。违反规定，占用耕地建窑、建坟或者擅自在耕地上建房、挖砂、采石、采矿、取土等，破坏种植条件的，由县级以上人民政府土地行政主管部门责令限期改正或者治理，可以并处耕地开垦费的2倍以下的罚款；构成犯罪的，依法追究刑事责任。占用基本农田建窑、建房、建坟、挖砂、采石、采矿、取土、堆放固体废弃物或者从事其他活动破坏基本农田，毁坏种植条件的，由县级以上人民政府土地行政主管部门责令改正或者治理，恢复原种植条件，处占用基本农田的耕地开垦费1倍以上2倍以下的罚款；构成犯罪的，依法追究刑事责任（《土地管理法》第七十四条、《条例》第四十条、《基本农田保护条例》第三十三条）。

4）严禁抛荒。禁止任何单位和个人闲置、荒芜耕地。已经办理审批手续的非农业建设占用耕地，一年内不用而又可以耕种并收获的，应当由原耕种该幅耕地的集体或者个人恢复耕种，也可以由用地单位组织耕种；一年以上未动工建设的，应当按照省、自治区、直辖市的规定缴纳闲置费；连续二年未使用的，经原批准机关批准，由县级以上人民政府无偿收回用地单位的土地使用权；该幅土地原为农民集体所有的，应当交由原农村集体经济组织恢复耕种（《土地管理法》第三十七条）。

5）鼓励开发未利用地。国家鼓励单位和个人按照土地利用总体规划，在保护和改善生态环境、防止水土流失和土地荒漠化的前提下，开发未利用的土地；适宜开发为农用地的，应当优先开发成农用地。国家依法保护开发者的合法权益（《土地管理法》第三十八条）。开垦未利用的土地，必须经过科学论证和评估，在土地利用总体规划划定的可开垦的区域内，经依法批准后进行。禁止毁坏森林、草原开垦耕地，禁止围湖造田和侵占江河滩地。根据土地利用总体规划，对破坏生态环境开垦、围垦的土地，有计划有步骤地退耕还林、还牧、还湖（《土地管理法》第三十九条）。违反规定，因开发土地造成土地荒漠化、盐渍化的，由县级以上人民政府土地行政主管部门责令限期改正或者治理，可以并处罚款；构成犯罪的，依法追究刑事责任（《土地管理法》第七十四条）。

开发未确定使用权的国有荒山、荒地、荒滩从事种植业、林业、畜牧业、渔业生产的，经县级以上人民政府依法批准，可以确定给开发单位或者个人长期使用（《土地管理法》第四十条）。

6）破坏土地者负责复垦。因挖损、塌陷、压占等造成土地破坏，用地单位和个人应当按照国家有关规定负责复垦；没有条件复垦或者复垦不符合要求的，应当缴纳土地复垦费，专项用于土地复垦。复垦的土地应当优先用于农业（《土地管理法》第四十二条）。违反规定，拒不履行土地复垦义务的，由县级以上人民政府土地行政主管部门责令限期改正；逾期不改正的，责令缴纳复垦费，专项用于土地复垦，可以处以罚款（《土地管理法》第七十五条）。

二、矿产资源保护的法律规定

1. 矿产资源保护的立法概况

（1）*法律*

《中华人民共和国矿产资源法》（1986 年 3 月 19 日第六届全国人民代表大会常务委员会第十五次会议通过，根据 1996 年 8 月 29 日第八届全国人民代表大会常务委员会第二十一次会议《关于修改〈中华人民共和国矿产资源法〉的决定》修正）；《中华人民共和国煤炭法》（1996 年 8 月 29 日第八届全国人民代表大会常务委员会第二十一次会议通过，1996 年 8 月 29 日中华人民共和国主席令第七十五号公布，自 1996 年 12 月 1 日起施行）。

（2）*行政法规*

《中华人民共和国矿产资源法实施细则》（1994 年 3 月 26 日发布，自发布之日起施行）；《矿产资源勘查区块登记管理办法》（1998 年 2 月 12 日发布，自发布之日起施行）；《矿产资源开采登记管理办法》（1998 年 2 月 12 日发布，自发布之日起施行）；《探矿权采矿权转让管理办法》（1998 年 2 月 12 日发布，自发布之日起施行）。

2. 矿产资源保护的主要法律规定

（1）*矿产资源所有权*

矿产资源属于国家所有，由国务院行使国家对矿产资源的所有权。地表或者地下的矿产资源的国家所有权，不因其所依附的土地的所有权或者使用权的不同而改变（《矿产资源法》第三条）。国务院授权国务院地质矿产主管部门对全国矿产资源分配实施统一管理（《矿产资源法实施细则》以下简称《细则》第三条）。

（2）*矿业权*

1）探矿权。探矿权是指在依法取得的勘查许可证规定的范围内，勘查矿产资源的权利。取得勘查许可证的单位或者个人称为探矿权人（《细则》第六条）。

①探矿权人享有的权利：按照勘查许可证规定的区域、期限、工作对象进行勘查；在勘查作业区及相邻区域架设供电、供水、通信管线，但是不得影响或者损害原有的供电、供水设施和通信管线；在勘查作业区及相邻区域通行；根据工程需要临时使用土地；优先取得勘查作业区内新发现矿种的探矿权；优先取得勘查作业区内矿产资源的采矿权；自行销售勘查中按照批准的工程设计施工回收的矿产品，但是国务院规定由指定单位统一收购的矿产品除外（《细则》第十六条）。

探矿权人行使上述所列权利时，有关法律、法规规定应当经过批准或者履行其他手续的，应当遵守有关法律、法规的规定（《细则》第十六条）。

②探矿权人应当履行的义务：在规定的期限内开始施工，并在勘查许可证规定的期限内完成勘查工作；向勘查登记管理机关报告开工等情况；按照探矿工程设计施工，不得擅自进行采矿活动；在查明主要矿种的同时，对共生、伴生矿产资源进行综合勘查、综合评价；编写矿产资源勘查报告，提交有关部门审批；按照国务院有关规定汇交矿产资源勘查成

果档案资料；遵守有关法律、法规关于劳动安全、土地复垦和环境保护的规定；勘查作业完毕，及时封、填探矿作业遗留的井、硐或者采取其他措施，消除安全隐患（《细则》第十七条）。

2）采矿权。采矿权，是指在依法取得的采矿许可证规定的范围内，开采矿产资源和获得所开采的矿产品的权利。取得采矿许可证的单位或者个人称为采矿权人（《细则》第六条）。

①采矿权人享有的权利：按照采矿许可证规定的开采范围和期限从事开采活动；自行销售矿产品，但是国务院规定由指定的单位统一收购的矿产品除外；在矿区范围内建设采矿所需的生产和生活设施；根据生产建设的需要依法取得土地使用权；法律、法规规定的其他权利（《细则》第三十条）。

采矿权人行使上述所列权利时，法律、法规规定应当经过批准或者履行其他手续的，依照有关法律、法规的规定办理（《细则》第三十条）。

②采矿权人应当履行的义务：在批准的期限内进行矿山建设或者开采；有效保护、合理开采、综合利用矿产资源；依法缴纳资源税和矿产资源补偿费；遵守国家有关劳动安全、水土保持、土地复垦和环境保护的法律、法规；接受地质矿产主管部门和有关主管部门的监督管理，按照规定填报矿产储量表和矿产资源开发利用情况统计报告（《细则》第三十一条）。

3）矿业权转让

①矿业权限制转让。禁止将探矿权、采矿权倒卖牟利。除按下列规定可以转让外，探矿权、采矿权不得转让：探矿权人有权在划定的勘查作业区内进行规定的勘查作业，有权优先取得勘查作业区内矿产资源的采矿权。探矿权人在完成规定的最低勘查投入后，经依法批准，可以将探矿权转让他人。

已取得采矿权的矿山企业，因企业合并、分立，与他人合资、合作经营，或者因企业资产出售以及有其他变更企业资产产权的情形而需要变更采矿权主体的，经依法批准可以将采矿权转让他人采矿（《矿产资源法》第六条）。

②矿业权转让的条件。转让探矿权，应当具备下列条件：自颁发勘查许可证之日起满2年，或者在勘查作业区内发现可供进一步勘查或者开采的矿产资源；完成规定的最低勘查投入；探矿权属无争议；按照国家有关规定已经缴纳探矿权使用费、探矿权价款；国务院地质矿产主管部门规定的其他条件（《探矿权采矿权转让管理办法》第五条）。

转让采矿权，应当具备下列条件：矿山企业投入采矿生产满1年；采矿权属无争议；按照国家有关规定已经缴纳采矿权使用费、采矿权价款、矿产资源补偿费和资源税；国务院地质矿产主管部门规定的其他条件。国有矿山企业在申请转让采矿权前，应当征得矿山企业主管部门的同意（《探矿权采矿权转让管理办法》第六条）。

探矿权、采矿权转让后，探矿权人、采矿权人的权利、义务随之转移（《探矿权采矿权转让管理办法》第十二条）。

（3）开采审批

1）审批权限。《矿产资源法》第十六条规定了开采矿产资源的审批权限，见表5—3。

表 5—3 开采矿产资源的审批权限

开采的矿产资源的类型	审批并颁发采矿许可证的机关
国家规划矿区和对国民经济具有重要价值的矿区内的矿产资源； 前项规定区域以外可供开采的矿产储量规模在大型以上的矿产资源； 国家规定实行保护性开采的特定矿种； 领海及中国管辖的其他海域的矿产资源； 国务院规定的其他矿产资源	国务院地质矿产主管部门
石油、天然气、放射性矿产等特定矿种	国务院地质矿产主管部门，也可以是国务院授权的有关主管部门
其他的矿产资源，其可供开采的矿产的储量规模为中型	省、自治区、直辖市人民政府地质矿产主管部门

2）计划开采和限制开采区域。国家对国家规划矿区、对国民经济具有重要价值的矿区和国家规定实行保护性开采的特定矿种，实行有计划的开采；未经国务院有关主管部门批准，任何单位和个人不得开采（《矿产资源法》第十七条）。

根据《矿产资源法》第二十条规定，非经国务院授权的有关主管部门同意，不得在下列地区开采矿产资源：港口、机场、国防工程设施圈定地区以内；重要工业区、大型水利工程设施、城镇市政工程设施附近一定距离以内；铁路、重要公路两侧一定距离以内；重要河流、堤坝两侧一定距离以内；国家规定的自然保护区、重要风景区，国家重点保护的不能移动的历史文物和名胜古迹所在地；国家规定不得开采矿产资源的其他地区。

(4) 关于集体矿山企业和个体采矿的特别规定

《细则》第三十八条、第三十九条规定了集体矿山企业和个体采矿的开采范围，见表5—4。

表 5—4 集体矿山企业和个体采矿的开采范围

开采主体	开采范围
集体矿山企业（私营矿山企业开采矿产资源的范围参照执行）	不适于国家建设大、中型矿山的矿床及矿点
	经国有矿山企业同意，并经其上级主管部门批准，在其矿区范围内划出的边缘零星矿产
	矿山闭坑后，经原矿山企业主管部门确认可以安全开采并不会引起严重环境后果的残留矿体
	国家规划可以由集体所有制矿山企业开采的其他矿产资源
个体采矿者	零星分散的小矿体或者矿点
	只能用作普通建筑材料的砂、石、黏土

(5) 关于煤炭资源的规定

1）煤炭生产许可证的规定。煤矿投入生产前，煤矿企业应当依照本法规定向煤炭管理部门申请领取煤炭生产许可证，由煤炭管理部门对其实际生产条件和安全条件进行审查，符合规定条件的，发给煤炭生产许可证。未取得煤炭生产许可证的，不得从事煤炭生产（《煤炭法》第二十二条）。

取得煤炭生产许可证，应当具备下列条件：有依法取得的采矿许可证；矿井生产系统符合国家规定的煤矿安全规程；矿长经依法培训合格，取得矿长资格证书；特种作业人员经依法培训合格，取得操作资格证书；井上、井下、矿内、矿外调度通信畅通；有实测的井上、井下工程对照图，采掘工程平面图，通风系统图；有竣工验收合格的保障煤矿生产安全的设施和环境保护设施；法律、行政法规规定的其他条件（《煤炭法》第二十三条）。

2）煤炭行业安全管理的规定：

①煤矿企业的安全生产管理，实行矿务局长（集团董事长）、矿长负责制（《煤炭法》第三十八条）。矿务局长（集团董事长）、矿长及煤矿企业的其他主要负责人必须遵守有关矿山安全的法律、法规和煤炭行业安全规章、规程，加强对煤矿安全生产工作的管理，执行安全生产责任制度，采取有效措施，防止伤亡和其他安全生产事故的发生（《煤炭法》第三十九条）。

②对职工进行安全生产教育、培训（《煤炭法》第四十条）。煤矿企业应当对职工进行安全生产教育、培训；未经安全生产教育、培训的，不得上岗作业。煤矿企业职工必须遵守有关安全生产的法律、法规，煤炭行业规章、规程和企业规章制度。

③紧急情况的处理。在煤矿井下作业中，出现危及职工生命安全并无法排除的紧急情况时，作业现场负责人或者安全管理人员应当立即组织职工撤离危险现场，并及时报告有关方面负责人（《煤炭法》第四十一条）。煤矿企业工会发现企业行政方面违章指挥、强令职工冒险作业或者生产过程中发现明显重大事故隐患，可能危及职工生命安全的情况，有权提出解决问题的建议，煤矿企业行政方面必须及时作出处理决定。企业行政方面拒不处理的，工会有权提出批评、检举和控告（《煤炭法》第四十二条）。

④煤矿企业职工的劳动保障。煤矿企业必须为职工提供保障安全生产所需的劳动保护用品（《煤炭法》第四十三条）。煤矿企业必须为煤矿井下作业职工办理意外伤害保险，支付保险费（《煤炭法》第四十四条）。煤矿企业使用的设备、器材、火工产品和安全仪器，必须符合国家标准或者行业标准（《煤炭法》第四十五条）。

第二节　水资源保护和水土保持的法律规定

一、水资源保护的法律规定

1. 水资源保护的立法概况

（1）法律

《水法》（1988 年 1 月 21 日第六届全国人民代表大会常务委员会第二十四次会议通过，2002 年 8 月 29 日第九届全国人民代表大会常务委员会第二十九次会议修订通过，2002 年 8 月 29 日中华人民共和国主席令第七十四号公布，自 2002 年 10 月 1 日起施行）；《防洪法》（1997 年 8 月 29 日第八届全国人民代表大会常务委员会第二十七次会议通过，1997 年 8 月 29 日中华人民共和国主席令第八十八号公布，自 1998 年 1 月 1 日起施行）。

（2）行政法规

《水文条例》（2007 年 4 月 25 日公布，自 2007 年 6 月 1 日起施行）；《长江河道采砂管理条例》（2001 年 10 月 25 日公布，自 2002 年 1 月 1 日起施行）；《河道管理条例》（1988 年 6 月 10 日公布，自公布之日起实施）；《取水许可和水资源费征收管理条例》（2006 年 2 月 21 日公布，自 2006 年 4 月 15 日起施行）；《城市供水条例》（1994 年 7 月 19 日发布，自 1994 年 10 月 1 日起实施）。

（3）部门规章

《城市节约用水管理规定》（1988 年 12 月 20 日发布，自 1989 年 1 月 1 日起实施）；《取水许可管理办法》（2008 年 4 月 9 日公布，自公布之日起施行）；《长江河道采砂管理条例实施办法》（2003 年 6 月 2 日公布，自 2003 年 7 月 15 日起实施）。

2. 水资源保护的主要法律规定

（1）水资源权属

水资源，包括地表水和地下水。水资源属于国家所有。水资源的所有权由国务院代表国家行使。农村集体经济组织的水塘和由农村集体经济组织修建管理的水库中的水，归各该农村集体经济组织使用（《水法》第三条）。

（2）水资源管理体制

国家对水资源实行流域管理与行政区域管理相结合的管理体制。国务院水行政主管部门负责全国水资源的统一管理和监督工作。国务院水行政主管部门在国家确定的重要江河、湖泊（长江流域、黄河流域、淮河流域、海河流域、松辽流域、珠江流域、太湖流域）设立的流域管理机构（以下简称流域管理机构），在所管辖的范围内行使法律、行政法规规定的和国务院水行政主管部门授予的水资源管理和监督职责。县级以上地方人民政府水行政主管部门按照规定的权限，负责本行政区域内水资源的统一管理和监督工作（《水法》第十二条）。

另外，国务院有关部门按照职责分工，负责水资源开发、利用、节约和保护的有关工作。县级以上地方人民政府有关部门按照职责分工，负责本行政区域内水资源开发、利用、节约和保护的有关工作（《水法》第十三条）。

（3）水资源开发利用

1）水资源规划的种类：

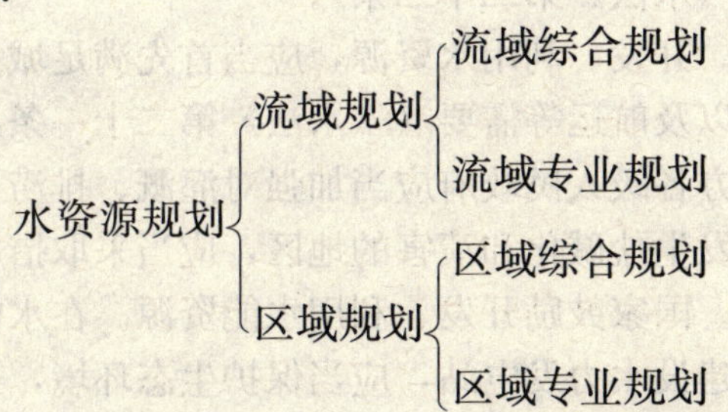

其中，流域综合规划和区域综合规划中的综合规划，是指根据经济社会发展需要和水资源开发利用现状编制的开发、利用、节约、保护水资源和防治水害的总体部署。流域专业规划和区域专业规划中的专业规划，是指防洪、治涝、灌溉、航运、供水、水力发电、竹木流放、渔业、水资源保护、水土保持、防沙治沙、节约用水等规划（《水法》第十四条）。

另外，流域范围内的区域规划应当服从流域规划，专业规划应当服从综合规划。流域综合规划和区域综合规划以及与土地利用关系密切的专业规划，应当与国民经济和社会发展规划以及土地利用总体规划、城市总体规划和环境保护规划相协调，兼顾各地区、各行业的需要（《水法》第十五条）。

2）水资源规划的制定。《水法》第十七条规定了水资源规划的编制及审批机关，见表5—5。

表5—5　　水资源规划的编制及审批机关

水资源规划的类型	编制机关	审批机关	备注
国家确定的重要江河、湖泊的流域综合规划	国务院水行政主管部门会同国务院有关部门和有关省、自治区、直辖市人民政府编制	国务院	
跨省、自治区、直辖市的其他江河、湖泊的流域综合规划和区域综合规划	有关流域管理机构会同江河、湖泊所在地的省、自治区、直辖市人民政府水行政主管部门和有关部门编制	国务院或者其授权的部门	分别经有关省、自治区、直辖市人民政府审查提出意见后，报国务院水行政主管部门审核；国务院水行政主管部门征求国务院有关部门意见后，报国务院或者其授权的部门批准
其他江河、湖泊的流域综合规划和区域综合规划	县级以上地方人民政府水行政主管部门会同同级有关部门和有关地方人民政府编制	本级人民政府或者其授权的部门	需报上一级水行政主管部门备案
专业规划	县级以上人民政府有关部门编制	报本级人民政府批准	报批准前需征求同级其他有关部门意见。另外，防洪规划、水土保持规划的编制、批准，依照《防洪法》、《水土保持法》的有关规定执行

3）开发利用水资源应遵循的原则：

①统筹兼顾原则。开发、利用水资源，应当坚持兴利与除害相结合，兼顾上下游、左右岸和有关地区之间的利益，充分发挥水资源的综合效益，并服从防洪的总体安排（《水法》第二十条）。

跨流域调水，应当进行全面规划和科学论证，统筹兼顾调出和调入流域的用水需要，防止对生态环境造成破坏（《水法》第二十二条）。

②生活用水优先原则。开发、利用水资源，应当首先满足城乡居民生活用水，并兼顾农业、工业、生态环境用水以及航运等需要（《水法》第二十一条）。

③生态保护原则。地方各级人民政府应当加强对灌溉、排涝、水土保持工作的领导，促进农业生产发展；在容易发生盐碱化和渍害的地区，应当采取措施，控制和降低地下水的水位（《水法》第二十五条）。国家鼓励开发、利用水能资源。在水能丰富的河流，应当有计划地进行多目标梯级开发。建设水力发电站，应当保护生态环境，兼顾防洪、供水、灌溉、航运、竹木流放和渔业等方面的需要（《水法》第二十六条）。

④不损害公共利益和他人的合法权益原则。任何单位和个人引水、截（蓄）水、排水，不得损害公共利益和他人的合法权益（《水法》第二十八条）。同时《水法》第七十六条又规定：引水、截（蓄）水、排水，损害公共利益或者他人合法权益的，依法承担民事责任。

(4) 水域和水工程保护

1）水道的保护：

①禁止在江河、湖泊、水库、运河、渠道内弃置、堆放阻碍行洪的物体和种植阻碍行洪

的林木及高秆作物（《水法》第三十七条）。如若违反上述规定，且《防洪法》未作规定的，由县级以上人民政府水行政主管部门或者流域管理机构依据职权，责令停止违法行为，限期清除障碍或者采取其他补救措施，处以一万元以上五万元以下的罚款（《水法》第六十六条）。

②禁止在河道管理范围内建设妨碍行洪的建筑物、构筑物以及从事影响河势稳定、危害河岸堤防安全和其他妨碍河道行洪的活动（《水法》第三十七条）。如若违反上述规定，由县级以上人民政府水行政主管部门或者流域管理机构依据职权，责令停止违法行为，限期拆除违法建筑物、构筑物，恢复原状；逾期不拆除、不恢复原状的，强行拆除，所需费用由违法单位或者个人负担，并处一万元以上十万元以下的罚款（《水法》第六十五条）。

③在河道管理范围内建设桥梁、码头和其他拦河、跨河、临河建筑物、构筑物，铺设跨河管道、电缆，应当符合国家规定的防洪标准和其他有关的技术要求，工程建设方案应当依照《防洪法》的有关规定报经有关水行政主管部门审查同意（《水法》第三十八条）。如若违反上述规定，且防洪法未作规定的，由县级以上人民政府水行政主管部门或者流域管理机构依据职权，责令停止违法行为，限期补办有关手续；逾期不补办或者补办未被批准的，责令限期拆除违法建筑物、构筑物；逾期不拆除的，强行拆除，所需费用由违法单位或者个人负担，并处一万元以上十万元以下的罚款（《水法》第六十五条）。因建设上述工程设施，需要扩建、改建、拆除或者损坏原有水工程设施的，建设单位应当负担扩建、改建的费用和损失补偿。但是，原有工程设施属于违法工程的除外（《水法》第三十八条）。

④河道采砂许可制度。国家实行河道采砂许可制度。河道采砂许可制度实施办法，由国务院规定。在河道管理范围内采砂，影响河势稳定或者危及堤防安全的，有关县级以上人民政府水行政主管部门应当划定禁采区和规定禁采期，并予以公告（《水法》第三十九条）。

2）地下水的保护。开采地下水必须在水资源调查评价的基础上，实行统一规划，加强监督管理。

从事水资源开发、利用、节约、保护和防治水害等水事活动，应当遵守经批准的规划；因违反规划造成江河和湖泊水域使用功能降低、地下水超采、地面沉降、水体污染的，应当承担治理责任。开采矿藏或者建设地下工程，因疏干排水导致地下水水位下降、水源枯竭或者地面塌陷，采矿单位或者建设单位应当采取补救措施；对他人生活和生产造成损失的，依法给予补偿（《水法》第三十一条）。

另外，在地下水超采地区，县级以上地方人民政府应当采取措施，严格控制开采地下水。在地下水严重超采地区，经省、自治区、直辖市人民政府批准，可以划定地下水禁止开采或者限制开采区。在沿海地区开采地下水，应当经过科学论证，并采取措施，防止地面沉降和海水入侵（《水法》第三十六条）。

3）水工程的保护。水工程是指在江河、湖泊和地下水源上开发、利用、控制、调配和保护水资源的各类工程。

①单位和个人有保护水工程的义务，不得侵占、毁坏堤防、护岸、防汛、水文监测、水文地质监测等工程设施（《水法》第四十一条）。侵占、盗窃或者抢夺防汛物资，防洪排涝、农田水利、水文监测和测量以及其他水工程设备和器材，贪污或者挪用国家救灾、抢险、防汛、移民安置和补偿及其他水利建设款物，构成犯罪的，依照《刑法》的有关规定追究刑事

责任（《水法》第七十三条）。尚不够刑事处罚，且《防洪法》未作规定的，由县级以上地方人民政府水行政主管部门或者流域管理机构依据职权，责令停止违法行为，采取补救措施，处以一万元以上五万元以下的罚款；违反《治安管理处罚法》的，由公安机关依法给予治安管理处罚；给他人造成损失的，依法承担赔偿责任（《水法》第七十二条）。

②在水工程保护范围内，禁止从事影响水工程运行和危害水工程安全的爆破、打井、采石、取土等活动（《水法》第四十三条）。如若违反上述规定，构成犯罪的，依照《刑法》的有关规定追究刑事责任；尚不够刑事处罚，且《防洪法》未作规定的，由县级以上地方人民政府水行政主管部门或者流域管理机构依据职权，责令停止违法行为，采取补救措施，处以一万元以上五万元以下的罚款；违反《治安管理处罚法》的，由公安机关依法给予治安管理处罚；给他人造成损失的，依法承担赔偿责任（《水法》第七十二条）。

（5）用水管理的规定

1）实行水中、长期供求规划制度。《水法》第四十四条规定了水中、长期供求规划的制定及审批权限，见表5—6。

表5—6　水中、长期供求规划的制定及审批权限

水中、长期供求规划的类型	制定机关	审批机关
全国的和跨省、自治区、直辖市的水中、长期供求规划	国务院水行政主管部门会同有关部门	国务院发展计划主管部门审查批准
地方的水中、长期供求规划	县级以上地方人民政府水行政主管部门会同同级有关部门	本级人民政府发展计划主管部门审查批准

水中、长期供求规划应当依据水的供求现状、国民经济和社会发展规划、流域规划、区域规划，按照水资源供需协调、综合平衡、保护生态、厉行节约、合理开源的原则制定（《水法》第四十四条）。

2）实行水量分配制度。《水法》第四十五条规定，调蓄径流和分配水量，应当依据流域规划和水中、长期供求规划，以流域为单元制定水量分配方案。该条款还规定了水量分配方案的制定及审批权限，见表5—7。

表5—7　水量分配方案的制定及审批权限

水量调度预案的类型	制定机关	批准机关
跨省、自治区、直辖市的水量分配方案和旱情紧急情况下的水量调度预案	流域管理机构商有关省、自治区、直辖市人民政府制定	国务院或者其授权的部门批准
其他跨行政区域的水量分配方案和旱情紧急情况下的水量调度预案	共同的上一级人民政府水行政主管部门商有关地方人民政府制定	本级人民政府批准

县级以上地方人民政府水行政主管部门或者流域管理机构应当根据批准的水量分配方案和年度预测来水量，制定年度水量分配方案和调度计划，实施水量统一调度；有关地方人民政府必须服从（《水法》第四十六条）。

拒不执行水量分配方案和水量调度预案或者拒不服从水量统一调度的，对负有责任的主管人员和其他直接责任人员依法给予行政处分（《水法》第七十五条）。

3）实行取水许可制度和水资源有偿使用制度。直接从江河、湖泊或者地下取用水资源的单位和个人，应当按照国家取水许可制度和水资源有偿使用制度的规定，向水行政主管部门或者流域管理机构申请领取取水许可证，并缴纳水资源费，取得取水权（《水法》第四十八条）。未经批准擅自取水或者未依照批准的取水许可规定条件取水的，由县级以上人民政府水行政主管部门或者流域管理机构依据职权，责令停止违法行为，限期采取补救措施，处以二万元以上十万元以下的罚款；情节严重的，吊销其取水许可证（《水法》第六十九条）。

拒不缴纳、拖延缴纳或者拖欠水资源费的，由县级以上人民政府水行政主管部门或者流域管理机构依据职权，责令限期缴纳；逾期不缴纳的，从滞纳之日起按日加收滞纳部分千分之二的滞纳金，并处应缴或者补缴水资源费一倍以上五倍以下的罚款（《水法》第七十条）。

家庭生活和零星散养、圈养畜禽饮用等少量取水，则不需要中领取水许可证和缴纳水资源费。实施取水许可制度和征收管理水资源费的具体办法，由国务院规定（《水法》第四十八条）。

4）节约用水。第一，工业用水应当采用先进技术、工艺和设备，增加循环用水次数，提高水的重复利用率。国家逐步淘汰落后的、耗水量高的工艺、设备和产品，具体名录由国务院经济综合主管部门会同国务院水行政主管部门和有关部门制定并公布。生产者、销售者或者生产经营中的使用者应当在规定的时间内停止生产、销售或者使用列入名录的工艺、设备和产品。生产、销售或者在生产经营中使用国家明令淘汰的落后的、耗水量高的工艺、设备和产品的，由县级以上地方人民政府经济综合主管部门责令停止生产、销售或者使用，处以二万元以上十万元以下的罚款（《水法》第六十八条）。

第二，新建、扩建、改建建设项目，应当制订节水措施方案，配套建设节水设施。节水设施应当与主体工程同时设计、同时施工、同时投产。供水企业和自建供水设施的单位应当加强供水设施的维护管理，减少水的漏失。建设项目的节水设施没有建成或者没有达到国家规定的要求，擅自投入使用的，由县级以上人民政府有关部门或者流域管理机构依据职权，责令停止使用，限期改正，处以五万元以上十万元以下的罚款（《水法》第七十一条）。

（6）保护水资源

1）江河湖泊水功能区划制度。《水法》第三十二条规定了水功能区划的拟定及审批权限，见表5—8。

表5—8　水功能区划的拟定及审批权限

水功能区类型	拟定机关	审批机关	备注
国家确定的重要江河、湖泊的水功能区划	国务院水行政主管部门会同国务院环境保护行政主管部门、有关部门和有关省、自治区、直辖市人民政府	国务院批准	
跨省、自治区、直辖市的其他江河、湖泊的水功能区划	有关流域管理机构会同江河、湖泊所在地的省、自治区、直辖市人民政府水行政主管部门、环境保护行政主管部门和其他有关部门	国务院或者其授权的部门批准	报送审批前，需分别经有关省、自治区、直辖市人民政府审查提出意见，然后由国务院水行政主管部门会同国务院环境保护行政主管部门审核
其他江河、湖泊的水功能区划	县级以上地方人民政府水行政主管部门会同同级人民政府环境保护行政主管部门和有关部门	同级人民政府或者其授权的部门批准	并报上一级水行政主管部门和环境保护行政主管部门备案

此外，县级以上人民政府水行政主管部门或者流域管理机构应当按照水功能区对水质的要求和水体的自然净化能力，核定该水域的纳污能力，向环境保护行政主管部门提出该水域的限制排污总量意见（《水法》第三十二条）。

县级以上地方人民政府水行政主管部门和流域管理机构应当对水功能区的水质状况进行监测，发现重点污染物排放总量超过控制指标的，或者水功能区的水质未达到水域使用功能对水质的要求的，应当及时报告有关人民政府采取治理措施，并向环境保护行政主管部门通报（《水法》第三十二条）。

2）饮用水水资源保护区制度。国家建立饮用水水源保护区制度。省、自治区、直辖市人民政府应当划定饮用水水源保护区，并采取措施，防止水源枯竭和水体污染，保证城乡居民饮用水安全（《水法》第三十三条）。禁止在饮用水水源保护区内设置排污口（《水法》第三十四条）。在饮用水水源保护区内设置排污口的，由县级以上地方人民政府责令限期拆除、恢复原状；逾期不拆除、不恢复原状的，强行拆除、恢复原状，并处五万元以上十万元以下的罚款（《水法》第六十七条）。

需要特别说明的是，2008 年 2 月 28 日修订后的《水污染防治法》对饮用水水资源保护区制度作出了更为详尽的规定。2008 年 6 月 1 日新《水污染防治法》生效前在饮用水水源保护区内设置排污口的，依据《水法》的上述规定，由县级以上地方人民政府责令限期拆除、恢复原状；逾期不拆除、不恢复原状的，强行拆除、恢复原状，并处五万元以上十万元以下的罚款。2008 年 6 月 1 日新《水污染防治法》生效后在饮用水水源保护区内设置排污口的，则应依据《水污染防治法》的规定，由县级以上地方人民政府责令限期拆除，处以十万元以上五十万元以下的罚款；逾期不拆除的，强制拆除，所需费用由违法者承担，处以五十万元以上一百万元以下的罚款，并可以责令停产整顿。

二、水土保持的法律规定

1. 水土保持的立法概况

（1）法律

《水土保持法》（1991 年 6 月 29 日第七届全国人民代表大会常务委员会第二十次会议通过，1991 年 6 月 29 日中华人民共和国主席令第四十九号公布施行）。

（2）行政法规

《水土保持法实施条例》（1993 年 8 月 1 日发布，自发布之日起施行）。

2. 水土保持的主要法律规定

（1）预防水土流失的规定

1）增加和保护植被。各级人民政府应当组织全民植树造林，鼓励种草，扩大森林覆盖面积，增加植被（《水土保持法》第十二条）。

各级地方人民政府应当根据当地情况，组织农业集体经济组织和国营农、林、牧场，种植薪炭林和饲草、绿肥植物，有计划地进行封山育林育草、轮封轮牧，防风固沙，保护植被。禁止毁林开荒、烧山开荒和在陡坡地、干旱地区铲草皮、挖树兜（《水土保持法》第十三条）。

2）限制开垦坡地。第一，禁止在二十五度以上陡坡地开垦种植农作物。省、自治区、直辖市人民政府可以根据本辖区的实际情况，规定小于二十五度的禁止开垦坡度（《水土保持法》第十四条)。如若违反此规定，由县级人民政府水行政主管部门责令停止开垦、采取补救措施，可以处以罚款，罚款幅度为非法开垦的陡坡地每平方米一元至二元［《水土保持法》第三十二条、《水土保持法实施条例》(以下简称《条例》) 第二十六条］。

《水土保持法》施行前已在禁止开垦的陡坡地上开垦种植农作物的，应当在建设基本农田的基础上，根据实际情况，逐步退耕，植树种草，恢复植被，或者修建梯田(《水土保持法》第十四条)。

第二，开垦禁止开垦坡度以下、五度以上的荒坡地，必须经县级人民政府水行政主管部门批准；开垦国有荒坡地，经县级人民政府水行政主管部门批准后，方可向县级以上人民政府申请办理土地开垦手续(《水土保持法》第十五条)。如若违反此规定，由县级人民政府水行政主管部门责令停止开垦、采取补救措施，可以处以罚款，罚款幅度为擅自开垦的荒坡地每平方米零点五元至一元(《水土保持法》第三十三条及《条例》第二十七条)。

3) 加强林业管理。采伐林木必须因地制宜地采用合理采伐方式，严格控制皆伐，对采伐区和集材道采取防止水土流失的措施，并在采伐后及时完成更新造林任务。对水源涵养林、水土保持林、防风固沙林等防护林只准进行抚育和更新性质的采伐。在林区采伐林木的，采伐方案中必须有采伐区水土保持措施。采伐方案经林业行政主管部门批准后，采伐区水土保持措施由水行政主管部门和林业行政主管部门监督实施(《水土保持法》第十六条)。

在林区采伐林木，不采取水土保持措施，造成严重水土流失的，由水行政主管部门报请县级以上人民政府决定责令限期改正、采取补救措施，处以罚款，罚款幅度为造成的水土流失面积每平方米二元至五元(《水土保持法》第三十五条及《条例》第二十九条)。

另外，在五度以上坡地上整地造林，抚育幼林，垦复油茶、油桐等经济林木，必须采取水土保持措施，防止水土流失(《水土保持法》第十七条)。

4) 建设项目施工过程中防止水土流失。第一，修建铁路、公路和水工程，应当尽量减少破坏植被；废弃的砂、石、土必须运至规定的专门存放地堆放，不得向江河、湖泊、水库和专门存放地以外的沟渠倾倒；在铁路、公路两侧地界以内的山坡地，必须修建护坡或者采取其他土地整治措施；工程竣工后，取土场、开挖面和废弃的砂、石、土存放地的裸露土地，必须植树种草，防止水土流失(《水土保持法》第十八条)。

开办矿山企业、电力企业和其他大中型工业企业，排弃的剥离表土、矸石、尾矿、废渣等必须堆放在规定的专门存放地，不得向江河、湖泊、水库和专门存放地以外的沟渠倾倒；因采矿和建设使植被受到破坏的，必须采取措施恢复表土层和植被，防止水土流失(《水土保持法》第十八条)。

第二，在山区、丘陵区、风沙区修建铁路、公路、水工程，开办矿山企业、电力企业和其他大中型工业企业，在建设项目环境影响报告书中，必须有水行政主管部门同意的水土保持方案(《水土保持法》第十九条)。

建设项目中的水土保持设施，必须与主体工程同时设计、同时施工、同时投产使用。建设工程竣工验收时，应当同时验收水土保持设施，并有水行政主管部门参加(《水土保持法》第十九条)。

另外，各级地方人民政府应当采取措施，加强对采矿、取土、挖砂、采石等生产活动的管理，防止水土流失。在崩塌滑坡危险区和泥石流易发区禁止取土、挖砂、采石(《水土保持法》第二十条)。如若违反上述规定,由县级以上地方人民政府水行政主管部门责令停止违法行为、采取补救措施,处以罚款,罚款幅度为五百元以上五千元以下(《水土保持法》第三十四条及《条例》第二十八条)。

(2)治理水土流失的规定

1)承包土地的治理。水土流失地区的集体所有的土地承包给个人使用的,应当将治理水土流失的责任列入承包合同(《水土保持法》第二十五条)。

当地乡、民族乡、镇的人民政府和农业集体经济组织应当监督承包合同的履行(《条例》第十七条)。

荒山、荒沟、荒丘、荒滩的水土流失,可以由农业集体经济组织、农民个人、联户或者专业队承包治理,也可以由企事业单位或者个人投资投劳入股治理(《水土保持法》第二十六条及《条例》第十八条)。

对荒山、荒沟、荒丘、荒滩水土流失的治理实行承包的,应当按照谁承包治理谁受益的原则,签订水土保持承包治理合同。承包治理所种植的林木及其果实,归承包者所有,因承包治理而新增加的土地,由承包者使用(《水土保持法》第二十六条)。

国家保护承包治理合同当事人的合法权益。在承包治理合同有效期内,承包方经发包方同意,可以将承包治理合同转让给第三者;承包人死亡时,继承人可以依照承包治理合同的约定继续承包(《水土保持法》第二十六条及《条例》第十八条)。

2)企业、事业单位的治理责任。企业、事业单位在建设和生产过程中造成水土流失的,应当负责治理。本单位因技术等原因无力自行治理的,可以交纳防治费,由水行政主管部门组织治理(《条例》第十九条)。

企业、事业单位在建设和生产过程中造成水土流失,不进行治理的,可以根据所造成的危害后果处以罚款或者责令停业治理,罚款幅度为一千元以上一万元以下,罚款由县级人民政府水行政主管部门报请县级人民政府决定;责令停业治理由市、县人民政府决定,中央或者省级人民政府直接管辖的企业、事业单位的停业治理,须报请国务院或者省级人民政府批准(《水土保持法》第三十六条及《条例》第三十条)。

第三节　森林和草原资源保护的法律规定

一、森林资源保护的法律规定

1. 森林资源保护的立法概况

(1)法律

《森林法》(1984年9月20日第六届全国人民代表大会常务委员会第七次会议通过,根据1998年4月29日第九届全国人民代表大会常务委员会第二次会议《关于修改〈中华人民共和国森林法〉的决定》修正);《防沙治沙法》(2001年8月31日第九届全国人民代表大会常务委员会第二十三次会议通过,2001年8月31日中华人民共和国主席令第五十五号公布,自2002年1月1日起施行)。

(2)行政法规

《森林法实施条例》（2000年1月29日发布，自发布之日起施行）；《森林防火条例》（1988年1月16日发布，2008年11月19日国务院第36次常务会议修订通过，自2009年1月1日起施行）；《退耕还林条例》（2002年12月6日国务院第66次常务会议通过，2002年12月14日公布，自2003年1月20日起施行）；《城市绿化条例》（1992年6月22日国务院令第100号发布，1992年8月1日起施行）；《森林病虫害防治条例》（1989年11月17日国务院第50次常务会议通过，1989年12月18日发布，自发布之日起施行）；《国家处置重、特大森林火灾应急预案》（2006年1月10日发布，自发布之日起施行）；《中共中央、国务院关于加快林业发展的决定》（2003年6月25日发布，自发布之日起施行）。

（3）部门规章

《森林采伐更新管理办法》（1987年8月25日国务院批准，1987年9月10日林业部发布，自发布之日起施行）；《林业行政许可听证办法》（2008年6月6日国家林业局局务会议审议通过，2008年8月1日公布，自2008年10月1日起施行）；《森林资源监督工作管理办法》（2007年8月30日国家林业局局务会议审议通过，2007年9月28日公布，自2008年1月1日起施行）；《林木种质资源管理办法》（2007年8月30日国家林业局局务会议审议通过，2007年8月3日公布，自2007年11月1日起施行）；《林木种子质量管理办法》（2006年10月12日国家林业局局务会议审议通过，2006年11月13日公布，自2007年1月1日起实施）；《林业统计管理办法》（2005年5月13日国家林业局局务会议审议通过，2005年6月1日公布，自2005年7月1日起实施）；《突发林业有害生物事件处置办法》（2005年5月13日国家林业局局务会议审议通过，2005年5月23日公布，自2005年7月1日起施行）；《营利性治沙管理办法》（2004年7月1日国家林业局令第11号公布，2004年9月1日起施行）；《林业行政处罚听证规则》（2002年11月2日国家林业局令第4号公布，2002年12月15日起实施）；《占用征用林地审核审批管理办法》（2000年11月2日国家林业局第3次局务会议审议通过，2001年1月4日发布，自发布之日起施行）；《林木和林地权属登记管理办法》（2000年11月2日国家林业局第3次局务会议审议通过，2000年12月31日发布，自发布之日起施行）；《林木林地权属争议处理办法》（1996年9月26日经林业部部长办公会议审议通过，1996年10月14日发布，自发布之日起施行）；《林业行政处罚程序规定》（1996年9月26日经林业部部长办公会议审议通过，1996年9月27日发布，自1996年10月1日实施）；《森林植被恢复费征收使用管理暂行办法》（2002年10月25日财政部、国家林业局联合发布，自2003年1月1日实施）；《林业标准化管理办法》（2003年6月24日国家林业局第1次局务会议审议通过，2003年7月21日公布，自2003年9月1日实施）；《国家林业局关于严格天然林采伐管理的意见》（2003年12月15日颁布，自颁布之日起实施）；《中央财政森林生态效益补偿基金管理办法》（2007年3月15日财政部、国家林业局联合颁布，自颁布之日起实施）；《森林资源资产抵押登记办法（试行）》（2004年5月25日颁布，自颁布之日起实施）；《国家林业局关于全面推进依法治林实施纲要》（2004年11月5日颁布，自颁布之日起实施）；《开展林木转基因工程活动审批管理办法》（2006年5月13日公布，自2006年7月1日实施）；《森林公园管理办法》（1993年12月11日经林业部部长办公会议审议通过，1994年1月22日发布，自发布之日起施行）。

2. 森林资源保护的主要法律规定

(1) 森林资源权属

我国《森林法》把林权分为国家林权、森林及林木等森林资源的集体所有权以及公民个人林木所有权。森林资源属于国家所有，由法律规定属于集体所有的除外。国家所有的和集体所有的森林、林木和林地，个人所有的林木和使用的林地，由县级以上地方人民政府登记造册，发放证书，确认所有权或者使用权。国务院可以授权国务院林业主管部门，对国务院确定的国家所有的重点林区的森林、林木和林地登记造册，发放证书，并通知有关地方人民政府。森林、林木、林地的所有者和使用者的合法权益，受法律保护，任何单位和个人不得侵犯（《森林法》第三条）。

国有企业、事业单位、机关、团体、部队营造的林木，由营造单位经营并按照国家规定支配林木收益。集体所有制单位营造的林木，归该单位所有。农村居民在房前屋后、自留地、自留山种植的林木，归个人所有。城镇居民和职工在自有房屋的庭院内种植的林木，归个人所有。集体或者个人承包国家所有和集体所有的宜林荒山荒地造林的，承包后种植的林木归承包的集体或者个人所有；承包合同另有规定的，按照承包合同的规定执行（《森林法》第二十七条）。

依法使用的国家所有的森林、林木和林地，按照下列规定登记：1）使用国务院确定的国家所有的重点林区（以下简称重点林区）的森林、林木和林地的单位，应当向国务院林业主管部门提出登记申请，由国务院林业主管部门登记造册，核发证书，确认森林、林木和林地使用权以及由使用者所有的林木所有权；2）使用国家所有的跨行政区域的森林、林木和林地的单位和个人，应当向共同的上一级人民政府林业主管部门提出登记申请，由该人民政府登记造册，核发证书，确认森林、林木和林地使用权以及由使用者所有的林木所有权；3）使用国家所有的其他森林、林木和林地的单位和个人，应当向县级以上地方人民政府林业主管部门提出登记申请，由县级以上地方人民政府登记造册，核发证书，确认森林、林木和林地使用权以及由使用者所有的林木所有权。未确定使用权的国家所有的森林、林木和林地，由县级以上人民政府登记造册，负责保护管理[《森林法实施条例》(以下简称《条例》)第四条]。

集体所有的森林、林木和林地，由所有者向所在地的县级人民政府林业主管部门提出登记申请，由该县级人民政府登记造册，核发证书，确认所有权。单位和个人所有的林木，由所有者向所在地的县级人民政府林业主管部门提出登记申请，由该县级人民政府登记造册，核发证书，确认林木所有权。使用集体所有的森林、林木和林地的单位和个人，应当向所在地的县级人民政府林业主管部门提出登记申请，由该县级人民政府登记造册，核发证书，确认森林、林木和林地使用权（《条例》第五条）。

(2) 森林资源相关权利的流转制度

下列森林、林木、林地使用权可以依法转让，也可以依法作价入股或者作为合资、合作造林，经营林木的出资、合作条件，但不得将林地改为非林地：1）用材林、经济林、薪炭林；2）用材林、经济林、薪炭林的林地使用权；3）用材林、经济林、薪炭林的采伐迹地、火烧迹地的林地使用权；4）国务院规定的其他森林、林木和其他林地使用权（《森林法》第十五条）。

依照上述规定转让、作价入股或者作为合资、合作造林、经营林木的出资、合作条件的，已经取得的林木采伐许可证可以同时转让，同时转让双方都必须遵守本法关于森林、林木采伐和更新造林的规定。除上述规定的情形外，其他森林、林木和其他林地使用权不得转让（《森林法》第十五条）。

2008年6月8日出台的《中共中央、国务院关于全面推进集体林权制度改革的意见》中指出，在依法、自愿、有偿的前提下，林地承包经营权人可采取多种方式流转林地经营权和林木所有权。流转期限不得超过承包期的剩余期限，流转后不得改变林地用途。集体统一经营管理的林地经营权和林木所有权的流转，要在本集体经济组织内提前公示，依法经本集体经济组织成员同意，收益应纳入农村集体财务管理，用于本集体经济组织内部成员分配和公益事业。加快林地、林木流转制度建设，建立健全产权交易平台，加强流转管理，依法规范流转，保障公平交易，防止农民失山失地。加强森林资源资产评估管理，加快建立森林资源资产评估师制度和评估制度，规范评估行为，维护交易各方合法权益。

（3）林权纠纷的处理

单位之间发生的林木、林地所有权和使用权争议，由县级以上人民政府依法处理。个人之间、个人与单位之间发生的林木所有权和林地使用权争议，由当地县级或者乡级人民政府依法处理。当事人对人民政府的处理决定不服的，可以在接到通知之日起一个月内，向人民法院起诉。在林木、林地权属争议解决以前，任何一方不得砍伐有争议的林木（《森林法》第十七条）。

（4）征收森林植被恢复费

进行勘查、开采矿藏和各项建设工程，应当不占或者少占林地；必须占用或者征用林地的，经县级以上人民政府林业主管部门审核同意后，依照有关土地管理的法律、行政法规办理建设用地审批手续，并由用地单位依照国务院有关规定缴纳森林植被恢复费。森林植被恢复费专款专用，由林业主管部门依照有关规定统一安排植树造林，恢复森林植被，植树造林面积不得少于因占用、征用林地而减少的森林植被面积。上级林业主管部门应当定期督促、检查下级林业主管部门组织植树造林、恢复森林植被的情况。任何单位和个人不得挪用森林植被恢复费。县级以上人民政府审计机关应当加强对森林植被恢复费使用情况的监督（《森林法》第十八条）。

（5）关于森林采伐的规定

1）森林采伐限额的规定。国家根据用材林的消耗量低于生长量的原则，严格控制森林年采伐量。国家所有的森林和林木以国有林业企业、事业单位、农场、厂矿为单位，集体所有的森林和林木、个人所有的林木以县为单位，制定年采伐限额，由省、自治区、直辖市林业主管部门汇总，经同级人民政府审核后，报国务院批准（《森林法》第二十九条）。国家制定统一的年度木材生产计划。年度木材生产计划不得超过批准的年采伐限额。计划管理的范围由国务院规定（《森林法》第三十条）。违反上述规定，超过批准的年采伐限额发放林木采伐许可证或者超越职权发放林木采伐许可证、木材运输证件、批准出口文件、允许进出口证明书的，由上一级人民政府林业主管部门责令纠正，对直接负责的主管人员和其他直接责任人员依法给予行政处分；有关人民政府林业主管部门未予纠正的，国务院林业主管部门可以直接处理；构成犯罪的，依法追究刑事责任（《森林法》第四十一条）。

2）森林采伐许可证制度。采伐林木必须申请采伐许可证，按许可证的规定进行采伐；

农村居民采伐自留地和房前屋后个人所有的零星林木除外。国有林业企业、事业单位、机关、团体、部队、学校和其他国有企业、事业单位采伐林木，由所在地县级以上林业主管部门依照有关规定审核发放采伐许可证。铁路、公路的护路林和城镇林木的更新采伐，由有关主管部门依照有关规定审核发放采伐许可证。农村集体经济组织采伐林木，由县级林业主管部门依照有关规定审核发放采伐许可证。农村居民采伐自留山和个人承包集体的林木，由县级林业主管部门或者其委托的乡、镇人民政府依照有关规定审核发放采伐许可证。采伐以生产竹材为主要目的的竹林，适用上述规定（《森林法》第三十二条）。审核发放采伐许可证的部门，不得超过批准的年采伐限额发放采伐许可证（《森林法》第三十三条）。采伐林木的单位或者个人，必须按照采伐许可证规定的面积、株数、树种、期限完成更新造林任务，更新造林的面积和株数不得少于采伐的面积和株数（《森林法》第三十五条）。

3）森林采伐的方式。采伐森林和林木必须遵守下列规定：①成熟的用材林应当根据不同情况，分别采取择伐、皆伐和渐伐方式，皆伐应当严格控制，并在采伐的当年或者次年内完成更新造林；②防护林和特种用途林中的国防林、母树林、环境保护林、风景林，只准进行抚育和更新性质的采伐；③特种用途林中的名胜古迹和革命纪念地的林木、自然保护区的森林，严禁采伐（《森林法》第三十一条）。

4）木材运输管理制度。从林区运出木材，必须持有林业主管部门发给的运输证件，国家统一调拨的木材除外。依法取得采伐许可证后，按照许可证的规定采伐的木材，从林区运出时，林业主管部门应当发给运输证件。经省、自治区、直辖市人民政府批准，可以在林区设立木材检查站，负责检查木材运输。对未取得运输证件或者物资主管部门发给的调拨通知书运输木材的，木材检查站有权制止（《森林法》第三十七条）。

5）珍贵树木及其制品、衍生物的出口管制。国家禁止、限制出口珍贵树木及其制品、衍生物。禁止、限制出口的珍贵树木及其制品、衍生物的名录和年度限制出口总量，由国务院林业主管部门会同国务院有关部门制定，报国务院批准。限制出口的珍贵树木或者其制品、衍生物的，必须经出口人所在地省、自治区、直辖市人民政府林业主管部门审核，报国务院林业主管部门批准，海关凭国务院林业主管部门的批准文件放行。进出口的树木或者其制品、衍生物属于中国参加的国际公约限制进出口的濒危物种的，必须向国家濒危物种进出口管理机构申请办理允许进出口证明书，海关凭允许进出口证明书放行（《森林法》第三十八条）。

（6）关于森林保护的规定

国家对森林资源实行以下保护性措施：1）对森林实行限额采伐，鼓励植树造林、封山育林，扩大森林覆盖面积；2）根据国家和地方人民政府有关规定，对集体和个人造林、育林给予经济扶持或者长期贷款；3）提倡木材综合利用和节约使用木材，鼓励开发、利用木材代用品；4）征收育林费，专门用于造林育林；5）煤炭、造纸等部门，按照煤炭和木浆纸张等产品的产量提取一定数额的资金，专门用于营造坑木、造纸等用材林；6）建立林业基金制度。国家设立森林生态效益补偿基金，用于提供生态效益的防护林和特种用途林的森林资源、林木的营造、抚育、保护和管理。森林生态效益补偿基金必须专款专用，不得挪作他用。具体办法由国务院规定（《森林法》第八条）。

（7）建立护林组织

地方各级人民政府应当组织有关部门建立护林组织，负责护林工作；根据实际需要在大面积林区增加护林设施，加强森林保护；督促有林的和林区的基层单位，订立护林公约，组织群众护林，划定护林责任区，配备专职或者兼职护林员。护林员可以由县级或者乡级人民政府委任。护林员的主要职责是：巡护森林，制止破坏森林资源的行为。对造成森林资源破坏的，护林员有权要求当地有关部门处理（《森林法》第十九条）。

依照国家有关规定在林区设立的森林公安机关，负责维护辖区社会治安秩序，保护辖区内的森林资源，并可以依照本法规定，在国务院林业主管部门授权的范围内，代行《森林法》第三十九条、第四十二条、第四十三条、第四十四条规定的行政处罚权（《森林法》第二十条）。

（8）预防森林火灾的规定

武装森林警察部队执行国家赋予的预防和扑救森林火灾的任务（《森林法》第二十条）。地方各级人民政府应当切实做好森林火灾的预防和扑救工作：

1）规定森林防火期，在森林防火期内，禁止在林区野外用火；因特殊情况需要用火的，必须经过县级人民政府或者县级人民政府授权的机关批准；

2）在林区设置防火设施；

3）发生森林火灾，必须立即组织当地军民和有关部门扑救；

4）因扑救森林火灾负伤、致残、牺牲的，国家职工由所在单位给予医疗、抚恤；非国家职工由起火单位按照国务院有关主管部门的规定给予医疗、抚恤，起火单位对起火没有责任或者确实无力负担的，由当地人民政府给予医疗、抚恤（《森林法》第二十一条）。

二、草原资源保护的法律规定

1. 草原资源保护的立法概况

（1）法律

《草原法》（1985 年 6 月 18 日第六届全国人民代表大会常务委员会第十一次会议通过，2002 年 12 月 28 日第九届全国人民代表大会常务委员会第三十一次会议修订，2002 年 12 月 28 日中华人民共和国主席令第八十二号公布，自 2003 年 3 月 1 日起施行）。

（2）行政法规

《草原防火条例》（1993 年 10 月 5 日中华人民共和国国务院令第 130 号公布，2008 年 11 月 19 日国务院第 36 次常务会议修订通过，自 2009 年 1 月 1 日起实施）；《国务院关于进一步做好退耕还林还草试点工作的若干意见》（2000 年 9 月 10 日发布，自发布之日起实施）；《国务院关于禁止采集和销售发菜制止滥挖甘草和麻黄草有关问题的通知》（2000 年 6 月 14 日发布，自发布之日起实施）；《国务院关于加强草原保护与建设的若干意见》（2002 年 9 月 16 日发布，自发布之日起实施）。

（3）部门规章

《草畜平衡管理办法》（2005 年 1 月 7 日农业部第 2 次常务会议审议通过，2005 年 1 月 19 日公布，自 2005 年 3 月 1 日起实施）；《草原征占用审核审批管理办法》（2006 年 1 月 16 日农业部第 3 次常务会议审议通过，2006 年 1 月 27 日公布，自 2006 年 3 月 1 日起施行）。

2. 草原资源保护的主要法律规定

（1）关于草原权属的规定

1）草原所有权与使用权。草原属于国家所有，由法律规定属于集体所有的除外。国家所有的草原，由国务院代表国家行使所有权。任何单位或者个人不得侵占、买卖或者以其他形式非法转让草原（《草原法》第九条）。

国家所有的草原，可以依法确定给全民所有制单位、集体经济组织等使用。使用草原的单位，应当履行保护、建设和合理利用草原的义务（《草原法》第十条）。依法确定给全民所有制单位、集体经济组织等使用的国家所有的草原，由县级以上人民政府登记，核发使用权证，确认草原使用权。未确定使用权的国家所有的草原，由县级以上人民政府登记造册，并负责保护管理。集体所有的草原，由县级人民政府登记，核发所有权证，确认草原所有权。依法改变草原权属的，应当办理草原权属变更登记手续（《草原法》第十一条）。依法登记的草原所有权和使用权受法律保护，任何单位或者个人不得侵犯（《草原法》第十二条）。

2）承包经营权。集体所有的草原或者依法确定给集体经济组织使用的国家所有的草原，可以由本集体经济组织内的家庭或者联户承包经营。在草原承包经营期内，不得对承包经营者使用的草原进行调整；个别确需适当调整的，必须经本集体经济组织成员的村（牧）民会议三分之二以上成员或者三分之二以上村（牧）民代表的同意，并报乡（镇）人民政府和县级人民政府草原行政主管部门批准。集体所有的草原或者依法确定给集体经济组织使用的国家所有的草原由本集体经济组织以外的单位或者个人承包经营的，必须经本集体经济组织成员的村（牧）民会议三分之二以上成员或者三分之二以上村（牧）民代表的同意，并报乡（镇）人民政府批准（《草原法》第十三条）。

承包经营草原，发包方和承包方应当签订书面合同。草原承包合同的内容应当包括双方的权利和义务、承包草原四至界限、面积和等级、承包期和起止日期、承包草原用途和违约责任等。承包期届满，原承包经营者在同等条件下享有优先承包权。承包经营草原的单位和个人，应当履行保护、建设和按照承包合同约定的用途合理利用草原的义务（《草原法》第十四条）。

草原承包经营权受法律保护，可以按照自愿、有偿的原则依法转让。草原承包经营权转让的受让方必须具有从事畜牧业生产的能力，并应当履行保护、建设和按照承包合同约定的用途合理利用草原的义务。草原承包经营权转让应当经发包方同意。承包方与受让方在转让合同中约定的转让期限，不得超过原承包合同剩余的期限（《草原法》第十五条）。

3）草原所有权、使用权的争议解决方式。草原所有权、使用权的争议，由当事人协商解决；协商不成的，由有关人民政府处理。单位之间的争议，由县级以上人民政府处理；个人之间、个人与单位之间的争议，由乡（镇）人民政府或者县级以上人民政府处理。当事人对有关人民政府的处理决定不服的，可以依法向人民法院起诉。在草原权属争议解决前，任何一方不得改变草原利用现状，不得破坏草原和草原上的设施（《草原法》第十六条）。

（2）草原的征用或者使用

进行矿藏开采和工程建设，应当不占或者少占草原；确需征用或者使用草原的，必须经省级以上人民政府草原行政主管部门审核同意后，依照有关土地管理的法律、行政法规办理建设用地审批手续（《草原法》第三十八条）。

因建设征用集体所有的草原的，应当依照《中华人民共和国土地管理法》的规定给予补偿；因建设使用国家所有的草原的，应当依照国务院有关规定对草原承包经营者给予补偿。

因建设征用或者使用草原的，应当交纳草原植被恢复费。草原植被恢复费专款专用，由草原行政主管部门按照规定用于恢复草原植被，任何单位和个人不得截留、挪用。草原植被恢复费的征收、使用和管理办法，由国务院价格主管部门和国务院财政部门会同国务院草原行政主管部门制定（《草原法》第三十九条）。

需要临时占用草原的，应当经县级以上地方人民政府草原行政主管部门审核同意。临时占用草原的期限不得超过两年，并不得在临时占用的草原上修建永久性建筑物、构筑物；占用期满，用地单位必须恢复草原植被并及时退还（《草原法》第四十条）。在临时占用的草原上修建永久性建筑物、构筑物的，由县级以上地方人民政府草原行政主管部门依据职权责令限期拆除；逾期不拆除的，依法强制拆除，所需费用由违法者承担。临时占用草原，占用期届满，用地单位不予恢复草原植被的，由县级以上地方人民政府草原行政主管部门依据职权责令限期恢复；逾期不恢复的，由县级以上地方人民政府草原行政主管部门代为恢复，所需费用由违法者承担（《草原法》第七十一条）。

（3）草种基地建设

县级以上人民政府应当按照草原保护、建设、利用规划加强草种基地建设，鼓励选育、引进、推广优良草品种。新草品种必须经全国草品种审定委员会审定，由国务院草原行政主管部门公告后方可推广。从境外引进草种必须依法进行审批。县级以上人民政府草原行政主管部门应当依法加强对草种生产、加工、检疫、检验的监督管理，保证草种质量（《草原法》第二十九条）。

（4）草畜平衡制度

草原承包经营者应当合理利用草原，不得超过草原行政主管部门核定的载畜量；草原承包经营者应当采取种植和储备饲草饲料、增加饲草饲料供应量、调剂处理牲畜、优化畜群结构、提高出栏率等措施，保持草畜平衡。草原载畜量标准和草畜平衡管理办法由国务院草原行政主管部门规定（《草原法》第三十三条）。牧区的草原承包经营者应当实行划区轮牧，合理配置畜群，均衡利用草原（《草原法》第三十四条）。

（5）基本草原保护制度

国家实行基本草原保护制度。下列草原应当划为基本草原，实施严格管理：①重要放牧场；②割草地；③用于畜牧业生产的人工草地、退耕还草地以及改良草地、草种基地；④对调节气候、涵养水源、保持水土、防风固沙具有特殊作用的草原；⑤作为国家重点保护野生动植物生存环境的草原；⑥草原科研、教学试验基地；⑦国务院规定应当划为基本草原的其他草原。基本草原的保护管理办法，由国务院制定（《草原法》第四十二条）。

（6）轮牧、休牧、禁牧制度

对严重退化、沙化、盐碱化、石漠化的草原和生态脆弱区的草原，实行禁牧、休牧制度（《草原法》第四十七条）。国家支持依法实行退耕还草和禁牧、休牧。具体办法由国务院或者省、自治区、直辖市人民政府制定。对在国务院批准规划范围内实施退耕还草的农牧民，按照国家规定给予粮食、现金、草种费补助。退耕还草完成后，由县级以上人民政府草原行政主管部门核实登记，依法履行土地用途变更手续，发放草原权属证书（《草原法》第四十八条）。国家提倡在农区、半农半牧区和有条件的牧区实行牲畜圈养。草原承包经营者应当按照饲养牲畜的种类和数量，调剂、储备饲草饲料，采用青贮和饲草饲料加工等新技术，逐步改变依赖天然草地放牧的生产方式。在草原禁牧、休牧、轮牧区，国家对实行舍饲圈养的给予粮食和资金补助，具体办法由国务院或者国务院授权的有关部门规定（《草原法》第三十五条）。

(7) 开展经营性旅游活动的规定

在草原上开展经营性旅游活动，应当符合有关草原保护、建设、利用规划，并事先征得县级以上地方人民政府草原行政主管部门的同意，方可办理有关手续。在草原上开展经营性旅游活动，不得侵犯草原所有者、使用者和承包经营者的合法权益，不得破坏草原植被（《草原法》第五十二条）。违反上述规定，擅自在草原上开展经营性旅游活动，破坏草原植被的，由县级以上地方人民政府草原行政主管部门依据职权责令停止违法行为，限期恢复植被，没收违法所得，可以并处违法所得一倍以上二倍以下的罚款；没有违法所得的，可以并处草原被破坏前三年平均产值六倍以上十二倍以下的罚款；给草原所有者或者使用者造成损失的，依法承担赔偿责任（《草原法》第六十九条）。

(8) 草原防火

草原防火工作贯彻预防为主、防消结合的方针。各级人民政府应当建立草原防火责任制，规定草原防火期，制定草原防火扑火预案，切实做好草原火灾的预防和扑救工作（《草原法》第五十三条）。

(9) 禁止性规定

1) 禁止开垦草原。对水土流失严重、有沙化趋势、需要改善生态环境的已垦草原，应当有计划、有步骤地退耕还草；已造成沙化、盐碱化、石漠化的，应当限期治理（《草原法》第四十六条）。非法开垦草原，构成犯罪的，依法追究刑事责任；尚不够刑事处罚的，由县级以上人民政府草原行政主管部门依据职权责令停止违法行为，限期恢复植被，没收非法财物和违法所得，并处违法所得一倍以上五倍以下的罚款；没有违法所得的，并处五万元以下的罚款；给草原所有者或者使用者造成损失的，依法承担赔偿责任（《草原法》第六十六条）。

2) 禁止在荒漠、半荒漠和严重退化、沙化、盐碱化、石漠化、水土流失的草原以及生态脆弱区的草原上采挖植物和从事破坏草原植被的其他活动（《草原法》第四十九条）。在荒漠、半荒漠和严重退化、沙化、盐碱化、石漠化、水土流失的草原，以及生态脆弱区的草原上采挖植物或者从事破坏草原植被的其他活动的，由县级以上地方人民政府草原行政主管部门依据职权责令停止违法行为，没收非法财物和违法所得，可以并处违法所得一倍以上五倍以下的罚款；没有违法所得的，可以并处五万元以下的罚款；给草原所有者或者使用者造成损失的，依法承担赔偿责任（《草原法》第六十七条）。

3) 除抢险救灾和牧民搬迁的机动车辆外，禁止机动车辆离开道路在草原上行驶，破坏草原植被（《草原法》第五十五条）。因从事地质勘探、科学考察等活动确需离开道路在草原上行驶的，应当向县级人民政府草原行政主管部门提交行驶区域和行驶路线方案，经确认后执行（《草原法》第五十五条）。非抢险救灾和牧民搬迁的机动车辆离开道路在草原上行驶或者从事地质勘探、科学考察等活动未按照确认的行驶区域和行驶路线在草原上行驶，破坏草原植被的，由县级人民政府草原行政主管部门责令停止违法行为，限期恢复植被，可以并处草原被破坏前三年平均产值三倍以上九倍以下的罚款；给草原所有者或者使用者造成损失的，依法承担赔偿责任（《草原法》第七十条）。

第四节　野生动植物和渔业资源保护的法律规定

一、野生动物资源保护的法律规定

1. 野生动物资源保护的立法概况

(1) 法律

《野生动物保护法》(1988年11月8日第七届全国人民代表大会常务委员会第四次会议通过，根据2004年8月28日第十届全国人民代表大会常务委员会第十一次会议《关于修改〈中华人民共和国野生动物保护法〉的决定》修正)。

(2) 行政法规

《国家重点保护野生动物名录》(1988年12月10日国务院批准，1989年1月14日中华人民共和国林业部、农业部第1号令发布，经国家林业局令第7号调整，2003年2月21日将调整的种类予以公布，自公布之日起施行)；《陆生野生动物保护实施条例》(1992年2月10日经国务院批准，1992年3月1日发布，自发布之日起实施)；《水生野生动物保护实施条例》(1993年10月29日发布，自发布之日起实施)；《关于禁止犀牛角和虎骨贸易的通知》(1993年5月29日发布，自发布之日起实施)；《濒危野生动植物进出口管理条例》(2006年4月12日国务院第131次常务会议通过，2006年4月29日公布，自2006年9月1日起施行)。

(3) 部门规章

《国家保护的有益的或者有重要经济、科学研究价值的陆生野生动物名录》(2000年8月1日国家林业局发布，自发布之日起施行)；《关于加强外来入侵物种防治工作的通知》(2003年1月13日发布，自发布之日起施行)；《引进陆生野生动物外来物种种类及数量审批管理办法》(2005年9月12日国家林业局局务会议审议通过，2005年9月27日公布，自2005年11月1日起施行)；《突发林业有害生物事件处置办法》(2005年5月13日国家林业局局务会议审议通过，2005年5月23日公布，自2005年7月1日起实施)。

2. 野生动物资源保护的主要法律规定

(1) 野生动物资源权属

野生动物资源属于国家所有。国家保护依法开发利用野生动物资源的单位和个人的合法权益(《野生动物保护法》第三条)。

(2) 野生动物分级保护

国家对珍贵、濒危的野生动物实行重点保护。国家重点保护的野生动物分为一级保护野生动物和二级保护野生动物。国家重点保护的野生动物名录及其调整，由国务院野生动物行政主管部门制定，报国务院批准公布。地方重点保护野生动物，是指国家重点保护野生动物以外，由省、自治区、直辖市重点保护的野生动物。地方重点保护的野生动物名录，由省、自治区、直辖市政府制定并公布，报国务院备案。国家保护的有益的或者有重要经济、科学研究价值的陆生野生动物名录及其调整，由国务院野生动物行政主管部门制定并公布(《野生动物保护法》第九条)。

（3）野生动物致害补偿

因保护国家和地方重点保护野生动物，造成农作物或者其他损失的，由当地政府给予补偿。补偿办法由省、自治区、直辖市政府制定（《野生动物保护法》第十四条）。因猎捕野生动物造成农作物或者其他损失的，由猎捕者负责赔偿（《野生动物保护法》第二十八条）。

（4）猎捕、狩猎野生动物的规定

禁止猎捕、杀害国家重点保护野生动物。因科学研究、驯养繁殖、展览或者其他特殊情况，需要捕捉、捕捞国家一级保护野生动物的，必须向国务院野生动物行政主管部门申请特许猎捕证；猎捕国家二级保护野生动物的，必须向省、自治区、直辖市政府野生动物行政主管部门申请特许猎捕证（《野生动物保护法》第十六条）。

猎捕非国家重点保护野生动物的，必须取得狩猎证，并且服从猎捕量限额管理。持枪猎捕的，必须取得县、市公安机关核发的持枪证（《野生动物保护法》第十八条）。猎捕者应当按照特许猎捕证、狩猎证规定的种类、数量、地点和期限进行猎捕（《野生动物保护法》第十九条）。在自然保护区、禁猎区和禁猎期内，禁止猎捕和其他妨碍野生动物生息繁衍的活动。禁猎区和禁猎期以及禁止使用的猎捕工具和方法，由县级以上政府或者其野生动物行政主管部门规定（《野生动物保护法》第二十条）。禁止使用军用武器、毒药、炸药进行猎捕。猎枪及弹具的生产、销售和使用管理办法，由国务院林业行政主管部门会同公安部门制定，报国务院批准施行（《野生动物保护法》第二十一条）。

（5）野生动物驯养繁殖的规定

国家鼓励驯养繁殖野生动物。驯养繁殖国家重点保护野生动物的，应当持有许可证。许可证的管理办法由国务院野生动物行政主管部门制定（《野生动物保护法》第十七条）。

（6）野生动物经营利用的规定

禁止出售、收购国家重点保护野生动物或者其产品。因科学研究、驯养繁殖、展览等特殊情况，需要出售、收购、利用国家一级保护野生动物或者其产品的，必须经国务院野生动物行政主管部门或者其授权的单位批准；需要出售、收购、利用国家二级保护野生动物或者其产品的，必须经省、自治区、直辖市政府野生动物行政主管部门或者其授权的单位批准。驯养繁殖国家重点保护野生动物的单位和个人可以凭驯养繁殖许可证向政府指定的收购单位，按照规定出售国家重点保护野生动物或者其产品。工商行政管理部门对进入市场的野生动物或者其产品，应当进行监督管理（《野生动物保护法》第二十二条）。

运输、携带国家重点保护野生动物或者其产品出县境的，必须经省、自治区、直辖市政府野生动物行政主管部门或者其授权的单位批准（《野生动物保护法》第二十三条）。

（7）野生动物进出口管理的规定

出口国家重点保护野生动物或者其产品的，进出口中国参加的国际公约所限制进出口的野生动物或者其产品的，必须经国务院野生动物行政主管部门或者国务院批准，并取得国家濒危物种进出口管理机构核发的允许进出口证明书。海关凭允许进出口证明书查验放行。涉及科学技术保密的野生动物物种的出口，按照国务院有关规定办理（《野生动物保护法》第二十四条）。动物园因交换动物需要进出口上述所称野生动物的，国务院林业行政主管部门批准前或者国务院林业行政主管部门报请国务院批准前，应当经国务院建设行政主管部门审核同意（《水生野生动物保护实施条例》第二十三条）。非法进出口野生动物或者其产品的，由海关依照《海关法》处罚；情节严重、构成犯罪的，依照《刑法》关于走私罪的规定追究刑事责任（《野生动物保护法》第三十七条）。伪造、倒卖、转让允许进出口证明书的，由野生动物行政主管部门或者工商行政管理部门吊销证件，没收违法所得，可以并处罚款。伪造、倒卖允许进出口证明书，情节严重、构成犯罪的，比照《刑法》的规定追究刑事责任（《野生动物保护法》第三十八条）。

（8）外来动物品种管理的规定

从国外或者外省、自治区、直辖市引进野生动物进行驯养繁殖的，应当采取适当措施，防止其逃至野外；需要将其放生于野外的，放生单位应当向所在省、自治区、直辖市人民政府林业行政主管部门提出申请，经省级以上人民政府林业行政主管部门指定的科研机构进行科学论证后，报国务院林业行政主管部门或者其授权的单位批准。擅自将引进的野生动物放生于野外或者因管理不当使其逃至野外的，由野生动物行政主管部门责令限期捕回或者采取其他补救措施（《陆生野生动物保护实施条例》第二十三条）。

从国外引进的珍贵、濒危野生动物，经国务院林业行政主管部门核准，可以视为国家重点保护野生动物；从国外引进的其他野生动物，经省、自治区、直辖市人民政府林业行政主管部门核准，可以视为地方重点保护野生动物（《陆生野生动物保护实施条例》第二十四条）。

（9）涉外管理规定

外国人在中国境内对国家重点保护野生动物进行野外考察或者在野外拍摄电影、录像，必须经国务院野生动物行政主管部门或者其授权的单位批准。建立对外国人开放的猎捕场所，应当报国务院野生动物行政主管部门备案（《野生动物保护法》第二十六条）。外国人未经批准在中国境内对国家重点保护野生动物进行野外考察、标本采集或者在野外拍摄电影、录像的，由野生动物行政主管部门没收考察、拍摄的资料以及所获标本，可以并处五万元以下罚款（《陆生野生动物保护实施条例》第四十条）。

二、野生植物资源保护的法律规定

1. 野生植物资源保护的立法概况

（1）行政法规

《野生植物保护条例》（1996 年 9 月 30 日发布，自 1997 年 1 月 1 日起实施）；《野生药材资源保护管理条例》（1987 年 10 月 30 日国务院发布，1987 年 12 月 1 日起实施）；《国务院关于禁止采集和销售发菜制止滥挖甘草和麻黄草有关问题的通知》（2000 年 6 月 14 日发布，自发布之日起实施）；《关于加强生物物种资源保护和管理的通知》（2004 年 3 月 31 日发布，自发布之日起实施）；《濒危野生动植物进出口管理条例》（2006 年 4 月 12 日国务院第 131 次常务会议通过，2006 年 4 月 29 日公布，自 2006 年 9 月 1 日起施行）。

（2）部门规章

《国家重点保护野生植物名录（第一批）》（1999 年 8 月 4 日国务院正式批准公布，2001 年 8 月 4 日修正，自 2001 年 8 月 4 日起实施）。

2. 野生植物资源保护的主要法律规定

（1）野生植物分级保护的规定

野生植物分为国家重点保护野生植物和地方重点保护野生植物。国家重点保护野生植物分为国家一级保护野生植物和国家二级保护野生植物。国家重点保护野生植物名录，由国务院林业行政主管部门、农业行政主管部门（以下简称国务院野生植物行政主管部门）商国务院环境保护、建设等有关部门制定，报国务院批准公布。地方重点保护野生植物，是指国家重点保护野生植物以外，由省、自治区、直辖市保护的野生植物。地方重点保护野生植物名录，由省、自治区、直辖市人民政府制定并公布，报国务院备案（《野生植物保护条例》第十条）。

（2）野生植物采集的规定

国家保护野生植物及其生长环境。禁止任何单位和个人非法采集野生植物或者破坏其生长环境（《野生植物保护条例》第九条）。禁止采集国家一级保护野生植物。因科学研究、人工培育、文化交流等特殊需要，采集国家一级保护野生植物的，必须经采集地的省、自治区、直辖市人民政府野生植物行政主管部门签署意见后，向国务院野生植物行政主管部门或者其授权的机构申请采集证。采集国家二级保护野生植物的，必须经采集地的县级人民政府野生植物行政主管部门签署意见后，向省、自治区、直辖市人民政府野生植物行政主管部门或者其授权的机构申请采集证。采集城市园林或者风景名胜区内的国家一级或者二级保护野生植物的，须先征得城市园林或者风景名胜区管理机构同意，分别依照前两款的规定申请采集证。采集珍贵野生树木或者林区内、草原上的野生植物的，依照《森林法》《草原法》的规定办理。野生植物行政主管部门发放采集证后，应当抄送环境保护行政主管部门备案。采集证的格式由国务院野生植物行政主管部门制定（《野生植物保护条例》第十六条）。

采集国家重点保护野生植物的单位和个人，必须按照采集证规定的种类、数量、地点、期限和方法进行采集。县级人民政府野生植物行政主管部门对在本行政区域内采集国家重点保护野生植物的活动，应当进行监督检查，并及时报告批准采集的野生植物行政主管部门或者其授权的机构（《野生植物保护条例》第十七条）。

未取得采集证或者未按照采集证的规定采集国家重点保护野生植物的，由野生植物行政主管部门没收所采集的野生植物和违法所得，可以并处违法所得十倍以下的罚款；有采集证的，可以吊销采集证（《野生植物保护条例》第二十三条）。伪造、倒卖、转让采集证或者有关批准文件的，由野生植物行政主管部门或者工商行政管理部门按照职责分工收缴，没收违法所得，可以并处五万元以下的罚款（《野生植物保护条例》第二十六条）。

（3）野生植物出售、收购的规定

禁止出售、收购国家一级保护野生植物。出售、收购国家二级保护野生植物的，必须经省、自治区、直辖市人民政府野生植物行政主管部门或者其授权的机构批准（《野生植物保护条例》第十八条）。野生植物行政主管部门应当对经营利用国家二级保护野生植物的活动进行监督检查（《野生植物保护条例》第十九条）。违反上述规定，出售、收购国家重点保护野生植物的，由工商行政管理部门或者野生植物行政主管部门按照职责分工没收野生植物和违法所得，可以并处违法所得十倍以下的罚款（《野生植物保护条例》第二十四条）。

（4）野生植物进出口管理的规定

出口国家重点保护野生植物或者进出口中国参加的国际公约所限制进出口的野生植物的，必须经进出口者所在地的省、自治区、直辖市人民政府野生植物行政主管部门审核，报国务院野生植物行政主管部门批准，并取得国家濒危物种进出口管理机构核发的允许进出口证明书或者标签。海关凭允许进出口证明书或者标签查验放行。国务院野生植物行政主管部门应当将有关野生植物进出口的资料抄送国务院环境保护部门。禁止出口未定名的或者新发现并有重要价值的野生植物（《野生植物保护条例》第二十条）。非法进出口野生植物的，由海关依照海关法的规定处罚（《野生植物保护条例》第二十五条）。伪造、倒卖、转让允许进出口证明书或者有关批准文件、标签的，由野生植物行政主管部门或者工商行政管理部门按照职责分工收缴，没收违法所得，可以并处五万元以下的罚款（《野生植物保护条例》第二十六条）。

（5）涉外管理的规定

外国人不得在中国境内采集或者收购国家重点保护野生植物。外国人在中国境内对国家重点保护野生植物进行野外考察的，必须向国家重点保护野生植物所在地的省、自治区、直辖市人民政府野生植物行政主管部门提出申请，经其审核后，报国务院野生植物行政主管部门或者其授权的机构批准；直接向国务院野生植物行政主管部门提出申请的，国务院野生植物行政主管部门在批准前，应当征求有关省、自治区、直辖市人民政府野生植物行政主管部门的意见（《野生植物保护条例》第二十一条）。外国人在中国境内采集、收购国家重点保护野生植物，或者未经批准对国家重点保护野生植物进行野外考察的，由野生植物行政主管部门没收所采集、收购的野生植物和考察资料，可以并处五万元以下的罚款（《野生植物保护条例》第二十七条）。

三、渔业资源保护的法律规定

1. 渔业资源保护的立法概况

（1）法律

《渔业法》（1986 年 1 月 20 日第六届全国人民代表大会常务委员会第十四次会议通过，根据 2000 年 10 月 31 日第九届全国人民代表大会常务委员会第十八次会议《关于修改〈中华人民共和国渔业法〉的决定》第一次修正，根据 2004 年 8 月 28 日第十届全国人民代表大会常务委员会第十一次会议《关于修改〈中华人民共和国渔业法〉的决定》第二次修正）。

（2）行政法规

《水产资源繁殖保护条例》（1979 年 2 月 10 日发布，自发布之日起实施）；《国务院关于印发中国水生生物资源养护行动纲要的通知》（2006 年 2 月 14 日颁布，自颁布之日起实施）；《国务院批转农业部关于进一步加快渔业发展意见的通知》（1997 年 1 月 27 日颁布，自颁布之日起实施）；《国务院办公厅关于做好涉外渔业管理工作的通知》（2004 年 8 月 9 日颁布，自颁布之日起实施）。

（3）行政规章

《远洋渔业管理规定》（2003 年 4 月 14 日农业部第 8 次常务会议审议通过，2003 年 4 月 18 日发布，自 2003 年 6 月1 日实施）；《农业部进一步加强鳗鱼养殖用药管理》（2003 年 6 月 19 日颁布，自颁布之日起实施）；《水产养殖质量安全管理规定》（2003 年 7 月 14 日经农业部第 18 次常务会议审议通过，2003 年 7 月 24 日发布，自 2003 年 9 月 1 日起实施）；《渔业捕捞许可管理规定》（2002 年 8 月 23 日农业部令第 19 号发布，经 2004 年 7 月 1 日农业部令第 38 号修订）；《水产苗种管理办法》（2001 年 12 月 8 日经农业部常务会议审议通过，2001 年 12 月 10 日发布，2004 年 12 月 21 日农业部第 37 次常务会议修订通过，自

2005年4月1日起施行)。

2. 渔业资源保护的主要法律规定

(1) 渔业权

养殖权和捕捞权合称为渔业权,已被《物权法》第一百二十三条所承认,意义重大。依法取得的使用水域、滩涂从事养殖、捕捞的权利受法律保护。

1) 渔业养殖权。国家鼓励全民所有制单位、集体所有制单位和个人充分利用适于养殖的水域、滩涂,发展养殖业(《渔业法》第十条)。

①养殖许可证。国家对水域利用进行统一规划,确定可以用于养殖业的水域和滩涂。单位和个人使用国家规划确定用于养殖业的全民所有的水域、滩涂的,使用者应当向县级以上地方人民政府渔业行政主管部门提出申请,由本级人民政府核发养殖证,许可其使用该水域、滩涂从事养殖生产。核发养殖证的具体办法由国务院规定(《渔业法》第十一条)。县级以上地方人民政府在核发养殖证时,应当优先安排当地的渔业生产者(《渔业法》第十二条)。当事人因使用国家规划确定用于养殖业的水域、滩涂从事养殖生产发生争议的,按照有关法律规定的程序处理。在争议解决以前,任何一方不得破坏养殖生产(《渔业法》第十三条)。

使用全民所有的水域、滩涂从事养殖生产,无正当理由使水域、滩涂荒芜满一年的,由发放养殖证的机关责令限期开发利用;逾期未开发利用的,吊销养殖证,可以并处一万元以下的罚款。未依法取得养殖证擅自在全民所有的水域从事养殖生产的,责令改正,补办养殖证或者限期拆除养殖设施。未依法取得养殖证或者超越养殖证许可范围在全民所有的水域从事养殖生产,妨碍航运、行洪的,责令限期拆除养殖设施,可以并处一万元以下的罚款(《渔业法》第四十条)。

集体所有的或者全民所有由农业集体经济组织使用的水域、滩涂,可以由个人或者集体承包,从事养殖生产(《渔业法》第十一条)。

②规范水产苗种的管理。国家鼓励和支持水产优良品种的选育、培育和推广。水产新品种必须经全国水产原种和良种审定委员会审定,由国务院渔业行政主管部门公告后推广。水产苗种的进口、出口由国务院渔业行政主管部门或者省、自治区、直辖市人民政府渔业行政主管部门审批。水产苗种的生产由县级以上地方人民政府渔业行政主管部门审批。但是,渔业生产者自育、自用水产苗种的除外(《渔业法》第十六条)。非法生产、进口、出口水产苗种的,没收苗种和违法所得,并处五万元以下的罚款。经营未经审定的水产苗种的,责令立即停止经营,没收违法所得,可以并处五万元以下的罚款(《渔业法》第四十四条)。

水产苗种的进口、出口必须实施检疫,防止病害传入境内和传出境外,具体检疫工作按照有关动植物进出境检疫法律、行政法规的规定执行。引进转基因水产苗种必须进行安全性评价,具体管理工作按照国务院有关规定执行(《渔业法》第十七条)。

县级以上人民政府渔业行政主管部门应当加强对养殖生产的技术指导和病害防治工作(《渔业法》第十八条)。

③防止水产养殖污染。从事养殖生产不得使用含有毒有害物质的饵料、饲料(《渔业法》第十九条)。从事养殖生产应当保护水域生态环境,科学确定养殖密度,合理投饵、施肥、使用药物,不得造成水域的环境污染(《渔业法》第二十条)。

2）渔业捕捞权：

①捕捞许可证。国家对捕捞业实行捕捞许可证制度。海洋大型拖网、围网作业以及到中华人民共和国与有关国家缔结的协定确定的共同管理的渔区或者公海从事捕捞作业的捕捞许可证，由国务院渔业行政主管部门批准发放。其他作业的捕捞许可证，由县级以上地方人民政府渔业行政主管部门批准发放；但是，批准发放海洋作业的捕捞许可证不得超过国家下达的船网工具控制指标，具体办法由省、自治区、直辖市人民政府规定（《渔业法》第二十三条）。未依法取得捕捞许可证擅自进行捕捞的，没收渔获物和违法所得，并处十万元以下的罚款；情节严重的，并可以没收渔具和渔船（《渔业法》第四十一条）。捕捞许可证不得买卖、出租和以其他形式转让，不得涂改、伪造、变造（《渔业法》第二十三条）。涂改、买卖、出租或者以其他形式转让捕捞许可证的，没收违法所得，吊销捕捞许可证，可以并处一万元以下的罚款；伪造、变造、买卖捕捞许可证，构成犯罪的，依法追究刑事责任（《渔业法》第四十三条）。

到他国管辖海域从事捕捞作业的，应当经国务院渔业行政主管部门批准，并遵守中华人民共和国缔结的或者参加的有关条约、协定和有关国家的法律（《渔业法》第二十三条）。

具备下列条件的，方可发给捕捞许可证：有渔业船舶检验证书；有渔业船舶登记证书；符合国务院渔业行政主管部门规定的其他条件。县级以上地方人民政府渔业行政主管部门批准发放的捕捞许可证，应当与上级人民政府渔业行政主管部门下达的捕捞限额指标相适应（《渔业法》第二十四条）。

从事捕捞作业的单位和个人，必须按照捕捞许可证关于作业类型、场所、时限、渔具数量和捕捞限额的规定进行作业，并遵守国家有关保护渔业资源的规定，大中型渔船应当填写渔捞日志（《渔业法》第二十五条）。违反捕捞许可证关于作业类型、场所、时限和渔具数量的规定进行捕捞的，没收渔获物和违法所得，可以并处五万元以下的罚款；情节严重的，可以没收渔具，吊销捕捞许可证（《渔业法》第四十二条）。

②捕捞限额制度。国家根据捕捞量低于渔业资源增长量的原则，确定渔业资源的总可捕捞量，实行捕捞限额制度。国务院渔业行政主管部门负责组织渔业资源的调查和评估，为实行捕捞限额制度提供科学依据。中华人民共和国内海、领海、专属经济区和其他管辖海域的捕捞限额总量由国务院渔业行政主管部门确定，报国务院批准后逐级分解下达。国家确定的重要江河、湖泊的捕捞限额总量由有关省、自治区、直辖市人民政府确定或者协商确定，逐级分解下达。捕捞限额总量的分配应当体现公平、公正的原则，分配办法和分配结果必须向社会公开，并接受监督。国务院渔业行政主管部门和省、自治区、直辖市人民政府渔业行政主管部门应当加强对捕捞限额制度实施情况的监督检查，对超过上级下达的捕捞限额指标的，应当在其次年捕捞限额指标中予以核减（《渔业法》第二十二条）。

③鼓励发展远洋捕捞。国家在财政、信贷和税收等方面采取措施，鼓励、扶持远洋捕捞业的发展，对于内水和近海的捕捞要加以限制，根据渔业资源的可捕捞量，安排内水和近海捕捞力量（《渔业法》第二十一条）。

（2）渔业资源增殖保护费制度

1）渔业资源增殖保护费征收对象。县级以上人民政府渔业行政主管部门可以向受益的单位和个人征收渔业资源增殖保护费，专门用于增殖和保护渔业资源。渔业资源增殖保护费的征收办法由国务院渔业行政主管部门会同财政部门制定，报国务院批准后施行（《渔业法》第二十八条）。

2）渔业资源增殖保护费征收部门。渔业资源费由县级以上人民政府渔业行政主管部门及其授权单位依照批准发放捕捞许可证的权限征收。由国务院渔业行政主管部门批准发放捕捞许可证的，渔业资源费由国务院渔业行政主管部门所属的海区渔政监督管理机构征收（《渔业资源增殖保护费征收使用办法》第四条）。县级以上地方人民政府渔业行政主管部门或者海区渔政监督管理机构，在批准发放捕捞许可证的同时征收渔业资源费，并在捕捞许可证上注明缴纳金额，加盖印章。征收渔业资源费时，必须出具收费的收据（《渔业资源增殖保护费征收使用办法》第九条）。

3）渔业资源增殖保护费的用途。渔业资源增殖保护费的使用，实行取之于渔、用之于渔的原则。渔业资源增殖保护费用于渔业资源的增殖、保护、使用范围是：①购买增殖放流用的苗种和培育苗种所需的配套设施，修建近海和内陆水域人工鱼礁、鱼巢等增殖设施；②为保护特定的渔业资源品种，借给渔民用于转业或者转产的生产周转金（不得作为生活补助和流动奖金）；③为增殖渔业资源提供科学研究经费补助；④为改善渔业资源增殖保护管理手段和监测渔业资源提供经费补助（《渔业资源增殖保护费征收使用办法》第十二条）。

4）渔业资源增殖保护费征收标准制定。渔业资源费分为海洋渔业资源费和内陆水域渔业资源费。

海洋渔业资源费年征收金额，由沿海省级人民政府渔业行政主管部门或者海区渔政监督管理机构，在其批准发放捕捞许可证的渔船前三年采捕水产品的平均年总产值（不含专项采捕经济价值较高的渔业资源品种产值）1%～3%的幅度内确定。内陆水域渔业资源费年征收金额由省级人民政府确定。专项采捕经济价值较高的渔业资源品种，渔业资源费年征收金额，由省级人民政府渔业行政主管部门或者海区渔政监督管理机构，在其批准发放捕捞许可证的渔船前三年采捕该品种的平均年总产值3%～5%的幅度内确定。经济价值较高的渔业资源品种名录，由国务院渔业行政主管部门确定（《渔业资源增殖保护费征收使用办法》第五条）。

渔业资源费的具体征收标准，由省级人民政府渔业行政主管部门或者海区渔政监督管理机构，在上述的渔业资源费年征收金额幅度内，依照下列原则制定：

①从事外海捕捞、有利于渔业资源保护或者国家鼓励开发的作业的，其渔业资源费征收标准应当低于平均征收标准，也可以在一定时期内免征渔业资源费。

②从事应当淘汰、不利于渔业资源保护或者国家限制发展的作业的，或者持临时捕捞许可证进行采捕作业的，其渔业资源费征收标准应当高于平均征收标准，但最高不得超过平均征收标准金额的三倍。

③依法经批准采捕珍稀水生动植物的，依照专项采捕经济价值较高的渔业资源品种使用的征收标准，加倍征收渔业资源费，但最高不得超过上述征收标准金额的三倍。因从事科研活动的需要，依据有关规定经批准采捕珍稀水生动植物的除外（《渔业资源增殖保护费征收使用办法》第六条）。

渔业资源费的具体征收标准，省级人民政府渔业行政主管部门制定的，由省级人民政府物价部门核定；海区渔政监督管理机构制定的，报国务院渔业行政主管部门审查后，由国务院物价部门核定（《渔业资源增殖保护费征收使用办法》第六条）。

(3) 水产种质资源保护区制度

1）设立水产种质资源保护区的范围。国家保护水产种质资源及其生存环境，并在具有较高经济价值和遗传育种价值的水产种质资源的主要生长繁育区域建立水产种质资源保护区（《渔业法》第二十九条）。

2）水产种质资源保护区内禁止捕捞。未经国务院渔业行政主管部门批准，任何单位或者个人不得在水产种质资源保护区内从事捕捞活动（《渔业法》第二十九条）。未经批准在水产种质资源保护区内从事捕捞活动的，责令立即停止捕捞，没收渔获物和渔具，可以并处一万元以下的罚款（《渔业法》第四十五条）。

(4) 禁止破坏性捕捞作业

禁止使用炸鱼、毒鱼、电鱼等破坏渔业资源的方法进行捕捞。禁止制造、销售、使用禁用的渔具。禁止在禁渔区、禁渔期进行捕捞。禁止使用小于最小网目尺寸的网具进行捕捞。捕捞的渔获物中幼鱼不得超过规定的比例。在禁渔区或者禁渔期内禁止销售非法捕捞的渔获物。重点保护的渔业资源品种及其可捕捞标准，禁渔区和禁渔期，禁止使用或者限制使用的渔具和捕捞方法，最小网目尺寸以及其他保护渔业资源的措施，由国务院渔业行政主管部门或者省、自治区、直辖市人民政府渔业行政主管部门规定（《渔业法》第三十条）。

禁止捕捞有重要经济价值的水生动物苗种。因养殖或者其他特殊需要，捕捞有重要经济价值的苗种或者禁捕的怀卵亲体的，必须经国务院渔业行政主管部门或者省、自治区、直辖市人民政府渔业行政主管部门批准，在指定的区域和时间内，按照限额捕捞。在水生动物苗种重点产区引水用水时，应当采取措施，保护苗种（《渔业法》第三十一条）。

使用炸鱼、毒鱼、电鱼等破坏渔业资源方法进行捕捞的，违反关于禁渔区、禁渔期的规定进行捕捞的，或者使用禁用的渔具、捕捞方法和小于最小网目尺寸的网具进行捕捞或者渔获物中幼鱼超过规定比例的，没收渔获物和违法所得，处以五万元以下的罚款；情节严重的，没收渔具，吊销捕捞许可证；情节特别严重的，可以没收渔船；构成犯罪的，依法追究刑事责任。在禁渔区或者禁渔期内销售非法捕捞的渔获物的，县级以上地方人民政府渔业行政主管部门应当及时进行调查处理。制造、销售禁用的渔具的，没收非法制造、销售的渔具和违法所得，并处一万元以下的罚款（《渔业法》第三十八条）。

(5) 保护和改善渔业水域生态环境

根据《渔业法》规定，各级人民政府应当采取如下措施，保护和改善渔业水域的生态环境，防治污染：

1）确保洄游通道畅通。在鱼、虾、蟹洄游通道建闸、筑坝，对渔业资源有严重影响的，建设单位应当建造过鱼设施或者采取其他补救措施（《渔业法》第三十二条）。

2）确保最低水位线。用于渔业并兼有调蓄、灌溉等功能的水体，有关主管部门应当确定渔业生产所需的最低水位线（《渔业法》第三十三条）。

3）确保渔业使用面积。禁止围湖造田。沿海滩涂未经县级以上人民政府批准，不得围垦；重要的苗种基地和养殖场所不得围垦（《渔业法》第三十四条）。

4）防止水下爆破、勘探、施工作业破坏渔业资源。进行水下爆破、勘探、施工作业，对渔业资源有严重影响的，作业单位应当事先同有关县级以上人民政府渔业行政主管部门协商，采取措施，防止或者减少对渔业资源的损害；造成渔业资源损失的，由有关县级以上人民政府责令赔偿（《渔业法》第三十五条）。

第五节　自然保护区和风景名胜区保护的法律规定

一、自然保护区保护的法律规定

1. 自然保护区保护的立法概况

（1）行政法规

《自然保护区条例》（1994 年 9 月 2 日国务院第 24 次常务会议讨论通过，1994 年 10 月 9 日国务院令 167 号发布，自 1994 年 12 月 1 日起施行）。

（2）部门规章

《森林和野生动物类型自然保护区管理办法》（1985 年 6 月 21 日国务院批准，1985 年 7 月 6 日林业部公布，自公布之日起实施）；《海洋自然保护区管理办法》（1995 年 5 月 29 日国家海洋局发布，自 1995 年 5 月 29 日起施行）；《水生动植物自然保护区管理办法》（1997 年 10 月 17 日农业部发布，自发布之日起施行）；《国家级自然保护区监督检查办法》（2006 年 10 月 18 日经国家环境保护总局 2006 年第 6 次局务会议通过，2006 年 10 月 26 日公布，自 2006 年 12 月 1 日起施行）；《中国自然保护区区徽使用管理暂行办法》（2007 年 6 月 8 日发布，自发布之日起施行）。

2. 自然保护区保护的主要法律规定

（1）自然保护区的建设

1）自然保护区的建立。凡具有下列条件之一的，应当建立自然保护区：①典型的自然地理区域、有代表性的自然生态系统区域以及已经遭受破坏但经保护能够恢复的同类自然生态系统区域；②珍稀、濒危野生动植物物种的天然集中分布区域；③具有特殊保护价值的海域、海岸、岛屿、湿地、内陆水域、森林、草原和荒漠；④具有重大科学文化价值的地质构造、著名溶洞、化石分布区、冰川、火山、温泉等自然遗迹；⑤经国务院或者省、自治区、直辖市人民政府批准，需要予以特殊保护的其他自然区域（《自然保护区条例》以下简称《条例》第十条）。

2）自然保护区的分级。自然保护区分为国家级自然保护区和地方级自然保护区。

①国家级自然保护区。在国内外有典型意义、在科学上有重大国际影响或者有特殊科学研究价值的自然保护区，列为国家级自然保护区（《条例》第十一条）。

国家级自然保护区的建立，由自然保护区所在的省、自治区、直辖市人民政府或者国务院有关自然保护区行政主管部门提出申请，经国家级自然保护区评审委员会评审后，由国务院环境保护行政主管部门进行协调并提出审批建议，报国务院批准（《条例》第十二条）。

②地方级自然保护区。除列为国家级自然保护区的外，其他具有典型意义或者重要科学研究价值的自然保护区列为地方级自然保护区。地方级自然保护区可以分级管理，具体办法由国务院有关自然保护区行政主管部门或者省、自治区、直辖市人民政府根据实际情况规定，报国务院环境保护行政主管部门备案（《条例》第十一条）。

地方级自然保护区的建立，由自然保护区所在的县、自治县、市、自治州人民政府或者省、自治区、直辖市人民政府有关自然保护区行政主管部门提出申请，经地方级自然保护区评审委员会评审后，由省、自治区、直辖市人民政府环境保护行政主管部门进行协调并提出审批建议，报省、自治区、直辖市人民政府批准，并报国务院环境保护行政主管部门和国务院有关自然保护区行政主管部门备案。跨两个以上行政区域的自然保护区的建立，由有关行政区域的人民政府协商一致后提出申请，并按照上述规定的程序审批（《条例》第十二条）。

（2）自然保护区的分区管理

自然保护区可以分为核心区、缓冲区和实验区加强管理。

1）核心区的管理。自然保护区内保存完好的天然状态的生态系统以及珍稀、濒危动植物的集中分布地，应当划为核心区（《条例》第十八条）。禁止任何人进入自然保护区的核心区。因科学研究的需要，必须进入核心区从事科学研究观测、调查活动的，应当事先向自然保护区管理机构提交申请和活动计划，并经省级以上人民政府有关自然保护区行政主管部门批准；其中，进入国家级自然保护区核心区的，必须经国务院有关自然保护区行政主管部门批准。自然保护区核心区内原有居民确有必要迁出的，由自然保护区所在地的地方人民政府予以妥善安置（《条例》第二十七条）。

2）缓冲区的管理。核心区外围可以划定一定面积的缓冲区，只准进入从事科学研究观测活动（《条例》第十八条）。禁止在自然保护区的缓冲区开展旅游和生产经营活动。因教学科研的目的，需要进入自然保护区的缓冲区从事非破坏性的科学研究、教学实习和标本采集活动的，应当事先向自然保护区管理机构提交申请和活动计划，经自然保护区管理机构批准。从事上述活动的单位和个人，应当将其活动成果的副本提交自然保护区管理机构（《条例》第二十八条）。

经批准在自然保护区的缓冲区内从事科学研究、教学实习和标本采集的单位和个人，不向自然保护区管理机构提交活动成果副本的，由自然保护区管理机构责令其改正，并可以根据不同情节处以100元以上5 000元以下的罚款（《条例》第三十四条）。

3）实验区的管理。缓冲区外围划为实验区，可以进入从事科学试验、教学实习、参观考察、旅游以及驯化、繁殖珍稀、濒危野生动植物等活动（《条例》第十八条）。在国家级自然保护区的实验区开展参观、旅游活动的，由自然保护区管理机构提出方案，经省、自治区、直辖市人民政府有关自然保护区行政主管部门审核后，报国务院有关自然保护区行政主管部门批准；在地方级自然保护区的实验区开展参观、旅游活动的，由自然保护区管理机构提出方案，经省、自治区、直辖市人民政府有关自然保护区行政主管部门批准。在自然保护区组织参观、旅游活动的，必须按照批准的方案进行，并加强管理；进入自然保护区参观、旅游的单位和个人，应当服从自然保护区管理机构的管理。严禁开设与自然保护区保护方向不一致的参观、旅游项目（《条例》第二十九条）。

自然保护区管理机构违反规定，有下列行为之一的，由县级以上人民政府有关自然保护区行政主管部门责令限期改正；对直接责任人员，由其所在单位或者上级机关给予行政处分：①未经批准在自然保护区开展参观、旅游活动的；②开设与自然保护区保护方向不一致的参观、旅游项目的；③不按照批准的方案开展参观、旅游活动的（《条例》第三十七条）。

4）外围保护地带。原批准建立自然保护区的人民政府认为必要时，可以在自然保护区的外围划定一定面积的外围保护地带（《条例》第十八条）。

（3）涉外管理

外国人进入地方级自然保护区的，接待单位应当事先报经省、自治区、直辖市人民政府有关自然保护区行政主管部门批准；进入国家级自然保护区的，接待单位应当报经国务院有关自然保护区行政主管部门批准。进入自然保护区的外国人，应当遵守有关自然保护区的法律、法规和规定（《条例》第三十一条）。

二、风景名胜区保护的法律规定

1. 风景名胜区保护的立法概况

（1）行政法规

《风景名胜区条例》（2006年9月6日国务院第149次常务会议通过，2006年9月19日公布，自2006年12月1日起施行）。

（2）部门规章

《国家级风景名胜区和历史文化名城保护补助资金使用管理办法》（2009年5月4日财政部发布，自发布之日起执行）；《国家级风景名胜区监管信息系统建设管理办法（试行）》（2007年10月26日原建设部发布，自发布之日起施行）；《国家级风景名胜区徽志使用管理办法》（2007年4月3日原建设部发布，自发布之日起施行）。

2. 风景名胜区保护的主要法律规定

（1）风景名胜区的设立

设立风景名胜区，应当有利于保护和合理利用风景名胜资源。新设立的风景名胜区与自然保护区不得重合或者交叉；已设立的风景名胜区与自然保护区重合或者交叉的，风景名胜区规划与自然保护区规划应当相协调（《风景名胜区条例》以下简称《条例》第七条）。

风景名胜区内的土地、森林等自然资源和房屋等财产的所有权人、使用权人的合法权益受法律保护。申请设立风景名胜区的人民政府应当在报请审批前，与风景名胜区内的土地、森林等自然资源和房屋等财产的所有权人、使用权人充分协商。因设立风景名胜区对风景名胜区内的土地、森林等自然资源和房屋等财产的所有权人、使用权人造成损失的，应当依法给予补偿（《条例》第十一条）。

根据《条例》规定，风景名胜区划分为国家级风景名胜区和省级风景名胜区。

1）国家级风景名胜区。自然景观和人文景观能够反映重要自然变化过程和重大历史文化发展过程，基本处于自然状态或者保持历史原貌，具有国家代表性的，可以申请设立国家级风景名胜区（《风景名胜区条例》第八条）。设立国家级风景名胜区，由省、自治区、直辖市人民政府提出申请，国务院建设主管部门会同国务院环境保护主管部门、林业主管部门、文物主管部门等有关部门组织论证，提出审查意见，报国务院批准公布（《条例》第十条）。

2）省级风景名胜区。自然景观和人文景观能够反映重要自然变化过程和重大历史文化发展过程，基本处于自然状态或者保持历史原貌，具有区域代表性的，可以申请设立省级风景名胜区（《条例》第八条）。设立省级风景名胜区，由县级人民政府提出申请，省、自治区人民政府建设主管部门或者直辖市人民政府风景名胜区主管部门，会同其他有关部门组织论证，提出审查意见，报省、自治区、直辖市人民政府批准公布（《条例》第十条）。

（2）风景名胜区的规划

风景名胜区总体规划应当包括下列内容：①风景资源评价；②生态资源保护措施、重大建设项目布局、开发利用强度；③风景名胜区的功能结构和空间布局；④禁止开发和限制开发的范围；⑤风景名胜区的游客容量；⑥有关专项规划（《条例》第十三条）。

风景名胜区应当自设立之日起 2 年内编制完成总体规划。总体规划的规划期一般为 20 年（《条例》第十四条）。国家级风景名胜区规划由省、自治区人民政府建设主管部门或者直辖市人民政府风景名胜区主管部门组织编制。省级风景名胜区规划由县级人民政府组织编制（《条例》第十六条）。

编制风景名胜区规划，应当广泛征求有关部门、公众和专家的意见；必要时，应当进行听证。风景名胜区规划报送审批的材料应当包括社会各界的意见以及意见采纳的情况和未予采纳的理由（《条例》第十八条）。风景名胜区规划经批准后，应当向社会公布，任何组织和个人有权查阅（《条例》第二十一条）。

经批准的风景名胜区规划不得擅自修改。确需对风景名胜区总体规划中的风景名胜区范围、性质、保护目标、生态资源保护措施、重大建设项目布局、开发利用强度以及风景名胜区的功能结构、空间布局、游客容量进行修改的，应当报原审批机关批准；对其他内容进行修改的，应当报原审批机关备案。风景名胜区详细规划确需修改的，应当报原审批机关批准。政府或者政府部门修改风景名胜区规划对公民、法人或者其他组织造成财产损失的，应当依法给予补偿（《条例》第二十二条）。

风景名胜区总体规划的规划期届满前 2 年，规划的组织编制机关应当组织专家对规划进行评估，作出是否重新编制规划的决定。在新规划批准前，原规划继续有效（《条例》第二十三条）。

（3）风景名胜区的保护

1）禁止性活动。第一，风景名胜区内禁止进行下列活动：①开山、采石、开矿等破坏景观、植被和地形地貌的活动；②修建储存爆炸性、易燃性、放射性、毒害性、腐蚀性物品的设施（《条例》第二十六条）；③违反风景名胜区规划，在风景名胜区内设立各类开发区和在核心景区内建设宾馆、招待所、培训中心、疗养院以及与风景名胜资源保护无关的其他建筑物（《条例》第二十七条）。违反规定，有上述行为之一的，由风景名胜区管理机构责令停止违法行为、恢复原状或者限期拆除，没收违法所得，并处 50 万元以上 100 万元以下的罚款。县级以上地方人民政府及其有关主管部门批准实施上述行为的，对直接负责的主管人员和其他直接责任人员依法给予降级或者撤职的处分；构成犯罪的，依法追究刑事责任（《条例》第四十条）。

第二，在风景名胜区内禁止进行开荒、修坟立碑等破坏景观、植被和地形地貌的活动（《条例》第二十六条）。违反上述规定，个人在风景名胜区内进行开荒、修坟立碑等破坏景观、植被、地形地貌的活动的，由风景名胜区管理机构责令停止违法行为、限期恢复原状或者采取其他补救措施，没收违法所得，并处 1 000 元以上 1 万元以下的罚款（《条例》第四十三条）。

第三，风景名胜区内禁止在景物、设施上刻划、涂污或者乱扔垃圾（《条例》第二十六条）。违反上述规定的，由风景名胜区管理机构责令恢复原状或者采取其他补救措施，处 50 元的罚款；刻划、涂污或者以其他方式故意损坏国家保护的文物、名胜古迹的，按照《治安管理处罚法》的有关规定予以处罚；构成犯罪的，依法追究刑事责任（《条例》第四十四条）。

2）限制性活动。第一，在风景名胜区内从事上述禁止范围以外的建设活动，应当经风景名胜区管理机构审核后，依照有关法律、法规的规定办理审批手续（《条例》第二十八条）。违反上述规定，在风景名胜区内从事禁止范围以外的建设活动，未经风景名胜区管理机构审核的，由风景名胜区管理机构责令停止建设、限期拆除，对个人处2万元以上5万元以下的罚款，对单位处20万元以上50万元以下的罚款（《条例》第四十一条）。

第二，在国家级风景名胜区内修建缆车、索道等重大建设工程，项目的选址方案应当报国务院建设主管部门核准（《条例》第二十八条）。违反上述规定，在国家级风景名胜区内修建缆车、索道等重大建设工程，项目的选址方案未经国务院建设主管部门核准，县级以上地方人民政府有关部门核发选址意见书的，对直接负责的主管人员和其他直接责任人员依法给予处分；构成犯罪的，依法追究刑事责任（《条例》第四十二条）。

第三，在风景名胜区内进行下列活动，应当经风景名胜区管理机构审核后，依照有关法律、法规的规定报有关主管部门批准：①设置、张贴商业广告；②举办大型游乐等活动；③改变水资源、水环境自然状态的活动；④其他影响生态和景观的活动（《条例》第二十九条）。违反规定，未经风景名胜区管理机构审核，在风景名胜区内进行上述活动的，由风景名胜区管理机构责令停止违法行为、限期恢复原状或者采取其他补救措施，没收违法所得，并处5万元以上10万元以下的罚款；情节严重的，并处10万元以上20万元以下的罚款（《条例》第四十五条）。

(4) 风景名胜区的利用和管理

风景名胜区管理机构应当根据风景名胜区的特点，保护民族民间传统文化，开展健康有益的游览观光和文化娱乐活动，普及历史文化和科学知识（《条例》第三十二条）。

风景名胜区管理机构应当建立健全安全保障制度，加强安全管理，保障游览安全，并督促风景名胜区内的经营单位接受有关部门依据法律、法规进行的监督检查。禁止超过允许容量接纳游客和在没有安全保障的区域开展游览活动（《条例》第三十六条）。

进入风景名胜区的门票，由风景名胜区管理机构负责出售。门票价格依照有关价格的法律、法规的规定执行。风景名胜区内的交通、服务等项目，应当由风景名胜区管理机构依照有关法律、法规和风景名胜区规划，采用招标等公平竞争的方式确定经营者。风景名胜区管理机构应当与经营者签订合同，依法确定各自的权利义务。经营者应当缴纳风景名胜资源有偿使用费（《条例》第三十七条）。

风景名胜区管理机构不得从事以营利为目的的经营活动，不得将规划、管理和监督等行政管理职能委托给企业或者个人行使。风景名胜区管理机构的工作人员，不得在风景名胜区内的企业兼职（《条例》第三十九条）。

本章小结

自然资源作为地球生态系统的基本构成要素，既是人类赖以生存的环境条件，又是社会经济发展的物质基础，还是人类文明得以存在的基本前提。自然资源问题是一个关系到人类生存与发展的根本性问题。运用法律手段来规范和调整不同社会主体在自然资源开发利用、保护和管理过程中发生的各种社会关系，是行之有效的方法。资源保护法是调整人们在自然资源开发利用、保护和管理过程中所发生的各种社会关系的法律规范的总称。资源保护法主要包括各种不同自然资源类型方面的法律，就我国现行法而言，主要有《土地管理法》《矿产资源法》《水法》《水土保持法》《森林法》《草原法》《野生动物保护法》《野生植物保护条例》《渔业法》《自然保护区条例》《风景名胜区条例》等，以及相应的行政法规、规章和地方性法规。资源保护法一般以某一环境要素为立法对象，针对不同环境要素的特点或生态功能分别立法加以保护。资源保护法是环境法的重要组成部分，各环境要素保护措施的实施，是生态平衡得以维持的法律保障。

复习思考题

1. 对土地争议处理决定不服的法律救济渠道是什么？

2. 被水淹没的河滩地再次显露后权属如何确认？

3. 建设用地使用权在空间分层设立发生冲突时如何解决？

4. 村民耿某某承包集体所有的土地 8.06 亩（其中耕地 1.23 亩，果园 6.83 亩）将被征用于修路，耿某某的耕地一直用于种玉米等农作物，果园里现有梨树 376 棵，苹果树 134 棵，都是 2000 年种植的，现在都处在丰产期。另外，果园里有水井一眼，打井花去 3 000 元。假如耿某某是你家乡所在地郊区的农民，请问：耿某某能得到的征地补偿金为多少？

5. 农村居民转为城镇居民后能否继续享有宅基地使用权？

6. 申请采矿权是否要先取得土地使用权？

7. 勘查、开采矿产资源过程中，保护生态环境的主要法律规定有哪些？应该如何完善此类规定？

8. 某村村内有一池塘，由于该村所在地区雨水充沛，该池塘常年蓄水，请问该池塘中的水属于谁所有？该村村民是否有权使用该池塘中的水？

9. 我国水土流失的现状如何？水土保持执法中存在的主要问题是什么？

10. 如何理解我国森林政策的几个关键问题，如林权登记、林业部门的权力、土地管理的分散性以及森林的市场化？

11. 某村村民李某 10 年前承包所在集体所有的一片山地植树造林，现该林地中的林木都已成材，请问：该林地中的林木属于谁所有？李某需要办理什么手续才能砍伐该片树林？如果李某在没有办理任何手续的情况下就砍光了该林地中的林木，其应当承担什么法律责任？

12. 如何看待生物多样性保护与人类之间的关系？

13. 截至目前，我国设立的国家级自然保护区有哪些？

14. 你最容易获得第一手资料的风景名胜区是哪个？你认为该风景名胜区目前存在的问题有哪些？

实训十二：土地资源案例

一、案情简介

刘某是H省路桥集团公司职工，与其妻李某原同是S省J县W村村民，后均转为城镇居民。1999年刘某决定在李某老家拆旧屋（为李某继承房屋）建新房。同年7月29日，刘某与其在老家的侄女签订了拆建房的协议。协议约定：将原有老房屋拆除，由其侄女与刘某共同出资重新建住房四间。协议签订后，刘某于2001年1月16日将2万元交与其侄女，房屋于2001年5月建成。后刘某因办不到房产证，双方产生纠纷，刘某诉至法院，请求判令其侄女返还其2万元联建房屋款并赔偿相应的损失。

二、实践活动

1. 把全班分为三个小组，讨论上述案件。

2. 每个小组把土地资源方面的全部现行法律、行政法规、部门规章、地方性法规和地方政府规章用图表的形式罗列出来，要求列明名称、制定机关、生效时间、修改情况等。

3. 每个小组都要把不同法律文件中有关土地所有权主体的不同称谓用图表的形式罗列出来，要求列明出处，并分析其相互之间的异同。

4. 在充分学习现行法律、法规的基础上，每个小组写出对此案的处理意见。

5. 教师进行讲评，在学习过程中教师要及时做好评价工作，以调动学生的学习积极性。

三、扩展活动

1. 把全班分成五个小组，要求每个小组列举出土地资源方面的五大热点问题，并说明选择理由。

2. 每个小组整理出三个土地资源方面的案例，要求写清楚案情简介和法理分析。

3. 每个小组选择至少一本与土地问题有关的书籍进行阅读，与其他同学交流读后心得。

实训十三：矿产资源案例

一、案情简介

A省某村地处山区，有一个石灰石矿。1999年，该村以村经济合作社的名义依法申请取得该石灰石矿的采矿许可证，使该石灰石矿成为村集体的重要收入来源。2001年8月，村经济合作社、村民委员会未经合作社社员或村民会议讨论，便将石灰石矿新开采点的开采权承包给了同村村民周某，约定开采期为5年，合计上缴承包款15万元。书面合同上虽未确定发包人是谁，但村经济合作社、村民委员会均在合同上甲方一栏盖了章，村经济合作社法定代表人张某等均签名。承包人周某随即交清了承包款，并投入资金购置设备进行矿石开采。

该村村民得知该情况后，认为两委员会擅自决定发包项目，且15万元的承包金额过低，已侵犯了村民的民主权利和经济利益。2002年3月，该村386名村民（占全村户籍在册738

人的过半数）集体向所在地市法院起诉，要求法院确认村委员会与周某签订的承包石灰石矿开采合同无效。

二、实践活动

1. 把全班分为三个小组，分别列举出处理该案时所应当依据的法律条文。

2. 要求每个小组以该案法官的口气写出一份判决书。

3. 教师进行讲评，在学习过程中教师要及时做好评价工作，以调动学生的学习积极性。

三、扩展活动

1. 把全班分成五个小组，要求每个小组列举出我国矿产资源方面的五大热点问题，并说明选择理由。

2. 每个小组整理出三个矿产资源方面的案例，要求写清楚案情简介和法理分析。

实训十四："三湖"水资源情况分析

一、阅读材料

2007年《中国水资源公报》显示：

（1）河流水质。2007年，对约14万 km^3 河流水质进行监测评价，Ⅰ类水河长占4.1%，Ⅱ类水河长占28.2%，Ⅲ类水河长占27.2%，Ⅳ类水河长占13.5%，Ⅴ类水河长占5.3%，劣Ⅴ类水河长占21.7%。与2006年比较，全国水质总体状况变化不大。各水资源一级区中，西北诸河区、西南诸河区、珠江区、东南诸河区和长江区水质较好，符合和优于Ⅲ类水的河长占88%～66%；松花江区、黄河区、辽河区、淮河区和海河区水质较差，符合和优于Ⅲ类水的河长占47%～28%。

（2）湖泊水质。对44个湖泊的水质进行了监测评价，水质符合和优于Ⅲ类水的面积占48.9%，Ⅳ类和Ⅴ类水的面积共占21.6%，劣Ⅴ类水的面积占29.5%。对43个湖泊的营养状态进行评价，1个湖泊为贫营养，中营养湖泊和轻度富营养湖泊各有15个，中度富营养湖泊有12个。国家重点治理的"三湖"情况如下：

太湖：若总磷、总氮参加水质评价，湖体水质均劣于Ⅲ类，Ⅳ类、Ⅴ类、劣Ⅴ类水面积分别占评价面积的7.4%、11.4%和81.2%。若总磷、总氮不参加水质评价，则Ⅲ类水面积占83.0%，Ⅳ类水面积占14.1%，劣Ⅴ类水面积占2.9%。除东太湖和东部沿岸带处于轻度富营养状态外，其他湖区均处于中度富营养状态。

滇池：耗氧有机物及总磷和总氮污染均十分严重。无论总磷、总氮是否参加评价，Ⅴ类水水面均占评价面积的29.1%，劣Ⅴ类水水面占70.9%。全湖处于中度富营养状态。

巢湖：西半湖污染程度明显重于东半湖。若总磷、总氮不参加评价，东半湖评价水面水质为Ⅲ～Ⅳ类，西半湖评价水面水质为Ⅳ～Ⅴ类，总体水质为Ⅳ类。若总磷、总氮参加评价，东半湖评价水面水质为Ⅳ～Ⅴ类，西半湖评价水面水质为劣Ⅴ类，总体水质为劣Ⅴ类。东半湖处于中度富营养状态，西半湖处于中营养状态。

二、实践活动

1. 把全班分为三个小组。

2. 每个小组负责收集国家重点治理的“三湖”中的一个湖的资料，要求把与每个湖相关的全部现行法律、行政法规、部门规章、地方性法规和地方政府规章用图表的形式罗列出来，要求列明名称、制定机关、生效时间、修改情况等。

3. 要求每个小组列举出各自负责收集资料的湖的五大突出问题，并说明选择理由。

4. 在充分学习现行法律、法规的基础上，要求每个小组写出如何用法律的手段去解决湖泊的环境问题。

5. 教师进行讲评，在学习过程中教师要及时做好评价工作，以调动学生的学习积极性。

三、扩展活动

1. 把全班分成三个小组，每个小组分别负责收集淮河、海河和辽河流域的相关资料，列举出该流域五大突出环境问题，并说明排序的理由。

2. 要求每个小组收集三个该流域的水污染案例，每个案例均要求写清楚案情并对案例进行法律分析。

3. 每个小组选择至少一本与水资源问题有关的书籍进行阅读，跟其他同学交流读后心得。

第六章 环境法律责任

本章学习目标

了解 环境民事责任、环境行政责任和环境刑事责任的概念与特征。

熟悉 环境民事责任、环境行政责任和环境刑事责任的构成要件。

掌握 环境民事责任的形式、环境行政处罚与环境行政处分的区别和破坏环境资源保护罪的15个罪名。

第一节 环境民事责任

一、环境民事责任的概念

1. 环境民事责任的定义

环境民事责任是指污染环境或者破坏资源所应当承担的民事法律责任。我国环境法律有两大任务：一是保护和改善生活环境和生态环境；二是防治环境污染和其他公害。与此相对应，危害环境的违法行为也可分为两大方面，即污染环境的违法行为和破坏环境与自然资源的违法行为。而民事责任相应的也可分为对污染危害环境者的民事责任（即公害的民事责任）和对资源破坏者的民事责任。由此可见，公害民事责任与资源破坏民事责任，是环境法律中针对不同的行为及行为对象规定的民事责任，是两类基本的环境民事责任。

“公害”一词的含义简单说是指由于人们的生产和生活活动，使生活环境和生态环境质量下降，并对人们的身体健康，生命安全以及财产所造成的社会性危害。《环境保护法》第二十四条所列举的废气、废水、废渣、粉尘、恶臭气体、放射性物质等有害物对环境的污染和噪声、振动、电磁波辐射等对环境的危害，均属于“公害”之列。“公害的民事责任”，即指公民、法人因污染危害环境而侵害国家或集体的公共财产或者他人的人身、财产而应承担的民事方面的法律责任。

资源破坏民事责任是指公民、法人因违反环境法律中有关资源保护法的规定，破坏土地、水、矿产、森林、野生动植物等资源而侵害社会主义公共财产或者他人财产而应承担的民事方面的法律责任。追究资源破坏民事责任与公害民事责任的目的，都是为了保障人体健康，促进社会主义现代化建设的发展。

2. 环境民事责任的特征

（1）主要体现为财产责任

因污染危害环境造成公共财产或者他人财产损失和因污染危害环境造成他人人身伤害、死亡所应承担的民事责任，主要是一种财产责任。即使造成人身伤亡，在民事责任方面，也是指污染危害环境行为造成他人人身伤亡导致财产损失的民事赔偿责任，至于侵害他人人体健康、生命安全本身，则应承担刑事责任，而不是民事责任。

（2）是平等双方当事人一方对另一方所承担的责任

民事法律关系主体之间，其权利、义务是对应和平等的。一方当事人不履行民事义务或者侵害了另一方当事人的合法权益；另一方当事人的权利、义务关系和平等地位就受到了破坏，这时，民事法律就要迫使不履行义务者或者侵害者承担民事责任后果，以使被破坏的平等地位和被侵害的民事权益得到恢复或者得到弥补。

（3）公害民事责任的范围与环境污染危害造成的损失相当

这一特点表明，致害者造成损失的大小是确定其承担民事责任的程度和范围的唯一依据。造成多大的损失就应承担多大的责任，以使受害者的合法权益得到充分、合理的补偿。

（4）实行较长的诉讼时效

《民法通则》对一般民事责任的诉讼时效分两种：因身体受到伤害要求赔偿的时效为一年；因财产受到损害要求赔偿的时效为两年。由于环境污染原因复杂，其危害的潜伏期较长，要发现和查明致害人以便提出赔偿要求或者提起诉讼都需要较长的时间。因此，《环境保护法》第四十二条规定："因环境污染损害赔偿提起诉讼的时效期间为三年，从当事人知道或者应当知道受到污染损害时起计算"。

（5）诉讼中实行举证责任倒置

按照《民事诉讼法》的一般规定，原告应当为自己的诉讼请求提供证据，包括提供致害人有过错，侵权行为与损害结果有因果关系的依据。考虑到公害的特殊性和环境污染因果关系的复杂性，我国法律确认了举证责任倒置原则，即原告只需提出自己所受的损害是由被告的环境污染行为引起的。如果被告要否认，被告就必须提出足够证据来否定这种因果关系的存在，否则不能免除其责任。

3. 环境民事责任的构成要件

一般民事责任的构成要件为：损害后果、违法行为、损害和行为之间的因果关系以及行为人的主观过错。

环境民事责任的构成要件：污染环境（公害）和破坏资源两种环境侵权行为承担民事责任的要件有所不同，后者要求符合一般构成要件，而公害民事责任的构成要件则为：损害事实的客观存在、污染危害行为以及污染危害行为和损害事实之间的关系，见表 6—1。

表 6—1　　污染环境（公害）与破坏资源承担民事责任的要件比较

类型 条件	污染环境（公害）	破坏资源
1	损害后果	损害后果
2	损害后果和污染危害环境行为之间有因果关系	损害后果和破坏行为之间有因果关系
3	污染危害环境的行为	破坏资源的行为
4		主观过错

污染环境（公害）民事责任所适用的是无过错责任原则。

二、无过错责任

1. 无过错责任原则的概念

无过错责任原则，也称无过失责任原则或严格责任原则，它是指实施污染危害环境的行为，给国家、其他单位或者个人客观上造成了损失的公民、法人，即使主观上没有过错，也应当承担民事赔偿责任。无过错责任原则，属于民法中承担特殊侵权责任的特殊原则，即一般民事责任的归责原则——过错责任原则的例外。但是，在环境污染民事赔偿责任归责中，则是普遍的归责原则。

从上述定义可知，环境污染民事责任的构成要件有三：第一，污染危害环境的行为；第二，造成损害的后果；第三，污染危害环境的行为与损害后果之间存在因果关系。

（1）污染危害环境的行为

即无论污染者实施的污染危害环境的行为是否违反环境法的规定，均视为承担环境民事责任的要件。

（2）造成损害后果的事实客观存在

环境污染民事责任是一种侵权的民事责任。《侵权责任法》第六十五条规定："因污染环境造成损害的，污染者应当承担侵权责任。"从这一规定中不难看出，污染危害环境造成他人损害的事实，是追究环境污染民事责任的首要条件。

（3）污染危害环境行为与损害后果之间存在因果关系

因果关系是客观存在的不以人的意志为转移的现象之间内在的必然联系。常见的环境污染民事案件中，污染危害环境的行为与损害后果之间，是相对的两种社会现象与自然现象的综合。因此，要追究排污者的民事责任，就必须查明其行为与结果之间的因果关系。

无过错责任原则与过错责任原则相比较，其范围更宽，也更严格，即环境污染危害包括了过错行为造成的环境污染事故和无过错行为造成的环境污染事件。排污者只要具备了上述三个要件，即使主观上没有过错，也应当承担民事赔偿责任；有过错，当然更应当承担民事赔偿责任。

2. 实行无过错责任的原因及其意义

（1）现代工业是属于具有高度危险的污染危害环境的企业

环境污染是现代工业的产物，而大工业是造成环境污染危害的主要原因。随着科学技术的飞速发展，现代企业的生产过程、技术设备及工艺越来越复杂，其规模也越来越大。这些企业往往为了追求经济利益，降低成本，无时不向环境超标排放各种污染物，尤其是排放有毒有害物质。虽然企业采取了各种污染防治措施和安全措施，但仍然不能完全消除对环境的污染和侵害人体健康的危险。也就是说，即使企业排污中没有过错，也可能给他人造成污染危害。另外，环境污染所造成的危害，一般都范围广，后果严重，不但危及当代人的健康及生命，制约经济、社会的可持续发展，而且还会影响到下代人乃至整个人类和其他生物的生存与发展。因此，环境污染民事责任采用无过错责任原则，明确企业应承担的法律责任是十分必要的。

(2) 环境污染民事责任实行过错责任归责不仅不合理也是不公平的

一般民事责任实行过错责任归责，即在一般民事侵权赔偿诉讼中，受害人必须提供有关证据，包括加害人有过错的证据，否则索赔请求不成立。但是，在环境污染民事赔偿诉讼中，由于现代工业生产及由此造成的环境污染一般都涉及复杂的专门科学技术问题，作为普通公众的受害人、农民或城镇居民，难以了解生产工艺及造成污染的原因，更难以提供充足的证据，也就难以证实加害人的故意或过失。如果因受害人不能证明加害人有过错，使受害人得不到法律保护，这实际上等于承认排污者“污染权”的合法化，无异于放纵排污者图财害命，这很不合理，也很不公平。因此，无过错责任原则已普遍成为当代各国环境法所采用的归责原则。

关于无过错责任原则的适用，一些国家的规定与我国环境法的规定有所不同。如日本国的《公害防治法》只对因大气污染、水污染造成损害实行无过错责任，而且仅限于“对人的生命或者健康的危害”及特定的“原因物质”，而对法律未作规定的“新的公害”和对人体伤害之外的“农业损害和渔业损害”，或者“噪声、振动及其他公害所造成的损害”，则不适用无过错责任。而我国的环境法考虑到环境污染所造成的严重后果，以及加害人与受害人的不同经济状况，并没有规定上述限制条件，这是符合我国环境法的立法宗旨的，也体现了社会公正性要求。

环境污染民事责任实行无过错责任归责，依法及时、有效保护受害者的合法权益，使受害人得到应有的补偿，对于明确排污者的责任，加强防范，推动排污者采取防治污染的措施，积极主动治理具有重要意义。

3. 无过错责任的抗辩事由

无过错责任的抗辩事由，是指排污者虽然造成了环境污染损害，但是由于不可归责的原因，法律规定可以不承担民事赔偿责任或者减轻赔偿责任的特殊情况。

我国环境法对无过错责任的抗辩事由，作了具体规定，见表6—2。

表6—2　无过错责任的抗辩事由

法律	条款	免责事由	免责条件	免责程度
《环境保护法》	第四十一条第三款	自然灾害	完全由于不可抗拒的自然灾害，并经及时采取合理措施，仍然不能避免造成环境污染损害的	免予承担责任

续表

法律	条款	免责事由	免责条件	免责程度
《海洋环境保护法》	第九十二条	（1）战争 （2）不可抗拒的自然灾害 （3）负责灯塔或者其他助航设备的主管部门，在执行职责时的疏忽，或者其他过失行为	完全属于左列情形之一，经过及时采取合理措施，仍然不能避免对海洋环境造成了污染损害的	免予承担责任
《大气污染防治法》	第六十三条	自然灾害	完全由于不可抗拒的自然灾害，并经及时采取合理措施，仍然不能避免造成大气污染损失的	免予承担责任
《水污染防治法》	第八十五条	（1）不可抗力 （2）受害人故意 （3）受害人重大过失	（1）由于不可抗力造成水污染损害的 （2）水污染损害是由受害人故意造成的 （3）水污染损害是由受害人重大过失造成的	（1）由于不可抗力造成水污染损害的，排污方不承担赔偿责任；法律另有规定的除外 （2）水污染损害是由受害人故意造成的，排污方不承担赔偿责任 （3）水污染损害是由受害人重大过失造成的，可以减轻排污方的赔偿责任

《立法法》第八十三条规定，同一机关制定的法律，特别规定与一般规定不一致的，适用特别规定；新的规定与旧的规定不一致的，适用新的规定。为充分保障受害人的合法权益，我国《民法通则》对"不可抗力"作了严格的界定："是指不能预见、不能避免并不能克服的客观情况。"《侵权责任法》第三十条、第三十一条还规定，因正当防卫造成损害的，不承担责任。正当防卫超过必要的限度，造成不应有的损害的，正当防卫人应当承担适当的责任。因紧急避险造成损害的，由引起险情发生的人承担责任。如果危险是由自然原因引起的，紧急避险人不承担责任或者给予适当补偿。紧急避险采取措施不当或者超过必要的限度，造成不应有的损害的，紧急避险人应当承担适当的责任。

正确理解和准确把握无过错责任的免责条件，对于公正公平调解环境污染民事纠纷，提高环境保护行政机关及审判机关的办案质量，以环境公平促进社会公平具有重要现实意义。

三、连带责任与混合责任

1. 连带责任

连带责任，是指两个以上排污单位共同造成环境污染损害时，每一个排污单位都应当对损害后果承担全部的民事责任。《侵权责任法》第八条规定："二人以上共同实施侵权行为，造成他人员害的，应当承担连带责任。"连带责任是一种更加严格的环境民事责任，它要求排污单位在从事对环境有影响的活动中特别要加强环境管理，避免对他人造成损害，否则就要承担全部民事责任。

2. 混合责任

混合责任，是指由于排污单位和受害者的过错，共同造成环境污染损害所应承担民事责任。《侵权责任法》第二十六条规定："被侵权人对损害的发生也有过错的，可以减轻侵权人的责任。"根据这一规定，当排污单位和受害者均有过错且共同造成环境污染损害时，应当按照双方各自的过错情节分别确定各方的民事责任。

四、举证责任转移及因果关系推定

1. 举证责任转移

举证责任，是指当事人对自己的主张负有提供证据的责任，否则可能导致不利于自己的法律后果。

所谓举证责任转移，也称举证责任倒置，是指受害方不必提供包括加害方有过错的证据，而只需提供加害方已有污染危害环境行为等"表面"证据及自身受损害是由于加害方排污行为所造成的事实，赔偿请求即成立，如果加害方要否认，就必须提供反证。

关于举证责任转移的法律规定，我国于1992年7月14日，在最高人民法院《关于适用〈民事诉讼法〉若干问题的意见》中首次作出了明确规定。该《意见》第七十四条规定："因环境污染引起的损害赔偿诉讼，对原告提出的侵权事实，被告否认的，由被告负责举证。"此外，新颁布的《侵权责任法》第六十六条规定："因污染环境发生纠纷，污染者应当就法律规定的不承担责任或者减轻责任的情形及其行为与损害之间不存在因果关系承担举证责任。"

实行举证责任转移原则，对于更好地维护受害者的合法环境权益，促使排污者积极治理污染，防止重大污染事故的发生，推动证据理论的发展，完善环境立法具有重要意义。

2. 因果关系推定

因果关系推定，是指只要确定某工厂已排放了有害污染物，且单独排放量已使群众的健康或者生命安全达到危害的程度时，便可推定此种危害系排污单位排放的污染物所致。

在环境污染民事纠纷中，排污者污染危害行为与损害结果之间因果关系的认定要比一般民事责任和行政责任、刑事责任的因果关系复杂和困难得多。为解决这一难题，一些国家的环境法规定，在不能确定严格因果关系的情况下，可以采用因果关系推定原则，即以因果关系推定原则代替因果关系的直接认定。

我国环境法至今尚未作出因果关系推定原则的规定，但是在环境污染民事纠纷的行政处理和法院审判实践中，实际上已接受和采纳了这一原则，不要求严格的直接因果关系的证据。

五、环境污染民事责任的形式

1. 一般民事责任的形式

一般民事责任的形式，是指公民、法人由于不履行合同义务或者侵权而应承担民事法律后果的方式或者范围。

根据《侵权责任法》第十五条规定，承担侵权责任的方式主要有：停止侵害；排除妨碍；消除危险；返还财产；恢复原状；赔偿损失；赔礼道歉；消除影响、恢复名誉。以上承担侵权责任的方式，可以单独适用，也可以合并适用。

2. 环境污染民事责任的形式

环境污染民事责任的形式，是指根据环境法的规定，因污染危害环境造成财产或者人身损失的公民、法人应承担民事法律后果的方式及范围。

关于环境污染民事责任的形式，《侵权责任法》《环境保护法》及环境污染防治单行法均有明确的规定。如《侵权责任法》第六十五条规定："因污染环境造成损害的，污染者应当承担侵权责任。"由此可见，环境污染民事责任的形式并不局限于排除危害和赔偿损失两种。

3. 赔偿损失

(1) 赔偿损失的概念

赔偿损失，是指依照环境法的规定，由国家强令污染危害环境的法人、公民，以自己的财产弥补对他人造成的财产损失的一种民事责任形式。侵害他人财产的，财产损失按照损失发生时的市场价格或者其他方式计算。

根据我国环境法的精神，将污染危害环境所造成的"损害"可分为直接损失与间接损失、物质损失与精神损害、直接受到损害者与间接受到损害者等。

1) 直接损失与间接损失。直接损失，是指因受环境污染危害而造成法律所保护的现有财产的减少或者丧失的实际，也称实际损失；间接损失，也称可得利益的损失，是指由直接损失引发的其他损失，即在正常情况下应当得到，但因环境污染危害而得不到的那一部分合法收入。

2) 物质损失与精神损失。物质损失，是指受害者因环境污染危害所造成的财产上的损失；精神损害在民法上是指侵权行为所造成的人格上的损害。

近年来，我国各地因环境污染危害而导致精神伤害损害的事件不断发生。对此，有的地方人民法院不能正确地判决加害方承担精神赔偿责任，《侵权责任法》的颁布，标志着我国现行法律第一次明确规定了精神损害赔偿。

3) 直接受到损害者与间接受到损害者。直接受到损害者，是指环境污染危害行为直接指向的公民、法人或者其他组织。例如某企业排污毒死养鱼塘中的鱼苗，个体养鱼户是直接受到损害的人。个体养鱼户与某饭店签订了供应鱼的合同，后因鱼苗全部死亡而未能按合同供应鱼使饭店的经营受损失，饭店便是间接受到损害者。

(2) 赔偿损失的原则

赔偿损失的原则，是指确定赔偿损失的范围及具体数额时应遵循的准则。根据环境法及相关法律规定，以及我国环境保护法的实践，在环境污染民事纠纷中，确定赔偿损失的范围及具体数额应遵循如下原则：

1) 对财产损失全部赔偿的原则。环境污染民事责任的财产性质及对受害者给予经济补偿的目的决定了赔偿损失的范围、具体数额完全取决于加害者造成他人财产损失的大小。即损失多少应赔偿多少，没有造成损失就无须承担赔偿责任。

2) 对人体健康及生命的伤害只赔偿由此引起的财产损失的原则。这一原则是指加害者必须承担因污染危害环境造成他人伤残或者死亡所引起的财产损失的全部赔偿责任，而不是赔偿人体伤残或死亡本身。

3) 适当考虑当事人经济状况的原则。根据这一原则，在确定赔偿金额时，可以适当考虑当事人（主要指加害者）的经济状况。但是，必须以承担赔偿责任为前提，且必须征得受害者的同意。

(3) 赔偿金额的计算方法

1）对财产损失的赔偿范围及其计算方法。根据全部赔偿原则，对财产损失的赔偿包括了直接损失的赔偿及间接损失的赔偿。对此，我国环境法尚未作出具体规定，但是我国许多地方在实践中积累的行之有效的做法值得总结和借鉴。

以企业排污污染个体养鱼塘水质毒死鱼苗案为例：在此，个体养鱼户的财产直接损失是指被毒死的鱼苗成本，包括购鱼苗费、运输费、鱼塘租金、鱼苗死前的饵料费及劳务费等；财产的间接损失是指鱼苗长大成鱼后个体养鱼户通常应得收入，即利润部分。这一部分计算较为复杂，通常从成鱼的价格中扣除成鱼过程中必要费用（即成本部分）。在计算时，还应当考虑鱼的成活率、市场价格、鱼的品种及渔民养鱼经验、经营水平等因素，其计算公式应为：[鱼苗数×成活率（%）×公斤/每尾×元/公斤]－成鱼成本。

另一种最简便的计算方法，是按照正常情况下成鱼价格的一定比例计算，一般按40%～60%进行赔偿，即成鱼价格×（40%～60%）。

2）对污染危害人体健康、生命造成财产损失的赔偿及其计算方法。根据《民法通则》第一百一十九条规定，因污染危害环境造成人身伤害的赔偿分为三类：

第一类为人身伤害。指被侵权人经治疗后可恢复健康的伤害。对这一类人身伤害所造成的财产损失的赔偿，包括医疗费、护理费、交通费等为治疗和康复支出的合理费用，以及因误工减少的收入。

第二类为人身伤残。指因环境污染危害造成身体伤残程度的确定，一般应按照医院诊断结论为准；对造成身体残疾的，所造成的财产损失的赔偿，除上述费用之外，还应当赔偿残疾生活辅助具费和残疾赔偿金。

第三类为死亡者。指因环境污染危害所造成的死亡者。对因受害死亡而造成财产损失的赔偿，包括医疗费、护理费、交通费等为治疗和康复支出的合理费用，以及因误工减少的收入，还应当赔偿丧葬费和死亡赔偿金。

4．排除危害

排除危害，是指环境保护监督管理部门依法强令造成或者可能造成环境污染危害者，排除可能发生的环境污染危害，或者停止已经发生环境污染危害并予以消除继续发生环境污染危害的一种民事制裁形式。从上述概念可知，《环境保护法》所规定的排除危害实际上包括了《侵权责任法》所规定的停止侵害、排除妨碍及消除危险等侵权责任。

从《环境保护法》的规定看，排除危害具有如下两个特点：第一，排除危害是一种预防性的民事责任形式。即排除危害与停止侵害、排除妨碍、消除危险相同，都是属于强调预防性的民事责任形式，而不是带有补偿性、财产性的民事责任形式。第二，排除危害的预防性功能更为突出。即排除危害与上述三种民事责任形式相比较，其预防性功能更为明显，更为突出。因为它不仅严格要求停止已发生的环境污染危害行为，而且还要求排除尚未发生但实际可能要发生的环境危害隐患。

在环境保护监督管理中，正确、及时适用排除危害这种民事责任形式，对贯彻“预防为主”原则，主动预防和消除环境污染危害的危险或者隐患具有重要意义。

六、解决环境污染民事赔偿纠纷的程序

根据我国《环境保护法》的规定，解决环境污染民事纠纷的程序主要有两种形式：一是根据当事人的请求，由环境保护监督管理部门调解处理（如果调解不成，当事人还可以向人

民法院起诉)；二是由当事人直接向人民法院起诉，由人民法院按照《民事诉讼法》规定的程序审理。由此可见，民事诉讼程序是解决环境污染民事纠纷的最终程序。环境污染民事纠纷行政处理程序详见本教材第七章。

第二节　环境行政责任

一、环境行政责任的概念及特征

1. 环境行政责任的定义

环境行政责任，是指违反《环境保护法》，实施了污染环境的单位或个人所应承担的行政方面的法律责任。其中的“单位”是指法人和其他组织。“法人”是指“具有民事权利能力和民事行为能力，依法独立享有民事权利和承担民事义务的组织”。“其他组织”是指不具备法人资格的社会组织。“个人”是指具有相应民事行为能力的自然人，包括我国公民和在我国境内的外国人以及无国籍人。

2. 环境行政责任的特征

(1) 承担环境行政责任的主体是行政主体和行政相对人

行政主体是拥有行政管理职权的行政机关及其公职人员，如各级环境保护主管部门、依照有关法律规定对环境污染实施监督管理的港务监督、渔政渔港监督机构等。行政相对人是负有遵守环境行政法律义务的普通公民、法人和其他组织。

(2) 构成环境行政责任是行为人的行政违法行为和法律规定的特定情况

追究行政责任的法律依据，包括一切环境保护法律、法规、规章和具有普遍约束力的决定、命令。

(3) 在正常情况下，实行过错责任原则

过错责任原则，又称过失责任原则，它以行为人的过错作为归责的根据和要件。它要求对加害人追求法律责任以加害人的主观有过错为要件，在举证责任上实行“谁主张，谁举证”的原则。

(4) 环境行政责任的承担方式多样化，包括财产责任和人身责任等

二、环境行政责任的构成要件

根据《环境保护法》的规定，行政责任的构成要件包括：行为违法，行为有危害结果，违法行为与危害后果有因果关系，行为人有过错。

(1) 行为违法

指单位或个人（以下简称“行为人”）实施了污染或者破坏环境的行为而违反了环境保护法，这是环境保护领域中行为人承担行政责任的第一个必要条件。

关于排污单位超过国家或者地方规定排放标准排放污染物是否属于违法行为的问题，应当认为，在1999年年底以前一般不属于违法，因而也不应承担行政责任。只有同时具备“擅自拆除或者闲置防治污染的设施”，因而造成“污染物排放超过规定的排放标准”时，才算违法，并要承担相应的行政责任。1999年12月25日和2000年4月29日，经修订后的《海洋环境保护法》和《大气污染防治法》则明文规定，超过规定标准向海洋或者大气环境

排放污染物者的行为属于违法，并应受到行政处罚。

（2）行为有危害后果

指违法行为造成了污染或者破坏环境的后果。例如排污者擅自拆除或者闲置防治污染设施致使污染物超标排放，造成农作物枯黄失收或者鱼类死亡等。

需要注意的是，《环境保护法》和环境保护单行法的许多行政责任规范中，并未将危害后果规定为承担行政责任的必要条件。这体现了《环境保护法》以预防为主的基本原则和惩罚危害行为的精神。就是说，只要行为者实施了污染或者破坏环境的违法行为，即使未造成危害后果，也将受到法律制裁。但是，在另一些场合，《环境保护法》则明文规定，只有造成危害后果的行为才算违法，才应受到法律制裁。

可见，在行政责任中“危害后果”具有不同的意义。在一些场合，即在法律明文规定的情况下，它是承担行政责任的构成要件；在另一些场合，它既是承担行政责任的构成要件，又是对违法者从重处罚的情节；还在一些场合，只有在情节较重时，才成为追究有关责任人员行政责任的构成要件。

（3）违法行为与危害后果有因果关系

指违法行为与该行为所造成的污染或者破坏环境的后果之间存在着内在的、必然的联系，而不是表面的、偶然的联系。例如某鱼塘鱼类的死亡，经环境监测确认系由附近某化工厂因发生事故大量超标排放的污染物所致。这时，就可认定该化工厂的上述排污行为是造成该鱼塘鱼类死亡的原因。该鱼塘鱼类的死亡是化工厂排污行为造成的危害后果，排污行为与鱼类死亡存在着必然的因果关系。

（4）行为者有过错

“过错”指行为者实施污染或者破坏环境违法行为时的心理状态，分故意和过失两种。行政法律责任中过错的概念，一般参照《刑法》的规定。“故意”是指行为者明知自己的行为会造成污染或者破坏环境的危害后果，并且希望或者放任这种危害后果发生。“过失”是指行为者应当预见自己的行为可能发生污染或者破坏环境的危害后果，因疏忽大意而没有预见，或者已经预见而轻信可以避免，以致发生危害后果的心理状态。

我国的《环境保护法》，对故意实施污染或者破坏环境的违法行为，一般都规定应当追究其行政责任。对过失行为，则规定在一定条件下不予追究。例如《环境保护法》第三十五条第一款中的“一”和“二”，如果不是拒绝、拒报、弄虚作假，而是因疏忽大意而忘却或者计算错误，就不应追究其行政责任。需要注意的是，一些违法行为既可能是故意，也可能是过失实施。区分故意与过失心理状态的意义在于：过错的形式不同，对其惩罚的程度应有区别。

从以上的分析可知，承担行政责任必须具备行为违法和有过错两个条件，只有在法律明文规定的情况下，危害后果和违法行为与危害后果之间有因果关系才是承担行政责任的条件。故可将前者称为“必要条件”，后者则称“选择条件”。

三、环境行政制裁的概念及特征

1. 环境行政制裁的定义

指环境保护监督管理部门对违反《环境保护法》而承担行政责任者，依法实施的行政方面的惩罚措施。

环境行政制裁的对象，一是环境保护监督管理相对人（以下简称“相对人”），对其实施行政制裁是为了申明《环境保护法》义务的严肃性，惩罚恣意污染或者破坏环境的违法者，教育人们自觉地保护和改善环境；二是环境保护监督管理机关及其行政执法人员，对其制裁是为了惩罚那些滥用职权、玩忽职守或者徇私舞弊者，防止渎职，依法行政。

《环境保护法》中的行政制裁，包括行政处罚和行政处分两大类。

2. 环境行政制裁的特征

(1) 行政制裁必须体现《环境保护法》的目的

如前所述，保障人体健康，促进经济、社会的可持续发展是《环境保护法》的目的，因而也必然是该法行政制裁的目的。

(2) 行政制裁必须体现可持续发展的思想

可持续发展的思想要求环境保护监督管理部门必须正确看待和实施各种制裁形式，明确它们各自的不同作用，不能以罚款代替一切。

(3) 行政制裁必须严格区分制裁的主体、对象和种类

依据《环境保护法》的规定，行政处罚的主体是环境保护监督管理部门；行政处分的主体则是受处分者所在的单位或者行政机关、监察部门。行政制裁的对象包括相对人和环境保护监督管理者。

四、环境行政处分

1. 环境行政处分的概念及种类

(1) 环境行政处分的概念

指国家行政机关对有环境保护违法违纪的国家行政机关的直接负责的主管人员、其他直接责任人员以及工作人员依法实施的一种行政惩戒措施。纪律处分是指国家行政机关或者监察机关，对企业中有环境保护违纪行为但不够刑事惩罚的直接负责的主管人员和其他直接责任人员中由国家行政机关任命的人员的行政惩罚措施。

(2) 环境行政处分的种类

所谓处分的种类，即处分的具体方式。根据《公务员法》第五十六条的规定，对国家行政机关工作人员的处分分为警告、记过、记大过、降级、撤职、开除六种。

2. 环境行政处分与纪律处分的区别

(1) 对象不同

行政处分的对象是国家行政机关中有环境违法行为的直接负责人员，纪律处分的对象可以是企业中有环境保护违纪行为的直接负责的责任人。

(2) 依据不同

行政处分所依据的是环境法律、法规和规章；纪律处分依据《环境保护违法违纪行为处分暂行规定》（以下简称《暂行规定》）和企业、事业单位内部的行政纪律规定、组织章程。

(3) 处分形式不同

纪律处分的形式中，除与行政处分相同的六种处分形式之外，还具有独有的纪律处分形式——“留用察看”。

(4) 处分程序不同

行政处分有法定的程序，包括任免机关的处分程序和监察机关的行政处分程序，但是纪

律处分没有统一规定的程序，在实践中一般会参照行政处分的程序，同时适用上比较灵活。

3. 环境行政处分的主体及处分权限

（1）环境行政处分的主体

根据我国现行的处分体制，对国家行政机关工作人员和由国家行政机关任命的人员给予处分的决定机关分别是任免机关和监察机关。

（2）环境行政处分的权限

环境行政处分的权限是指任免机关和监察机关给予有环境保护违法违纪行为的国家行政机关工作人员处分的权力分工。处分权限包括一般处分权限和特殊处分权限。

1）一般处分权限：对由各级国家行政机关自行任命的本机关的公务员的行政处分，该机关可以自行决定。根据《行政监察法》的有关规定，监察机关可以给予有违法违纪行为的监察对象处分，其中包括不是由监察机关任命的国家行政机关公务员的处分。

2）特殊处分权限：给予经各级人民代表大会及其常务委员会选举或者决定任命的国家行政机关工作人员行政处分的特殊处分权限；监察机关的特殊处分权限；县级人民政府各工作部门或者乡、镇人民政府的特殊处分权限。

4. 应受行政处分和纪律处分的环境违法违纪行为

根据所受处分行为的主体特征不同可以把应受行政处分或纪律处分的环境违法违纪行为归纳为：国家行政机关及其工作人员中的直接责任人员应受处分的环境违法违纪行为；依法具有环境保护监督管理职责的国家行政机关及其工作人员中的直接责任人员应受处分的环境违法违纪行为；企业中直接负责的主管人员和其他直接责任人员中由国家行政机关任命的人员应受处分的环境违法违纪行为。

（1）国家行政机关及其工作人员中的直接责任人员应受处分的环境违法违纪行为

1）拒不执行国家有关环境保护法律、法规规定的行为或制定与国家环境保护法律、法规相抵触的规定的行为。根据《暂行规定》第四条，应受到处分的具体行为主要包括六种。

2）违反环境保护法律、法规进行行政审批或许可的行为。根据《暂行规定》第五条，应受到处分的具体行为主要包括六种。

3）违反自然保护区条例的行为。根据《暂行规定》第六条，应受到处分的具体行为主要包括四种。

4）贪污、索贿、受贿和截留、挤占环境保护专项资金的行为。根据《暂行规定》第九条，应受到处分的具体行为主要包括五种。

国家行政机关及其工作人员有上述四类二十一种行为之一的，给予警告、记过或者记大过处分；情节较重的，给予降级处分；情节严重的，给予撤职处分。

5）为被检查单位通风报信或者包庇、纵容环境保护违法违纪的行为。根据《暂行规定》第十条，国家行政机关及其工作人员为被检查单位通风报信或者包庇、纵容环境违法行为的，给予降级或者撤职处分；致使公民、法人或者其他组织的合法权益、公共利益遭受重大损失，或者导致发生群体性事件或者冲突，严重影响社会安定的，给予开除处分。

（2）依法具有环境保护监督管理职责的国家行政机关及其工作人员中的直接责任人员应受处分的环境违法违纪的行为

1）不按法定条件或者违反法定程序对环境违法行为进行行政处罚或者采取行政强制措

施的行为。根据《暂行规定》第七条，应受到处分的具体行为主要包括四种。

2）不依法履行监督管理职责的行为。根据《暂行规定》第八条，应受到处分的具体行为主要包括五种。

(3) 企业中直接负责的主管人员和其他直接责任人员中由国家行政机关任命的人员应受处分的环境违法违纪行为

根据《暂行规定》第十一条规定，企业有下列行为之一的，对其直接负责的主管人员和其他直接责任人员中由国家行政机关任命的人员给予降级处分；情节较重的，给予撤职或者留用察看处分；情节严重的，给予开除处分。

1）未依法履行环境影响评价文件审批程序，擅自开工建设，或者经责令停止建设、限期补办环境影响评价审批手续而逾期不办的。

2）与建设项目配套建设的环境保护设施未与主体工程同时设计、同时施工、同时投产使用的。

3）擅自拆除、闲置或者不正常使用环境污染治理设施，或者不正常排污的。

4）违反环境保护法律、法规，造成环境污染事故，情节较重的。

5）不按照国家有关规定制定突发事件应急预案，或者在突发事件发生时，不及时采取有效控制措施导致严重后果的。

6）被依法责令停业、关闭后仍继续生产的。

7）阻止、妨碍环境执法人员依法执行公务的。

8）有其他违反环境保护法律、法规进行建设、生产或者经营行为的。

5. 环境行政处分的程序

(1) 任免机关的处分程序

任免机关的处分程序包括：初步调查；立案；调查取证；听取被调查的国家行政机关工作人员的陈述、申辩；作出行政处分决定或者撤销案件；告知和宣布；归档；备案。

(2) 监察机关的行政处分程序

监察机关的行政处分程序包括：对需要调查处理的事项进行初步审查，认为有违反行政纪律的事实，需要追究行政纪律责任的，予以立案；组织实施调查，收集有关证据；有证据证明违反行政纪律，需要给予行政处分或者作出其他处理的，进行审理；作出监察决定或者提出监察建议。

第三节　刑事责任

一、环境刑事责任的概念

环境刑事责任是指违反《刑法》和《环境保护法》的规定，严重污染或者破坏环境，造成或者可能造成公私财产重大损失或者人身伤亡的严重后果，构成犯罪所应负的刑事方面的法律后果。《刑法》在分则第六章“妨害社会管理秩序罪”中的第六节用了9个条文（第三百三十八至第三百四十六条）专节规定了破坏环境资源保护罪，共15种犯罪；此外，《刑法》还在其他章节里规定了与破坏环境资源罪相关的一些犯罪，主要包括三个方面：第一，可能造成或者导致严重的环境污染和资源破坏的危害公共安全罪，如放火罪等；第二，可能导致环境污染的走私罪，如走私固体废物罪等；第三，可能导致环境污染和资源破坏的渎职罪，如环境监管失职罪等。

二、环境犯罪构成

1. 环境犯罪构成的概念

环境犯罪是指违反环境法律规范和刑事法律规范，严重污染环境或破坏环境，造成或可能造成严重后果，应当承担刑事责任的行为。犯罪是刑事责任的前提，只有构成犯罪的才应当承担刑事责任。如何确定犯罪，犯罪构成给出了规定性。环境犯罪的犯罪构成是指《刑法》规定的，决定某一行为的社会危害性及其程度，而为该行为成立环境犯罪所必须具备的一切客观要件和主观要件的有机统一整体。

由上述概念可知，构成环境犯罪必须具备《刑法》规定的相应的主客观要件，只有符合环境犯罪的犯罪构成的行为才构成环境犯罪，才需要承担环境刑事责任。环境犯罪构成是确定环境犯罪的唯一法律标准。

2. 环境犯罪构成的要件

环境犯罪构成的要件即构成环境犯罪所必备的各个主客观要素，主要包括以下几个方面：

(1) 犯罪客体

即我国《刑法》所保护而被犯罪行为所侵犯的权益。例如破坏环境资源保护罪这一类犯罪的犯罪客体就是《环境保护法》规定并为《刑法》所保护的环境权益，如清洁、安静、舒适的环境权益，合理开发利用并可持续发展的环境资源权益等。

(2) 犯罪客观方面

我国《刑法》规定的，成立犯罪所必需的客观外在表现，包括危害行为及其方式、行为对象、危害结果以及危害行为的时间、地点等，即是犯罪客观方面。其中，危害行为是必备要件，其他的是选择要件（只是某些犯罪的必备要件）。在环境领域中，危害行为主要表现为各种污染和破坏环境的行为，例如，违反《固体废物污染环境防治法》的规定，将境外的固体废物进境倾倒、堆放、处置的行为等。

(3) 犯罪主体

即我国《刑法》规定的，实施了严重危害社会的行为，应对自己行为承担刑事责任的单位和个人。其中的“单位”是指具有刑事责任能力，实施了犯罪行为的公司、企业、事业单位、机关和社会团体。需要注意的是，和民事法律行为的主体不同，非法人单位也可以成为犯罪主体。但并非任何单位都能构成犯罪，单位只有《刑法》明确规定为犯罪的实施危害行为的单位才是犯罪。“个人”是指达到刑事法定年龄，具有刑事责任能力，实施了严重危害社会行为的自然人。

在破坏环境资源保护罪这一类犯罪中，单位和自然人均可构成，但自然人中只包括一般主体。

(4) 犯罪主观方面

即我国《刑法》规定的，犯罪主体对所实施的危害行为及其危害结果所持的心理态度，包括犯罪故意和犯罪过失（合称罪过）以及犯罪目的、犯罪动机。根据《刑法》的规定，罪过的形式不同，犯罪的性质、种类以至是否负刑事责任均有所区别。故意犯罪，应当负刑事责任；过失犯罪，法律有规定的才负刑事责任。行为人主观上有罪过是构成犯罪、承担刑事责任的必要要件；犯罪目的、犯罪动机是选择要件（只是某些犯罪的必备要件）。

在破坏环境资源保护罪这一类犯罪中，主观方面多为故意。并且其中的污染环境类犯罪的主观方面多为间接故意，破坏自然资源类犯罪的主观方面多为直接故意，并多伴有牟利动机。

环境犯罪的犯罪构成的四个要件是密切联系的有机整体，缺一不可。只有四个要件同时具备，才构成环境犯罪，才需要承担环境刑事责任。

三、破坏环境资源保护罪

以 1997 年 3 月 14 日修订，10 月 1 日正式实施的《刑法》为标志，我国开始在《刑法》中就污染环境、破坏资源的犯罪进行专门的规制，这是我国运用法律武器保护环境的重大转折与起步。

1. 破坏环境资源保护罪概述

破坏环境资源保护罪是指违反环境法律规范与刑事法律规范，严重污染环境或破坏环境，造成或可能造成公私财产重大损失或人身伤亡的严重后果，应当承担刑事责任的行为。修订后的《刑法》在第六章“妨害社会管理秩序罪”中的第六节专节规定了破坏环境资源保护罪（第三百三十八条至第三百四十六条），共 15 种犯罪，此外刑法第三百四十六条还对单位犯上述罪的情形作了具体规定。

2. 破坏环境资源保护罪分述

（1）重大环境污染事故罪

根据《刑法》第三百三十八条的规定，即违反《环境保护法》的规定，向土地、水体、大气排放、倾倒或者处置有放射性的废物、含传染性病原体的废物、有毒物质或者其他危险废物，造成重大环境污染事故，致使公私财产遭受重大损失或者人身伤亡的严重后果的行为。

1）本罪的基本特征。第一，本罪的犯罪客体是公民的环境权益。第二，本罪的客观方面表现为向环境非法排入危险废物的行为和严重的危害后果。其中“排入”包括排放、倾倒或者处置行为。“严重的危害后果”是指公私财产的重大损失或者人身伤亡的严重后果。最高人民法院 2006 年 7 月 21 日公布的《关于审理环境污染刑事案件具体应用法律若干问题的解释》，对破坏环境资源保护罪和环境监管失职罪中“公私财产的重大损失”的内容和具体情形以及“人身伤亡的严重后果”“严重危害人体健康”的具体情形作了详细的规定。第三，本罪的主体是一般主体，包括自然人和单位。第四，本罪的主观方面是故意。

2）对本罪的处罚。个人犯本罪，后果严重的，处 3 年以下有期徒刑或者拘役，并处或单处罚金；后果特别严重的，处 3 年以上 7 年以下有期徒刑，并处罚金。单位犯本罪的，对单位判处罚金，并对其直接负责的主管人员和其他直接责任人员，依照个人犯本罪的规定处罚。

（2）非法处置进口的固体废物罪

根据《刑法》第三百三十九条的规定，即违反《固体废物污染环境防治法》的规定，将境外固体废物进境排放、倾倒、处置的行为。个人犯本罪的，处 5 年以下有期徒刑，并处罚金；造成重大环境污染事故，致使公私财产遭受重大损失或者严重危害人体健康的，处5年以上10年以下有期徒刑，并处罚金；后果特别严重的，处10年以上有期徒刑，并处罚金。

（3）擅自进口固体废物罪

根据《刑法》第三百三十九条第二款的规定，即未经市级以上环境保护行政主管部门许可，擅自进口固体废物用作原料，造成重大环境污染事故，致使公私财产遭受重大损失或者严重危害人体健康的行为。

1）本罪的基本特征：第一，本罪的犯罪客体是公民的环境权益。第二，本罪的客观表现是擅自进口固体废物用作原料，造成重大环境污染事故和严重后果。需要注意的是，如果是利用境内的废物，其行为构成犯罪的，应按照《刑法》第三百三十八条的规定追究刑事责任；如果未造成严重危害后果的，不属于本罪，而按非法处置进口的固体废物罪论处；如果表现为以原料利用为名而进口不能用作原料的废物的，则应按照《刑法》第一百五十五条规定的走私固体废物罪论处。第三，本罪的主体是一般主体。第四，本罪的主观方面是故意，而且主要是间接故意。

2）对本罪的处罚：个人犯本罪，对造成严重后果的，处5年以下有期徒刑或拘役，并处罚金；后果特别严重的，处5年以上10年以下有期徒刑，并处罚金。

（4）非法捕捞水产品罪

根据《刑法》第三百四十条的规定，即违反《渔业法》的规定，在禁渔区、禁渔期或者使用禁用的工具、方法捕捞水产品，情节严重的行为。

1）本罪的基本特征：第一，本罪的犯罪客体是公民的环境权益。第二，本罪的客观表现是违法在禁渔区、禁渔期或者使用禁用的工具、方法捕捞水产品，情节严重。也就是说，行为人违反了上述“四禁”之一，情节又严重的，即构成本罪。所谓“情节严重”是指数量较大，屡教不改，以禁止使用的炸药、剧毒农药、电网等严重危害渔业资源的方法和工具捕捞等。第三，本罪的主体为一般主体，多为我国不法渔民和境外渔轮所有者。第四，本罪的主观方面是故意。

2）对本罪的处罚：个人犯本罪的，处3年以下有期徒刑、拘役、管制或者罚金。

需要注意的是，如果实施上述行为的对象是他人承包的湖塘、河段放养的鱼类以及他人养殖水体、养殖设施的，则应按照《刑法》第二百七十五条的规定以故意毁坏他人财物罪论处。

（5）非法猎捕、杀害珍贵、濒危野生动物罪

根据《刑法》第三百四十一条第一款的规定，即违反《野生动物保护法》的规定，猎捕、杀害国家重点保护的珍贵、濒危野生动物的行为。个人犯本罪的，处5年以下有期徒刑或者拘役，并处罚金；情节严重的，处5年以上10年以下有期徒刑，并处罚金；情节特别严重的，处10年以上有期徒刑，并处罚金或者没收财产。

（6）非法收购、运输、出售珍贵、濒危野生动物、珍贵、濒危野生动物制品罪

根据《刑法》第三百四十一条第一款的规定，即违反《野生动物保护法》的规定，擅自收购、运输、出售珍贵、濒危野生动物及其制品的行为。本罪与对非法猎捕、杀害珍贵、濒危野生动物罪的处罚相同。

(7) 非法狩猎罪

根据《刑法》第三百四十一条第二款的规定，即违反《野生动保护法》的规定，在禁猎区、禁猎期或者使用禁用的方法、工具进行狩猎，破坏野生动物资源，情节严重的行为。

1）本罪的基本特征：第一，本罪的犯罪客体是珍贵、濒危野生动物的生存权益和国家对其管理秩序。第二，本罪的客观表现是实施了上述“四禁”之一的行为进行猎捕，情节严重的行为。其中“情节严重”是指未持有狩猎证的、屡教不改的或者是数量较大的等。如果虽持有狩猎证，但猎捕的是国家重点保护的珍贵、濒危野生动物，则应以非法猎捕珍贵、濒危野生动物罪论处。第三，本罪的主体是一般主体。第四，本罪的主观方面是故意。

2）对本罪的处罚：个人犯本罪的，按不同情节处 3 年以下有期徒刑、拘役、管制或者罚金。

(8) 非法占用农用地罪

根据《刑法》第三百四十二条的规定，即违反土地管理法规，非法占用耕地、林地等农用地，改变被占用土地用途，数量较大，造成耕地、林地等农用地大量毁坏的行为。

1）本罪的基本特征：第一，本罪的犯罪客体是公民耕地资源的环境保护权益和国家对耕地的管理秩序。第二，本罪的客观方面表现为非法占用农用地，改作他用，数量较大，造成农用地大量毁坏。其中“非法占用”是指未经批准或采取欺骗、行贿等非法手段获取批准而占用耕地。“改作他用”是指将耕地改作建窑、建房、修坟、挖沙、采石、取土、堆放废物等之用或者采取其他行为毁坏种植条件，破坏耕地。第三，本罪的主体是一般主体。第四，本罪的主观方面是故意。

2）对本罪的处罚：个人犯本罪的，根据不同情节处 5 年以下有期徒刑或者拘役，并处或单处罚金。

(9) 非法采矿罪

根据《刑法》第三百四十三条第一款的规定，即违反《矿产资源法》的规定，未取得采矿许可证擅自采矿的，擅自进入国家规划矿区、对国民经济具有重要价值的矿区和他人矿区范围采矿的，擅自开采国家规定实行保护性开采的特定矿种，经责令停止开采后拒不停止开采，造成矿产资源破坏的行为。个人犯本罪的，处 3 年以下有期徒刑、拘役或者管制，并处或单处罚金；造成矿产资源严重破坏的，处 3 年以上 7 年以下有期徒刑，并处罚金。

(10) 破坏性采矿罪

根据《刑法》第三百四十三条第二款的规定，即违反《矿产资源法》的规定，采取破坏性开采方法开采矿产资源，造成矿产资源严重破坏的行为。

1）本罪的基本特征：第一，本罪的犯罪客体是公民矿产资源环境的保护权益和国家对矿产资源的管理秩序。第二，本罪的客观方面表现为采取破坏性开采方法开采矿产资源，造成矿产资源严重破坏。其中“破坏性开采方法”包括对具有工业价值的共生矿或者伴生矿未采取综合性开采措施；对暂时不能综合开采或者必须同时开采而暂时不能综合利用的矿产以及含有有用组分的尾矿未采取保护性措施而造成矿产资源破坏、浪费的严重后果等。第三，本罪的主体是一般主体。第四，本罪的主观方面是故意。

2）对本罪的处罚：个人犯本罪的，根据不同情节处 5 年以下有期徒刑或者拘役，并处罚金。

(11) 非法采伐、毁坏珍贵树木罪

根据《刑法》第三百四十四条的规定，即违反《森林法》和《野生植物保护条例》，非法采伐或者毁坏珍贵树木或者国家重点保护的其他植物的行为。

1) 本罪的基本特征：第一，本罪的犯罪客体是公民对国家重点保护的珍贵林木的环境保护权益和国家对这类珍贵林木的管理秩序。第二，本罪的客观方面表现为非法采伐或者毁坏珍贵树木或者国家重点保护的其他植物的行为。“非法采伐”是指未取得采伐许可证或通过欺骗、行贿等非法手段取得采伐许可证进行采伐或者超过许可证规定的采伐株数、树种进行采伐；“毁坏”则表现为是国家重点保护的珍贵林木丧失原有生长功能和正常生长发育的能力以致死亡。第三，本罪的主体是一般主体。第四，本罪的主观方面是故意。

2) 对本罪的处罚：个人犯本罪的，处 3 年以下有期徒刑、拘役或者管制，并处罚金；情节严重的，处 3 年以上 7 年以下有期徒刑，并处罚金。

(12) 非法收购、运输、加工、出售珍贵树木、珍贵树木制品罪

根据《刑法》第三百四十四条的规定，即违反《森林法》和《野生植物保护条例》，非法收购、运输、加工、出售珍贵树木或国家重点保护的其他植物及其制品的行为。本罪与对非法采伐、毁坏珍贵树木罪的处罚相同。

(13) 盗伐林木罪

根据《刑法》第三百四十五条第一款的规定，即违反《森林法》的规定，以非法占有为目的，盗伐森林或者其他林木，数量较大的行为。个人犯本罪，“数量较大”的，处 3 年以下有期徒刑、拘役或者管制，并处或单处罚金；“数量巨大”的，处 3 年以上 7 年以下有期徒刑，并处罚金；“数量特别巨大”的，处 7 年以上有期徒刑，并处罚金。盗伐国家的自然保护区内的森林或其他林木的，从重处罚。

(14) 滥伐林木罪

根据《刑法》第三百四十五条第二款的规定，即违反《森林法》的规定，滥伐森林或其他林木，数量较大的行为。

1) 本罪的基本特征：第一，本罪的犯罪客体是公民的森林资源环境保护权益和国家对森林资源的管理秩序。第二，本罪的客观方面表现为无采伐许可证或未按采伐许可证的规定，违法进行采伐，且数量较大。需要注意的是，此处的“林木”包括自己所有的林木。第三，本罪的主体是一般主体。第四，本罪的主观方面是故意。

2) 对本罪的处罚：个人犯本罪，“数量较大”的，处 3 年以下有期徒刑、拘役或者管制，并处或单处罚金；“数量巨大”的，处 3 年以上 7 年以下有期徒刑，并处罚金。滥伐国家的自然保护区内的森利或其他林木的，从重处罚。

(15) 非法收购、运输盗伐、滥伐的林木罪

根据《刑法》第三百四十五条第三款的规定，即违反《森林法》的规定，以牟利为目的，非法收购、运输明知是盗伐、滥伐的林木，情节严重的行为。个人犯本罪的，处 3 年以下有期徒刑、拘役或者管制，并处或单处罚金；情节特别严重的，处 3 年以上 7 年以下有期徒刑，并处罚金。

四、环境监管人员的渎职犯罪

1. 环境监管人员的渎职犯罪概述

《刑法》在分则第九章第三百九十七条、第四百零七条、第四百零八条、第四百一十条对环境监管人员的渎职犯罪作了具体规定，同时，最高人民检察院 2006 年 7 月 26 日公布了《关于渎职侵权犯罪案件立案标准的规定》，对各种具体渎职犯罪的立案条件作了详细规定。对于一般的渎职犯罪在此不再赘述，我们这里重点阐述几种典型的环境监管人员渎职犯罪。

2. 环境监管人员的渎职犯罪分述

（1）环境监管失职罪

根据《刑法》第四百零八条的规定，即负有环境保护监督管理职责的国家机关工作人员严重不负责任，不履行或者不认真履行环境保护监管职责导致发生重大环境污染事故，致使公私财产遭受重大损失或者造成人身伤亡的严重后果的行为。

1）本罪的基本特征：第一，本罪的犯罪客体是环境保护行政主管部门的正常工作制度和应有信誉。第二，本罪的客观方面表现为严重不负责任导致发生重大环境污染事故和严重后果。关于“公私财产重大损失”及“人身伤亡”的理解参照重大环境污染事故罪的相关内容。第三，本罪的主体是各级环境保护行政主管部门中履行该部门职能的工作人员。根据原国家环境保护总局、公安部、最高人民检察院于 2007 年 5 月 17 日联合发布的《关于环境行政保护主管部门移送涉嫌环境犯罪案件的若干规定》，县级以上环境行政主管部门在依法查处环境违法行为过程中，对涉及走私废物罪、重大环境污染事故罪、非法处置进口的固体废物罪、擅自进口固体废物罪等一般环境犯罪的案件以及涉及滥用职权罪、玩忽职守罪、环境监管失职罪等职务环境犯罪的案件应依法分别向相应的公安机关与检察机关移送。第四，本罪的主观方面是过失。

2）对本罪的处罚：犯本罪的，处 3 年以下有期徒刑或者拘役。

（2）违法发放林木采伐许可证罪

根据《刑法》第四百零七条的规定，即林业主管部门的工作人员违反《森林法》的规定，超过批准的年采伐限额发放林木采伐许可证或者违反规定滥发林木采伐许可证，情节严重，致使森林资源遭受严重破坏的行为。犯本罪的，处 3 年以下有期徒刑或者拘役。

（3）非法批准征用、占用土地罪

根据《刑法》第四百一十条的规定，即国家机关工作人员徇私舞弊，违反《土地管理法》《森林法》《草原法》等法律以及有关行政法规中关于土地管理的规定，滥用职权，非法批准征用、占用耕地、林地等农用地以及其他土地，情节严重的行为。犯本罪的，处 3 年以下有期徒刑或者拘役；致使国家或集体利益遭受特别重大损失的，处 3 年以上 7 年以下有期徒刑。

（4）非法低价出让国有土地使用权罪

根据《刑法》第四百一十条的规定，即国家机关工作人员徇私舞弊，违反《土地管理法》《森林法》《草原法》等法律以及有关行政法规中关于土地管理的规定，滥用职权，非法低价出让国有土地使用权，情节严重的行为。本罪与对非法批准征用、占用土地罪的处罚相同。

本章小结

环境法律责任是违法者对其环境违法犯罪行为所应承担的具有强制性的法律后果，主要包括环境行政责任、环境民事责任、环境刑事责任三种。环境法律责任属于法律责任之一，但异于传统法律责任，有其自身的特征。环境法所具有的价值目标使得环境民事责任、环境行政责任和环境刑事责任紧密地结合成为一个有机整体，并不是三者的简单叠加。环境法律责任的主要功能在于保障环境法律规范所设定的环境义务的实现。环境法律责任是环境法的重要组成部分，是环境保护最强有力的手段。没有环境法律责任作保障，环境法律、法规设定的各种环境义务就如同“环境道德”的宣示，难以实现其调整社会关系的功能。

复习思考题

1. 什么是环境行政责任？其主要特征是什么？
2. 如何理解环境行政责任的构成要件？
3. 什么是环境行政制裁？其特征是什么？
4. 什么是环境行政处分？
5. 什么是纪律处分？纪律处分与行政处分的区别是什么？
6. 环境行政处分的种类包括哪些？
7. 简述环境行政处分的程序。
8. 什么是环境民事责任？其主要特征是什么？
9. 什么是无过错责任原则？其构成要件是什么？
10. 为什么在环境污染民事责任中实行无过错责任原则？其意义是什么？
11. 无过错责任的免责条件是什么？有何意义？
12. 环境污染民事责任形式中的“赔偿损失”是指什么？如何理解“赔偿损失”的原则？
13. 试举例说明什么是直接损失？什么是间接损失？
14. 什么是环境刑事责任？
15. 如何理解环境犯罪构成的要件？

实训十五：案例分析

一、阅读材料

内蒙古自治区某旗一化工厂在没有报批环境影响评价文件的情况下于 2006 年 10 月开工建设，并于 2007 年 12 月建成投产。2009 年 9 月 18 日，当地环境保护部门通过现场检查发现了该化工厂的上述违法行为。

二、实践活动

1. 把全班分为四个小组，讨论上述阅读材料中的法律责任问题。

2. 把本案可能用到的法律、法规中的具体条文罗列出来。

3. 在充分学习现行法律、法规的基础上，要求每个小组写出一份行政处罚决定书。

4. 教师进行讲评，在学习过程中教师要及时做好评价工作，以调动学生的学习欲望。

三、扩展活动

1. 把全班分成五个小组，要求每个小组列举出环境行政执法方面存在的五个问题，并说明选择理由。

2. 每个小组整理出五个环境行政处罚或者环境行政处分方面的案例，要求写清楚案情简介和法理分析。

3. 每个小组选择至少一本环境执法方面的书籍，就书中某一问题与其他同学交流读后心得。

实训十六：案例分析

一、阅读材料

张庄村民李国祥联络同村 18 户村民承包了石凉河入海口处的滩涂养殖场。2006 年 8 月上旬，大量的工业污水沿石凉河河道奔涌至河口海域，污染了养殖场，致使养殖的鱼类、贝类大量死亡。李国祥等村民将沿岸企业告上法庭，请求赔偿。据调查，沿岸排污企业共有 9 家，其中 8 家企业超标排放，只有某化工公司达标排放，据此化工公司拒绝赔偿。

二、实践活动

1. 把全班分为三个小组，讨论上述阅读材料中的法律责任问题。

2. 把环境侵权方面的全部现行法律、行政法规、部门规章、地方性法规和地方政府规章用图表的形式罗列出来，要求列明名称、制定机关、生效时间、修改情况等。

3. 在充分学习现行法律、法规的基础上，结合民事审判程序，每个小组根据上述材料进行分工，进行模拟审判。

4. 教师进行讲评，在学习过程中教师要及时做好评价工作，以调动学生的学习欲望。

三、扩展活动

1. 把全班分成四个小组，要求每个小组列举出环境侵权方面的五大热点问题，并说明选择理由。

2. 每个小组整理出三个环境污染方面的案例，要求写清楚案情简介和法理分析。

3. 每个小组选择至少一本环境侵权方面的书籍，就书中某一问题与其他同学交流读后心得。

实训十七：案例分析

一、阅读材料

湖北省武汉市洪山区环境保护局原助理调研员王某由于失职，使得含毒性化学物质的废料未经处理直接倾倒在仙山村，使当地环境遭受严重污染，直接经济损失达199.7万元。法院以“环境监管失职罪”判处王某有期徒刑6个月，缓期1年执行。

山西省阳城县环境保护局原局长赵璋信和原副局长赵余库因在当地一起重大水污染事故中负有严重失职责任，被山西省晋城市中级人民法院以“环境监管失职罪”分别判处有期徒刑6个月和8个月。

以“环境监管失职罪”的罪名给环境保护官员定罪，不亚于一声清脆的春雷，带来了改进环境保护工作作风的春雨。这一新的独立罪名，出现于1997年修订后的《刑法》。它对于促进环境保护工作者认真履行环境监管职责，改变工作作风，起到了重要作用。在以往的环境案例中，环境保护官员往往是执法者，可随时处罚违法的企业与个人。即使在工作中有一些失误，也常常是用“在所难免”“下不为例”开脱。于是就算发生重大环境污染事故，致使公私财产遭受重大损失，也无人受到责任追究，顶多也只是无关紧要的通报批评。当前，执法监督“疲软”甚至执法犯法的现象并不鲜见，如果不对这些渎职者动真格的，提高他们以身试法的成本，那么环境监督管理就有可能成为空谈。如今，环境监管失职者被判刑向我们每一个环境执法人员敲响了警钟。如果还有人对环境监管敷衍了事，面对的将是法律的惩处。

二、实践活动

1. 把全班分为四个小组，讨论上述阅读材料中反映的法律责任问题。

2. 把与环境监管失职罪有关的全部法条、司法解释用图表的形式罗列出来，要求列明名称、制定机关、生效时间、修改情况等。

3. 在充分学习现行法律、法规的基础上，每个小组写出阅读材料中具体犯罪的犯罪构成。

4. 教师进行讲评，在学习过程中教师要及时做好评价工作，以调动学生的学习欲望。

三、扩展活动

1. 把全班分成五个小组，要求每个小组列举出环境犯罪方面的三大热点问题，并说明选择理由。

2. 每个小组整理出三个环境犯罪方面的案例，要求写清楚案情简介和法理分析。

3. 每个小组选择至少一本环境犯罪方面的书籍，就书中某一问题与其他同学交流读后心得。

第七章　环境行政执法

本章学习目标

了解　环境行政执法的法律效力，环境污染民事纠纷行政处理的程序。

熟悉　环境行政执法的概念，环境行政复议、环境行政诉讼、环境行政赔偿的程序。

掌握　环境行政许可、环境行政处罚的实施程序。

第一节　环境行政执法概述

一、环境行政执法的概念、特征和原则

1. 环境行政执法的概念

一般说，一个国家的环境法制建设包括环境立法和环境法的实施两方面。环境法制定后的主要任务就是实施环境法。环境法的实施主要包括环境守法和环境执法两方面，环境执法是指有关国家机关按照法定权限和程序将环境法律规范中抽象的权利义务变成环境法主体的具体的权利义务的过程，或者说是国家有关机关将环境法规范适用于具体环境法主体的过程。环境执法根据执法机关的不同可分为环境行政执法和环境司法执法。

环境行政执法即环境行政机关的执法，一般认为，环境行政执法是指环境行政主体行使环境行政权力，对具体的人或事所采取的产生法律效果的行为。

环境行政执法行为具有以下几个要素：

第一，主体要素。环境行政执法行为必须是环境行政主体作出的，也就是说，环境行政执法行为必须是环境行政主体行为。环境行政执法是在环境行政机关法定职权“范围”内进行的行为，越权无效，任何一个环境行政机关都有法定的职权范围，其执法活动必须在此范围内进行，超越职权范围的行为要承担应有的法律责任。例如：环境保护部门依法进行现场核查，对环境违法行为进行处罚等活动。

第二，具体要素。根据《宪法》和《环境保护法》的规定，除了环境行政机关和授权组

织之外，其他任何机关、组织和公民个人都无权行使环境行政权力。它是针对具体事件和特定相对人所采取的行为，这是一种直接针对具体事件和具体人作出的执法行为，它不是抽象的行政行为。

第三，法律要素。环境执法行为必须按照《环境保护法》规定的形式与程序作出的行为，也就是说它的行为必须受到环境保护法律、规范的调控。

2. 环境行政执法的特征

环境行政执法的特征主要表现在：

（1）环境行政执法具有单方性。即环境行政执法机构可自行决定或直接实施执法行为，而无须与环境行政执法相对人协商或征得相对人的同意。

（2）环境行政执法主体具有社会性。从环境执法部门看，它是多部门的，除了政府环境保护部门对环境保护工作实施统一监督管理外，许多相关部门也承担了一定的环境保护执法责任。根据我国《环境保护法》的规定，负有环境保护责任的部门除各级人民政府及县级以上各级人民政府的环境保护行政主管部门外，还包括县级以上人民政府的土地、林业、农业、矿产、海洋、水利、交通、铁路、民航、港务、渔政、军队、公安、绿化、市政、房产、卫生、环卫、司法机关等部门，同时还涉及乡、镇、街道、社区（村）及广大公民。

（3）环境行政执法手段具有科学技术性。环境保护执法的内容往往涉及复杂的环境科学技术问题，如涉及环境评估、环境监测等科学技术措施。因此，在环境保护执法的过程中，必须具备一定的仪器、设备等。

（4）环境行政执法往往具有预防性。环境污染和破坏一旦发生，不仅会造成经济上的巨大损失，而且危害人民的生命安全，因此，环境保护执法一定要遵守以“预防为主”的原则，即环境行政执法是在环境危害结果发生之前进行的，通过行政制裁及时制止危害环境的后果发生。

3. 环境行政执法的原则

（1）合法性原则。即环境行政执法主体必须是依法组成的或依法授权的执法机关；环境行政执法机构必须在法定权限内执法；执法内容与执法程序必须合法。

（2）合理性原则。即环境行政执法机关的执法行为必须公平适当、具有合理性，只能根据违法行为的情节轻重、后果大小，选择合理的处罚标准，合理使用自由裁量权。

（3）效率性原则。即环境行政执法机构的执法行为应讲求效率，在行使执法权时要以尽快的速度，尽可能少的人员，办理尽可能多的事务。

（4）公正性原则。即环境行政执法机构必须对任何单位和个人所享有的环境权利给予同等的保护，同时对任何单位和个人的环境违法行为都要无一例外地加以追究和制裁。

二、环境行政执法主体和相对人

1. 环境行政执法主体

环境行政执法主体是指在环境行政执法活动中依法行使环境执法权的机构，即环境行政执法机构。行政机关是环境行政执法的主体，但不是所有的国家行政机关都能行使环境行政执法这项职责，也并不是除国家行政机关之外的其他部门就不能行使环境行政执法权。环境行政主管部门是环境行政执法的主要主体，但它不是环境行政执法的唯一主体。按照我国现行的法律、法规的规定，环境行政执法机构有以下几种类型：

（1）各级人民政府，包括国务院和地方各级人民政府。主要行使对经济发展和社会生活有重大影响的环境行政执法权，如责令限期治理，责令企业、事业单位停业关闭和采取强制性应急措施等。

（2）环境行政主管部门，包括国务院环境保护行政主管部门和县级以上地方人民政府环境保护行政主管部门。对本辖区的环境保护工作实施统一监督管理，大量的、重要的环境行政执法职责都是由环境行政主管部门履行的，是最重要的环境行政执法机构。

（3）环境保护法律、法规授权对某些方面的污染防治实施监督管理的有关部门，如国家海洋行政主管部门、港务监督、渔政渔港监督、军队环境保护部门和各级公安、交通、铁路、民航管理部门等。这一类机构不是专门性的环境行政执法机构，而只是依照法律、法规的特别授权，在与自身业务相关的范围内，对环境污染防治行使监督管理权。

（4）环境保护法律、法规授权对某些方面的资源保护实施监督管理的部门，如县级以上人民政府的土地、矿产、林业、农业、水利行政主管部门等。这类机构也不是专门的环境行政执法机构，而是在与自身业务相关的范围对资源保护行使监督管理权。

（5）除上述四类机构外，其他一些政府行政职能部门，如经济综合部门、卫生、市政管理、市容环境卫生、园林、文物保护等行政主管部门，也负有某些环境行政执法的职责。

（6）其他国家机关、社会团体、企事业单位，如环境保护协会、环境监测机构、企业内部的环境保护部门等，经过法律、法规的特别授权或受行政机关的委托，也能从事环境行政执法活动。而且，地方人民政府根据地方性法规的规定或地方国家权力机关的决议，可以设立一些在环境保护方面享有行政执法权的机构或临时性机构，如环境监察机构等。

2. 环境行政执法相对人

环境行政执法相对人是与环境行政执法主体相对应的一方主体，主要是指环境行政机关执法行为的直接作用的对象，是在具体的环境管理关系中处于被管理一方的当事人。环境行政执法相对人不是单纯指某一个人，我国境内的一切组织和个人，都可能成为环境行政执法相对人，其形式包括：国家机关，企业、事业单位，社会团体及其他社会组织，中国公民，外国组织或者个人。其中，企业单位是最主要的环境行政执法相对人。

三、环境行政执法的法律效力

1. 公定力

公定力，即环境行政执法行为即使被认为是违法的，在有权行政机关或人民法院予以撤销或变更之前，环境管理相对人及其他人都不能以这样或那样的借口否认该执法行为的存在，都必须姑且视该执法行为为有效的行为。

2. 确定力

确定力，即环境行政执法行为成立后具有不受任意改变（撤销、变更、废止、注销或吊销等）的法律效力。它包括形式确定力和实质确定力两个方面。形式确定力，又称不可争力，是指一旦超过环境行政执法行为提起复议和诉讼的期限，环境行政执法相对人便不得就该执法行为提起争议的效力。实质确定力，又称不可变更力，是指环境行政执法机构一旦作出裁断，只要相对人无异议，即使事后判明该裁断是错误的，也不允许裁断人自己推翻已经作出的裁决。

3. 执行力

执行力，即当环境行政执法相对人不履行环境义务时，环境行政执法机构依法可强制其实施该义务的履行，这种行政强制执行是由环境行政执法机构依职权所作的执法行为的一种，不需要事先得到法院的判决。

第二节　环境行政执法方式

环境行政执法方式是环境行政执法机构贯彻执行环境法律、法规，针对环境行政执法相对人所采取的各种方法、手段和措施。环境行政执法具体采用什么样的执法方式，是由环境行政执法的内容决定的，并为履行环境行政执法内容服务。

环境行政执法方式，包括环境行政命令、环境行政处罚、环境行政许可、环境行政强制执行、环境行政监督检查等。这些执法方式并不是各自独立、互不关联的，相反，它们之间的联系是相当紧密的。本书重点介绍环境行政许可、环境行政处罚、环境污染民事纠纷行政处理。

一、环境行政许可

1. 环境行政许可的概念、特点

（1）环境行政许可是指环境行政机关根据行政相对人的申请，经依法审查，准予其从事特定活动的行为。

（2）环境行政许可的特点：①环境行政许可是依据申请的行为；②环境行政许可是管理性行为；③环境行政许可是外部行为；④环境行政许可是准予相对人从事特定活动的行为。

2. 环境行政许可的种类

（1）可以设定环境行政许可的事项

1）普通许可。普通许可是指直接涉及国家安全、公共安全、经济宏观调控、生态环境保护以及直接关系人身健康、生命财产安全等特定活动，需要按照法定条件予以批准的事项。这种类型的环境行政许可主要包括：审批环境影响评价、“三同时”验收、防治污染设施的拆除或闲置审批、进入国家及自然保护区核心区的审批等。

2）特许。特许是指有限自然资源开发利用、公共资源配置以及直接关系公共利益的特定行业的市场准入等，需要赋予特定权利的事项。这种类型的环境行政许可主要包括：民用核设施建造许可证，海洋倾倒废弃物许可证，特定矿种开采许可证，捕捉、捕捞国家一级保护野生动物的特许猎捕证审批，国家一级保护野生植物采集证等。

3）认可。认可是指提供公众服务并且直接关系公共利益的职业、行业，需要确定具备特殊信誉、特殊条件或者特殊技能等资格、资质的事项。这种类型的环境行政许可主要包括：民用核设施操作人员执照、建设项目环境影响评价单位的资格审查、建设项目环境保护设施的验收、环境保护产品检测机构资质等。

4）核准。核准是指直接关系公共安全、人身健康、生命财产安全的重要设备、设施、产品、物品，需要按照技术标准、技术规范，通过检验、检测、检疫等方式进行审定的事项。这种类型的环境行政许可主要包括：危险废物越境转移核准、新化学物质环境管理登记证，放射性固体废物储存、处置许可证，在用机动车排放污染监测、海洋工程污染物排放种类、数量核定等。

5）登记。登记是指企业或者其他组织的设立，需要确定主体资格的事项。这种类型的环境行政许可主要包括：环境保护设施运营单位资质认定，海洋倾倒废弃物检验单位资质认定，建设项目环境影响评价单位资格审查，民用核承压设备设计、制造、安装活动单位资格许可等。

6）法律、行政法规规定可以设定环境行政许可的其他事项。

（2）可以不设环境行政许可的事项

1）行政相对人能够自主决定的事项。

2）市场竞争机制能够有效调节的事项。

3）行业组织或者中介机构能够自律管理的事项。

4）行政机关采用事后监督等其他行政管理方式能够解决的事项。

3. 环境行政许可的实施程序

环境行政许可的实施程序，是指行政相对人为从事特定活动而向有权实施行政许可的环境行政机关提出申请，由该环境行政机关审查、决定行政许可的过程的总称。根据《行政许可法》的规定，可将环境行政许可程序分为申请、受理、审查、决定、监督检查五个阶段。

（1）申请

1）申请的概念。行政许可申请是指行政相对人向环境行政机关提出拟从事依法需要取得行政许可的活动的意思表示。申请行政许可的行政相对人为行政许可申请人。

2）申请方式。《行政许可法》第二十九条规定，行政许可申请可以通过信函、电报、电传、传真、电子数据交换和电子邮件等方式提出。申请人可以委托代理人提出行政许可申请，但是依法应当由申请人到行政机关办公场所提出行政许可申请的除外。

3）环境行政机关的义务。环境行政机关的义务包括：①环境行政机关应当公示有关行政许可事项的规定；②环境行政机关应当答复行政许可申请人的疑问；③环境行政机关可以提供申请书格式文本，并示范如何填写；④环境行政机关不得要求申请人提交与其申请的行政许可事项无关的材料；⑤环境行政机关应当积极发展电子政务，提高办事效率。

4）申请人的义务。申请人申请行政许可，应当如实向环境行政机关提交有关材料和反映真实情况，并对其申请材料实质内容的真实性负责；法律规定需要缴纳申请费的，应当按时如数缴纳；申请人获得行政许可之后，应当按照行政许可规定的范围从事活动。

（2）受理

1）受理的概念。受理是指环境行政机关经对行政相对人提出的申请进行形式审查后，认为行政许可申请事项属于本机关职责范围，申请材料齐全、符合法定形式的，对其申请予以接受的行为。

2）决定是否受理的审查。申请人提出行政许可申请，环境行政机关就负有审查并作出相应决定的义务。主要审查以下内容：①申请事项是否属于本行政机关管辖范围；②申请事项是否属于依法需要取得行政许可的事项；③申请人是否按照法律、法规和规章的规定提交了符合规定数量、种类的申请材料；④申请人提供的行政许可申请材料是否符合规定的格式；⑤其他事项。

3）对环境行政许可申请的处理。环境行政机关经审查，对于行政相对人提出的申请，应当区别以下情况作出相应处理：①申请事项依法不需要取得行政许可的，应当及时告知申请人不受理；②申请事项依法不属于本行政机关职权范围的，应当即时作出不予受理的决定，并告知申请人向其他有关行政机关申请；③申请材料存在可以当场更正的错误的，应当允许申请人当场更正；④申请材料不齐全或者不符合法定形式的，应当当场或者在五日内一次告知申请人需要补正的全部内容，逾期不告知的，自收到申请材料之日起即为受理；⑤申请事项属于本行政机关职权范围，申请材料齐全、符合法定形式，或者申请人按照本行政机关的要求提交全部补正申请材料的，应当受理行政许可申请。

（3）审查

1）审查的概念。审查是指环境行政机关对已经受理的行政许可申请材料的实质内容进行核查的过程。行政许可的审查程序是环境行政机关作出行政许可决定的必经环节，审查的质量直接影响行政许可决定的质量。

2）审查的方式。审查的方式包括：①书面审查；②实地核查；③听取利害关系人意见；④其他审查方式。

（4）决定

1）决定是指环境行政机关根据审查行政许可申请材料的结果，作出是否准予行政许可的决定的过程。

2）准予行政许可的决定。环境行政机关经过审查，认为申请人的申请符合法定条件、标准的，依法作出准予行政许可的书面决定，并予以公开。

3）不予行政许可的决定。环境行政机关经过审查，认为申请人的申请不符合法定条件、标准的，依法作出不予行政许可的书面决定。行政机关依法作出不予行政许可的书面决定的，应当说明理由，并告知申请人享有依法申请行政复议或者提起行政诉讼的权利。

4）环境行政许可证件的颁发和送达。环境行政机关作出准予行政许可的决定，需要颁发行政许可证件的，应当向申请人颁发加盖本行政机关印章的下列行政许可证件：①许可证、资格证、资质证或者其他合格证书；②环境行政机关的批准文件或者证明文件；③法律、法规规定的其他环境行政许可证件。

5）作出行政许可决定的期限：①一般规定。除可以当场作出行政许可决定的外，应当自受理行政许可申请之日起二十日内作出行政许可决定。二十日内不能作出决定的，经批准，可以延长十日。②采取统一办理或者联合办理、集中办理的行政许可的期限。不得超过四十五日；四十五日内不能办结的，经批准，可以延长十五日。③下级环境行政机关初审的期限。应当自其受理行政许可申请之日起二十日内审查完毕。④环境行政机关颁发、送达行政许可证件的期限。应当自作出决定之日起十日内向申请人颁发、送达行政许可证件。

（5）监督检查

1）监督检查的概念。监督检查是指环境行政机关对实施行政许可和被许可人从事行政许可事项的活动进行监督检查，查处违法行为。监督检查包括两方面的含义：环境行政机关内部的层级监督；对被许可人的监督。

2）监督检查规则。为了防止行政机关的监督检查权力的滥用，《行政许可法》明确规定了行政机关实施监督检查时必须遵守的纪律。这些纪律主要是下列禁止性行为规范：①不得妨碍被许可人正常的生产经营活动；②不得索取或者收受被许可人的财物；③不得牟取其他利益。

3）环境行政许可的撤销与注销。撤销是指依照依法行政、有错必纠的原则，环境行政机关违法作出行政许可决定，应当撤销其作出的行政许可决定。撤销适用的情形：①行政机关工作人员滥用职权、玩忽职守作出准予行政许可决定的；②超越法定职权作出准予行政许可决定的；③违反法定程序作出准予行政许可决定的；④对不具备申请资格或者不符合法定条件的申请人准予行政许可的；⑤依法可以撤销行政许可的其他情形。

注销是指基于特定事实的出现，而由行政机关依据法定程序收回行政许可证件或者公告行政许可失去效力。注销适用的情形：①行政许可有效期届满未延续的；②赋予公民特定资格的行政许可，该公民死亡或者丧失行为能力的；③法人或者其他组织依法终止的；④行政许可依法被撤销、撤回，或者行政许可证件依法被吊销的；⑤因不可抗力导致行政许可事项无法实施的；⑥法律、法规规定的应当注销行政许可的其他情形。

二、环境行政处罚

环境行政处罚是环境行政执法中最常采用的一种执法方式，将在后节作详细论述。

三、环境污染民事纠纷行政处理

1. 环境污染民事纠纷行政处理的概念

环境污染民事纠纷行政处理，也称公害民事纠纷行政处理，是指环境保护监督管理部门根据当事人的请求，对因环境污染和破坏引起的民事纠纷进行调解和处理。

2. 环境污染民事纠纷行政处理的性质

根据《环境保护法》第四十一条第二款及环境污染防治单行法的有关规定，环境保护监督管理部门根据当事人的请求，对环境污染民事纠纷的处理属于行政调解性质，即当事人在环境行政机关主持下对环境污染民事纠纷争议进行协商，互相让步达成解决争议的协议。上述“行政调解”与民事诉讼中的“司法调解”相对应。环境行政机关之所以能通过行政调解的方式解决环境民事纠纷，其前提是所处理的纠纷属于平等主体（当事人）之间的环境民事权益争议，当事人有对自己的索赔权等权益进行自由处分的权利。

3. 环境污染民事纠纷行政处理的意义

在环境行政机关主持下调解处理环境污染民事纠纷，是解决日益增多的环境纠纷，化解社会矛盾，构建和谐社会的重要途径，因而可称为我国环境管理的一大特色。

环境污染民事纠纷行政处理，虽然不具有法律强制力，有它局限性的一面，但是我国环境保护实践表明，众多的环境污染民事纠纷都经过行政调解处理得到了圆满的解决。究其原因，主要是环境行政机关具有取证、监测、鉴定等专业技术和手段，且熟识环境污染危害成因，尤其是在广大人民群众中具有很高的威望，人民群众信任它们能够秉公调解。

环境污染民事纠纷行政处理，有利于简化程序，方便当事人，省时、省费用，提高效率；有利于减轻人民法院的负担；有利于及时、公平、公正地化解因环境纠纷引发的社会矛盾，促进和谐社会的发展。

4. 环境污染民事纠纷行政处理的原则

（1）必须有当事人的请求

环境污染民事纠纷行政处理程序的提起，其必要和充分条件是当事人的请求，如果当事人没有提出请求，环境保护监督管理部门无权提起这种程序。

(2) 行政调解处理适用无过错责任原则

环境污染民事纠纷行政处理的最终目的，是为了解决因环境侵权引起的赔偿责任和赔偿金额的纠纷，属于《民法通则》中的特殊民事纠纷，适用无过错责任原则，不以违法性和过错为承担赔偿责任的条件。

(3) 当事人的法律地位平等

环境污染民事纠纷行政处理中，加害者（排污单位）和受害者（受环境污染危害的单位或个人）作为民事法律关系主体，其地位平等，即双方当事人均享有平等的民事权利和承担平等的民事义务。

(4) 可以适用调解原则

由于所处理的纠纷属于平等关系双方当事人的环境民事争议，当事人对自己的民事权益有自由处分的权利，因此环境行政机关在处理环境污染民事纠纷过程中，可以采用调解的方式结案。

(5) 作出的处理决定不具有强制力

环境行政机关根据当事人的请求，对环境污染民事纠纷所作出的行政处理决定，虽然在环境监督管理工作中起着重要作用，使很多环境民事纠纷得以顺利解决，但是，如果当事人不履行或不服处理决定时，环境行政机关无权向人民法院申请强制执行。这是由处理的纠纷属于环境民事争议的性质所决定的。

5. 环境污染民事纠纷行政处理的程序

根据《环境保护法》，结合我国环境监督管理的实践，环境污染民事纠纷行政处理的程序可分为申请、受理、调查、调解、处理和执行六个阶段。

(1) 申请

申请方式，可以书面申请，也可以口头申请。因环境民事纠纷案情较复杂，一般应要求当事人采用书面形式。如果当事人书写有困难，应允许采用口头形式申请，环境管理人员应做好详细记录。申请的内容应当包括：

1）双方当事人的自然状况。

2）请求处理环境污染民事纠纷的目的。

3）证明上述请求的证据和证据的来源等。

(2) 受理

受理阶段的主要任务，是审查当事人的申请是否符合受理条件，并作出是否受理的决定。其主要内容包括：

1）审查申请。审查的内容，主要围绕着申请条件进行。如果符合前述申请条件，应在收到申请之日起7天（或10天）内作出受理的决定，并及时通知双方当事人；如果认为不符合条件，也同样在7天（或10天）内作出不受理的决定，并向当事人说明理由。

2）成立调查小组。调查人员应视案情的具体情况而定，但一般应为3人以上（含3人的单数）的执法人员组成，便于贯彻少数服从多数的议事规则。与本案有利害关系的调查人员，应当自行回避。

经审查，如若决定受理，调查小组即可以环境保护监督管理部门的名义开展调查工作。

(3) 调查

调查阶段的主要任务，是通过各种调查手段，弄清环境污染危害的实际情况和造成或者可能造成的损害的事实。可见，调查对于弄清纠纷的真相，为以后进行调解、处理提供坚实有力的证据基础，起着关键作用。

调查的方式同环境行政处罚的一般程序中的调查方式相似（参见本章第三节环境行政处罚）。

（4）调解

调解必须坚持双方自愿的原则，只有这样双方才有可能互相让步达成协议，也有利于自觉履行调解协议。调解的程序一般包括：

1）调解开始。调查小组经过调查阶段基本弄清案情真相之后，即可主动进行调解工作，也可以应当事人的请求进行调解；调解一般由调查小组负责人主持或者由环境保护监督管理部门指定的负责人主持，双方当事人或者代理人参加；调解的地点可选在环境保护行政机关内，也可以就地调解，以便于当事人、证人参加；调解一般应公开举行，双方面对面地进行协商。

2）进行协商。由于调解协议必须建立在弄清事实、分清是非且符合环境法精神的基础上才有效，因此，协商工作必须从弄清环境污染危害的事实入手。调查小组人员应当充分听取双方当事人、证人的陈述，让其充分进行辩论、质证，要求当事人提供有关证据和说明理由；主持人应当根据当事人争议的焦点和已查明的事实，抓住要害，有针对性地讲解环境法律和政策精神，并进行耐心细致的疏导说服工作，在分清是非，明确赔偿责任的基础上，再由双方当事人反复进行协商，必要时可以邀请双方当事人所在单位派人参加；协商方式，可采取在调查小组（或办案人员）主持下双方当事人面对面协商的方式，也可采取先“背靠背”，后再“面对面”的方式，允许当事人自由讨论，自行协商。

3）达成协议。通过调查小组深入细致地调解工作以及当事人双方充分的协商，在自愿的基础上本着互谅互让，不损害国家公共利益和他人利益的前提下，对赔偿责任和赔偿金额纠纷达成协议之后，调查小组应当对协议内容进行全面审查。经审查，认为符合法律规定，且出于双方自愿的，应当予以认可，并立即制作书面调解书（或调解协议书）。调解书应当进行公证，以便事后顺利履行协议。

关于调解书的格式及内容，我国环境法尚未作出统一规定。在此，可参照最高人民法院制定的《关于民事诉讼文书样式（试用）》，结合环境保护实践，提出环境污染民事纠纷调解书格式。

（5）处理

在此，“处理决定”是根据当事人的请求，由环境保护监督管理部门依法进行的处理，这种处理行为属于行政司法性质，而不属于具体环境行政行为。因此，不具有法律强制力。

在调查阶段，未达成协议，或者达成的协议未得到履行，说明该纠纷的行政处理程序尚未终结。调查小组应依法及时对纠纷作出处理决定，其程序包括：

1）调查小组集体评议。即召开调查小组会议，充分发扬民主，全面、公正地评议案件，最后以少数服从多数的议事规则，举手表决，作出处理决定。对不同意见应允许保留，并记录在案。

2）制作处理决定书。调查小组以口头形式向当事人宣布处理决定之后，应立即制作处理决定书。

处理决定书制作完毕之后，应当及时送达双方当事人。

(6) 执行

如前所述，由于环境污染民事纠纷处理决定不具有法律强制力，所以在此所说的执行，实际上就是指加害人按照处理决定的要求履行给付赔偿金义务的活动。

第三节　环境行政处罚

一、环境行政处罚概述

1. 环境行政处罚的概念

环境行政处罚是指国家环境保护监督管理部门，依照法定权限和程序对违反环境法律规范尚不构成犯罪的单位或个人实施的一种行政制裁。其中，“环境保护监督管理部门”是指《环境保护法》第七条所规定的县级以上人民政府环境保护行政主管部门和其他依照法律规定行使环境保护监督管理权的部门。其他依照法律规定行使环境保护监督管理权的部门包括：海洋、港监、渔政、军队、公安、交通、铁道、民航管理部门，以及县级以上人民政府的土地、矿产、林业、农业、水利行政主管部门。此外，在某些场合，县级以上人民政府也行使环境行政处罚权。例如，对经限期治理逾期未完成治理任务的企业、事业单位，可由作出限期治理决定的人民政府责令其停业、关闭。

从上述定义可知，环境行政处罚具有如下特点：

(1) 行政处罚的主体是特定的环境保护行政机关和法律、法规授权的组织。

(2) 行政处罚的对象是环境行政相对人中的违法者。

(3) 行政处罚的前提是环境行政相对人实施了违反环境法律规范的行为。

2. 环境行政处罚的基本原则

环境行政处罚的原则，是指立法机关在环境法中设置行政处罚规范和环境保护监督管理部门实施行政处罚时必须遵循的指导思想，是合法、适当行使环境行政处罚权的法律保障。

根据《行政处罚法》和《环境行政处罚办法》规定，环境行政处罚的主要原则可概括为：合法性原则、合理性原则、公正公开原则、处罚与教育相结合的原则、保障当事人合法权益原则。

(1) 合法性原则

合法性原则，是指环境保护监督管理部门必须严格依照环境法规定的处罚依据、形式、程序，对承担行政责任者实施行政处罚。这是依法行政对环境行政处罚的基本要求和具体化，它包含如下三层意思：

1) 实施处罚的主体必须是法定的环境行政主体，即享有行政处罚权的环境保护行政机关，其职责必须由环境法律、法规或者规章明确规定。

2) 处罚的依据必须是环境法律、法规、规章明确规定的。只有环境法律、法规及规章才能作为行政处罚的依据，除此之外其他的规范性文件不能作为环境行政处罚的依据，否则处罚无效。

3）处罚的程序必须是环境法律、法规、规章明确规定的。环境保护行政机关及其工作人员实施行政处罚必须严格执行法定程序，如若违反，行政处罚决定无效。

（2）合理性原则

合理性原则，是指环境行政处罚主体在作出处罚行为时，一方面应当严格依据相关法律、法规所规定的条件、种类以及幅度范围进行；另一方面，还应当符合法律规定的宗旨、目的，要符合公平正义等法律理性。合理性原则存在的原因主要是行政处罚中自由裁量权的存在。

合理性原则在环境行政处罚领域的具体要求有以下几个方面：

1）处罚动机必须符合环境保护法的目的。处罚主体在作出环境行政处罚时，不但要在客观上符合法律的有关规定，而且其主观上希望达到的目的不能是法律之外的任何其他目的，不能“公报私仇”“假公济私”，不能将任何主观的个人情感带入环境行政处罚的任何环节。

2）合理考虑相关因素。处罚主体在作出环境行政处罚时，还应合理考虑相关因素，同时对不相关的因素予以排除。一般地，当事人的民事行为能力、行为后果以及其他影响处理的减轻情节或加重情节等，应当列为相关因素；而当事人的社会地位、经济状况以及与当事人关系的亲疏远近等因素，应当列为不相关因素，而予以排除。

3）必须全面、准确地认定违法事实，正确适用法律。违法事实包括违法行为发生的时间、地点，侵害的对象，违法的手段，违法者的心理状态（故意或过失），违法行为造成社会危害后果的大小，以及违法者违法前后的表现等。这些客观与主观事实都需要全面收集、仔细分析、正确评判。

（3）公正、公开原则

公正、公开原则，是指环境保护行政机关对违反环境法律规范的行政相对人提起行政处罚程序，以致决定给予行政处罚时，必须做到客观、公平和有透明度。公正、公开原则的含义和要求如下：

1）公正原则要求：一是环境保护行政机关实施行政处罚必须以事实为根据，要查明违法事实，没有违法事实，不得给予处罚；二是给予行政处罚必须以法律为准绳，处罚与违法行为的事实、情节、性质以及社会危害程度相符合，不得滥罚；三是与当事人有直接利害关系的环境行政执法人员应当回避；四是听证应当由环境行政机关指定的非本案调查人员主持；五是对情节复杂或者重大违法行为需要给予较重行政处罚的应当集体讨论决定。

2）公开原则有两层含义：一是行政处罚所依据的环境法律、法规和规章必须正式公开，即凡是要求行政相对人遵守的，应当事先公布；二是对违法者依法给予行政处罚必须要公开，即要公开处罚程序。

（4）处罚与教育相结合的原则

处罚与教育相结合的原则，是指环境保护行政机关在实施行政处罚之前，首先要对行政相对人进行环境法制宣传，通过教育和帮助使其认识违法行为的危害，提高守法意识，在此基础上以必要的处罚，以达到制止和预防违法的目的。

处罚与教育相结合的原则，要求处罚主体不能只强调行政权的强制性，而忽视了行政权的服务性，要树立“服务”意识，不仅要“查超标”，还要“帮达标”。

(5) 保障当事人权利原则

保障当事人权利原则，是指环境保护行政机关对违反环境法的行政相对人实施行政处罚时，在行政处罚的整个过程中必须依法保障相对人的合法权益不受任何侵害。为保障行政相对人的合法权益，《行政处罚法》明确规定当事人依法享有如下权利：

1）陈述、申辩权。陈述、申辩是当事人在环境行政处罚中依法享有的最基本的权利。当事人通过行使这项权利，可以充分发表自己的意见，进一步了解环境保护行政机关做出处罚决定的事实、理由及依据，切实维护自身的合法权益；环境行政机关通过当事人的陈述和申辩，可以防止和避免处罚错误，以便提高行政处罚的质量和效率。

2）听证权。听证是为加大行政处罚的透明度，保证行政处罚的公开、公正、公平，更好地接受行政相对人的监督而设置的当事人依法享有的一项重要权利。由于听证公开举行，可以当面辩论、质证，允许旁听，允许报道，对环境保护行政机关而言是一项有效的监督制约机制，因此，各级环境保护行政机关必须依法行政，保障当事人的听证权利。

3）申请行政复议和提起行政诉讼权。行政复议和行政诉讼作为行政处罚的最有效的救济途径，因而是行政相对人依法享有的一项最大、最重要的权利。环境行政主管部门在作出行政处罚决定后，必须向行政相对人交代复议和诉讼的权利；另一方面，行政相对人一旦申请复议或提起行政诉讼，必须严格按照法定程序和时效作出复议决定或积极应诉。

4）行政赔偿请求权。行政赔偿是行政处罚的一个特殊救济方式。当企业因环境行政机关违法给予的环境行政处罚造成其合法权益受到损害时，可以在法定的期限内请求作出该行政处罚决定的机关给予赔偿。

3. 环境行政处罚的种类

(1) 警告

警告是指环境保护行政机关对那些轻微违反环境法律规范的行政相对人的谴责和告诫。警告是“申诫罚”的一种形式，其作用是通过对违法行为人精神上的惩戒，以申明其有违反环境法的行为，促使其不再违法；对他人则能起到警戒作用，告诫他人不要再去污染或者破坏环境。警告属于最轻微的处罚，但不应忽视其功能，因为企业的环境保护形象对其发展影响很大。

警告的处罚具有以下特点：

1）警告是一种最轻微的行政处罚形式。警告适用于违法情节轻微或者尚未造成实际危害后果的违法行为。

2）警告是以影响违法行为人声誉为内容的处罚。警告与罚款等其他处罚形式不同，是一种软约束措施，但它与普通的批评教育不同，具有行政法上的拘束力，虽然不影响违法行为人的财产权利及行为能力方面不受损失，但其声誉，即环境保护形象受到一定影响。

3）警告是单独适用的行政处罚形式。由于警告是行政处罚形式中惩罚性最轻的一种，将警告与其他行政处罚形式合并适用没有意义。因此，我国环境法律、法规普遍把警告与其他行政处罚形式规定在同一条款中，由环境保护行政机关自由裁量，任选其中的一种给予处罚。

(2) 罚款

罚款是指环境保护行政机关依法强迫违反环境法律规范，应承担行政责任的相对人，向国家缴纳一定数额的金钱的行政处罚形式。罚款是财产罚的一种形式，在环境行政处罚中应用最广泛。罚款的作用是限制和剥夺违法者一定的财产权利，促使其纠正违法行为，不再污染或者破坏环境。罚款具有如下特点：

1）罚款是最普遍适用的行政处罚形式。我国现行环境法律、法规、规章，几乎都规定有罚款这一行政处罚形式，而且地方环境保护行政机关在实施行政处罚中，适用的最多最普遍的也是罚款。值得注意的是，不能因此误认为罚款可以代替其他行政处罚形式。因为每一种行政处罚形式是针对着相应的环境违法行为和违法者的不同情节而设定的，如果一概而论，即以罚款代替其他处罚形式，难免造成责罚不当而违背立法精神。

2）罚款只对单位和非履行公职的公民适用。根据我国现行环境法的规定，适用罚款的对象主要是单位（即企事业法人），在一些特殊场合对违反环境法的公民也可以处以罚款。需要注意的是修订后的《水污染防治法》规定，对违法排污单位，不仅要处罚单位，还要处罚单位直接责任人，这就是所谓“双罚制”，环境保护部门从此有权对企业内部的责任者个人处以罚款。

但对正在履行公职人员，即因违法失职或者管理不善，造成污染或者破坏环境，情节严重的“有关责任人员”则规定给予行政处分（构成犯罪的依法追究刑事责任，因侵权造成他人财产损失的还要承担行政赔偿责任），而不是行政处罚。

3）罚款是对违法者一定财产权的强制性剥夺。罚款作为剥夺违法者一定数额金钱的强制性手段，其目的是促使其醒悟，今后自觉守法，加强内部环境管理，不再以身试法。但是，违法者被强令缴纳罚款后，并不免除缴纳排污费，“消除污染、排除危害和赔偿损失的责任”。

4）罚款的幅度较大。现行环境法规定的罚款幅度普遍较大，有的条款规定的罚款，上下限之间幅度有 10 倍之差。这就要求环境保护行政机关在适用罚款时，不仅要注意罚款限定在法定幅度之内，而且还要慎重认定和把握各种情节，务求罚款的大小与违法者承担责任的轻重相当，以避免畸轻或畸重带有感情色彩的罚款。

（3）没收违法所得

没收违法所得，也是财产罚的一种，它是指环境保护行政机关将违法行为人的非法收入和所得收归国有的处罚形式。违法所得是指违法者通过非法手段获取的财产，如无经营许可证从事收集、储存、利用、处置危险废物经营活动获取的财产等。没收违法所得处罚具有如下特点：

1）没收违法所得是行政处罚形式之一。没收违法所得不同于刑罚附加刑中的没收财产，二者的主要区别在于：首先，性质不同。前者是由环境保护行政机关对违反环境法律规范的行政相对人的行政制裁，而后者是人民法院判处的将构成环境犯罪的犯罪分子个人所有的一部分或者全部财产无偿收归国家的刑罚附加刑。其次，适用范围不同。前者主要适用于环境行政违法行为，而后者则主要适用于严重破坏自然资源的环境犯罪行为，如非法猎捕、杀害珍贵、濒危野生动物等犯罪行为。

2）没收违法所得只适用于有违法所得的环境违法情形。换言之，对于环境违法行为采取没收违法所得的处罚，必须严格区分是否有违法所得；区分哪些是合法所得，哪些是违法所得；区分哪些是违法所得，哪些是违法用具和违禁品；区分哪些是合法财产，哪些是违法所得等。

3）没收违法所得是涉及违法者财产权利的处罚形式。环境保护行政机关将违法者违法获取的利益收归国有，使违法者已经获得的财产随之丧失，体现了对违法者的制裁。加之没收违法所得处罚一般与其他财产罚并用，因而能起到惩戒违法者的作用。

（4）吊销许可证（或者其他证书）

指环境保护行政机关依法收回或撤销违法者已获得的从事某种活动的权利或者资格证书，剥夺或限制违法者从事某种特许活动的资格或权利的处罚形式。许可证制度是环境监督管理的重要方式之一，其适用范围较广，种类较多。如排污许可证，危险废物经营许可证，医疗废物经营许可证，生产、使用、销售放射性同位素和射线装置许可证，核设施安全许可证，海洋倾废许可证等。吊销许可证（或其他证书）是属于资格罚的一种，具有如下特点：

1）吊销许可证（或其他证书）是一种严厉的行政处罚形式之一，直接涉及行政相对人的财产权利。吊销许可证（或其他证书）剥夺和限制了行政相对人从事生产、经营等资格和能力，实质上影响了其财产权利。例如，根据《水污染防治法》的规定，行政相对人享有的排污权须经环境保护行政主管部门许可，如果环境保护行政主管部门吊销了排污许可证，就等于剥夺和限制了其获取生产利润的权利，同时也会影响其生存和发展，实质上剥夺和限制了其财产权。

2）吊销许可证（或其他证书）是资格能力罚，适用于取得从事某种对环境有影响的活动资格和特许权的违法的行政相对人。这种处罚不同于罚款等财产罚，处罚仅适用于实施许可证的环境监督管理范围内的违法行为，且仅适用于已经取得许可证的违法的行政相对人。例如，根据《固体废物污染环境防治法》的规定，已经取得危险废物经营许可证的行政相对人，不按照许可证规定经营危险废物的，环境保护行政机关有权吊销其许可证，而对无许可证的行政相对人则不能适用此项处罚。

（5）责令停业、关闭

责令停业、关闭，是指作出限期治理决定的人民政府，对逾期未完成治理任务的行政相对人，责令其不得继续生产或者经营的一种行政处罚形式。它是属于行为罚的一种，也称能力罚，具有如下特点：

1）由特定的人民政府科处。即由作出限期治理决定的人民政府作出，责令中央直接管辖的企事业单位停业、关闭的，还须报国务院批准。之所以这样规定，是因为停业、关闭后果特别严重，地方人民政府作为当地最高的行政机关，由其作出这一决定，负面影响可能较小。

2）对特定的行政相对人科处。即只能对经人民政府作出限期治理决定后，逾期未完成治理任务的行政相对人。

3）属于最严厉的行政处罚形式。这是与前述的五种处罚形式比较而言的。受此行政处罚的行政相对人将不能继续从事原来的排污生产、经营活动，因此只能对污染特别严重，且靠一般技术治理难以奏效，经济效益不佳的单位适用。

（6）行政拘留

行政拘留是指法定的行政机关（专指公安机关）依法对违反行政法律规范的人，在短期内限制人身自由的一种行政处罚。行政拘留是最严厉的一种行政处罚，通常适用于严重违反治安管理但不构成犯罪，而警告、罚款处罚不足以惩戒的情况。

环境保护部门在查处环境违法行为过程中，发现有阻碍环境保护部门监督检查、违法排放或者倾倒危险物质等行为，涉嫌构成违反治安管理行为的，应当移送公安机关依照《治安管理处罚法》予以治安管理处罚。

如对向环境“排放、倾倒”毒害性、放射性物质或者传染病病原体等危险物质，涉嫌违反《治安管理处罚法》第30条，构成非法“处置”危险物质行为的，环境保护部门应当根据全国人大常委会法工委《对违法排污行为适用行政拘留处罚问题的意见》（法工委复［2008］5号）以及环境保护部《关于转发全国人大法工委〈对违法排污行为适用行政拘留处罚问题的意见〉的通知》（环发［2008］62号）的规定，及时移送公安机关予以行政拘留。

4. 环境行政处罚的管辖

（1）职能管辖

职能管辖，是指不同职能的环境保护行政机关之间实施行政处罚的权限分工。职能不同的环境保护行政机关享有的行政处罚权是不同的，即只能对自己的职能范围内违法案件享有处罚管辖权。如环境保护行政主管部门对污染环境的违法案件有权实施处罚，林业行政主管部门对破坏林木、陆生野生动物、野生植物的违法案件有权实施处罚等。

（2）地域管辖

县级以上环境保护主管部门管辖本行政区域的环境行政处罚案件。造成跨行政区域污染的行政处罚案件，由污染行为发生地环境保护主管部门管辖。两个以上环境保护主管部门都有管辖权的环境行政处罚案件，由最先发现或者最先接到举报的环境保护主管部门管辖。

（3）级别管辖

级别管辖，也称层级管辖，是指不同级别（或上下级）环境保护行政机关之间实施行政处罚的权限分工。《行政处罚法》第二十条规定，对违法行为由“县级以上地方人民政府”实施行政处罚（法律、行政法规另有规定的除外）。这一规定明确了环境行政处罚的管辖在级别上（原则上）只能是具有行政处罚权的县级以上地方人民政府及其各环境资源保护职能部门。但是，县级以上环境保护行政机关之间的处罚权限如何划分，《行政处罚法》及环境法律均未作具体规定。对此，应当由环境保护单行法、法规或者规章加以明确。

（4）移送管辖

外部移送。发现不属于环境保护主管部门管辖的案件，应当按照有关要求和时限移送有管辖权的机关处理。涉嫌违法应当由人民政府依法实施责令停产整顿、责令停业、关闭的案件，环境保护主管部门应当立案调查，并提出处理建议报本级人民政府。涉嫌违法应当依法实施行政拘留的案件，移送公安机关。涉嫌违反党纪、政纪的案件，移送纪检、监察部门。涉嫌犯罪的案件，按照《行政执法机关移送涉嫌犯罪案件的规定》等有关规定移送司法机关，不得以行政处罚代替刑事处罚。

内部移送不属于本机关管辖的案件，应当移送有管辖权的环境保护主管部门处理。受移送的环境保护主管部门对管辖权有异议的，应当报请共同的上一级环境保护主管部门指定管辖，不得再自行移送。

(5) 指定管辖

下级环境保护主管部门认为其管辖的案件重大、疑难或者实施处罚有困难的，可以报请上一级环境保护主管部门指定管辖。上一级环境保护主管部门认为下级环境保护主管部门实施处罚确有困难或者不能独立行使处罚权的，经通知下级环境保护主管部门和当事人，可以对下级环境保护主管部门管辖的案件指定管辖。上级环境保护主管部门可以将其管辖的案件交由有管辖权的下级环境保护主管部门实施行政处罚。

(6) 管辖争议解决

对行政处罚案件的管辖权发生争议时，争议双方应报请共同的上一级环境保护主管部门指定管辖。

二、环境行政处罚的法律适用

环境行政处罚的法律适用，是环境法律规范规定的行政处罚的具体适用。它具体指环境保护行政机关在认定行政相对人违法的基础上，依法决定对违法者是否给予行政处罚和如何给出行政处罚的活动。

环境行政处罚明确法律适用既是一个实体问题，同时也是一个程序问题，适用的过程也就是实体与程序综合的过程。根据《行政处罚法》和环境法的规定，环境行政处罚的适用涉及如下几个主要法律问题：

1. 环境法规的适用规则

(1) 高位法优先适用规则

环境保护法律的效力高于行政法规、地方性法规、规章；环境保护行政法规的效力高于地方性法规、规章；环境保护地方性法规的效力高于本级和下级政府规章；省级政府制定的环境保护规章的效力高于本行政区域内的较大的市政府制定的规章。

(2) 特别法优先适用规则

同一机关制定的环境保护法律、行政法规、地方性法规和规章，特别规定与一般规定不一致的，适用特别规定。

(3) 新法优先适用规则

同一机关制定的环境保护法律、行政法规、地方性法规和规章，新的规定与旧的规定不一致的，适用新的规定。

(4) 地方法规优先适用情形

环境保护地方性法规或者地方政府规章依据环境保护法律或者行政法规的授权，并根据本行政区域的实际情况作出的具体规定，与环境保护部门规章对同一事项规定不一致的，应当优先适用环境保护地方性法规或者地方政府规章。

(5) 部门规章优先适用情形

环境保护部门规章依据法律、行政法规的授权作出的实施性规定，或者环境保护部门规章对于尚未制定法律、行政法规而国务院授权的环境保护事项作出的具体规定，与环境保护地方性法规或者地方政府规章对同一事项规定不一致的，应当优先适用环境保护部门规章。

(6) 部门规章冲突情形下的适用规则

环境保护部门规章与国务院其他部门制定的规章之间，对同一事项的规定不一致的，应当优先适用根据专属职权制定的规章；两个以上部门联合制定的规章，优先于一个部门单独制定的规章；不能确定如何适用的，应当按程序报请国务院裁决。

2. "一事不再罚"

《行政处罚法》第二十四条规定："对当事人的同一个违法行为，不得给予两次以上罚款的行政处罚。"对同一环境违法行为，不得给予两次以上罚款的含义是：

(1) 行为人的一个行为，同时违反了两个以上法律、法规的规定，可以给予两次以上的处罚。但如果是罚款，则罚款只能一次；另一次处罚可以依法是其他种类的行政处罚，如吊销许可证、责令停止生产或者使用等，就是不能再罚款。

(2) 行为人的一个行为，违反了一个法律、法规规定，该法律、法规同时规定施罚机关可以并处两种处罚，如"可以没收并处罚款"这种并处不违反同一环境违法行为不得给予两次以上罚款原则。

(3) 环境违法行为构成犯罪，人民法院判处罚金时，环境保护行政机关已经给予当事人罚款的，应当折抵相应罚金。罚款与罚金虽然两者性质不同，但在内容上却是相同的，都是责令违法者缴纳一定数额的款项，因此应力避两者在适用上的重叠。

罚款与罚金的关系，还涉及人民法院对构成犯罪的行为人判刑后，环境保护行政机关可否再施罚款的问题。相关的情况可能有两种，一是人民法院判刑并未适用罚金，二是人民法院判刑时已经适用了罚金。对第一种情况，环境保护行政机关可以对其实施罚款处罚。对于第二种情况，由于给犯罪人以财产损失的制裁目的已经达到了，行政机关不应再予重复处罚。

3. 责令当事人改正或限期改正违法行为

《行政处罚法》第二十三条规定："行政机关实施行政处罚时，应当责令当事人改正或者限期改正违法行为。"《环境行政处罚办法》第十一条规定："环境保护主管部门实施行政处罚时，应当及时作出责令当事人改正或者限期改正违法行为的行政命令。责令改正期限届满，当事人未按要求改正，违法行为仍处于继续或者连续状态的，可以认定为新的环境违法行为。"

根据环境保护法律、行政法规和部门规章，责令改正或者限期改正违法行为的行政命令的具体形式有：

(1) 责令停止建设。

(2) 责令停止试生产。

(3) 责令停止生产或者使用。

(4) 责令限期建设配套设施。

(5) 责令重新安装使用。

(6) 责令限期拆除。

(7) 责令停止违法行为。

(8) 责令限期治理。

(9) 法律、法规或者规章设定的责令改正或者限期改正违法行为的行政命令的其他具体形式。

根据《最高人民法院关于规定行政案件案由的通知》的规定，行政命令不属行政处罚。行政命令不适用行政处罚程序的规定。

这一规定要求环境保护行政机关在对违法者实施行政处罚的同时，必须依法强令其改正已经实施或者正在实施中的违法行为。这是因为：第一，行政处罚的主要目的是通过必要惩罚手段，教育和约束违法者改正或纠正违法行为，自觉守法，不再违法；第二，为避免实践中存在的处罚变许可的弊端，也就是重处置而轻纠正，使处罚成为变相的通行证或许可证。例如，对擅自拆除或者闲置污染防治设施的单位只给予罚款，而不责令重新安装或者使用，这种罚款就成了许可。

在实践中有些违法行为能够立即改正，但有的违法行为需要一定的时间改正，例如将拆除的污染防治设施重新安装等。因此，环境保护行政机关应当给予违法者一定的改正期限，责令其限期改正违法行为，恢复原状。

改正违法行为，包括以下内容：

(1) 必须停止违法行为。

(2) 积极主动协助环境保护行政机关调查。

(3) 消除违法所造成的不良后果。

(4) 因违法造成损害的，要依法给予赔偿，不能逃避民事法律责任。

(5) 行政相对人违法给国家或公共利益造成损失的，也要依法赔偿。

责令限期改正的，应当明确提出要求改正违法行为的具体内容和合理期限。对责令限期改正、限期治理、限产限排、停产整治、停产整顿、停业关闭的，要切实加强后督察，确保各项整改措施执行到位。

4. 不得以罚代刑

《行政处罚法》第七条第二款规定："违法行为构成犯罪，应当依法追究刑事责任，不得以行政处罚代替刑事处罚"。第二十二条还规定："违法行为构成犯罪的，行政机关必须将案件移送司法机关，依法追究刑事责任"。上述规定，体现了刑事优先原则，也有利于以刑罚手段有力地打击环境犯罪。"不得以罚代刑"要求环境保护行政机关在查处环境行政违法行为时，必须注意以下两点：

(1) 把握好违法与犯罪界限，认真分析案情，及早定性，对于构成环境犯罪必须追究刑事责任，决不以罚代刑。

(2) 将案件迅速移送司法机关，并协助司法机关追究其刑事责任。

5. 自由裁量权的规范

环境行政处罚自由裁量权，是指环境保护部门在查处环境违法行为时，依据法律、法规和规章的规定，酌情决定对违法行为人是否处罚、处罚种类和处罚幅度的权限。

正确行使环境行政处罚自由裁量权，是严格执法、科学执法、推进依法行政的基本要求。近年来，各级环境保护部门在查处环境违法行为过程中，依法行使自由裁量权，对于准确适用环境保护法规，提高环境监管水平，打击恶意环境违法行为，防治环境污染和保障人体健康发挥了重要作用。但是，在行政处罚工作中，一些地方还不同程度地存在着不当行使自由裁量权的问题。个别地区出现了滥用自由裁量权的现象，甚至由此滋生执法腐败，在社会上造成不良影响，应当坚决予以纠正。

环境保护部门在行使行政处罚自由裁量权时，既不得考虑不相关因素，也不得排除相关因素，要综合、全面地考虑以下情节：

①环境违法行为的具体方法或者手段。

②环境违法行为危害的具体对象。

③环境违法行为造成的环境污染、生态破坏程度以及社会影响。

④改正环境违法行为的态度和所采取的改正措施及其效果。

⑤环境违法行为人是初犯还是再犯。

⑥环境违法行为人的主观过错程度。

为进一步规范环境行政处罚自由裁量权，提高环境保护系统依法行政的能力和水平，有效预防执法腐败，环境保护部部常务会议于2009年2月20日审议通过了《规范环境行政处罚自由裁量权若干意见》(以下简称《意见》)，以规范性文件的形式对环境行政处罚自由裁量权的行使提出了规范意见。《意见》对合理把握裁量尺度作出如下规定：

(1) 从重处罚

1) 主观恶意的，从重处罚。恶意环境违法行为，常见的有："私设暗管"偷排的，用稀释手段"达标"排放的，非法排放有毒物质的，建设项目"未批先建""批小建大""未批即建成投产"以及"以大化小"骗取审批的，拒绝、阻挠现场检查的，为规避监管私自改变自动监测设备的采样方式、采样点的，涂改、伪造监测数据的，拒报、谎报排污申报登记事项的。

2) 后果严重的，从重处罚。环境违法行为造成饮用水中断的，严重危害人体健康的，群众反映强烈以及造成其他严重后果的，从重处罚。

3) 区域敏感的，从重处罚。环境违法行为对生活饮用水水源保护区、自然保护区、风景名胜区、居住功能区、基本农田保护区等环境敏感区造成重大不利影响的，从重处罚。

4) 屡罚屡犯的，从重处罚。环境违法行为人被处罚后12个月内再次实施环境违法行为的，从重处罚。

(2) 从轻处罚

主动改正或者及时中止环境违法行为的，主动消除或者减轻环境违法行为危害后果的，积极配合环境保护部门查处环境违法行为的，环境违法行为所致环境污染轻微、生态破坏程度较小或者尚未产生危害后果的，一般性超标或者超总量排污的，从轻处罚。

(3) 单位个人"双罚"制

企业、事业单位实施环境违法行为的，除对该单位依法处罚外，环境保护部门还应当对直接责任人员，依法给予罚款等行政处罚；对其中由国家机关任命的人员，环境保护部门应当移送任免机关或者监察机关依法给予处分。

如《水污染防治法》第八十三条规定，企业、事业单位造成水污染事故的，由环境保护部门对该单位处以罚款；对直接负责的主管人员和其他直接责任人员可以处上一年度从本单位取得收入的50%以下的罚款。

(4) 按日计罚

环境违法行为处于继续状态的，环境保护部门可以根据法律、法规的规定，严格按照违法行为持续的时间或者拒不改正违法行为的时间，按日累加计算罚款额度（如《重庆市环境保护条例》规定）。

(5) 从一重处罚

同一环境违法行为，同时违反具有包容关系的多个法条的，应当从一重处罚。

如在人口集中地区焚烧医疗废物的行为，既违反《大气污染防治法》第四十一条“禁止在人口集中区焚烧产生有毒有害烟尘和恶臭气体的物质”的规定，同时又违反《固体废物污染环境防治法》第十七条“处置固体废物的单位，必须采取防治污染环境的措施”的规定。由于“焚烧”医疗垃圾属于“处置”危险废物的具体方式之一，因此，违反《大气污染防治法》第四十一条禁止在人口集中区焚烧医疗废物的行为，必然同时违反《固体废物污染环境防治法》第十七条必须依法处置危险废物的规定。这两个相关法条之间存在包容关系。对于此类违法行为触犯的多个相关法条，环境保护部门应当选择其中处罚较重的一个法条，定性并量罚。

（6）多个行为分别处罚

一个单位的多个环境违法行为，虽然彼此存在一定联系，但各自构成独立违法行为的，应当对每个违法行为同时、分别依法给予相应处罚。

如一个建设项目同时违反环境影响评价和“三同时”规定，属于两个虽有联系但完全独立的违法行为，应当对建设单位同时、分别、相应予以处罚。即应对其违反“三同时”的行为，依据相关单项环境保护法律“责令停止生产或者使用”，并依法处以罚款，还应同时依据《环境影响评价法》第三十一条“责令限期补办手续”。需要说明的是，“限期补办手续”是指建设单位应当在限期内提交环境影响评价文件；环境保护部门则应严格依据产业政策、环境功能区划和总量控制指标等因素，作出是否批准的决定，不应受建设项目是否建成等因素的影响。

6. 环境行政处罚追究时效

行政处罚追究时效，又称追罚时效，是指环境保护行政机关追究当事人行政处罚责任的有效期限。根据《行政处罚法》第二十九条规定，环境行政处罚追究时效为两年，即在两年内违法行为未被发现或查处的，不再给予处罚。关于追罚时效的计算方法，在一般情况下从违法行为发生之日起计算时效。违法行为有连续或继续状态的，则要从行为终了之日起计算时效。

三、环境行政处罚程序

环境行政处罚程序，即环境行政处罚的方式、方法、步骤的总称。它是指环境行政机关依法对违反环境法规而应承担行政责任者提起、认定并给予行政处罚的法定手续。

根据《行政处罚法》和环境法规的有关规定，环境行政处罚的程序包括简易程序、一般程序、听证程序、执行程序。

1. 简易程序

（1）简易程序的概念

指环境保护行政机关对符合法定条件的行政处罚事项，当场进行处罚的行政处罚程序。它具有以下三个特点：

1）必须符合一定的条件，即违法事实确凿，有法定依据，较轻的处罚。

2）程序简单，可不适用调查取证制度，当场处罚。

3）不同于一般程序、听证程序，比较简单、方便。

（2）简易程序的条件

根据《行政处罚法》及《环境行政处罚办法》规定，适用简易程序必须符合以下三个条件：

1）违法事实确凿。它包括两层含义：有证据证明环境行政违法事实存在；证明违法事实的证据应当充分。

2）有法定依据。即在违法事实确凿的情况下，该违法行为还必须是法律明确规定应予处罚的行为。

3）罚款数额较小或者是警告处罚。即对公民处以50元以下罚款，对法人、其他组织处以1 000元以下的罚款。

以上三个条件同时具备才能适用简易程序。

(3) 简易程序的内容

当场作出行政处罚决定时，环境执法人员不得少于两人，并应遵守下列简易程序：

1）执法人员应向当事人出示中国环境监察证或者其他行政执法证件。

2）现场查清当事人的违法事实，并依法取证。

3）向当事人说明违法的事实、行政处罚的理由和依据、拟给予的行政处罚，告知陈述、申辩权利。

4）听取当事人的陈述和申辩。

5）填写预定格式、编有号码、盖有环境保护主管部门印章的行政处罚决定书，由执法人员签名或者盖章，并将行政处罚决定书当场交付当事人。

6）告知当事人如对当场作出的行政处罚决定不服，可以依法申请行政复议或者提起行政诉讼。

以上过程应当制作笔录。

执法人员当场作出的行政处罚决定，应当在决定之日起3个工作日内报所属环境保护主管部门备案。

2. 一般程序

一般程序又称普通程序，是指环境行政执法机关在实施行政处罚时应遵循的法定基本程序，它是环境行政处罚中最完整、适用最广泛的法定程序，具有如下几个特点：①一般程序是环境行政处罚的基础程序。一般程序是任何环境行政处罚均可以适用的程序，因而也是简易程序的基础。②一般程序具有完整性。根据《行政处罚法》的规定，环境行政机关在实施行政处罚适用一般程序时，必须经过立案调查、审核、事先告知、听证、决定和送达等程序。因此，一般程序与简易程序相比，具有完整性和严谨性。③一般程序具有公正性。一般程序要求，环境行政机关在作出行政处罚决定之前，必须告知当事人处罚的事实、理由和依据，并必须听取当事人的陈述或申辩。通过听证程序使当事人充分发表自己的意见，从而有利于防止行政处罚的不公正性，有效地保护相对人的合法权益。

根据《环境行政处罚办法》规定，一般程序包括立案、调查、案件审查、作出行政处罚决定、送达。

(1) 立案

立案是指环境行政机关发现或接受举报有关环境行政违法行为或事件后，经初步审查，认为确有违法事实和需要给予行政处罚时所作出的提起行政处罚程序、登记案件的决定。立案包括以下内容：

1）立案条件。《环境行政处罚办法》第二十二条规定，经审查，符合下列四项条件的，予以立案：①有涉嫌违反环境保护法律、法规和规章的行为；②依法应当或者可以给予行政处罚；③属于本机关管辖；④违法行为发生之日起到被发现之日止未超过2年，法律另有规定的除外。违法行为处于连续或继续状态的，从行为终了之日起计算。

2）立案登记。立案应填写《环境违法行为立案登记表》，填写内容包括：

①立案时间。

②立案材料来源。

③违法行为或事件发生的时间、地点。

④违法者的名称（姓名）、地址。

⑤案情简介。

⑥承办人意见等。

3）立案期限。立案应当由环境保护行政机关的法制工作机构（或专人）负责，从发现或接到举报之日起7日内决定是否立案。遇到紧急情况，经环境行政机关主管领导批准，可先行调查取证，后补办立案登记手续。

（2）调查

调查是指案件承办人员依照法定程序对案件事实调查核实、收集证据材料的活动。调查是行使行政处罚权的第一个关键环节，没有调查就没有证据，没有证据就不能处罚。所以，调查是环境行政机关行使处罚权必不可少的手段和步骤。调查的主要任务是全面收集证据，为客观分析判断证据、弄清案情打下基础。

1）调查的方式。通常采用以下四种方式：

①询问当事人、证人。当事人也称利害关系人，一般情况下当事人最了解案件真实情况。证人指案件知情人。询问当事人、证人应填写《调查询问笔录》，并注意以下几点：一是主动到当事人、证人所在单位或住所进行询问；二是不得作诱导性提示、不得强迫作伪证；三是询问证人应当事先通知；四是询问时间一般不能过长等。

②现场检查（或勘验）。现场检查（或勘验）是调查的最基本方式，如检查或勘验污染或破坏事故现场、排污口、污染防治设施、污染物等。

③环境监测。即借助监测技术手段，对污染物进行采样，测试、分析污染物的种类、数量、浓度等。

④鉴定。由环境行政机关就案件中的某些专门性问题聘请或指派有关专家进行科学鉴别或判断，将鉴定结论作为认定违法事实是否存在的证据。

2）证据的属性

证据应当具有客观性、关联性和合法性，客观性、关联性和合法性是判断一个材料能否作为证据使用的标准。

①证据的客观性。指证据所反映的内容必须是客观存在的现象，这种现象不以主观意志为转移。

同任何事物一样，环境案件事实作为客观存在的事物，并不是孤立存在的，它必然要和周围世界发生各种各样的联系。无论是环境犯罪事实、环境民事争议事实还是环境行政案件事实，也无论是合法、违法甚至犯罪事实，都是在一定时间、空间和条件下发生的，必然要和客观外界其他事物发生各种各样的相互作用。各种案件事实与周围环境、物品等发生作用，必然会留下相应的痕迹和物质。这些与案件事实有关的物品、痕迹、印象等保留着案件事实的各种信息，可据以查明案件真实情况，它们均可以作为证据使用。

②证据的关联性。指作为认定案件事实的证据与案件的待证事实间有客观的联系。证据的关联性是证据赖以存在的又一个重要属性，缺乏关联性就不能成其为证据。证据仅有客观性还不够，还必须具有关联性，并非所有的客观事实都能成为证据，有些事实虽然其本身是客观的、真实的，但因其同案件没有关系，也就不能最终获得证据资格。

③证据的合法性。指证据必须依照法律要求的程序取得，并符合法律要求的形式。证据的合法性有两点要求：一是证据符合法定形式；二是证据的取得符合法律、法规、司法解释和规章的要求。前者要求各类证据须符合法律要求的形式，否则不能作为证据。如认定环境违法行为的环境监测报告就必须采用书面形式等。后者要求取得证据的程序要符合法律要求，取证程序不合法所获得的材料不能作为证据使用。如以利诱、欺诈、胁迫、暴力等不正当手段获取的材料和以偷拍、偷录、窃听等手段获取侵害他人合法权益的材料等，这些材料因取证程序违法而不能作为证据使用。

3）证据的种类

行政执法中的证据有书证、物证、证人证言、当事人陈述、视听资料、鉴定结论、勘验笔录、现场笔录等。

①书证。书证一般是指以文字、符号、图案等所记录或表示的内容证明案件事实的书面材料。在环境执法实践中，书证是非常重要的一种证据。常见书证及其应用情况是：a. 合同、协议书。在有些环境案件中，合同与协议书是一种重要书证。如我国《环境保护法》规定："任何单位不得将产生严重污染的生产设备转移给没有污染防治能力的单位使用。"当某单位通过合同或协议转移污染时，该合同或协议就成为一种书证，环境行政机关可据此适用法律，予以相应的处罚。b. 呈批、审批的有关文件，以及环境行政机关在实施其他具体行政行为时所发布的命令、通知、决定等。这类书证种类很多，主要应用于环境执法、环境行政诉讼和行政强制执行中。包括环境影响报告书、竣工验收报告、缴费通知单、罚款通知单、限期治理决定等。c. 监测记录、化验材料。常常用于证明环境是否受污染以及某一排污是否超标。d. 为确定污染行为及其程度，经常需要运用污染者的生产记录等书证。e. 为了确定危害结果，也需用很多书证。在人体健康损害方面，需要医疗诊断书、医药费单据、误工证明等书证；在财产损失方面，需要发票、生产情况记录及有关历史资料等证书。

②物证。物证一般是指以自身存在的形状、质量、特征等来证明案件事实的物品或痕迹。环境执法中涉及的物证很多，主要有各种污染物、生产中使用的有毒有害原材料、容器、因污染而受害致死的农作物、鱼类等。物证在环境执法中有一定作用，但从上述物证也不难看出，污染物等有迁移性、反应性、毒害性等特点，受污染危害的农作物和水产品容易变质、腐烂。因此，物证总体上具有容易灭失、变质的特点。在环境执法中对于物证应及时提取，注意保全，也可采用物证的替代证据，比如用视听资料、鉴定结论等代替物证。

③证人证言。证人证言指证人就其所经历的事项所作的有关案情的陈述，证人证言不包括当事人陈述和鉴定结论。证人证言一般是关于环境污染破坏的原因、过程、后果、危害等

的陈述。

④当事人陈述。当事人陈述是指行政程序的当事人就有关案件事实向环境行政机关及其工作人员所作的叙述和承认。当事人陈述是行政程序中的重要证据类型。行政程序中的当事人陈述包括：当事人向环境行政机关提交的有关报告、意见等；当事人对案件事实和证据发表的意见和看法等。当事人陈述包括确认性陈述、否认性陈述和承认性陈述，从表现形式来看也可以分为口头陈述和书面陈述。

⑤视听资料。视听资料是指利用录像或录音磁带等所能反映出的图像或音响证明一定事实的证据。随着管理的现代化，视听资料在环境执法中的应用越来越广。常见的有：在环境行政执法中（如现场检查等）录制的录音带，对环境污染破坏现场拍摄、录像的胶卷、照片、录像带等。

视听资料是一种介于书证和物证之间的证据，一般对环境污染破坏的外观状况作出反映。

⑥鉴定结论。鉴定结论是具有专门知识的鉴定人，根据有关案件材料，对某些专门问题作出科学分析所得出的结论性意见。由于环境问题往往涉及广泛而复杂的科学技术问题，在环境执法中，鉴定结论成为一种应用较广的独立证据。常用的有污染物鉴定、污染病理学和病因学鉴定等。

⑦监测报告。环境保护行政主管部门组织监测的项目，应当提出明确具体的监测任务，并要求提交监测报告。监测报告必须载明下列事项：监测机构的全称；监测机构的国家计量认证标志（CMA）和监测字号；监测项目的名称、委托单位、监测时间、监测点位、监测方法、检测仪器、检测分析结果等内容；监测报告的编制、审核、签发等人员的签名和监测机构的盖章。

环境保护行政主管部门可以利用在线监控或者其他技术监控手段收集违法行为证据。经环境保护行政主管部门认定的有效性数据，可以作为认定违法事实的证据。

环境保护行政主管部门在对排污单位进行监督检查时，可以现场即时采样，监测结果可以作为判定污染物排放是否超标的证据。

⑧现场检查（勘查）笔录。现场笔录是环境行政机关及其工作人员在实施具体行政行为时，对现场情况、当事人陈述、证人证言等所作的记录。现场笔录与勘验笔录不同，勘验笔录一般只记录现场的事实情况，并不涉及当事人、证人等的询问；同时，勘验笔录是环境行政机关作出行政处罚的一个环节，它通常在作出行政处罚决定之前完成。现场笔录包括环境行政机关及其工作人员对违反环境法律、法规行为进行处罚时所进行的当场记录；也包括应公民、法人或其他组织的要求、申请而同意或拒绝作出具体行政行为的当场记录。现场笔录的种类包括许多种，有现场检查笔录、现场询问笔录、现场检验笔录、现场制作的音像视听资料笔录等。

在环境执法实践中，经常需要对污染现场等场所和不能搬动或难以搬动的物品进行勘查。把勘查的情况与结果制成笔录所形成的书面材料，就是勘查笔录。勘查笔录是执法人员对勘查现场的真实记录。对有现场的案件，环境行政机关执法人员都应当进行勘查。到达现场后，执法人员首先应观察现场周围情况，了解现场所在方位和现场内部概况，确定勘查范围和勘查重点；然后全面、细致地检查环境保护设施、排污口及污染现场；发现有证据价值的污染或破坏的痕迹、污染物或其他物品，应及时提取和保存。从其内容上看，勘查涉及污染源勘查、污染传播途径勘查、污染危害现场勘查等。

4）收集证据。即通过上述询问、检查、监测、鉴定等手段直接或间接获取一切与案件有关并具有证明意义的书证、物证、视听资料、证人证言等证据。

在此，需要强调的是，根据《环境行政处罚办法》第三十八条规定，在证据可能灭失或者以后难以取得的情况下，经本机关负责人批准，调查人员可以采取先行登记保存措施。情况紧急的，调查人员可以先采取登记保存措施，再报请机关负责人批准。先行登记保存有关证据，应当当场清点，开具清单，由当事人和调查人员签名或者盖章。先行登记保存期间，不得损毁、销毁或者转移证据。

对于先行登记保存的证据，应当在 7 个工作日内采取以下措施：根据情况及时采取记录、复制、拍照、录像等证据保全措施；需要鉴定的，送交鉴定；根据有关法律、法规规定可以查封、暂扣的，决定查封、暂扣；违法事实不成立，或者违法事实成立但依法不应当查封、暂扣或者没收的，决定解除先行登记保存措施。

超过 7 个工作日未作出处理决定的，先行登记保存措施自动解除。

5）调查中注意的问题。根据《行政处罚法》第三十七条规定，环境行政执法人员在案件调查中应注意以下四点：

①调查取证时，调查人员不得少于两人，并应当出示中国环境监察证或者其他行政执法证件。

②调查人员有权采取下列措施：进入有关场所进行检查、勘察、取样、录音、拍照、录像；询问当事人及有关人员，要求其说明相关事项和提供有关材料；查阅、复制生产记录、排污记录和其他有关材料，环境保护行政主管部门组织的环境监测等技术人员随同调查人员进行调查时，有权采取上述措施和进行监测、试验。

③调查人员负有下列责任：对当事人的基本情况、违法事实、危害后果、违法情节等情况进行全面、客观、及时、公正的调查；依法收集与案件有关的证据，不得以暴力、威胁、引诱、欺骗以及其他违法手段获取证据；询问当事人、证人或者其他有关人员，应当告知其依法享有的权利；对当事人、证人或者其他有关人员的陈述如实记录。

④环境保护行政主管部门调查取证时，当事人应当到场。下列情形不影响调查取证的进行：当事人拒不到场的；无法找到当事人的；当事人拒绝签名、盖章或者以其他方式确认的；暗查或者其他方式调查的；当事人未到场的其他情形。

6）调查终结

有下列情形之一的，可以终结调查：

①违法事实清楚、法律手续完备、证据充分的。

②违法事实不成立的。

③作为当事人的自然人死亡的。

④作为当事人的法人或者其他组织终止，无法人或者其他组织承受其权利义务，又无其他关系人可以追查的。

⑤发现不属于本机关管辖的。

⑥其他依法应当终结调查的情形。

终结调查的，案件调查机构应当提出已查明违法行为的事实和证据、初步处理意见，按照查、处分离的原则送本机关处罚案件审查部门审查。

（3）案件审查

案件审查指法制工作机构或案件审查人员对调查人员报送的案件调查报告及证据材料进行全面的审查复核。这是环境行政机关正确行使行政处罚权的第二个关键环节。因此，法制工作机构或案件审查人员必须对案件调查报告及证据材料进行全面、认真细致地审查复核。案件审查涉及如下几个方面的问题：

1）审查的内容。根据《环境保护行政处罚办法》第四十六条规定，案件审查复核的内容包括：

①本机关是否有管辖权。

②违法事实是否清楚。

③证据是否确凿。

④调查取证是否符合法定程序。

⑤是否超过行政处罚追诉时效。

⑥适用依据和初步处理意见是否合法、适当。

2）提出案件审查意见。违法事实不清、证据不充分或者调查程序违法的，应当退回补充调查取证或者重新调查取证。

审查终结，法制工作机构或案件审查人员将案件审查意见呈报本部门负责人并填写《行政处罚事先告知书》。

3）说明理由，告知权利。根据《行政处罚法》第三十一条规定，“说明理由，告知权利”是环境保护行政机关实施行政处罚过程中，必须履行的一项程序性义务。说明理由、告知权利是通过送达《行政处罚事先告知书》来实现的。环境保护行政机关必须在行政处罚决定书送达之前向当事人说明作出行政处罚决定的事实、理由及法律依据，并告知当事人有权为自己辩解、陈述事实并提出证据。

4）听取陈述和申辩。陈述和申辩，是《行政处罚法》赋予当事人的一项最主要、最基本的权利，是当事人依法保护自身合法权益不受环境行政机关非法侵犯，同时制约环境行政机关滥用处罚权的有效措施和重要保证。陈述和申辩权的含义包括：

①陈述和申辩是当事人法定的权利。当事人对被告知行政处罚的事实、理由和依据有权进行质证。

②环境行政机关有义务必须听取当事人的陈述和申辩，并对当事人提出的事实、理由和证据应当进行复核，采纳其合理的内容。

③环境行政机关不得因当事人申辩而加重处罚。

5）听证。对符合法定条件，且当事人要求听证的，必须组织听证会。

法制工作机构或案件审查人员，在走完上述程序之后，在综合分析的基础上最后提出行政处罚意见，填写《行政处罚审批表》呈报本部门负责人审批。

（4）作出行政处罚决定

1）行政处罚决定的含义。作出行政处罚决定是指环境保护行政机关负责人对案件调查结果及审查意见进行审议，并根据不同情况作出行政处罚决定。根据《行政处罚法》第三十八条规定和《环境行政处罚办法》第五十一条规定，环境保护行政机关负责人可作出如下决定：

①违法事实成立，依法应当给予行政处罚的，根据其情节轻重及具体情况，作出行政处罚决定。

②违法行为轻微，依法可以不予行政处罚的，不予行政处罚。

③符合法定条件，作出移送决定。

在作出处罚决定中值得注意的是，对重大、复杂的行政处罚案件，应当由环境保护行政机关负责人集体讨论决定。

2）处罚决定书的制作。决定给予行政处罚的，应当制作行政处罚决定书。对同一当事人的两个或者两个以上环境违法行为，可以分别制作行政处罚决定书，也可以列入同一行政处罚决定书。

3）处罚决定书的内容。行政处罚决定书应当载明以下内容：

①当事人的基本情况，包括当事人姓名或者名称、组织机构代码、营业执照号码、地址等。

②违反法律、法规或者规章的事实和证据。

③行政处罚的种类、依据和理由。

④行政处罚的履行方式和期限。

⑤不服行政处罚决定，申请行政复议或者提起行政诉讼的途径和期限。

⑥作出行政处罚决定的环境保护行政主管部门名称和作出决定的日期，并且加盖作出行政处罚决定环境保护行政主管部门的印章。

4）作出处罚决定的时限。环境保护行政处罚案件应当自立案之日起的3个月内作出处理决定。案件办理过程中听证、公告、监测、鉴定、送达等时间不计入期限。

（5）送达

送达是指环境行政机关依照法定程序，将《行政处罚决定书》送交被处罚人的行政执法活动。《行政处罚法》规定，行政处罚决定书应当在宣布后当场交付当事人。当事人不在场的，行政机关应当在7日内依照《民事诉讼法》的有关规定，将行政处罚决定书送达当事人。根据法律规定和我国环境行政执法实践，比较适合的送达方式有以下三种：

1）直接送达。环境行政机关可派两名监察人员将处罚决定书正本直接交给受处罚单位的法人代表、负责人或受处罚的本人或受送达人的同住成年家属签收，也可以交给受送达人指定的代收人签收。

2）留置送达。留置送达是指受送达人或者同住成年家属拒绝接受处罚决定书时，执行送达任务的环境行政执法人员将处罚决定书强制留放在受送达人住所的送达方法。留置送达应具备以下条件：一是必须有受送达人或同住成年家属拒绝签收的情况；二是必须邀请有关基层组织或所在单位的代表到场，说明情况，在送达回执上说明拒收事由和日期。

3）邮寄送达。邮寄送达是指因受送达人不在实施处罚的环境行政机关辖区内或直接送达有困难的，通过邮局将处罚决定书用挂号邮寄给受送达人的送达方式。此时，送达日期以受送达人在挂号回执上注明的收件日期为准。邮寄未回音的，自邮寄之日起3个月期满之日为送达日期。

期限和送达时间的起算，应按公历年、月、日计算。开始的当日不计入，从下一天开始计算。如期限的最后一天为星期日或其他法定假日，以休假日的次日为期限的最后一天和送达时间起算的第一天。

环境行政处罚决定书一经送达，便产生一定的法律后果。如受送达人收到处罚决定书之日起，该决定书便开始生效，被处罚人从此开始（在法定期限内）享有申请复议或提起行政诉讼的权利，而申请复议或起诉期限届满，则作出处罚决定的环境行政机关可开始（在法定期限内）申请人民法院强制执行。

3. 听证程序

（1）听证程序的概念

听证程序是一般程序中的一个特别程序。它指环境保护行政机关在作出行政处罚决定之前，公开举行由利害关系人参加的听证会，广泛听取当事人的陈述、申辩与质证的过程。听证程序的作用在于通过公开、合理的程序形式将环境行政处罚建立在合法、公正的基础上，以避免处罚决定给行政相对人带来不利的影响。听证程序具有如下特点：

1）听证只适用一般程序中重大的行政处罚，如责令停产停业、吊销许可证或较大数额罚款的行政处罚方可适用听证程序。

2）听证由环境行政机关非本案调查人员主持，并由各方利害关系人参加。

3）听证必须公开进行，不仅环境行政机关和利害关系人参加，而且社会各界和普通公民可以旁听，还可以发表意见，新闻记者可以采访。

（2）适用听证程序的条件

根据《行政处罚法》第四十二条规定，适用听证程序应具备以下两个条件：

1）作出重大的行政处罚。包括责令停止生产、吊销许可证或较大数额罚款。在此，较大数额罚款是指对个人处以 5 000 元以上罚款，对法人或其他组织处以 50 000 元以上的罚款。

2）当事人要求听证的。听证是当事人的一种申辩权利，当事人不要求听证的，环境行政机关可不组织听证。但是环境行政机关认为有必要组织听证的，征得当事人的同意之后也可以组织听证。

（3）听证参加人

听证由当事人、调查人员、证人以及与案件处理结果有直接利害关系的第三人参加；当事人可以亲自参加听证，也可以委托 1～2 人代理；听证由环境行政机关法制工作机构中非本案调查人员担任听证主持人。

当事人有权申请听证主持人回避，回避申请应当在收到《听证通知书》之日起 3 日内提出。

（4）听证程序的内容

1）听证告知。环境保护行政机关在作出重大行政处罚决定之前，应当向当事人送达《听证通知书》，并取回回执。

2）听证申请。当事人要求听证的，可以在《听证告知书》的送达回执上注明听证要求，也可以在 3 日内书面形式提出听证申请。

3）听证通知。环境保护行政机关应当在受理当事人的听证申请后 5 日内，确定主持人，决定听证时间、地点，并在听证举行的 7 日前，将《听证通知书》送达当事人。

4）听证形式。除涉及国家机密、商业秘密或者个人隐私外，听证必须公开举行。

5）听证步骤。根据《环境保护行政处罚办法》第三十八条规定，听证按下列程序进行：

①主持人宣布会场纪律，告知当事人权利和义务，询问并核实听证参加人的身份，宣布听证开始。

②听证笔录员宣布案由、主持人姓名、工作单位及职务。

③调查人员提出当事人违法的事实、证据、处罚依据及行政处罚建议。

④当事人就案件的事实进行陈述和申辩，提出有关证据，对调查人员提出的证据进行质证。

⑤调查人员和当事人双方辩论。

⑥听取当事人的最后陈述。

⑦主持人宣布听证结束。

在听证过程中，主持人可以向当事人、调查人员、证人或第三人提问；有关人员应当如实回答；听证结束后，听证笔录应交当事人、证人审核无误后签名或盖章。

4. 环境行政处罚的执行程序

环境行政处罚的执行程序，是指有关国家机关保证行政处罚决定为当事人所确定的义务得以履行的行政执法程序。根据《行政处罚法》和环境法规的有关规定，环境行政处罚中的执行程序主要包括以下几个方面：

（1）罚款决定与收缴分离制度

该制度是指行政罚款决定由享有处罚权的环境行政机关作出，而罚款的缴纳由指定的银行统一收缴的法律制度。根据《行政处罚法》的规定，分离制度的适用范围，除当场收缴罚款、因交通不便当事人向指定银行缴纳确有困难或不当场收缴事后难以执行的，由环境行政机关先行收缴以及经依法采取执行措施收缴的罚款外，其他正常情况下的行政罚款均属分离制度的适用范围，即罚款由指定的银行统一收缴。

指定银行收缴罚款的程序可分为：

1）通知送达。即环境行政机关应在处罚决定书上注明收受罚款的指定银行及交纳罚款的期限。当事人收到处罚决定书后，应在 15 日内指定银行交纳罚款。

2）催交。即指定银行根据处罚决定书限定当事人自动缴纳罚款的时间，在期限届满之前，可向当事人发出催交通知书，以提醒和督促当事人按期履行缴纳罚款的义务。

3）收受罚款。当事人向指定银行缴纳罚款的，指定银行应给开具统一的收据。

（2）当场收缴罚款

1）当场收缴罚款程序的适用范围：

①依法给予 20 元以下罚款。

②边远、水上、交通不便地区，当事人以后难以执行的。

③不当场收缴事后难以执行的，如异地人员在当地造成环境污染事故，如不当场收缴罚款可能放纵违法者的情况，或当场处罚时当事人没有带可供证明其身份的证件，事后难以执行的。上述罚款，均可由环境行政机关当场收缴。

2）当场收缴的程序

①当场收缴罚款的，环境行政执法人员必须向当事人出具省级财政部门统一印制的罚款

收据。不出具收据的，当事人有权拒绝缴纳罚款。

②环境行政执法人员当场收缴罚款后，应当自收缴之日起 2 日内交至所属环境行政机关财务部门，财务部门应当在 2 日之内将罚款缴付指定银行。在水上当场收缴罚款的，应当自抵岸之日起 2 日内缴付环境行政机关的财务部门。

(3) 执行措施

执行措施是指环境行政机关及人民法院为了达到迫使当事人履行行政处罚决定的目的而采取的带有国家强制力的手段或办法。根据《行政处罚法》的规定，环境行政处罚的执行措施主要有：

1) 当事人到期不缴纳罚款的，环境行政机关可每日按罚款数额的 3%加处罚款。

2) 当事人在法定期限内不履行处罚决定的，又不复议或不起诉的，环境行政机关可依法申请人民法院强制执行。

(4) 执行例外

确有经济困难，需要延期或者分期缴纳罚款的，当事人应当在行政处罚决定书确定的缴纳期限届满前，向作出行政处罚决定的环境保护行政主管部门提出延期或者分期缴纳的书面申请。批准当事人延期或者分期缴纳罚款的，应当制作同意延期（分期）缴纳罚款通知书，并送达当事人和收缴罚款的机构。延期或者分期缴纳的最后一期缴纳时间不得晚于申请人民法院强制执行的最后期限。

5. 环境行政强制执行

(1) 环境行政强制执行的概念

环境行政强制执行是指行政相对人逾期不履行环境行政机关所作出的行政处罚决定或其他具体行政行为时，由环境行政机关申请人民法院采取必要的强制措施，迫使其履行义务的执法活动。环境行政强制执行是环境行政执法的重要内容，它是保障环境行政机关所作出的具体行政行为最终得以执行（当遇到当事人抵制时）的唯一有效途径。其主要特点表现在：

1) 以行政相对人不及时、不完全执行环境行政处罚决定为前提。

2) 强制执行的目的是为了保证环境行政机关所作出的行政处罚决定及时、完整地得到执行。

3) 强制执行不是以环境行政隶属关系而采取的，而是根据环境行政机关的环境事务管辖权而采取的。

4) 强制执行由环境行政机关提出和申请，由人民法院具体负责实施强制执行，即最终由人民法院裁决能否采取强制执行措施。

(2) 环境行政强制执行的申请

1) 申请的机关。如前所述，根据环境法的规定，行使环境监督管理权的部门有县级以上人民政府及其环境保护行政主管部门、依照有关法律规定对其他环境污染防治实施监督管理的部门和对资源保护实施监督管理的部门。这些环境保护监督管理部门均有权申请人民法院强制执行。

2) 申请的条件。根据《最高人民法院关于执行〈中华人民共和国诉讼法〉若干问题的解释》（以下简称《若干解释》）第八十六条规定，环境行政机关申请人民法院强制执行其具体环境行政行为（包括行政处罚）应当具备以下六个方面的条件：

①具体环境行政行为依法可以由人民法院执行。环境行政机关所作出的具体行政行为是依照法定程序对违反环境法或者负有义务的行政相对人所作出的环境行政处罚或者其他具体环境行政行为。比如对违反环境法的行政相对人课以罚款等环境行政处罚决定，当行政相对人既不复议又不起诉，也不履行的情况下，环境行政机关可以申请人民法院强制执行，人民法院应当依法受理。

②具体环境行政行为已经生效并具有可执行内容是申请强制执行的前提条件。具体环境行政行为生效是指环境行政机关所作出的行政处罚决定书等有关法律文书已经送达，即已发生法律效力，并要求其在法定期限内履行。具有可执行内容是指环境行政机关申请人民法院强制执行的具体环境行政行为属于类似划拨罚款、查封厂房设备等具有可执行内容的具体环境行政行为。

③申请人是作出该具体环境行政行为的环境行政机关。具有申请资格的环境行政机关是指具有执法主体资格的环境行政机关，当它们在各自的权限范围内依法作出环境行政处罚决定后，都有可能成为申请人民法院强制执行的申请人。值得指出的是，环境监理机构是受环境行政主管部门的委托，以环境行政主管部门的名义在其委托的权限范围内行使现场监督执法权。因此，它不具有执法主体资格，不能成为环境行政强制执行的申请人。

④被申请人是该具体环境行政行为所确定的义务人。被申请人是指环境行政机关所作出的具体行政行为所确定的负有义务的行政相对人，也就是说环境行政机关申请人民法院强制执行必须有明确的被申请人，否则人民法院将裁定不予受理。

⑤被申请人在环境行政处罚确定的期限内或者环境行政机关另行指定的期限内未履行义务是环境行政强制执行的核心条件。负有义务的行政相对人义务人逾期未履行义务，是指在具备履行条件的情况下拒绝履行或者拖延履行。对环境行政机关所作出的行政处罚决定，负有义务的行政相对人可以在接到处罚通知书之日起 15 日内起诉或在 60 日内申请行政复议。逾期不起诉、不申请复议又不自行履行的，环境行政机关即可申请人民法院强制执行。

⑥被申请执行的行政案件属于受理申请执行的人民法院管辖。根据《若干解释》第八十九条规定，环境行政机关申请人民法院强制执行其具体行政行为，应当向申请人所在地的基层人民法院申请；执行对象为不动产的，应当向不动产所在地的基层人民法院申请。

3）申请强制执行的期限

申请人民法院强制执行应当符合《最高人民法院关于执行〈中华人民共和国行政诉讼法〉若干问题的解释》的规定，并在下列期限内提起：

①行政处罚决定书送达后当事人未申请行政复议且未提起行政诉讼的，在处罚决定书送达之日起 60 日后起算的 180 日内。

②复议决定书送达后当事人未提起行政诉讼的，在复议决定书送达之日起 15 日后起算的 180 日内。

③第一审行政判决后当事人未提出上诉的，在判决书送达之日起 15 日后起算的 180 日内。

④第一审行政裁定后当事人未提出上诉的，在裁定书送达之日起 10 日后起算的 180 日内。

⑤第二审行政判决书送达之日起 180 日内。

4）申请人民法院强制执行应提交的文件材料

环境行政机关申请人民法院强制执行其具体环境行政行为，除应当具备上述六个条件之外，根据《若干解释》第九十一条规定，还应提交以下有关文件材料和情况：

①环境保护行政强制执行申请书。

②据以执行的环境行政法律文书，如环境行政处罚决定书或者其他环境行政处理通知书。

③作出环境行政处罚决定或者其他环境行政处罚决定的证明材料（如监测数据等）和所依据的法律、法规及规范性文件。

④被申请人的财产状况（如固定资产、营业额、资金周转等基本情况）和其他必须提交的材料。

5）申请的形式和内容。我国环境法尚无明确规定统一的环境行政强制执行申请的形式和内容，但是从环境行政强制执行的性质看，申请是一种严肃的法律行为，它是申请强制执行程序开始的起点和前提。因此，申请必须采取书面形式，应当提交“环境保护行政强制执行申请书”。申请书一般包括被申请人概况、申请理由、申请内容和依据等。

（3）执行措施

指人民法院运用国家强制力，依照法定程序，根据执行文书的规定，强制被执行人履行义务的法律手段。

根据《若干解释》第九十三条规定，人民法院受理环境行政机关申请执行其具体行政行为的案件后，在30日内审查，并就是否准予强制执行作出裁定；需要采取强制执行措施的，由人民法院负责强制执行。执行措施包括：①冻结、划拨被执行人的存款；②扣留、提取被执行人的劳动收入；③查封、冻结、变卖被执行人的财产等。

第四节　环境行政处罚的救济

环境行政处罚的救济是保证环境行政处罚结果合法、公正的事后补救措施。环境行政处罚的救济包括环境行政复议救济和环境行政诉讼救济两种方式，前者是行政程序，是行政机关的内部监督和纠错行为；后者是司法程序，是人民法院行使司法权对环境行政机关的外部监督。两者都是为了解决环境行政纠纷，监督环境行政机关依法行政，保护当事人的合法权益。

一、环境行政复议

环境行政复议是指公民、法人或者其他组织不服环境行政主管部门做出的具体行政行为，向行政复议机关提出申请，请求重新审查并纠正原具体行政行为，行政复议机关据此对行政机关的具体行政行为是否合法性与适当性进行审查并做出决定。

近年来，环境行政复议案件呈迅速增加趋势。为在新形势下进一步发挥行政复议制度的重要作用，增强《行政复议法》的可操作性，2007年8月，国务院发布实施了《行政复议法实施条例》，在畅通行政复议渠道、改进审理方式、提高办案质量和效率等方面作出了新的明确规定。2008年12月30日，国家环境保护部又通过了《环境行政复议办法》，进一步畅通了行政复议申请渠道，改进和完善了行政复议审理方式，细化了环境法制机构在行政复议方面的职责。

1. 环境行政复议的范围

(1) 环境行政复议的允许范围

行政相对人对环境保护行政机关的下列具体行政行为不服可以申请复议或审查。

1) 对环境保护行政主管部门作出的查封、扣押财产等行政强制措施不服的。

2) 对环境保护行政主管部门作出的警告，罚款，责令停止生产或者暂扣、吊销许可证，没收违法所得等行政处罚决定不服的。

3) 认为符合法定条件，申请环境保护行政主管部门颁发许可证、资质证、资格证等证书，或者申请审批、登记等有关事项，环境保护行政主管部门没有依法办理的。

4) 对环境保护行政主管部门有关许可证、资质证、资格证等证书的变更、中止、撤销、注销决定不服的。

5) 认为环境保护行政主管部门违法征收排污费或者违法要求履行其他义务的。

6) 认为环境保护行政主管部门的其他具体行政行为侵犯其合法权益的。

《行政复议法》第七条规定，公民、法人或者其他组织认为行政机关的具体行政行为所依据的国务院部门的规定，县级以上人民政府及其工作部门的规定，乡、镇人民政府的规定不合法的，在对具体行政行为申请行政复议的，可一并提出对该规定的审查申请。这一规定，将部分抽象行政行为列入了申请审查的范围，从而扩大了行政复议的范围。

(2) 环境行政复议的排除事项

在环境保护领域中不能申请行政复议的事项包括：

1) 申请行政复议的时间超过了法定申请期限又无法定正当理由的。

2) 不服环境保护行政主管部门对环境污染损害赔偿责任和赔偿金额等民事纠纷作出的调解或者其他处理的。

3) 申请人在申请行政复议前已经向其他行政复议机关申请行政复议或者已向人民法院提起行政诉讼，其他行政复议机关或者人民法院已经依法受理的。

2. 环境行政复议的管辖

(1) 一般管辖

一般管辖的具体内容包括：

1) 对县级地方人民政府环境保护行政机关的具体行政行为不服的复议申请，由本级人民政府或上一级环境保护行政机关管辖。

2) 对地方各级人民政府的具体行政行为不服的复议申请，由上一级人民政府管辖。

3) 对国务院环境保护行政机关或者省级人民政府的具体行政行为不服的复议申请，由作出该具体行为的国务院环境保护行政机关或者省级人民政府管辖。

4) 对国务院环境保护行政机关或者省级人民政府所作出的行政复议决定不服的裁决申请，由国务院管辖。

(2) 特殊管辖

特殊管辖有以下几种情况：

1) 对省级人民政府依法设立的派出机关所属的县级地方人民政府的具体行政行为不服

的复议申请，由该派出机关管辖。

2）对县级以上地方人民政府依法设立的派出机关的具体行政行为不服的，由设立该派出机关的人民政府管辖。

3）对政府环境保护行政机关依法设立的派出机构依照法律、法规或者规章规定，以自己的名义作出的具体行政行为不服的，由设立该派出机构的环境保护行政机关或者该机关的本级人民政府管辖。

4）对法律、法规授权的组织的具体行政行为不服的复议申请，分别由直接管理该组织的地方人民政府、地方人民政府的环境保护行政机关或者由国务院环境保护行政机关管辖。

5）对两个或两个以上环境保护行政机关以共同名义作出的具体行政行为不服的复议申请，由同系统的共同上一级环境保护行政机关管辖。

以共同的名义作出具体行政行为的另一种情况，同属于某地人民政府的两个以上不同系统的环境保护行政机关共同作出的具体行政行为，例如某市环境保护局和水利局对企业违反水资源保护法规造成饮用水污染或枯竭的违法行为，联合作出行政处罚决定，该企业不服申请的复议，应由这两个不同部门的共同上一级人民政府管辖。

6）对被撤销的行政机关在撤销前所作出的具体行政行为不服的复议申请，由继续行使其职权的行政机关的上一级机关管辖。

需要说明的是，根据《行政复议法》第十五条第二款规定，上述2至7项所列情形，均可由具体行政行为发生地的县级以上人民政府管辖。

3. 环境行政复议机构

环境行政复议机构是指环境保护行政主管部门内部设立的，依法受理并依法定程序组织审查环境行政复议案件的机构。环境行政复议机构履行下列职责：

（1）受理行政复议申请。

（2）向有关组织和人员调查取证，查阅文件和资料。

（3）审查被申请行政复议的具体行政行为是否合法与适当，拟定行政复议决定。

（4）按照职责权限，督促行政复议申请的受理和行政复议决定的履行。

（5）处理或者转送《行政复议法》第七条规定的审查申请（对具体行政行为所依据的有关规定的审查申请）。

（6）办理《行政复议法》第二十九条规定的行政赔偿等事项。

（7）办理或者组织办理本部门的行政应诉事项。

（8）办理行政复议、行政应诉案件统计和重大行政复议决定备案事项。

（9）研究行政复议工作中发现的问题，及时向有关机关提出改进建议，重大问题及时向环境行政复议机关报告。

（10）法律、法规和规章规定的其他职责。

4. 环境行政复议参加人

环境行政复议参加人，是指在复议活动中与复议机构或复议专职人员相对称的人。包括复议申请人、被申请人、第三人和复议法定代理人。

（1）复议申请人

申请人的条件是：

1）必须是认为具体环境行政行为侵犯其合法权益者。

2）必须是行政相对人。

3）必须是能以自己的名义申请复议并具有民事权利能力和民事行为能力者。

4）提出复议申请的行为必须是属于可以复议的具体行政行为。

同一环境行政复议案件，申请人超过5人的，推选1～5名代表参加行政复议。

(2) 被申请人

被申请人必须具备的条件是：

1）是环境行政主体。即享有环境行政职权的行政机关及法律、法规、规章授权的组织。

2）是作出有争议的具体环境行政行为者。环境保护行政主管部门与法律、法规授权的组织以共同名义作出具体行政行为的，环境保护行政主管部门和法律、法规授权的组织为共同被申请人。环境保护行政主管部门与其他组织以共同名义作出具体行政行为的，环境保护行政主管部门为被申请人。

环境保护行政主管部门设立的派出机构、内设机构或者其他组织，未经法律、法规授权，对外以自己名义作出具体行政行为的，该环境保护行政主管部门为被申请人。

(3) 复议中的第三人

复议中的"第三人"指同申请复议的具体环境行政行为有利害关系的公民、法人和其他组织。

从第三人的概念可知，必须是与有争议的具体环境行政行为有利害关系的人才能成为第三人。"利害关系"可以是直接的，也可以是间接的。

第三人的地位视其对原具体环境行政行为的态度而定。如果要求维持原具体环境行政行为，其地位与被申请人类似，可以对申请人的申请以书面形式进行反驳，向复议机关提供证据以支持被申请人；如果第三人要求改变或者撤销原具体行政行为，则其地位与申请人类似，即与申请人享有同样的权利，承担同样的义务。

(4) 复议中的法定代理人

申请人、第三人可以委托1～2名代理人参加环境行政复议。申请人、第三人委托代理人的，应当向环境行政复议机构提交由委托人签名或者盖章的书面授权委托书。授权委托书应当载明委托事项、权限和期限。公民在特殊情况下无法书面委托的，可以口头委托，说明委托事项、权限和期限，由环境行政复议机构核实并记录在卷。委托人变更或者解除委托的，应当书面告知环境行政复议机构。

5. 环境行政复议程序

根据《行政复议法》和《环境行政复议办法》的规定，可将行政复议程序分为复议申请、受理、审查、决定和执行五个阶段。

(1) 环境行政复议的申请

1）复议申请的条件。环境行政复议程序因申请人的复议申请而开始。但是，必须符合法定条件的复议申请才能为复议机关受理。这些条件是：①申请人是认为具体环境行政行为直接侵犯其合法权益的公民、法人或者其他组织；②有明确的被申请人；③有具体的复议请求和事实根据；④属于申请复议的范围和申请复议的时效期限内；⑤属于受理复议机关管辖；⑥法律、法规规定的其他条件。

2）申请复议的方式。行政复议申请书和口头申请行政复议笔录应当载明下列事项：①申请人基本情况；②被申请人的名称；③行政复议请求，申请行政复议的主要事实和理由；④申请人签名或者盖章；⑤申请行政复议的日期。

3）复议申请人应当提供的证明材料。有下列情形之一的，申请人应当提供相应证明材料：

①认为被申请人不履行法定职责的，提供曾经要求被申请人履行法定职责而被申请人未履行的证明材料。

②申请行政复议日期超过法律、法规规定的行政复议申请期限的，提供因不可抗力或者其他正当理由耽误法定申请期限的证明材料。

③申请行政复议时一并提出行政赔偿请求的，提供受具体行政行为侵害而造成损害的证明材料。

4）申请复议的期限。应当在知道具体环境保护行政行为之日起 60 日内提出。若遇到不可抗力或者其他正当理由耽误法定申请期限的，申请期限自障碍消除之日起继续计算。但是法律规定的申请期限超过 60 日的除外。超过申请期限的复议申请，复议机关可不予受理。

（2）环境行政复议的受理

根据《行政复议法》第十七条和《环境行政复议办法》第十条规定，环境行政复议应当在 5 日内对复议申请进行审查。主要审查：复议申请是否符合法定条件；该行政争议是否已由其他复议机关受理或已向人民法院起诉；申请手续是否完备；如果是法定代理人申请，是否具备法定代理人的法定条件和有关证明文件等。

经审查，对符合法定条件和要求的复议申请，应当予以受理；对需要补充有关材料、证据的，要求限期补正，经补正之后再作出受理决定；对不符合复议申请要求的，决定不予受理，并书面告知申请人；对符合《行政复议法》的规定，但不属于本机关受理的复议申请，应告知申请人向有关复议机关提出。

《行政复议法》第十七条还规定，除上述规定外，行政复议申请自行政复议机构收到之日起即为受理。

（3）环境行政复议的审理

1）发送申请书与接受答辩。环境行政复议机构应当自受理行政复议申请之日起 7 个工作日内，制作行政复议答复通知书。行政复议答复通知书、行政复议申请书副本或者口头申请行政复议笔录复印件以及申请人提交的证据、有关材料的副本应一并送达被申请人。

被申请人应当自收到行政复议答复通知书之日起 10 日内提出行政复议答复书，对申请人的复议请求、事实及理由进行答辩，并提交当初作出被申请复议的具体行政行为的证据、依据和其他有关材料。

被申请人无正当理由逾期未提交上述材料的，视为该具体行政行为没有证据、依据，环境行政复议机关应当制作行政复议决定书，依法撤销该具体行政行为。

2）审理方式。环境行政复议机关审查复议案件原则上采取书面审查的方法，但是环境行政复议机构认为必要时，可以实地调查核实证据；对重大、复杂的案件，申请人提出要求或者环境行政复议机构认为必要时，可以采取听证的方式审理。环境行政复议机构进行调查取证时，可以查阅、复制、调取有关文件和资料，向有关人员询问，必要时可以进行现场勘验。

调查取证时，环境行政复议人员不得少于 2 名，并应出示有关证件。调查结果应当制作笔录，由被调查人员和环境行政复议人员共同签字确认。

3）和解协调机制。申请人因对被申请人行使法律、法规规定的自由裁量权作出的具体行政行为不服申请行政复议，申请人与被申请人在行政复议决定作出前自愿达成和解的，应当向环境行政复议机构提交书面和解协议，和解内容不损害社会公共利益和他人合法权益的，环境行政复议机构应当准许。

4）审查内容。审查的主要内容包括：①原具体环境行政行为的合法性和适当性；②作出具体环境行政行为的行政机关是否具备环境监督管理权；③作出具体环境行政行为的行政机关是否越权，或者滥用职权；④作出的具体环境行政行为是否符合法定程序。

(4) 环境行政复议的决定

环境行政复议机关应当自受理行政复议申请之日起 60 日内作出行政复议决定。情况复杂，不能在规定期限内作出行政复议决定的，经环境行政复议机关负责人批准，可以适当延长，但是延长期限最多不超过 30 日。需要延期的环境行政复议机关应当制作延期审理通知书，载明延期的主要理由及期限，送达当事人。

环境行政复议决定的种类有：

1）决定维持具体环境行政行为。当查明原具体环境行政行为适用的法律、法规、规章正确，事实清楚，证据确凿，内容适当，又符合法定程序和权限时，作出维持的决定。

2）决定责令被申请人在一定期限内履行其法定职责。主要运用于作为被申请人的环境行政主管部门不履行有关环境法律、法规或规章规定的职责。

3）决定撤销、变更原具体环境行政行为。针对的情形是具体行政行为主要事实不清、证据不足、适用依据错误、违反法定程序、超越或滥用职权的具体行政行为明显不当。

4）决定驳回行政复议申请。申请人认为环境保护行政主管部门不履行法定职责申请行政复议，环境行政复议机关受理后发现该部门没有相应法定职责或者在受理前已经履行法定职责的；或者受理行政复议申请后，发现该行政复议申请不符合行政复议法和行政复议法实施条例规定的受理条件的，环境行政复议机关应当决定驳回行政复议申请，并制作驳回行政复议申请决定书，送达当事人。

5）决定行政赔偿。申请人在申请复议时可以一并提出行政赔偿请求，行政复议机关对符合国家赔偿法有关规定应当给予赔偿的，在作出撤销、变更或确认违法决定时，应同时决定被申请人依法给予赔偿。

申请人未提出行政赔偿请求的，行政复议机关在决定撤销或变更罚款，撤销违法集资、没收和征收财物、摊派费用以及对财产的查封、扣押、冻结等具体行政行为时，应同时责令被申请人返还财产，解除对财产的查封、扣押、冻结等措施，或者赔偿相应的价款。

(5) 环境行政复议的执行

被申请人应当履行行政复议决定。被申请人不履行或者无正当理由拖延履行的，环境行政复议机关应当责令其限期履行，制作责令履行行政复议决定通知书送达被申请人，并抄送申请人和第三人。

被申请人对行政复议决定有异议的，可以向环境行政复议机关提出意见，但是不停止行政复议决定的履行。

二、环境行政诉讼

环境行政诉讼是指人民法院依照法律规定，审理并裁决环境保护中发生的行政争议案件的活动。

1. 环境行政诉讼的受案范围

《行政诉讼法》第十一条规定了行政诉讼的受案范围。结合环境法的有关规定，在环境法领域中，人民法院受理行政案件的范围包括：

（1）对环境行政机关作出的警告、罚款、吊销许可证、没收非法所得、责令停业、关闭等行政处罚不服而起诉的案件。

（2）对环境行政机关不作为而起诉的案件。

（3）认为环境行政机关违法要求履行义务而起诉的行政案件。

（4）对环境行政机关违法限制人身自由或对财产进行查封、扣押、冻结或者侵犯法律规定的经营自主权的行政行为不服而起诉的案件。

（5）法律、法规规定可以提起行政诉讼的其他行政案件。

2. 环境行政诉讼的管辖

（1）级别管辖

级别管辖是指各级人民法院审理第一审行政案件的分工与权限。根据《行政诉讼法》第十三条至第十六条规定，环境行政案件的级别管辖分为：基层人民法院管辖第一审环境行政案件；中级人民法院管辖本辖区内重大、复杂的第一审环境行政案件；高级人民法院、最高人民法院管辖省级辖区和全国范围内重大、复杂的第一审环境行政案件。

（2）地域管辖

地域管辖是指根据人民法院的辖区和当事人的住所地，划分同级人民法院审理第一审案件的权限。根据《行政诉讼法》第十七条至第二十条规定，环境行政案件的地域管辖分为：环境行政案件由最初作出具体行政行为的行政机关所在地人民法院管辖；经复议的案件，复议机关改变原具体行政行为的，可以由复议机关所在地人民法院管辖，也可以由最初作出具体行政行为的行政机关所在地人民法院管辖；因不动产提起的行政诉讼，由不动产所在地人民法院管辖；两个以上人民法院都有管辖权的案件，原告可以选择其中一个人民法院提起诉讼。原告向两个以上有管辖权的人民法院提起诉讼的，由最先收到起诉状的人民法院管辖。

（3）指定管辖

指定管辖是指由于特殊原因，或者两个以上人民法院对管辖权发生争议时，由上级人民法院以裁定方式赋予或者明确人民法院的管辖权。

（4）移送管辖

移送管辖是指受诉的人民法院把不属于自己管辖的行政案件，移送给有管辖权的人民法院审理。移送管辖可以在同级人民法院之间进行，也可以在上下级人民法院之间进行。

3. 环境诉讼参加人

环境行政诉讼参加人是指依法参加行政诉讼活动，享有诉讼权利，承担诉讼义务，并且与诉讼争议或者诉讼结果有利害关系的人。行政诉讼参加人包括当事人、共同诉讼人、第三人和诉讼代理人。

（1）原告

原告必须具备的三个条件：第一，必须是行政相对人；第二，必须是认为环境行政机关所作出的具体行政行为直接侵犯其合法权益的；第三，必须是以自己的名义向人民法院提起诉讼，并且具备民事权利能力和民事行为能力。

（2）被告

被告必须具备的两个条件：第一，必须是具备环境监督管理权的行政主体；第二，必须是作出有争议的具体行政行为的环境行政机关。

根据《行政诉讼法》第二十五条规定可知，环境行政诉讼的被告通常是以下几种：

1）行政相对人直接向人民法院提起诉讼的，作出具体行政行为的行政机关是被告。

2）经复议的案件，复议机关决定维持原具体行政行为的，作出原具体行政行为的行政机关是被告；复议机关改变原具体行政行为的，复议机关是被告。

3）两个以上行政机关作出同一具体行政行为的，共同作出具体行政行为的行政机关是共同被告。

4）由法律、法规授权的组织所作的具体行政行为，该组织是被告。

5）由行政机关委托的组织所作的具体行政行为，委托的行政机关是被告。

6）行政机关被撤销的，继续行使其职权的行政机关是被告。如果没有继续行使其职权的组织的，做出撤销决定的行政机关是被告。

（3）共同诉讼人

共同诉讼，是指当事人一方或者双方为两人以上的诉讼。原告为两人以上的，称为共同原告；被告为两人以上的，称为共同被告。共同原告、共同被告，又统称为共同诉讼人。

（4）第三人

第三人是指同争议的具体行政行为有利害关系，申请参加或者由人民法院通知参加诉讼的其他行政相对人。

环境行政诉讼中第三人的情况可以归纳如下：

1）对环境保护监督管理部门所作出的行政处罚不服而提起的行政诉讼，环境污染或者破坏的受害人可以作为第三人参加诉讼。

2）在同一行政处罚决定处罚的数个当事人中，有对处罚决定不服而起诉的，其余没有起诉的当事人可以作为第三人参加诉讼。

3）在申请环境保护监督管理部门履行制止污染侵害的法定职责，而遭到拒绝或者不予答复，申请人因此而起诉，排污单位可以作为第三人参加诉讼。

4）当环境保护监督管理部门越权作出某具体行政行为，相对人不服而起诉，有权作出具体行政行为的环境保护监督管理部门可以作为第三人参加诉讼。

5）符合申请条件向环境保护监督管理部门申请发放排污许可证，环境保护监督管理部门拒发或者不予答复，申请人因此而起诉，有利害关系的人可以作为第三人参加诉讼。

（5）诉讼代理人

诉讼代理人是指根据法律、法规，由人民法院指定或者受当事人委托，以当事人的名义在一定期限内为当事人进行行政诉讼的人。

4. 环境行政诉讼证据

(1)举证责任

所谓举证责任，是指当事人对有利于自己的主张向人民法院提供证据加以证明的责任。环境行政诉讼中的举证责任，就是在行政诉讼中，主要由作为被告的环境行政机关依法提出证据，来证明自己的具体行政行为是合法的责任。

行政诉讼中举证责任具有如下特征：举证责任是单方责任；举证责任强调了环境行政机关单方面的法定义务，而没有把人民法院的调查、取证作为法定义务；举证的范围不仅仅是事实根据，还包括做出具体行政行为的法律依据。

(2)证据的收集和调查

证据的收集和调查是指人民法院基于审判权，依照法定程序，向当事人及有关人员收集和调查与案件有关的证据的活动。《行政诉讼法》规定，人民法院收集和调查证据的方法主要有以下几种：

1）要求当事人提供或者补充证据。

2）询问当事人、证人、第三人、鉴定人。

3）向行政机关以及其他有关公民、组织调取证据。

4）指定或聘任鉴定部门进行鉴定。

5）对现场及物品（如污染物）进行勘验。

6）采取证据保全措施以保全证据。

在行政诉讼中，只有人民法院有权收集和调查证据，而作为被告的行政机关不得自行向原告和证人收集证据。

(3)证据的保全

证据保全是指证据已存在，但有可能灭失或者以后难以取得，人民法院依诉讼参加人的申请或依职权所采取的保存证据的措施。《行政诉讼法》第三十六条规定了证据保全的条件：

1）存在证据可能灭失的情况，如作为证据的物品将要变质、变形或消失的情况。

2）存在证据以后难以取得的情况，如证人即将出国等。

(4)质证规则

质证是指在庭审过程中，由诉讼当事人就法庭上所出示的证据进行的对质、核实活动。

1）质证的内容。当事人应当围绕证据的关联性、合法性和真实性，针对证据有无证明效力以及证明效力大小，进行质证。

2）质证中的发问规则。质证中的发问规则是交叉询问规则，即经法庭准许，当事人及其代理人可以就证据问题相互发问，也可以向证人、鉴定人或者勘验人发问。当事人及其代理人相互发问，或者向证人、鉴定人、勘验人发问时，发问的内容应当与案件事实有关联，不得采用引诱、威胁、侮辱等语言或者方式。

5. 环境行政诉讼第一审程序

(1)起诉

起诉应当具备以下条件：第一，原告是认为具体行政行为侵犯其合法权益的行政相对人；第二，有明确的被告；第三，有具体的诉讼请求和事实根据；第四，属于人民法院受案范围和受诉人民法院管辖。

(2)受理

《行政诉讼法》第四十二条规定，人民法院接到起诉状，经审查，应当在七日内立案或者作出裁定不予受理。原告对裁定不服的，可以提起上诉。

(3) 审理

1) 审理前的准备：组成合议庭；发送起诉状和答辩状副本；更换和追加诉讼参加人；确定案件的合并审理或分开审理；审阅材料，进行调查研究、收集证据；对符合法定条件，可以停止执行的具体行政行为，人民法院根据当事人的申请，裁定停止执行。

2) 开庭审理。①开庭准备：第一，在开庭前三日，用传票或通知书通知当事人和其他诉讼参加人；第二，公开审理的，应当公开当事人的姓名、案由和开庭时间、地点；第三，开庭审理前，由书记员查明当事人和其他诉讼参加人是否到庭，如果都已到庭，宣布法庭纪律；第四，审判长宣布开庭、案由、合议庭组成人员和书记员名单，告知当事人的诉讼权利和义务，询问当事人是否申请回避等。②法庭调查应按下列顺序进行：第一，原告宣读起诉状，被告宣读答辩状；第二，被告举证，原告质证；第三，原告举证，被告质证。③法庭辩论首先由原告及其代理人发言，然后由被告及其代理人发言，最后由双方展开辩论。④合议庭评议。合议庭成员在当事人辩论终结后，对其提出的理由和根据进行不公开的综合评价和认定，从而作出裁判。

3) 审理行政案件的法律依据：①法律和行政法规，是审理各种行政案件所必须遵循的依据。②地方性法规，是审理本辖区内发生的行政案件所必须遵循的依据。③自治条例和单行条例，是审理民族自治区域内行政案件所必须遵循的依据。④人民法院在审理行政案件时，还应当参照部门规章和地方政府规章。

参照就是指人民法院在审理行政案件时可以参考、依照规章的有关规定，这实际上是赋予了人民法院对规章的“选择适用权”。

(4) 判决

判决是指人民法院对行政案件经过审理，根据查明的案件事实，依据法律、法规的规定，对行政争议作出具有强制性决断的审判行为。根据《行政诉讼法》第五十四条和《最高人民法院关于执行〈中华人民共和国行政诉讼法〉若干问题的解释》的规定，判决的种类共有六种：

1) 判决维持。是指人民法院认为具体行政行为事实清楚，证据确凿，适用法律、法规正确，符合法定程序的，依法作出维持原行政行为，驳回原告申请的判决。判决维持必须同时符合三个条件：证据确凿；适用法律、法规正确；符合法定程序。

2) 判决撤销。是指人民法院经过审理认定具体行政行为全部或者部分确属违法，侵犯了管理相对人的合法权益，从而作出将其全部或者部分撤销的判决。具体行政行为有下列情形之一的，判决撤销或者部分撤销，并可以判决被告重新作出具体行政行为：主要证据不足的；适用法律、法规错误的；违反法定程序的；超越职权的；滥用职权的。

3) 判决限期履行义务。是指人民法院对行政机关不履行法定职责或者拖延履行法定职责的行为，令其在一定期限内履行的判决。被告不履行或者拖延履行法定职责的，判决其在一定期限内履行。

4) 判决变更。是指人民法院经过审理确认行政机关的行政处罚显示公正，依法对行政处罚予以变更的判决。行政处罚显失公正的，可以判决变更。

5）驳回诉讼请求。有下列情形之一的，人民法院应当判决驳回原告的诉讼请求：起诉被告不作为理由不能成立的；被诉具体行政行为合法但存在合理性问题的；被诉具体行政行为合法，但因法律、政策变化需要变更或者废止的；其他应当判决驳回诉讼请求的情形。

6）确认判决。人民法院认为被诉具体行政行为合法，但不适宜判决维持或者驳回诉讼请求的，可以作出确认其合法或者有效的判决。有下列情形之一的，人民法院应当作出确认被诉具体行政行为违法或者无效的判决：被告不履行法定职责，但判决责令其履行法定职责已无实际意义的；被诉具体行政行为违法，但不具有可撤销内容的；被诉具体行政行为依法不成立或者无效的。

《行政诉讼法》第五十七条规定，人民法院应当在立案之日起三个月内作出第一审判决。有特殊情况需要延长的，由高级人民法院批准，高级人民法院审理第一审案件需要延长的，由最高人民法院批准。

人民法院审理行政案件不适用调解，即不得以调解方式结案。

6. 环境行政诉讼的第二审程序

（1）上诉的提起

当事人不服人民法院第一审判决的，有权在判决书送达之日起 15 日内向上一级人民法院提起上诉。当事人不服人民法院第一审裁定的，有权在裁定书送达之日起 10 日内向上一级人民法院提起上诉。逾期不上诉的，第一审判决或裁定发生法律效力。

（2）上诉案件的受理

第二审人民法院审理上诉案件，认为事实清楚的，可以实行书面审理。人民法院对上诉案件的审理应当在收到上诉状之日起 2 个月内作出终审判决。有特殊情况需要延长的由高级人民法院批准。

（3）上诉案件的裁判

根据《行政诉讼法》第六十一条规定，第二审人民法院可以分别作出以下裁判：

1）维持原判。原判决认定事实清楚，适用法律、法规正确的，判决驳回上诉，维持原判。

2）依法改判。原判决认定事实清楚，但适用法律、法规错误的，依法改判。

3）撤销原判发回重审。原判决认定事实不清，证据不足，或者由于违反法定程序可能影响案件正确判决的，裁定撤销原判，发回原审人民法院重审，也可以查清事实后改判。当事人对重审案件的判决、裁定可以上诉。

7. 环境行政诉讼审判监督程序

审判监督程序是指人民法院对已经发生法律效力的判决、裁定，发现确有错误的，依法进行再次审理的程序。包括当事人的申诉和审判监督程序的提起。

根据《行政诉讼法》第七十二条的规定，当事人对已经发生法律效力的判决、裁定，认为确有错误的，可以向原审人民法院或者上一级人民法院提出申诉，但判决、裁定不停止执行。

根据《行政诉讼法》第七十二条的规定，人民法院院长对本院已经发生法律效力的判决、裁定，发现违反法律、法规规定认为需要再审的，应当提交审判委员会决定是否再审；

上级人民法院对下级人民法院已经发生法律效力的判决、裁定，发现违反法律、法规规定的，有权提审或者指令下级人民法院再审；人民检察院对人民法院已经发生法律效力的判决、裁定，发现违反法律、法规规定的，有权按照审判监督程序提出抗诉。

8. 环境行政诉讼案件的执行

(1) 对公民、法人或者其他组织的执行

公民、法人或者其他组织拒绝履行判决、裁定的，行政机关可以向一审人民法院申请强制执行。

(2) 对环境行政机关的执行

对于行政机关拒绝履行判决、裁定的，第一审人民法院可以采取下列措施：

1) 对应当归还的罚款或者应当给付的赔偿金，通知银行从该行政机关的账户内划拨。

2) 在规定期限内不履行的，从期满之日起，对该行政机关按日处五十元至一百元的罚款。

3) 向该行政机关的上一级行政机关或者监察、人事机关提出司法建议。接受司法建议的机关，根据有关规定进行处理，并将处理情况告知人民法院。

4) 拒不履行判决、裁定，情节严重构成犯罪的，依法追究主管人员和直接责任人员的刑事责任。

三、环境行政赔偿

1. 环境行政赔偿的概念

环境行政赔偿，是指环境行政机关及其工作人员违法行使环境监督管理职权，侵犯公民、法人或者其他组织的合法权益造成损害的，由环境行政机关赔偿其损失的一种法律责任。

从上述定义可知，环境行政赔偿具有以下四个特征：

(1) 行政侵权的实施主体是环境行政机关

环境行政赔偿与环境污染民事赔偿不同。在环境污染民事赔偿中，实施侵权行为的主体可以是一切污染危害环境者，即包括了企业事业单位、社会团体、国家机关及公民。但是，在环境行政赔偿中侵权行为的实施主体只能是违法行使职权的环境行政机关。

(2) 环境监督管理行为违法

环境监督管理行为违法，即属于职务违法。如责令防治污染设施已达到规定标准的建设项目停止生产或者使用造成经济损失等，违法行使职权的侵权行为是构成行政赔偿的必要条件。

(3) 环境监督管理行为侵权造成损害结果

只有在环境行政机关及其工作人员违法的职务行为造成损害时才承担行政赔偿责任。

(4) 环境行政赔偿实行过错责任制

根据《国家赔偿法》的规定，环境行政机关及其工作人员违法行使职权侵犯行政相对人的合法权益造成损害的，其追偿责任以行为人主观上是否有故意或重大过失为限，没有故意或者只属于一般过失行为，不承担赔偿责任。

2. 环境行政赔偿的归责原则及构成条件

(1) 环境行政赔偿的归责原则

确立环境行政赔偿制度，首先涉及根据什么原则来承担赔偿责任的问题。其意义在于明确一个归责标准来认定环境行政机关及其工作人员是否可归责的条件，从而对其侵权行为所造成的损害负赔偿责任。

《国家赔偿法》第二条规定："国家机关和国家机关工作人员违法行使职权侵犯公民、法人和其他组织的合法权益造成损害的，受害人有依照本法取得国家赔偿的权利。"从这一规定可以看出，我国行政赔偿的归责原则应是"违法原则"。其含义是国家行政机关及其工作人员因故意或者重大过失而违法行使职权侵犯公民、法人和其他组织的合法权益造成损害的，由行政机关承担赔偿责任。

(2) 环境保护行政赔偿责任的构成要件

环境保护行政赔偿责任的构成要件指环境保护行政机关承担行政赔偿责任所必须具备的条件。从上述行政赔偿的"违法原则"可知，行政赔偿责任的构成，必须具备如下条件：

1) 必须是环境保护行政机关及其工作人员的行为。

2) 必须是行使环境保护监督管理职权的行为。

3) 必须是因故意或者重大过失而违法行使环境保护监督管理职权的行为。

4) 必须有损害结果的发生。

3. 环境行政赔偿的范围

环境行政赔偿的范围指环境保护行政机关及其工作人员的监督管理行为侵犯行政相对人的合法权益造成损害时，受害人依法取得赔偿的范围。根据我国现行的环境保护法律、法规和《国家赔偿法》第四条的规定，环境保护领域中行政赔偿的范围包括：

(1) 违法实施行政处罚造成行政相对人财产损失的（如违法实施罚款、没收违法所得、责令停止生产或者使用、吊销排污许可证、责令停业关闭等造成损失）。

(2) 采取强制性行政措施而造成行政相对人财产损失的（如违法强制减少或停止排污等造成经济损失）。

(3) 因实施不作为违法行为而造成财产损失的 [如符合法定条件申请环境保护行政机关批准环境影响报告书（表）、登记表、申请发放"三同时"验收合格证等，环境保护行政机关违法不予批准或拒绝履行而造成损失]。

(4) 环境保护行政机关违法要求行政相对人履行义务而造成财产损失的，如违法要求缴纳排污费或违法决定限期治理等。

(5) 造成行政相对人财产损失的其他违法行为。

4. 环境行政赔偿的标准

环境行政赔偿的标准指环境保护行政机关及其工作人员因违法行使职权侵犯行政相对人的合法权益造成损害给予赔偿时必须遵循的依据。根据《国家赔偿法》第二十八条规定，环境保护行政机关侵犯行政相对人合法权益造成损害的，应按照下列标准予以赔偿或处理：

(1) 违法实施罚款、没收违法所得或者违反国家规定征收排污费的，应返还违法收缴的金额。

(2) 吊销许可证或环境影响评价证书、责令停业关闭等造成经济损失的，赔偿停产停业期间必要的经费开支（即包括企业、个体户生产者营业用房的房租、水电费、仓储费、职工工资等）。

（3）违法强制减少或停止排污、违法决定限期治理的，应给付与所造成的直接损失相应的赔偿金。

（4）不履行法定义务造成经济损失的，应给付与所造成的直接损失相应的赔偿金。

（5）违法对财产造成其他损害的，按照直接损失（即指既得利益的丧失或现有财产的减损）给予赔偿。

5. 环境行政赔偿请求人

环境行政赔偿请求人，是指因环境保护监督管理部门及其工作人员违法行使职权而遭受损害，有权请求行政机关给予赔偿的人。根据《国家赔偿法》第六条规定，有权提出行政赔偿请求的人有以下几种：

（1）受到行政侵权的公民、法人和其他组织。根据《民法通则》规定，未成年人及不能辨认自己行为的精神病人属于无民事行为能力或限制民事行为能力的人。当他们的合法权益受到环境保护监督管理部门及其工作人员的不法侵害而遭受损失时，他们的监护人为法定代理人。但赔偿请求权人仍为受到侵害的未成年人和精神病人。

（2）受害人死亡的，其继承人和其他有扶养关系的亲属是赔偿请求人。

（3）受害的法人或其他组织终止，承受其权利的法人或其他组织有权请求赔偿。

6. 环境行政赔偿义务机关

环境行政赔偿义务机关，是指因违法行使环境监督管理职权侵犯行政相对人的合法权益造成损害而应承担赔偿责任的环境行政机关。根据《国家赔偿法》第七条规定，环境行政赔偿义务机关有如下几种情况：

（1）环境行政机关及其工作人员违法行使职权侵犯行政相对人的合法权益造成损害的，该行政机关是赔偿义务机关。

（2）两个以上环境行政机关共同行使职权侵犯行政相对人合法权益造成损害的，共同行使职权的环境行政机关是共同赔偿义务机关。

（3）受环境行政机关委托的组织在行使受委托的职权侵犯行政相对人合法权益造成损害的，委托的环境行政机关是赔偿义务机关。例如，环境监察机构及其执法人员在现场执法中侵犯行政相对人合法权益造成损害的，委托该环境监察机构行使监察职权的环境行政机关是赔偿义务机关。

（4）经复议机关复议的，最初造成侵权行为的环境行政机关是赔偿义务机关。但是复议机关的复议决定加重损害的，复议机关对加重损害的部分履行赔偿义务。

（5）赔偿义务机关被撤销的，继续行使其职权的行政机关是赔偿义务机关。

7. 环境行政赔偿程序

环境行政赔偿程序指行政相对人获得行政赔偿及赔偿义务机关给予行政赔偿应遵循的法定方式和步骤的总称。《国家赔偿法》第九条规定：“赔偿义务机关对依法确认有本法第三条、第四条规定的情形之一的，应当给予赔偿。赔偿请求人要求赔偿应当先向赔偿义务机关提出，也可以在申请行政复议和提起行政诉讼时一并提出。”根据这一规定和《行政诉讼法》第六十七条规定，行政相对人获得行政赔偿的程序可分为：

（1）环境行政机关主动依法给予

环境保护行政机关主动依法给予赔偿，是指行政机关发现其工作人员违法行使环境监督管理权，侵犯行政相对人合法权益造成损害结果的，本着对人民负责的原则，在纠正违法行使职权行为的同时，按照《国家赔偿法》第四条规定，向受害人主动提出给予行政赔偿。受害人对环境行政机关的主动赔偿无异议并已得到赔偿的，该赔偿程序完毕。环境行政机关主动给予赔偿的期限根据《国家赔偿法》第十三条规定，应当在发现其违法侵权行为之日起2个月内给予赔偿。

（2）赔偿请求人申请行政复议时一并提出赔偿请求

赔偿请求人认为环境行政机关侵犯了其合法权益，在向上一级环境行政机关申请复议的同时，可一并提出赔偿请求。复议机关经审查后，确认其下级环境行政机关侵犯了赔偿请求人的合法权益并造成损害结果的，在作出复议决定的同时，可以责令其依法给予赔偿。赔偿义务机关应当执行复议决定，并在收到复议决定之日起2个月内向赔偿请求人给予赔偿。

（3）赔偿请求人提起行政诉讼时一并提出赔偿请求

赔偿请求人认为环境行政机关侵犯其合法权益，可以直接提起行政诉讼，也可以通过行政复议，在法定期限内再提起行政诉讼。在提起行政诉讼时，可一并提出赔偿要求，人民法院在审理该行政案件时，一并作出是否赔偿的决定。

（4）赔偿请求人提起行政赔偿诉讼

赔偿请求人认为环境行政机关违法行使环境保护监督管理职权造成其合法权益损害，先向赔偿义务机关提出赔偿请求，赔偿义务机关逾期不予赔偿或者请求人对赔偿数额有争议的，赔偿请求人可以自期间届满之日起（即2个月后）3个月内向人民法院提起行政赔偿诉讼。

8. 环境行政赔偿的追偿

（1）追偿的概念

环境行政赔偿的追偿，是指环境行政机关赔偿损失之后，依法责令有故意或者重大过失的工作人员或者受委托的组织或者个人承担部分或全部赔偿费用。例如，甲、乙为某县环境保护局的环境监察人员，在现场检查时，因重大过失侵犯个体运输户丙的合法权益造成损害。此时，个体运输户丙可以通过法定程序提出行政赔偿请求，要求县环境保护局对其损失给予赔偿。县环境保护局对个体运输户的损失予以赔偿后，有权对其监察人员甲、乙行使行政追偿权，责令甲、乙赔偿全部或一部分行政赔偿费用。从上述行政赔偿的追偿概念可以看出，行政追偿具有以下几个特征：

1）环境行政赔偿追偿权的行使是以行政赔偿请求人向赔偿义务机关提出赔偿请求并以得到赔偿为前提条件。

2）环境行政赔偿义务机关对有故意或重大过失的责任人员行使追偿权的时间，只能是在赔偿义务机关对行政侵权受害人的损害给予赔偿之后。

3）环境行政赔偿义务机关对行政侵权受害人的损害赔偿之后，只能对有故意或者重大过失的责任人员行使追偿权。

（2）追偿的要件

环境行政赔偿追偿的要件，是指环境行政机关对内部行政侵权责任人员行使追偿权所必须具备的条件。对此，《国家赔偿法》和《行政诉讼法》都做了明确规定。《国家赔偿法》第十四条规定："赔偿义务机关赔偿损失后，应当责令有故意或者重大过失的工作人员或者受委托的组织或者个人承担部分或者全部赔偿费用。对有故意或者重大过失的责任人员，有关机关应当依法给予行政处分；构成犯罪的，应当依法追究刑事责任。”根据这一规定，环境行政机关行使追偿权必须具备以下两个条件：

1）环境行政机关已经履行了赔偿义务，即已经向赔偿请求人支付了赔偿费用。

2）违法行使环境监督管理职权的工作人员主观上存在故意或者重大过失。

本章小结

环境行政执法是指有关国家机关按照法定权限和程序将环境法律规范中抽象的权利义务变成环境法主体的具体权利和义务的过程，或者说是国家有关机关将环境法规范适用于具体环境法主体的过程。环境行政执法应遵循合法性与合理性的原则。环境行政许可、环境行政处罚、环境污染民事纠纷行政处理是三种主要的环境执法方式。环境行政许可是指环境行政执法主体依当事方申请，就可能对环境产生消极影响的开发建设或排污行为进行审查并决定是否准予许可的一种具体行政行为。环境行政许可是环境行政执法中运用非常广泛的一项执法管理形式，具有针对性和灵活性。环境行政处罚是指国家环境保护监督管理部门，在法定职权范围内对违反环境法律、法规的环境行政相对人实施的一种行政制裁，是环境行政执法中最常见的执法方式，也是一种环境行政责任形式。环境行政救济的主要方式有环境行政复议、环境行政诉讼和环境行政赔偿。环境行政复议是针对具体环境行政行为是否合法与适当的一种内部审查、监督，是解决环境行政争议的一种救济方式。环境行政诉讼实质上是环境行政相对人认为其合法性权益受到环境执法机关及其工作人员的具体行政行为侵犯时，通过诉讼寻求救济的方式。

复习思考题

1. 什么是行政许可？其特征是什么？
2. 环境行政许可的审查方式有哪些？
3. 环境行政处罚的主要原则有哪些？
4. “一事不再罚”的含义是什么？
5. 简易程序的适用条件是什么？
6. 简述一般程序的主要内容。
7. 适用听证程序的条件是什么？
8. 环境行政复议管辖的种类主要包括哪些？
9. 被申请人的权利与义务包括哪些？
10. 什么是复议中的第三人？
11. 环境行政诉讼的法定受案范围是什么？
12. 什么是举证责任？行政诉讼中举证责任的特征是什么？

13. 我国行政赔偿的归责为什么要实行“违法原则”？

14. 行政赔偿的范围包括哪些？应如何掌握行政赔偿的标准？

实训十八：模拟环境纠纷行政处理

一、案情简介

某省遭受了百年未遇的特大洪涝灾害。某市硫酸厂也因此发生了几起停水、停电等严重事故，部分生产设备运行不正常，工艺尾气二氧化硫排放浓度过高，处于下风向的邻省某县铜井乡三兴村农田中的水稻分别于 7 月 9 日、13 日、17 日、28 日受到 4 次不同程度的污染。村民纷纷找到硫酸厂，要求赔偿损失，影响了厂房的正常工作和生产秩序。

根据《环境保护法》的规定，此次环境污染属于跨行政区的环境污染，由双方共同的上级人民政府协调解决作出决定更为合适。但这需要更多的周折和时间，在征得受害方邻省某县铜井乡三兴村的同意后，某市环境保护局本着互谅互让的原则精神，从多为他人着想的角度出发，平等地进行了协调。首先会同双方代表及各自聘请的农艺师对受污染现场进行了查看，对受不同程度危害的稻苗占有的苗数进行了评估；然后又会同现场勘察人员与双方的法律顾问一起座谈、协商，听取了双方的意见，增加处理问题的透明度，使问题很快得以圆满解决。

二、实践活动

1. 针对以上案例，分角色模拟环境污染纠纷的行政调解处理过程，要求作出调解处理决定书。

2. 采用“请进来”的方法，邀请当地环境保护行政主管部门的有关专家点评具有代表性的环境污染纠纷行政调解处理典型案例，传授行政调解中的技巧、成功的经验和失败的教训。

3. 选择较简单的环境污染纠纷案参与当地环境保护行政主管部门的行政调解处理，在实践中熟悉环境法律、法规的运用，掌握基本的调解技能。

三、扩展活动

利用寒暑假，在自己的家乡进行一次环境污染纠纷的调查，并参与当地环境保护部门进行的行政调解处理执法活动，如实记载活动的整个过程。

实训十九：模拟环境行政处罚

一、案情简介

1999 年，重庆市天南建材集团有限公司（以下简称“天南公司”）下属城南水泥厂为了扩大生产，计划将其厂内原 2.2 m 的窑径改为 2.5 m。在改建过程中，城南水泥厂认为该项目仅仅是扩大机立窑的窑径，送风的罗茨机并未扩大，而且改造的目的是使气流通过面积增大，让窑内原料反应更充分，减少排放污染，不属于技术改造项目，因此没有向有关环境保护行政主管部门递交环境影响报告书。同年 7 月，在没有经过环境保护行政主管部门对其环境保护设施进行验收的情况下，该厂便将改造过的生产设施正式投入使用，结果在当地造成了一定的环境影响。

事后，重庆市环境保护局经过调查，认为天南公司的窑径改造项目既是扩大生产规模，又是改造生产设备和工艺的项目，根据《建设项目环境保护管理条例》第五条："改建、扩建项目和技术改造必须采取措施，治理与该项目有关的原有环境污染和生态破坏"。而城南水泥厂投入生产后的烟尘浓度超过国家规定标准的 14.26 倍。同时，该条例第六条规定，建设项目必须实行环境影响评价，城南水泥厂也未执行该规定。于是，重庆市环境保护局于 2000 年 12 月 19 日依据《建设项目环境保护管理条例》的有关规定对天南公司作出罚款 7 万元的处罚决定。

二、实践活动：模拟环境行政处罚

1. 模拟目的：旨在锻炼执法办案能力，保证查处案件程序合法，处罚适当，执法文书规范。

2. 模拟方式：各组集中分析并拟定环境行政处罚案件的模拟执法办案程序；成员各司其职，每个人员选择自己的执法办案角色，按照法定程序，进行立案、调查取证、笔录制作、听证、做出处罚决定、申请法院强制执行等执法程序，认真做好每一步工作，严格按照程序办案，最后由各组提交一份完整的该案件的卷宗。

行政处罚决定书参考格式：

环境保护行政处罚决定书

（　）环法［　　］　　号

________：

法定代表人（单位）：________________

职务：____________

详细地址：________________邮政编码：____________

一、环境违法事实

____

____

____

以上行为有下列证据为证：

1. ____

2. ____

3. ____

上述行为违反了《________________》第______条第______款之规定。

二、行政处罚的依据、种类及其履行方式和期限

我局依据《________________》第______条第______款之规定，决定对你单位（或者个人）作出如下行政处罚：

1. ____。

2. ____。

3. ____。

限于接到本处罚决定之日起十五日内缴至指定银行和账号。逾期不缴纳罚款的，我局将每日按罚款数额的3%加处罚款。

收款银行：______________户名：________账号：________________

三、申请复议或者提起诉讼的途径和期限

如不服本处罚决定，可在接到决定书之日起六十日内向________环境保护局或者向________人民政府申请复议，也可在十五日内直接向________人民法院起诉。逾期不申请复议，也不向人民法院起诉，又不履行本处罚决定的，我局将依法申请人民法院强制执行。

________环境保护局（印章）

年　月　日

三、扩展活动

邀请当地环境保护行政主管部门的有关专家点评具有代表性的环境行政处罚典型案例，传授行政处罚中的技巧、成功的经验和失败的教训。

实训二十：环境行政复议案例讨论

一、案情简介

某市自来水公司取水段上游的淀湖所在地为解决就业问题，经淀湖区卫生局颁发食品卫生许可证、淀湖区工商行政管理局颁发营业执照，形成颇具规模的水上环湖美食街。由于美食街未采取环境保护措施，对湖水资源造成严重污染。淀湖区环境保护局以美食街未办理环境保护许可，违反该市《关于城市生活用水上游水质保护的若干规定》为由，责令停业整顿并处以罚款。淀湖区国土资源局以美食街未经批准、擅自占用湖面资源为由责令停业并处以罚款。美食街的经营者认为自己是有证有照合法经营，淀湖区环境保护局和国土资源局此举侵害了他们的合法权益。

二、实践活动：讨论以下问题

1. 美食街可否就此申请行政复议？
2. 向谁申请行政复议？
3. 如何认定本案各主体在行政复议中的法律地位？
4. 行政复议期间可否继续营业？
5. 复议机关应如何依法作出行政复议决定？
6. 如对行政复议决定不服另有何途径可请求行政救济？

三、扩展活动

查阅《中国环境报》、有关书籍和网上的环境行政复议案例，展开案例研讨。

参考文献

1. 朴光洙. 环境法与环境执法（第二版）. 北京：中国环境科学出版社，2008
2. 环境保护部环境监察局. 环境监察. 北京：中国环境科学出版社，2009
3. 陈汉光，朴光洙. 环境法基础. 北京：中国环境科学出版社，2004
4. 吕忠梅. 环境法学. 北京：法律出版社，2004
5. 金瑞林. 环境法学. 北京大学出版社，2002
6. 韩德培. 环境保护法教程（第五版）. 北京：法律出版社，2007
7. 吕忠梅. 环境资源法学. 北京：中国政法大学出版社，2005
8. 徐祥民. 环境法学. 北京大学出版社，2005
9. 窦玉珍、马燕. 环境法学. 北京：中国政法大学出版社，2005
10. 汪劲. 环境法学. 北京大学出版社，2006
11. 黄建初. 固体废物污染防治法释义. 北京：法律出版社，2005
12. 王灿发. 环境与资源保护法案例. 北京：中国人民大学出版社，2005
13. 陈泉生. 环境法学. 厦门大学出版社，2008
14. 崔建远. 准物权研究. 北京：法律出版社，2003
15. 杨立新，梁清. 物权法规则适用. 长春：吉林人民出版社，2007
16. 孟庆瑜，刘武朝. 自然资源法基本问题研究. 北京：中国法制出版社，2006
17. 张梓太. 自然资源法学. 北京大学出版社，2007
18. 何·皮特著，林韵然译. 谁是中国土地的拥有者？——制度变迁、产权和社会冲突. 北京：社会科学文献出版社，2008
19. 黄京平. 刑法学. 北京：中国人民大学出版社，2008
20. 姜明安. 行政法与行政诉讼法. 北京：法律出版社，2006
21. 周珂. 环境与资源保护法. 北京：中国人民大学出版社，2007